Das Bewußtsein von der schicksalhaften Abhängigkeit der Menschen, Gesellschaften, Wirtschaften sowie der Weltlage von technischen Entwicklungen und Prägungen ist nicht nur durch die untergründig ständig präsente atomare Drohung oder durch stets neue, in hektischer Folge publik gemachte Großprojekte (SDI, Eureka) gegenwärtig. Chemieunfälle und ziviltechnologische nukleare Störfälle oder (Fast-)Katastrophen haben die Aufmerksamkeit für die Anfälligkeit von umfassenderen Systemen zentralisierter Techniken geweckt. Das Problem der Technikbeurteilung durch die Gesellschaft und die betroffenen Menschen läßt sich nicht länger vernachlässigen.

Denn Technikbewertung und Technikakzeptanz sind tiefgreifende soziale Probleme, die nicht zuletzt Fragen des menschlichen Selbstverständnisses und der Einordnung des Menschen in seine Umwelt betreffen. Die professionelle Philosophie wie auch die Psychologie haben diese im wahrsten Sinne des Wortes weltbewegenden und weltprägenden Probleme bisher sträflich vernachlässigt. Technikbewertung und Wertprobleme der Technik wurden allenfalls als Verfahrensfragen für Technikexperten betrachtet, nicht aber umfassend untersucht – schon gar nicht in der Kombination von Philosophie und Psychologie.

Walter Bungard, geb. 1945, ist Professor für Wirtschafts- und Organisationspsychologie an der Universität Mannheim. Hans Lenk, geb. 1935, ist Professor für Philosophie an der Universität Karlsruhe sowie Professor für Wissenschaftstheorie der Sozialwissenschaften und Planungswissenschaft an der Faculté européenne des Sciences du Foncier in Straßburg.

Technikbewertung

Philosophische und psychologische
Perspektiven

Herausgegeben von
Walter Bungard und Hans Lenk

Suhrkamp

CIP-Titelaufnahme der Deutschen Bibliothek
Technikbewertung :
philos. u. psycholog. Perspektiven /
hrsg. von Walter Bungard u. Hans Lenk. –
1. Aufl. – Frankfurt am Main :
Suhrkamp, 1988
(Suhrkamp-Taschenbuch Wissenschaft ; 684)
ISBN 3-518-28284-0
NE: Bungard, Walter [Hrsg.]; GT

suhrkamp taschenbuch wissenschaft 684
Erste Auflage 1988
Suhrkamp Verlag Frankfurt am Main 1988
Suhrkamp Taschenbuch Verlag
Alle Rechte vorbehalten, insbesondere das
des öffentlichen Vortrags, der Übertragung
durch Rundfunk und Fernsehen
sowie der Übersetzung, auch einzelner Teile
Satz und Druck: Wagner GmbH, Nördlingen
Printed in Germany
Umschlag nach Entwürfen von
Willy Fleckhaus und Rolf Staudt

1 2 3 4 5 6 – 93 92 91 90 89 88

Inhalt

III SOZIOLOGISCHE UND SOZIALPOLITISCHE ASPEKTE

Hans Lenk/Walter Bungard
Einleitung

Wir leben in einer Techno-Welt, einer von der Technik geprägten, vom *homo technologicus* gestalteten künstlichen Welt. Technische Produkte und Prozesse durchdringen mehr und mehr auch den Alltag. Die Neuen Technologien eskalieren zu einem Boom sowohl neuer Hoffnungen als auch neuer Befürchtungen über die Auswirkungen der Mikroelektronik, Digitaltechnik, Computersysteme, Telekommunikation und nicht zuletzt der Atomenergie. Einer verbreiteten Meinung zufolge können die Einflüsse und Wirkungen dieser sogenannten dritten technisch-industriellen Revolution auf die Gesellschaft und das Leben der Menschen, auch auf das Leben des einzelnen, kaum unterschätzt werden. Die Technik ist und wird weiterhin unser »Schicksal« bleiben (Hans Jonas) – positiv wie negativ.

Diese Aussage über die Schicksalsmächtigkeit der Technik scheint dem bis vor anderthalb Jahrzehnten noch verbreiteten Mythos von der technischen Beherrschbarkeit der Welt entgegenzustehen. Auch wenn manche Wissenschaftler und auch Politiker bis vor kurzem sich noch auf den »technologischen Imperativ« (nach Ludwig Marcuse) beriefen, der Mensch solle alles Machbare auch produzieren und innovieren – ein falscher Imperativ übrigens, denn niemals wurde alles Machbare, etwa Patentiertes, wirklich gemacht –, scheint das Bewußtsein Platz zu greifen, daß die technische Entwicklung und die mögliche Herrschaft der Technologie an Grenzen der Akzeptanz durch Menschen und besonders durch die Umwelt stoßen. Seit den Berichten des Club of Rome über die planetarischen Grenzen des Wachstums aufgrund der nur begrenzten Verfügbarkeit von Rohstoffen, Raum und Umweltressourcen verbreitete sich offenbar schlagartig eine Art Technikpessimismus: Untersuchungen des Instituts für Demoskopie in Allensbach zufolge hielten 1966 noch 72% der deutschen Bevölkerung die Technik »eher für einen Segen« als »eher für einen Fluch« (so nur 3%); dagegen sahen 1986 unter dieser allzu suggestiven Alternativfrage 15% die Technik »eher für einen Fluch« und nur noch 44% als »Segen«.

Besonders bei der jüngeren Generation, den 16-20jährigen, war diese Abwertung der Technik noch deutlicher: Im Zeitraum von 1966 bis 1981 sank die Beurteilung der Technik als segensreich bei ihnen von 83% auf 23%, während statt früher 3% nun 19% Technik als »Fluch« ansahen (vgl. MWK 82).

Solche drastischen Einstellungs- und Beurteilungsänderungen sind nicht zu vernachlässigen, selbst wenn sie in der geschilderten Kontrastprofilierung sicherlich zum Teil auf die suggestive Alternativfragestellung zurückzuführen sein dürften. (Dafür spricht auch der hohe Prozentsatz der unentschiedenen bzw. nichtssagenden »Teils-teils«-Anworten von 54%.) Der Wandel ist auch bisher nicht genügend erklärt – wie auch der vieldiskutierte allgemeine Wertwandel, der Übergang von – grob gesprochen – sogenannten »materialistischen« zu »postmaterialistischen« Werteinstellungen (Inglehart 1977, 1979). Es ist nicht klar, ob es sich wirklich um eine historische Umbruchsituation handelt oder zum Teil um Kohorteneffekte der Generationen, die den Nachkriegsmangel noch oder nicht mehr aus verantwortlicher Situation bewußt erlebt haben. Im übrigen scheint im Zuge der forcierten neuen Technologiepolitik und -begeisterung und des oft beschworenen technologischen Neuaufschwungs der Negativtrend sich auch schon wieder abzuschwächen.

Eines ist jedenfalls deutlich: Man wird den Auswirkungen der Technik in Gegenwart und Zukunft nie wieder absolut naiv gegenüberstehen. Das Bewußtsein von der schicksalhaften Abhängigkeit der Menschen, Gesellschaften, Wirtschaften sowie der Weltlage von technischen Entwicklungen und Prägungen ist nicht nur durch die untergründig ständig präsente atomare Bedrohung oder durch stets neue, in hektischer Folge publik gemachte Großprojekte (von SDI bis Eureka) gegenwärtig. Chemieunfälle – man denke nur an Seveso, Bhopal oder die jüngste »Rheinkatastrophe« – und ziviltechnologische nukleare Störfälle oder Katastrophen wecken und halten die Aufmerksamkeit wach, daß umfassendere Systeme zentralisierter Techniken auch anfälliger und angesichts der Ausmaße möglicher Auswirkungen von Zwischen- oder Störfällen als riskanter beurteilt werden, selbst wenn das quantitativ geschätzte Risiko in Abhängigkeit von der äußerst geringen Eintrittswahrscheinlichkeit wesentlich geringer ist als beispielsweise jede eigene Autofahrt.

Wenn wir Naivität und Unschuld in der Technikbeurteilung verloren haben, bleiben dann nur die Reaktionen eines überfliegenden und anmaßenden Technikoptimismus oder einer schwarzmalenden pessimistischen Totalablehnung? Schwankt auch in der Beurteilung der Technik der Mensch wie so oft zwischen Schwarz und Weiß, zwischen Alles oder Nichts? Oszillieren Technikfeindschaft und Technikvertrauen in immer schneller einander abwechselnden Wellen hin und her? Man kann das Problem der Technikbeurteilung durch die Gesellschaft und die betroffenen Menschen nicht länger vernachlässigen. Man hätte es von vorneherein nicht ignorieren sollen. Technikbewertung und Technikakzeptanz sind nicht nur gleichsam »technische« Probleme einer professionellen Technikbewertung oder gar einer mehr oder minder geschickt manipulierenden Publicitystrategie, sondern es sind tiefergreifende soziale Probleme, die darüber hinaus auch in metaphysische Tiefen der Einordnung des Menschen in seine Umwelt und den Kosmos und seines Selbstverständnisses hineinreichen. Umfassende philosophische und weitreichende psychologische, besonders, aber nicht nur *sozial*psychologische Analysen zu Fragen der Technikeinstellung und Technikakzeptanz sind gefragt. Bisher haben aber die professionelle Philosophie wie auch die Psychologie diese im wahrsten Sinne des Wortes weltbewegenden und weltprägenden Probleme ausgelassen, übergangen oder wenigstens sträflich vernachlässigt. Technikbewertung und Wertprobleme der Technik wurden allenfalls als Verfahrensfragen für Technikexperten betrachtet, nicht aber umfassend untersucht – schon gar nicht in der Kombination von Philosophie und Psychologie. Gerade angesichts der Probleme von Einstellung und Akzeptanz ist jedoch die Verbindung dieser Disziplinen unausweichlich gefordert. Der Mangel an interdisziplinären Untersuchungen und Projektplanungen im Zwischenfeld zwischen Philosophie und Psychologie der Technik stellt eine empfindliche Lücke dar, die sich in absehbar nächster Zukunft außerordentlich nachteilig bemerkbar machen kann, wenn es um entsprechende Strategien zur Lösung der Akzeptanz-, Reaktions- und Einstellungsfragen gehen wird. In Zeiten schnellen technologischen und gesellschaftlichen Umbruchs sind flexible Antworten auf wenigstens einigermaßen gut vorausschätzbare Entwicklungen von höchstem Wert. Diese Antworten müssen durch sorgfältige Analysen vorbereitet werden, wenn sie nicht ein ebenso kurzatmiges Hin und Her reflektieren sollen, wie wir es in den letzten zwei Jahrzehnten in der Bildungsreform erlebten.

Gibt es schon zur Philosophie der Technik nur recht wenige und zum Teil auf wenig pragmatische metaphysische Einfaktortheorien gestützte Ansätze, so muß das Gebiet der Technikpsychologie (wenn man von arbeitswissenschaftlichen Untersuchungen der Mensch-Maschine-Anpassung im einzelnen einmal absieht) als nahezu nicht existent bezeichnet werden. Um die bezeichnete Lücke wenigstens ins Bewußtsein zu rufen, einige Vorbereitungen zu ihrer Schließung zu erarbeiten und auch in den beiden beteiligten Disziplinen die unübersehbar wichtige Rolle der Technik als Gegenstand der Untersuchung hervorzuheben, trafen sich Philosophen, Psychologen und Sozialwissenschaftler psychologischer Disziplinen in zwei Workshops, um die angerissenen Fragen der Akzeptanz, Einstellung, Bewertung und Beurteilung der Technik und technischer Verfahren im Zwischenfeld zwischen Philosophie, Psychologie und Sozialwissenschaft zu erörtern. Die viel geforderte interdisziplinäre Kooperation wurde hier dank der Initiative der Gesellschaft für Humanwissenschaften und der Unterstützung der Thyssen-Stiftung Wirklichkeit. Die Zusammenarbeit von Technikphilosophen und Technikpsychologen dürfte dabei sogar eine Art Uraufführungscharakter besitzen.

Diese einführenden Bemerkungen dürften genügen, um die Wichtigkeit einer interdisziplinären Zusammenarbeit philosophischer, psychologischer und sozialwissenschaftlicher Experten bei Aspekten der Technikakzeptanz, Technikbewertung und allen Einstellungs- und Wertfragen in diesem Bereich zu erhärten – insbesondere soweit sie über die verfahrensmäßig eingeschränkten Gesichtspunkte herkömmlicher professioneller Technikbewertung hinausgehen. In Deutschland hatte sich bisher nur die Arbeitsgruppe »Grundlagen der Technikbewertung« im Verein Deutscher Ingenieure ausführlich mit diesen Fragen bei den Vorarbeiten zu einem Entwurf über die Richtlinien »Empfehlungen zur Technikbewertung« befaßt. Dabei war sie auf die erwähnten Lücken gestoßen. Gemeinsam mit dieser Gruppe wurden die beiden Workshops veranstaltet, die dem hier zusammengestellten Bericht zugrunde liegen. – Da diese Arbeitsgruppe über die längeren Erfahrungen und differenzierteren Vorarbeiten zu Wertproblemen in Zusammenhang mit der Technik verfügte und auch die wesentlich allgemeineren Themen behandelte, standen der erste Workshop und damit auch der erste Teil dieses Berichtes im

Zeichen der Technikphilosophie. Der zweite Teil dieses Readers enthält verschiedene Beiträge zur psychologischen Perspektive der Technikbewertung, und im dritten Teil werden schließlich soziologische und sozialpolitische Fragen aufgeworfen und diskutiert.

Zunächst einige Bemerkungen zum ersten Teil: Der Nestor der Technikphilosophie in der Bundesrepublik Deutschland, Hans Sachsse, macht den Auftakt mit einer Kurzfassung seiner großangelegten Anthropologie der Technik. Er sieht die Technik als ein anthropologisches Charakteristikum des Menschen überhaupt. Der Mensch ist nicht nur zur Entlastung und Erweiterung bezüglich anthropologischer Funktionen auf die Technik angewiesen, sondern er ist nach Sachsse zutiefst durch die Technik geprägt, »ist« zum guten Teil seine Technik, und diese gehört notwendig zur Menschwerdung. In der Freisetzung von physischen Belastungen, von Routinearbeit usw. in einer symbolischen, prinzipiell »unblutigen« Evolution der technischen Mittel sind nicht nur die ungeheure Beschleunigung des technischen Fortschritts und die entsprechende Wandlungsdynamik begründet, sondern auch die Probleme der Entfremdung in der technischen Welt und der psychischen sowie sozialen Rückwirkungen ständig nötiger flexibler Neuorientierungen – bis hin zu den Fragen der technologisch erzeugten strukturellen Arbeitslosigkeit. Wenn wir unverzichtbar auf technische Verfahren und Systeme angewiesen sind, werden wir nach Sachsse neue vertrauensstabilisierende Maßnahmen und Gewohnheiten in vernetzten Systemen der Zusammenarbeit in der komplexen Industriegesellschaft entwickeln müssen.

Dementsprechend muß natürlich die Einbettung in geschichtlich entwickelte Werttraditionen und die zum Teil wandelbaren Bedürfnisstrukturen diskutiert werden. Diese werden in zwei Beiträgen (Oldemeyer, Huning) ausführlich behandelt. Daran anschließend stellt sich für die Gegenwart immer brisanter die Frage nach der Verantwortung für die Auswirkungen der Technik und großtechnischer Projekte, die offensichtlich nicht mehr vom einzelnen Techniker allein getragen werden kann. Es scheinen sich neue Typen sozialer und institutioneller Verantwortung herauszukristallisieren (Lenk), die ersichtlich im Zusammenhang mit der »Technisierung der Gesellschaft« (Ropohl) zu untersuchen sind. Technische Systeme, Verfahren, Instrumente ermöglichen, konstituieren und begrenzen soziale Verhaltensweisen, »vergegenständlichen« gleichsam kulturelle und soziale Prozesse, verfestigen diese überindividuell in Systemen, institutionalisieren sie gleichsam Handlungsträgern. Diese Erkenntnisse führen auch zu neuen Auffassungen von Handlungssystemen in einer Hierarchie von Funktionsträgern, die nicht nur aus dem handelnden Menschen, sondern auch aus technischen Prozessen und Systemen bestehen.

Natürlich haben alle diese Untersuchungen höchste Relevanz für die Technikbewertung im engeren, herkömmlichen ingenieurwissenschaftlichen und quantifizierenden Sinne. Die Einbettung dieser Technikbewertung in philosophisch und psychologisch zu untersuchende Fragekomplexe leistet ein eigener Beitrag, der sich mit den allgemeineren Grundlagen der Technikbewertung befaßt (Rapp). In einem weiteren Kapitel werden die Vorarbeiten der erwähnten VDI-Arbeitsgruppe zu den Grundlagen der Technikbewertung vorgestellt (König).

Im zweiten Teil dieses Bandes werden, wie bereits zuvor gesagt, psychologische Perspektiven der Thematik erörtert. In einem ersten einleitenden Beitrag nehmen Bungard und Schultz-Gambard eine Art Bestandsaufnahme vor, indem sie die bisherigen Bemühungen der Psychologie zum Thema »Technik« kritisch unter die Lupe nehmen. Dabei zeigt sich, daß im Bereich der Angewandten Psychologie technische Sachverhalte öfter den Problemhintergrund der Forschung bilden – man denke z. B. an die Arbeits- und Organisationspsychologie –, daß aber eine »Psychologie der Technik« im Sinne einer grundlegenden Auseinandersetzung mit diesen Prämissen kaum anzutreffen ist. Dieses Defizit ist dabei keineswegs zufällig entstanden, die Autoren versuchen vielmehr darzulegen, daß hierfür wissenschaftshistorische, wissenschaftsstrukturelle und wissenschaftspolitische Faktoren mitverantwortlich sind. Das konstatierte Forschungsdefizit ist um so erstaunlicher, als die Psychologie durchaus ein starkes Eigeninteresse hätte, sich mit dem Thema »Technik« auseinanderzusetzen, entsprechende Perspektiven werden in diesem Zusammenhang dargelegt und diskutiert.

Ein besonders relevanter Bereich der psychologischen Technikbewertung wird von dem »Nestor« der deutschen Arbeitspsychologie in der BRD, Carl Graf Hoyos, im zweiten Beitrag aufgegriffen, nämlich die psychologischen Aspekte der Sicherheitsproblematik. Er führt im einzelnen aus, daß im Rahmen einer globalen Technologiefolgenabschätzung (TA) psychologische Variablen eine zweite Rolle spielen, so daß diese Disziplin in den TA-Prozeß integriert werden muß. Entsprechende Erhebungsinstrumente, wie der »Fragebogen zur Sicherheitsdiagnose« (FSD), und erste Erfahrungen bei der Analyse von Arbeitsplätzen an Industrie-Robotern mit dieser Skala werden beschrieben.

Helmut v. Benda schildert die Probleme von Bildschirm-Arbeitsplätzen aus arbeitspsychologischer Sicht, eine ebenfalls höchst aktuelle Fragestellung, wenn man bedenkt, daß in den neunziger Jahren über die Hälfte der arbeitenden Bevölkerung wahrscheinlich unter anderem an einem solchen Gerät tätig sein wird. Er kommt bei seiner Übersicht zu dem Schluß, daß bei der Einführung derartiger Technologien gesicherte arbeitswissenschaftliche Kriterien berücksichtigt werden müssen, da andernfalls diese von den Benutzern nicht akzeptiert werden und so zu einem wirtschaftlichen Mißerfolg führen können.

Nach den beiden Arbeiten aus dem Bereich der angewandten Arbeits- und Organisationspsychologie versuchen Fleischer und Winter die Möglichkeiten und Grenzen eines Beitrages der Ökopsychologie zum Social Impact Assessment auszuloten. Bei solchen Social Impact Assessments geht es darum, die möglichen sozialen und psychischen Folgewirkungen technischer Planungsmaßnahmen prospektiv abzuschätzen und zu bewerten. Die Ökopsychologie, die die Beziehung von Personen zu ihrer alltäglichen Umwelt zum Gegenstand hat und sich entsprechend um theoretisch angemessene Konzeptualisierungen der Mensch-Umwelt-Interaktion bemüht, verfügt inzwischen über einen ausreichenden Vorrat an professionell vertieftem Allgemeinwissen, so daß sie zu einem wichtigen Bestandteil solcher Assessments werden kann. Die Autoren weisen darauf hin, daß insbesondere auch auf methodische Innovationen aus dem Bereich der Ökopsychologie, z.B. die »K-21-Methode« von Roger Barker (1978), zurückgegriffen werden kann. Ökopsychologen können weiterhin direkt bei der Beschaffung von Spezialwissen für einzelne Assessment-Schritte beteiligt werden, und sie können schließlich den Assessment-Prozeß selbst psychologisch analysieren, um die Entscheidungsprozesse zu optimieren.

Werbik und Zitterbarth beschäftigen sich in ihrem Artikel ebenfalls mit der »Technology-Assessment«-Thematik. Sie stellen dabei das mehr oder weniger explizit formulierte Ideal einer derartigen Technikbewertung, nämlich Lösungen auf deduktivem Wege unter Zugrundelegung nomologischer Theorien zu erlangen, in Frage. Sie überlegen statt dessen, ob es nicht besser sei, wenn der Vorgang gleichsam auf den Kopf gestellt wird. Damit ließe sich der gesamte Prozeß der Technikbewertung als eine prinzipiell dialogförmig strukturierte gemeinsame Bemühung um Konsensfindung verstehen, in der gelegentlich gewisse nomologische Wissensbestände Hilfsfunktionen besitzen können. Technikbewertung und insbesondere der psychologische Beitrag dazu erweist sich also notgedrungen als ein Prozeß der Konsensbildung, der wiederum nicht losgelöst vom jeweiligen Personenkreis gesehen werden kann.

Mit der grundsätzlichen Rolle eines Psychologen beim »Umgang« mit der Technik setzt sich ebenfalls Seel in seinen Ausführungen auseinander. Er plädiert dafür, daß psychologische Analysen schon bei der Technik selbst ansetzen und sie nicht als bloße Rahmenbedingung für menschliches Handeln und Erleben auffassen sollten. Die Psychologie muß dabei über die traditionellen Grenzen ihrer Fachdisziplin hinausschauen und z.B. die Frage aufgreifen, warum wir offensichtlich dazu neigen, technische Entwicklungen als etwas aufzufassen, das eine von menschlichen Wünschen und Werten weitgehend unabhängige Eigendynamik aufweist. Seel legt seiner Argumentation ein handlungstheoretisches Konzept zugrunde und reflektiert das Problem der Technikbewertung vor dem Hintergrund des grundlegenden, kulturell unterschiedlichen und in der gesellschaftlichen Handlungsorganisation konkret praktizierten Verhältnisses des Menschen zur Natur.

Der dritte Teil dieses Sammelbandes umfaßt insgesamt fünf sozialwissenschaftliche Artikel an der »Demarkationslinie« zwischen Psychologie und Soziologie bzw. Sozialpolitik. Er beginnt mit einem allgemeinen Beitrag zu wissenschaftssoziologischen Perspektiven der Technikbewertung von Werner Langenheder. Der Autor dokumentiert zunächst an einigen historischen Beispielen, daß die Einführung neuer Techniken fast immer auch zwangsläufig mit gesellschaftlichen Auseinandersetzungen verbunden war, und schlägt dann vor, den Januskopf der Technik aus systemtheoretischer Sicht zu analysieren, um daraus spezifische Konsequenzen für eine angemessene Technikfolgenabschätzung ableiten zu können. Die von ihm dargelegten Schlüsse laufen u. a. darauf hinaus, daß Technikfolgenabschätzung, Technikbewertung und vor allem die sozialverträgliche Technikgestaltung eine nicht voneinander zu trennende Einheit von wissenschaftlicher Analyse und politischer Handlung bilden.

Zu einem ähnlichen Ergebnis kommen Bechmann, Gloede und Paschen bei ihrer Untersuchung, inwieweit eine Frühwarnung vor technikbedingten Gefahren möglich ist. Frühwarnung ist in den letzten Jahren zu einer wichtigen politischen Aufgabe geworden, so daß die Bundesregierung unter Hinzuziehung des wissenschaftlich-technischen Potentials der Großforschungseinrichtungen ein »Frühwarnnetz« für das frühzeitige Aufzeigen potentieller Gefahrenfelder und Risiken aufzubauen beginnt, um jeweils entsprechende Maßnahmen ergreifen zu können. Die Grenzen einer solchen Konzeption werden offengelegt: Die verfügbaren wissenschaftlichen Methoden zur Früherkennung von Entwicklungen in offenen Systemen lassen erstens in der Regel keine unbezweifelbaren Erkenntnisse über kausale Zusammenhänge zu, wie an einigen aktuellen Beispielen gezeigt wird. Zweitens gehen in die Analyseverfahren und in die Ergebnisinterpretation zwangsläufig normative Entscheidungen ein, ein Faktum, das mit der Vorstellung wertfreier wissenschaftlicher Analyse nicht kompatibel ist. Die daraus folgenden Probleme bei der politischen Verarbeitung sogenannter wissenschaftlicher Expertisen werden wiederum anhand relevanter Beispiele illustriert.

Angesichts der bisher im dritten Teil vorgebrachten Argumentationsketten stellt sich eine zentrale Frage, wie man nämlich ethische und menschliche Werte in öffentliche Planungsentscheidungen einbringen kann. MacCormac führt hierzu aus, daß traditionelle Kosten-Nutzen-Analysen in diesem Zusammenhang bei weitem nicht ausreichen, und er bietet statt dessen eine zweistufige Entscheidungstheorie an, bei der die erste Stufe dem Schutz der moralischen Rechte einzelner und die zweite Stufe der Verteilung von Gütern aufgrund von Zielen gewidmet ist, welche die Werte und ökonomischen Zwecke verbinden, ohne dabei aber diese Werte auf rein ökonomische Einheiten zu reduzieren. Nach diesen metatheoretischen Arbeiten werden zum Abschluß des dritten Teils konkrete Problemfelder dargestellt, in denen die Frage der Technikbewertung im soziopolitischen Spannungsfeld zur Tagesordnung gehört. Einmal der Bereich der modernen Medientechnik, der von Ronneberger vorgestellt wird. Rühl behandelt den damit zusammenhängenden Bereich der Publizistik und die Frage einer möglichen Gefährdung der Pressefreiheit durch die zunehmende Technisierung.

Soweit einige Hinweise zu den Beiträgen dieses Sammelbandes. Zusammenfassend läßt sich zum Abschluß dieser Einleitung folgendes sagen: Aus dem Pioniercharakter des Anfangsstadiums ergibt sich, daß die hier vorgelegten Ergebnisse der ersten beiden Symposien zu einer interdisziplinären Kooperation von Technikphilosophen und Technikpsychologen natürlich den Stempel des ersten Versuchs tragen. Die Organisation einer von dringenden Problemen veranlaßten Interdisziplinarität muß nicht notwendig in ein Dilemma führen, bereitet aber erhebliche Schwierigkeiten, wenn der bearbeitete Bereich nicht in einer klassischen Disziplin zwischen den Wissenschaften, einer einheitlichen Interdisziplin wie etwa der physikalischen Chemie stattfindet. Auf beiden Seiten der bilateralen Kooperation werden ganz unterschiedliche Instrumentarien der Mutterwissenschaften – in gewissem Sinne gar aus verschiedenen Fakultäten – angewandt: die Psychologie hat nicht nur einen geistes-, sondern auch einen ausgedehnten eher naturwissenschaftlichen Teil (vgl. Bungard 1984).

Alle diese Ansätze lassen sich vorderhand nicht durch ein unbezweifeltes einheitliches methodologisches Konzept über die Disziplin- und Fakultätsgrenzen hinweg kennzeichnen. Zudem kommt erschwerend hinzu, daß es nicht nur um bilaterale Interdisziplinarität, sondern um multidisziplinäre Zusammenarbeit zwischen technikwissenschaftlichen, sozialwissenschaftlichen und geisteswissenschaftlichen sowie philosophischen Disziplinen geht. Ferner stellen sich methodologische Typenprobleme bei der Rolle multidisziplinärer interdisziplinärer Zusammenarbeit schlechthin (vgl. Lenk 1980), die hier nicht näher behandelt werden können. Eine undogmatische, gesprächsbereite, praxiszugewandte Philosophie kann freilich hier klärend wirken – nicht nur als Forum zwischen den unterschiedlichen disziplinären Ansätzen, die der Philosoph als Spezialist für das Allgemeine moderierend koordinieren sollte, sondern als analytische Begriffsklärung und wissenschaftstheoretische Analyse – sowie schließlich als analytisch orientierte Wertphilosophie. Günstig wirkt sich der Umstand aus, daß die beteiligten Technikphilosophen zumeist wissenschaftstheoretisch geschult sind und somit Verständnis für jede Diskussion mit Fachwissenschaftlern mitbringen. Auch scheint ein ernüchternder, gegen Dogmen und Anmaßungen wirkender Effekt von der wissenschaftstheoretischen Analysearbeit auszugehen. Überpointiertes oder forciertes utopisches Denken blieb den Beiträgen und Diskussionen fremd. Die Realität unserer Technischen Welt an sich erscheint schon utopisch genug: Überholt nicht ständig die Technik die Science-fiction von gestern – und das in geradezu rasendem Tempo?

Die Ansätze zu einer interdisziplinären Konfrontation und Kooperation zwischen Philosophie und Psychologie im Bereich der äußerst dringlichen Probleme der Technik und ihrer psychischen sowie sozialen Wirkungen sind – wie erwähnt – Versuche, Neuland zu betreten, doch diese erweisen sich als vielversprechend. Im Interesse der Menschen, die von der Technik zunehmend betroffen und abhängig sind, die sie aber auch gestalten und letztlich verantworten müssen, gilt es, über die hier vorgelegten tastenden Anfangsschritte schnell hinauszukommen und zu einer geregelten gegenstands- wie problemangemessenen pragmatischen Zusammenarbeit auf Dauer zu gelangen. Probleme des Technischen sind nicht nur technische, sondern gesellschaftliche, psychische, philosophische, politische usw. Die Technik ist heute und künftig zu wichtig, als daß man sie allein den Technikern überlassen dürfte. Doch läßt sich ohne wesentliche Beteiligung von Technikern und Technikwissenschaftlern natürlich auch keine adäquate Diskussion über die Grundlagen technischer Verfahren und Systeme führen. Einige der beteiligten Autoren können sich auf eine technische oder naturwissenschaftliche Grundqualifikation stützen. Gerade im Bereich der psychologischen bzw. sozialwissenschaftlichen und philosophischen Diskussion sollten jedoch mehr Mitwirkende über eine entsprechende Doppelqualifikation verfügen. Bis zur Einlösung dieser Forderung ist es aber noch ein weiter Weg.

Vielleicht können Workshops, regelmäßige Diskussionen und daraus entstehende Sammeldiskussionen wie die vorliegende einen Grundstein für die nötigen Ergänzungskurse in technischen einerseits und geisteswissenschaftlichen oder psychologischen Kursen andererseits legen.

Literatur

Allensbacher Archiv, IfD-Umfragen.

Barker, R. G. (1978), »Theory of Behavior Settings«, in: Barker, R. G. und andere, *Habitats, Environments, and Human Behavior. Studies in Ecological Psychology and Eco-Behavioral Science from the Midwest Psychological Field Station, 1947-1972*, San Francisco, CA: Jossey-Bass.

Bungard, W. (1984), »Psychologische Forschungsmethoden«, in: Lück, H. E., Miller, R., Rechtien, W. (Hg.), *Geschichte der Psychologie in Schlüsselbegriffen*, München: Urban und Schwarzenberg, S. 40-49.

Huning, A. (1974), *Das Schaffen des Ingenieurs*, Düsseldorf.

Inglehart, R. (1977), *The Silent Revolution. Changing values und political styles among western publics*, Princeton, New York.

Inglehart, R. (1979), »Wertewandel in den westlichen Gesellschaften. Politische Konsequenzen von materialistischen und postmaterialistischen Prioritäten«, in: Kmieciak, P. (Hg.), *Wertewandel und gesellschaftlicher Wandel*, Frankfurt, S. 279-316.

Lenk, H. (1971²), *Philosophie im technologischen Zeitalter*, Stuttgart.

Lenk, H. (1978), »Philosophie als Fokus und Forum. Zur Rolle einer pragmatischen Philosophie«, in: Lübbe, H. (Hg.), *Wozu Philosophie?*, Berlin/New York, S. 35-69.

Lenk, H. (1979), *Pragmatische Vernunft*, Stuttgart.

Lenk, H. (1980), »Interdisziplinarität und die Rolle der Philosophie«, in: *Zeitschrift für Didaktik der Philosophie* 2, H. 1, S. 10-19.

Lenk, H. (1982), *Sozialphilosophie der Technik*, Frankfurt.

Ministerium für Wissenschaft und Kunst Baden-Württemberg (Hg.) (1982), *Kritik an der Technik und die Zukunft der Industrienation*, Villingen-Schwenningen.

MWK (1982), *Gründe und Hintergründe. Informationen des Ministeriums für Wissenschaft und Kunst Baden-Württemberg* 2, April.

Oldemeyer, E. (1983), »Entwurf einer Psychologie des menschlichen Verhältnisses zur Natur«, in: Großklaus, G./Oldemeyer, E. (Hg.), *Natur als Gegenwelt*, Karlsruhe, S. 15-42.

Rapp, F. (1978), *Analytische Technikphilosophie*, Freiburg-München.

Rapp, F./Durbin, P. T. (Hg.) (1982), *Technikphilosophie in der Diskussion*, Braunschweig-Wiesbaden.

Ropohl, G. (1979), *Eine Systemtheorie der Technik*, München.

Ropohl, G. (Hg.) (1981), *Interdisziplinäre Technikforschung*, Berlin.

Sachsse, H. (1972), *Technik und Verantwortung*, Freiburg.

Sachsse, H. (1978), *Anthropologie der Technik*, Braunschweig.

Zimmerli, W. (Hg.) (1976), *Technik – oder: Wissen wir was wir tun?*, Basel-Stuttgart.

1 Zur Technikphilosophie

Hans Sachsse
Zur Physiologie der Wahrnehmung und des Verhaltens
Der Zwang zum Vertrauen

Die Sinne sind das Tor zur Welt. Alle Vorstellungen, die wir
besitzen und nach denen wir uns in unserem Verhalten richten,
sind uns von unseren Sinnen vermittelt. Es ist daher eine nahelie-
gende Aufgabe der Erkenntnistheorie, diese Naturgegebenheiten,
die die Rahmenbedingungen für unser Weltbild liefern, zu studie-
ren. Allerdings sind die Philosophen den naturwissenschaftlichen
Grundlagen der Erkenntnis aus dem Weg gegangen. Descartes
hat der Erkenntnis die *res cogitans* als eigene unabhängige Substanz der Natur gegenübergestellt und damit jeden Einfluß der
Natur auf das Denken abgeschnitten. Kant hat von einer physiologischen Anthropologie, wie er sich ausdrückt, nichts gehalten,
alles theoretische Vernünfteln über die Gehirnnerven und Fasern
sei reiner Verlust (Kant 1798/1800, BA II, IV, V, VI). Aber heute,
wo wir den Problemen unserer Naturwissenschaft und Technik
ausgesetzt sind, ist es eine dringende Aufgabe, daß wir uns über
die Möglichkeiten und Grenzen dieser Schleusen unserer gesamten Bewußtseinsinhalte klar werden und aus diesen Gegebenheiten auch die erforderlichen Konsequenzen für unser Verhalten
ziehen.

Der Handlungscharakter der Wahrnehmung

Die ursprüngliche Funktion der Sinne ist nicht, uns Erkenntnis,
uns ein Abbild der Welt zu vermitteln, das ist vielmehr ein spätes
Ziel reifer Entwicklung, sondern die Sensorik ist von der Evolution in genauer Abstimmung mit der Motorik als sensomotori-
sches System entwickelt worden, die Sinne dienen der Beweglichkeit, der Orientierung und dem Schutz. Als Hilfsinstrumente bei
der Suche nach der Nahrung, nach dem Partner und dem Nest
werden sie in strenger Auswahl von der Selektion herausgezüch-
tet, sie melden nur das für die Existenz Bedeutungsvolle und

schützen das Individuum vor dem chemischen Trommelfeuer der Reize. Vor allem stehen sie im Dienste des Stoffwechsels. Nase, Augen und Ohren befinden sich in der unmittelbaren Nähe des Mundes. Der Mund selbst ist ein Sinnesorgan, die Mundhöhle ist reich mit Tast- und Geschmacksrezeptoren besetzt, und die Kinder stecken alles in den Mund, um festzustellen, um was es sich handelt.

Wie begrenzt unser Wahrnehmungsfeld ist, haben uns unsere technischen Hilfsmittel gezeigt. Das sichtbare Licht ist nur ein sehr kleiner Ausschnitt aus dem großen Bereich der Strahlung, lange Wellen und Röntgenstrahlen sehen wir nicht. Wir haben kein Sinnesorgan für die Elektrizität, für elektrische und magnetische Felder, und von den Größendimensionen erkennen wir nur einen kleinen Bereich, der nicht allzu weit von unserer Körpergröße entfernt ist.

Das Studium der Evolution der Sinnesorgane zeigt sehr deutlich, wie sie zunächst nur auf ganz wenige, wichtige Reize abgestellt sind, auf optische und akustische Signale, und wie mit dem Fortschritt der Entwicklung langsam ein größerer Bereich der äußeren Wahrnehmung lebenswichtig wird, so daß aus der Summe der Reize schließlich ein Abbild der Welt wird, ein Abbild aber, das immer noch sehr unvollkommen ist und durchgehend seine subjektive Bestimmung aufweist. Bereits die physikalische Wirklichkeit ist transzendent. Sie ist anders und sehr viel umfassender, als unsere Sinnesorgane uns jemals werden berichten können.

Entsprechend ihrer Funktion als Suchorgane sind die Sinne keineswegs auf passiven Empfang beschränkt, sondern sie unterliegen der intentionalen Steuerung durch das Subjekt. Die sprachlichen Ausdrücke von Blicken, Spähen, Lauern, Lauschen, Horchen, Wittern, Tasten lassen das noch erkennen. Beim Wahrnehmen spielt das Nehmen eine Rolle und bei der Erfahrung die aktive Funktion des Fahrens. In seinem Buch über die Sinnesphysiologie schreibt H. Hensel: »Der intentionale Charakter der Sinneswahrnehmung bedeutet, daß zwischen Wahrnehmen und Bewegen kein prinzipieller, sondern nur ein gradueller Unterschied besteht« (Hensel 1966, S. 29).

Bewertungsprinzipien der Wahrnehmung

Dieses biologisch optimale Abbild der Welt ist die Leistung des zentralen Nervensystems, das uns über den Empfang und die weitläufige Verarbeitung der physikalischen Reize die Bewußtseinsinhalte liefert. Die rechte Einstufung und Bewertung ist hier das Ergebnis langer evolutiver Anpassung. Das Nervensystem ist ein Apparat von kaum vorstellbarer Komplexität und Differenzierung. Allein der Nervus opticus, der die Netzhautreize zur Großhirnrinde leitet, verfügt über 800 000 parallel laufende Nervenfasern. Die Gesamtlänge der Nervenfasern im menschlichen Körper beträgt 480 000 km. Sie sind alle miteinander verbunden und stellen eine Einheit dar. Bezüglich der Zahl ihrer Verbindungen, des Komplexitätsgrades und der Organisationshöhe stellen sie unsere Telefonsysteme in den Schatten.

Wir fragen nun nach den Bewertungsprinzipien der Wahrnehmung. Die Wahrnehmung wird von unseren Bedürfnissen gesteuert, von dem, was wir suchen. Welche Merkmale sind es, die wir bevorzugt heraussuchen? Es ist das Prägnante, das Konstante und die Veränderung, so daß wir bei der Wahrnehmung Prägnanzleistung, Konstanzleistung und Differentialleistung unterscheiden. Die *Prägnanzleistung* unterdrückt die unbestimmten und undeutlichen Informationen und wirkt im Sinne einer klaren Entscheidung des »Entweder-Oder«. Wir sehen die Formen und diskreten Unterschiede schärfer, als sie in Wirklichkeit sind. Dieser Zug zur Bewahrung und Verschärfung der Formen ist bereits durch die Selektivität der chemischen Bindungskräfte vorgegeben. Die Tatsache der Valenzabsättigung führt zu eindeutigen Alternativen: das Atom A geht mit B oder C eine Verbindung ein, aber wenn es sich mit einem verbunden hat, stößt es das andere ab. Die Einteilung des Kontinuums der Wirkungen in die beiden Klassen des »Ja« und des »Nein« erfährt durch die Arbeit des Nervensystems eine weitere Verstärkung. Ein von außen kommender Reiz erzeugt in der Rezeptorzelle, z. B. in der Netzhaut des Auges, eine der Reizstärke proportionale Erregung. Diese Erregung wird aber nur dann weitergeleitet, wenn sie einen bestimmten Schwellenwert überschreitet, sonst bleibt sie wirkungslos. Dieses Alles-oder-Nichts-Prinzip ist ältesten Ursprungs, es ist bereits maßgeblich für die Erregbarkeit der Einzeller und beherrscht das gesamte Nervensystem.

Eine weitere Förderung der Prägnanzleistung beruht auf der lateralen Inhibition, wörtlich der seitlichen Hemmung: wenn eine Rezeptorzelle erregt wird, gehen von ihr gleichzeitig Hemmwirkungen auf Nachbarzellen aus, so daß Zwischentöne und Übergänge unterdrückt werden. Die Sinnesphysiologie bringt zahlreiche Beispiele für diese Phänomene (Sachsse 1971, S. 183 ff.). Die biologische Bedeutung der Prägnanzleistung beruht auf der Verstärkung der Verhaltensstabilität: sie unterdrückt das Zweifelhafte und verschärft die Eindeutigkeit. Sie läßt sich vergleichen mit dem Wahlsystem der demokratischen Staaten, denen es auch um die Eindeutigkeit geht: der Kandidat, der den Stellenwert der Mehrheit erreicht, repräsentiert das Ganze, und die Stimmen der Minderheit fallen unter den Tisch.

Konstanzleistung. Unter Konstanzleistung verstehen wir, daß die Sinne aus dem Fluß der Ereignisse bevorzugt dasjenige herauslesen und registrieren, was sich wiederholt und konstant ist. Nun gibt es genaugenommen nichts, was unverändert verharrt. Aber wenn sich die Einzelheiten auch verändern, so gibt es doch allgemeine Merkmale, die mehr oder weniger konstant bleiben und an denen wir die Dinge wiedererkennen und identifizieren. Die Merkmale einer Gattung überdauern die Merkmale einzelner Individuen. Die Wahrnehmung wird daher um so mehr Konstantes auffinden, je mehr sie von konkreten Einzelheiten absieht. Die Attrappenversuche bei Tieren zeigen, wie Merkmale von hohem Allgemeinheitsgrad für das Erkennen und für die biologische Bedeutung ganzer Klassen von Objekten maßgeblich sein können.

Der hohe Wert des Konstanten beruht darauf, daß es ein Merkmal des Zukünftigen ist, daß es die Prognose gestattet. Auch hiervon macht das Verhalten der Tiere unbewußt Gebrauch, die Sinnesphysiologie bietet zahlreiche Beispiele, wie mit Hilfe komplizierter Schaltungen das Konstante aufgefunden wird (Sachsse 1971, S. 190 ff.). Es sei nur daran erinnert, wie wir die Eigenfarbe von Gegenständen trotz verschiedener Beleuchtung weitgehend richtig registrieren können.

Indem die sinnliche Wahrnehmung vom Konkreten absieht und auf das Allgemeine ausgerichtet ist, weil nur dieses konstant ist, abstrahiert sie. Der Wahrnehmung liegt eine unbewußte Abstraktion zugrunde, die auch bei der tierischen Wahrnehmung die entscheidende Rolle spielt. Der rote Bauch des Stichlingsmännchens ist für das Weibchen ein hochabstraktes Symbol für eine ganze Klasse von Individuen und Verhaltensweisen. Die Attrappenforschung ist das Studium dieser abstrakten, lebenswichtigen Symbole. Aber auch der Eindruck, den wir von einem Menschen, von einer Landschaft, von einem Gebäude haben, ist für uns das Signal einer allgemeinen, über das betreffende Subjekt hinausreichenden Qualität. Im Lernprozeß, bei der bewußten Erkenntnisbemühung, bei der Forschung setzen wir dieses Suchen nach dem Gleichbleibenden in der Natur fort, und wir wechseln nur von der unbewußten zur bewußten Abstraktion.

Bei aller Bemühung um die Erkenntnis müssen wir uns vergegenwärtigen, daß es das Allgemeine als Allgemeines in Wirklichkeit nicht gibt. Es ist nur ein Merkmal, das nicht für sich alleine vorkommt. Alle Mathematik ist eine Idealisierung. Nie fallen zwei Körper wirklich gleich schnell, weil die realen Widerstände und Schwerefelder überall verschieden sind. Gerade die umfassenden Gesetze sind hochabstrakt, das bedeutet, daß man sie nur erhält, wenn man viel abstrahiert, wenn man viel vernachlässigt und wegläßt. Sie sind überhaupt nur auf dem Wege dieser eingrenzenden Idealisierung, die wir von der Wahrnehmung übernommen haben, erreichbar.

Mit der Prägnanz- und der Konstanzleistung sind auch die Grundlagen der Logik vorgegeben. Wesentlich für die Logik ist die Wohlunterscheidbarkeit wie die konstante Identität der Objekte, daß ein Teller ein Teller ist und nicht ein Weinglas und daß ich ihn auch als einen Teller wiedererkennen kann. Wären unsere Sinne nicht darauf ausgerichtet, aus der Flut der Ereignisse das Eindeutige wie das Andauernde herauszulesen – und in gewissem Umfang auch hereinzulesen –, so wären wir nicht in der Lage, die Logik zu unserer Orientierung zu verwenden. Damit ergibt sich: Die logischen Formen sind weder der Umwelt eigen, noch sind sie Schöpfungen des Subjekts, sondern sie sind das Produkt der Wechselwirkung von Subjekt und Umwelt infolge der Art und Weise, wie die nervale Substanz mit den Informationen reagiert. Die Tatsache, daß die Wahrnehmung das Regelmäßige und Allgemeine stärker hervorhebt, als es in Wirklichkeit vorhanden ist, erklärt auch den Täuschungscharakter des sogenannten induktiven Schlusses, die Tatsache, daß wir instinktiv dazu neigen, die Einzelbeobachtung ungemäß zu verallgemeinern.

Als drittes Prinzip nannten wir die *Differentialleistung*. Sie befaßt sich mit der Wahrnehmung der Veränderungsgeschwindigkeit. Sie trägt ihren Namen vom Differentialprinzip der Kybernetik, bei dem die Größe einer Rezeptorerregung proportional der Veränderungsgeschwindigkeit einer Meßgröße ist. Die biologische Bedeutung der Differentialleistung beruht darauf, daß sie in hervorragendem Maße das Alarmsignal liefert. Daher gehört sie zu den ältesten und auch zu den schärfsten Sinnesleistungen. Die Kleider auf der Haut spüren wir nicht, aber wenn sich eine Fliege auf unsere Hand setzt, merken wir es sofort. Das Bewegte wird bevorzugt wahrgenommen. Will man sich bemerkbar machen, winkt man. Viele Tiere sehen überhaupt nur Bewegtes. Daher gewährt der Totstellreflex Schutz. Auch die Peripherie des menschlichen Auges spricht nur auf Bewegtes an. Man merkt z. B. beim Lesen, daß sich seitlich etwas bewegt hat, ohne daß man Farben und Formen erkennen kann. Erst wenn man den Blick hinwendet, gewinnt man die bildliche Vorstellung. Hier wird auch der Alarmcharakter der Differentialleistung deutlich.

Bevor man die speziellen kybernetischen Schaltungen kannte, die es ermöglichen, daß eine Nervenerregung direkt proportional der Veränderungsgeschwindigkeit einer Meßgröße ist (Sachsse 1971, S. 203 ff.), war es ein Problem, wie Veränderung überhaupt wahrgenommen werden kann. Den krassesten Standpunkt haben Parmenides und seine Schüler eingenommen. Zenon argumentiert: Wenn ein Pfeil sich an einem Ort befindet, fliegt er nicht; wenn er aber fliegt, so befindet er sich an keinem Ort. Da er aber irgendwo ist, so kann er also nicht fliegen. In der Tat sehen wir aber den Pfeil aufgrund der Differentialwahrnehmung unmittelbar als fliegenden, weil unsere Sinnesorgane die Veränderung als solche wahrnehmen. Alle diese Phänomene werden durch spezielle, uns bekannte Schaltungen der Nervenfasern bewirkt.

Man erfährt auch mit einem Wahrnehmungsakt das Tempo und den Duktus von Veränderungen, erlebt Veränderungsformen als Zeitgestalten, bei der Musik und beim Tanz. Damit ist auch das Problem der Zeitwahrnehmung, das den Philosophen Mühe macht, gelöst. Wir spüren unmittelbar die dichte, erlebte Zeit, die sich nicht anhalten läßt, und auch die sich dehnende, eindrucksarme Zeit, die träge dahinschleicht.

Hinter den Wahrnehmungen stehen Bedürfnisse. Wir suchen nicht nur das Gleichbleibende, Konstante, sondern auch die Veränderung, das Neue. Konstanz- und Differentialleistung stehen in dem Spannungsverhältnis, das unserem gesamten Leben den Stempel aufdrückt.

Der ambivalente Charakter der Wahrnehmung

Auf der Suche nach Bewertungsmaßstäben der Sinneswahrnehmung haben wir bis jetzt nur formale Prinzipien behandelt. Es fragt sich nun, was die Wahrnehmung inhaltlich aufsucht. Sie ist der Spiegel unserer Bedürfnisse, und jeder Wahrnehmungsakt ist von einer Bewertung getragen. Wenn wir Etymologie betreiben, finden wir in allen Benennungen auch Bewertungen. Nun ist es hier nicht möglich, auf die Bedürfnislehre im Detail einzugehen, wir wollen aber auf ein physiologisches Grundprinzip der Bewertung eingehen, das unserer Wahrnehmung und unserem Verhalten zugrunde liegt.

An alle wissenschaftlichen Aussagen und Systeme wird die strenge Anforderung gestellt, daß sie keine logischen Widersprüche enthalten. Die logische Kohärenz ist geradezu die Bedingung für die Wahrheit. Das wirkliche Verhalten der Menschen ist aber ganz anders. Hier scheint die Logik keine besondere Rolle zu spielen. Das erleben wir täglich. Die realistischen Romane schildern es anschaulich. Wenn ein Autor seine Personen nach logischen Gesichtspunkten handeln läßt, sie eindeutig als gut oder als schlecht darstellt, so empfinden wir das als unnatürlich und gezwungen. Die Literatur verwendet den Bruch mit der Logik, um der Darstellung die Tiefe und Lebenswahrheit zu geben. Es kommt immer anders als man denkt. Der Begriff der Tragik ist logisch schwer zu interpretieren. Zwischen unseren gedanklichen Systemen und dem Verhalten der Menschen klafft ein Abgrund, welchen Gesetzen folgt das Verhalten?

Die Humanwissenschaften tun sich schwer, es zu interpretieren und es vorauszusagen. Sie flüchten in die Statistik, aber die bringt nur Mittelwerte und sagt nichts über das Verhalten des Einzelnen. Wie lange ich leben werde, erfahre ich nicht aus der Sterbestatistik. Der englische Physiker John Ziman hat ein gutes Buch über die Zuverlässigkeit der wissenschaftlichen Erkenntnis geschrieben. Um die Beziehungen zwischen den Geschlechtern zu erkennen, rät er zur Lektüre von Anna Karenina oder Madame Bovary.

Der Dichter artikuliere die universellen Elemente in unserem Ge-
fühlsleben und lehre uns über die Menschheit mehr als jede formale Theorie (Ziman 1982, S. 151). Was ist die Ursache dieser
aufregenden Diskrepanz? Das widersprüchliche Verhalten des
Menschen wurzelt in der Ambivalenz seiner Gefühle und Wahrnehmungen. Unsere inneren Stimmen haben nicht die gleiche
Eindeutigkeit wie unsere sinnlichen Wahrnehmungen. Bei der
Reflexion kommt uns zum Bewußtsein, daß jede Liebe Haß enthält und jeder Haß Liebe. Es gibt auch Worte, die die Gegensätze
umspannen, lateinisch altus heißt gleichzeitig hoch und tief, und
griechisch deinos bedeutet ebenso furchtbar wie tüchtig und geschickt. Man spricht von polaren Begriffen und Symbolen. Hier
wurzelt auch das Phänomen der Dialektik. In der Naturwissenschaft spielt das praktisch keine Rolle, da sie ihre Begründung in
den Phänomenen der äußeren Sinne findet, die im wesentlichen
eindeutig sind.

Die Ambivalenz der Gefühle, die in unserem Leben allzu oft eine
schwerwiegende Rolle spielt, hat einen physiologischen Grund.
Unserem Nervensystem und damit unserer Wahrnehmung und
Motivation liegt eine bipolare Schaltung zugrunde, das bedeutet,
daß bei allen nervalen Steuerungen sich zwei Pole, zwei Steue-
rungszentren gegenüberstehen. Die Temperatur wird wahrgenommen von Rezeptoren, die sich in der Haut befinden. Es gibt
zwei Systeme, einerseits die Wärmerezeptoren, die von 25 °C bis
48 °C mit steigender Temperatur vermehrte Impulse zum Wär-
mezentrum im Hypothalamus senden, und andererseits die Käl-
terezeptoren, die von 40 °C bis 15 °C mit fallender Temperatur
eine Steigerung der Impulsdichte zum Kältezentrum vermitteln.
Man sieht daraus, daß Kälte nicht fehlende Wärme ist, sondern
eine eigene Qualität hat. Ein derartiger Antagonismus beherrscht
das gesamte Nervensystem, alle wichtigen Zustandswerte, Blut-
druck, Blutzucker, Körpertemperatur, Gefäßspannung, werden
von zwei gegeneinander geschalteten Zentren im Gleichgewicht
gehalten.

Man fragt, wie es zu dieser komplizierten Schaltung gekommen
ist, welche biologischen Vorteile sie besitzt? Zwei Punkte sind
wesentlich. Wenn nur eine Kraft bei der Zustandsveränderung am
Werke ist, muß sie im Ruhezustand Null werden, zwei Kräfte
lassen sich im Gleichgewicht gegeneinander spannen, so daß sie
im Störungsfall schneller mobilisierbar sind. Mit zwei Händen

hat man das Steuerrad schärfer im Griff als mit nur einer. Bei technischen Systemen bedarf es dieses Aufwandes nicht, weil sie nicht so vielseitigen und tiefgreifenden Störungen ausgesetzt sind wie die biologischen. Der Zustand gespannter Aufmerksamkeit ist ein Beispiel für das Gleichgewicht gegeneinander geschalteter Kräfte.

Der zweite Vorteil des antagonistischen Systems besteht darin, daß die beiden Wege, die sich im Gleichgewicht kompensieren, im einzelnen verschieden gestaltet sein können. Das ermöglicht einen Pendelprozeß um das Gleichgewicht, bei dem die körperlichen Zustandswerte einem Wechsel unterliegen, der sich ergänzt. Diesem Umstand verdankt der Rhythmus seine große biologische Bedeutung, beim Herzschlag, bei der Atmung, beim Wachen und Schlafen, aber auch bei den längerfristigen Prozessen des Wachstums, Alterns und Sterbens. Diesem Wechsel unterliegt auch unsere gesamte Wahrnehmungsaktivität. Die Bedürfnisse werden von den Hormonen gesteuert, die wörtlich die Antreiber heißen. Sie wirken über die Affektivität und Emotionalität. Der Hungrige sieht die Welt mit anderen Augen als der Satte. Wir nennen Gegensätze, die nicht gleichzeitig realisierbar sind, die sich aber ergänzen und auch einander steigern und provozieren, komplementär. Man wird um so müder, je wacher man war, und man ist um so wacher, je besser man geschlafen hat.

Daß unser Zustand ein Saldo von Gegensätzen ist, kommt uns nur wenig zum Bewußtsein, da zumeist nur das Resultat von Prozessen bewußt wird. Auch von der Nahrung merken wir nur, wie sie schmeckt und was sie ausrichtet, aber nicht wie sie verdaut wird. In Wirklichkeit ist der Mensch komplizierter und hat mehr Möglichkeiten zur Anpassung auf Lager, als er es spürt, und das ist auch nötig, um der wechselvollen Wirklichkeit gerecht zu werden, und wenn wir reflektieren, merken wir es auch.

Die Bipolarität hat nicht nur eine alltägliche, sondern auch eine gewaltige geistesgeschichtliche Bedeutung. Man denke nur an die großen Umbrüche und Bekehrungen, an Augustinus, an Franziskus von Assisi, an Paulus auf dem Ritt nach Damaskus.

Die mangelnde Logik im Verhalten ist genaugenommen nur vorgetäuscht, in Wirklichkeit findet ein Umsprung in den Bewertungen statt. Die Bewertungen ihrerseits sind logisch aber nicht ableitbar, sondern sie sind spontane innere Entscheidungen. Sie sind die Voraussetzungen, die Axiome, die für die Durchführung des

Handlungsprogramms maßgebend sind. Aus der Physiologie folgt nun, daß die Bewertung antagonistischen physiologischen Einflüssen unterliegt. Die Wirkung der inneren Befindlichkeit auf Optimismus und Pessimismus darf man nicht unterschätzen.

Die abendländische Entwicklung hat diesen Einfluß weitgehend verdrängt und im Verhalten die Treue zur einmal gegebenen begrifflichen Formulierung gefordert. Aber auch die Kritik am Wort ist alt. Die Religionsstifter, von der Unzulänglichkeit des Wortes überzeugt, sprechen in Gleichnissen, und die Jünger sagen zu Jesus: »Herr, Du sprichst harte Worte« (Joh. 6,60). Die Asiaten haben sich bei der Begriffsbildung anders als die Griechen nicht an der äußeren Wahrnehmung orientiert, sondern am inneren Erleben, und daher ist für sie die Polarität eine natürliche und selbstverständliche Eigenschaft alles Seienden. Daher legen sie den Menschen auch weniger fest auf das, was er einmal geäußert hat, und sie haben ein Gefühl dafür, bei der Änderung der Einstellung wohl zu unterscheiden zwischen Opportunismus und innerer Umkehr. Das Umdenken ermöglicht ja nicht beliebige Anpassung, sondern nur das Auffinden des jeweils ergänzenden komplementären Gegensatzes.

Praktische Konsequenzen

Die hier vorgelegte Betrachtung kann das Phänomen der Erkenntnis nicht ausschöpfen, da sie nur die naturwissenschaftlichen Bedingungen erörtert. Trotzdem ist sie von existentieller Bedeutung, da unser Verhalten naturgemäß von den Bedingungen abhängt, die uns gegeben sind. Daher die Frage: Was läßt sich aus den genannten Gegebenheiten lernen?

In dem komplizierten, verflochtenen System der technischen Zivilisation können die Menschen offenbar nur zusammen existieren, wenn sie sich ausreichend verständigen. Nun gibt es heute große Meinungsverschiedenheiten über technische Projekte, die bis an den Rand des Bürgerkrieges führen. Die zwischenmenschliche Verständigung ist zu unserem Existenzproblem geworden. Nun gibt es eine lebhafte Bemühung um Verständigung, es wird viel diskutiert, aber bei diesen Diskussionen wird die Tatsache des ambivalenten Charakters von Wahrnehmung und Verhalten wenig berücksichtigt. Und einem derart polaren Denken ist durch die rationale Argumentation schwer beizukommen, weil diese eingleisig ist. Aufgrund ihrer großen Erfolge sind wir auf die Methoden der Wissenschaftlichkeit ziemlich eingeschworen, und wir sind bemüht, alle Probleme zu verwissenschaftlichen. Aber menschliches Bewerten und Verhalten, menschliche Entscheidungen sind wissenschaftlich schwer zu verstehen, da oft durch die Ambivalenz die logischen Prämissen im Ursprung ausgewechselt werden. Auch solcher Umbruch ereignet sich wohl aufgrund von psychischen und physischen Gesetzen, die von Mensch zu Mensch verschieden sein mögen, aber der wissenschaftlichen Erkenntnis ist dieser Bereich der Natur des Menschen noch verschlossen. Nun kommt hinzu, daß unsere wissenschaftlich-technische Entwicklung einen Komplexitätsgrad erreicht hat, der für den Nicht-Fachmann völlig undurchschaubar geworden ist, wir sind alle gezwungen, uns auf Gehörtes, das wir nicht überprüfen können, zu verlassen. Aber auf wen sollen wir uns angesichts der vielen sich widersprechenden Meinungen verlassen? Das ist unser Problem heute.

Nun gibt es eine Weise der Erkenntnis der Glaubwürdigkeit, die über die rationale Argumentation hinausreicht, und von der wir auch ständig, meist unbewußt, Gebrauch machen, das ist das Vertrauen. Das Vertrauen, die Mutmaßung, wie der andere denkt und handeln wird, spielt im praktischen Leben eine große Rolle. Die Wirtschaft hängt davon ab, Kredit heißt der Glaube, die gesamte Personalpolitik, die die entscheidende Aufgabe jeder leitenden Tätigkeit ist, ist eine Sache des Vertrauens, und auch bei unserer repräsentativen Demokratie kommt es allein darauf an, welchem Politiker wir mehr vertrauen. Offenbar handelt es sich bei dem Vertrauen um ein ererbtes und durch unbewußtes und bewußtes Lernen erworbenes Vermögen, das Richtige zu treffen. Manche Menschen besitzen diese Gabe in hohem Umfang, und andere tippen immer daneben.

Trotz seiner offenkundigen Bedeutung wird das Vertrauen heute in der Öffentlichkeit sehr abgewertet. Es gilt das Wort Lenins: Vertrauen ist gut, Kontrolle ist besser. Nun ist Kontrolle gewiß richtig und unersetzlich, man soll sie ausschöpfen, soweit sie reicht. Aber die kritische Überlegung zeigt, daß viele Dinge und gerade die wesentlichen Entscheidungen nicht mehr kontrollierbar sind. Schon Prognosen beruhen auf Mutmaßungen. Das Vertrauen reicht sehr viel weiter als die Kontrolle.

Gerade in der modernen Zivilisation spielt das Vertrauen eine größere Rolle als in früheren Zeiten. Wenn man sich in kleinem Kreise gut kennt, braucht man nicht viel zu vertrauen, weil man weiß, wie der andere sich verhält. In den großen Gemeinschaften ist man ganz auf das richtige Vertrauen angewiesen. Allerdings ist es wichtig, das Vertrauen richtig, das heißt überlegt und kritisch zu verwenden und nicht leichtsinnig zu verschenken, da man damit sich selber täuscht und den anderen zum Mißbrauch verführt. Hier fehlen noch ein näheres Studium und grundlegende philosophische Erkenntnisse über die Natur des Vertrauens. Die gedankenlose Handhabung, der unüberlegte Mißbrauch und die Anfälligkeit der Öffentlichkeit gegenüber der Verführung haben viel zu einer Abwertung des Vertrauens beigetragen. Hier stehen wir vor der großen Aufgabe einer sorgfältigen Erziehung zu kritischem Vertrauen, die im Vorschulalter beginnen muß. Um bei der Vielgestaltigkeit der Sichtweise und der Urteile noch zu einer ausreichenden Verständigung zu kommen, ist in der Tat das Vertrauen die geeignete, aber auch die einzig mögliche Basis. Dazu ist aber ein Vertrauen erforderlich, das Verständnis und Einsicht liefert, das zutrifft. Für solches Vertrauen ist nicht allein ein ethischer Appell hinreichend, sondern es verlangt Schulung und intellektuelle Leistung. Unsere naturwissenschaftlich-technische Entwicklung gibt uns erstaunlichen Aufschluß über unsere Umwelt. Es ist nun an der Zeit, daß wir auch den Menschen grundlegender und besser kennenlernen.

Literatur

Bruce, V./Green, P. (1985), *Visual Perception*, East Sussex.

Gibson, J. J. (1986), *The Ecological Approach to Visual Perception*, East Sussex.

Hensel, H. (1966), *Allgemeine Sinnesphysiologie. Hautsinne, Geschmack, Geruch*, Berlin/Heidelberg/New York.

Kant, I. (1798/1800), *Anthropologie in pragmatischer Hinsicht*, in: Werke in zwölf Bänden, hg. von W. Weischedel, Bd. 12, Frankfurt 1968.

Sachsse, H. (1971), *Einführung in die Kybernetik*, Braunschweig.

Taylor, G. R. (1979), *The Natural History of the Mind*, London.

Ziman, J. (1982), *Wie zuverlässig ist wissenschaftliche Erkenntnis?*, Braunschweig.

Ernst Oldemeyer
Wertkonflikte um die Technikakzeptanz

1. Überall, wo die neuzeitlich-abendländische Technik mit ihrer Fortschrittsdynamik an traditionalen Kulturen ihre Umgestaltungskraft bewiesen hat – sei es innerhalb, sei es außerhalb von Europa –, sind immer wieder *Konflikte um die Akzeptanz bedeutender technischer Innovationen* entstanden. Bekannte Anlässe für solche Konflikte sind in der neueren Geschichte der Industrialisierung etwa die Einführung der Dampfmaschine, der mechanischen Spinn- und Webtechnik, der Eisenbahn, des Automobils, des Flugzeugs – eine Reihe, die sich bis zu den heutigen Streitpunkten um Errungenschaften der Energie- und Waffentechnik, der chemischen und medizinischen Technik, der Gentechnik und der Computertechnik fortsetzt.

2. Die *heutige Konfliktlage* ist allgemein dadurch gekennzeichnet, daß die entstandene Großtechnik zwar Enormes zur Verbesserung des Lebensstandards großer Menschengruppen leistet, zugleich aber nicht nur die Ökosphäre der Erde immer stärker belastet, sondern auch mehr und mehr Mittel bereitstellt, die zunächst so erweiterten Handlungsspielräume der Menschen durch neue ›Sachzwänge‹, Risiken und Kontrollmöglichkeiten wieder erheblich einzuengen. In dieser Situation stehen gegenwärtig etwa folgende Standpunkte einander entgegen:

a) eine Option für die unbehinderte Weiterentwicklung der Großtechnik unter zunehmender Automation und immer dichterer, erdumspannender Vernetzung der Verkehrs-, Versorgungs- und Entsorgungssysteme – und eine Option für dezentralisierte, energiesparende, leicht beherrschbare technische Systeme von einfacherer Struktur: für eine sich selbst beschränkende (›sanfte‹, ›mittlere‹) Technik;

b) eine Option für großtechnische Kompensationsmaßnahmen gegen zu starke Umweltbelastungen und zu raschen Verbrauch

Vgl. den ausführlicheren Aufsatz des Verfassers zu dieser Thematik: »Kulturfortschritt – Natureinfügung. Ein Wertkonflikt in der Technikentwicklung«, in: Verein Deutscher Ingenieure (Hg.), *Berufspolitische Jahrestagung »Sicherheit – Wohlstand – Umweltqualität. Zielkonflikte in der Ingenieurarbeit«, Trier, 10./11. September 1984*, Düsseldorf: VDI 1986.

nicht-regenerierbarer Ressourcen (d. h. für ein Auffangen unerwünschter Technikfolgen durch höheren Technikeinsatz) – und eine Option für Umweltschutz durch eine Reduktion der Technik auf natur- und kulturverträgliche Formen;

c) eine Option für unbegrenzten technischen Fortschritt als einen grundsätzlich moralisch neutralen Prozeß – und eine Option für eine moralisch-rechtliche Bindung der Technikentwicklung im Sinne eines Menschen-, Natur- und Kulturschutzes;

d) eine Option für die rational-säkularisierten Lebensformen, die durch die technisch-wissenschaftliche Zivilisation ermöglicht wurden – und eine Option für religiös-moralisch gebundene Lebensformen, die sich auch älteren Traditionen verpflichtet wissen; – entsprechend stehen einander in politisch-moralischer Gegnerschaft gegenüber:

e) Gruppen, die auf die technisch-organisatorische Beherrschbarkeit auch hoher Risiken in der Energie-, Bio- und Waffentechnik vertrauen – und Gruppen, die diesem Vertrauen mißtrauen und sich daher für einen Verzicht auf technische Systeme einsetzen, deren Auswirkungen und Risiken schwer zu kalkulieren sind.

3. Angesichts der Dimensionen dieser und anderer Frontstellungen kann einsichtig werden: die Probleme der Technikakzeptanz sind keineswegs von solcher Art, daß sie auf rein kognitiver (wissenschaftlich-technisch-ökonomischer) Ebene gelöst werden könnten, etwa durch Perfektion der Technik, Verbesserung der technischen Ausbildung und Information, Technikfolgenabschätzung usw. Sie sind darüber hinaus und im Kern *Wert- und Normenprobleme* mit psychischen, sozialen und kulturellen, mit politisch-rechtlichen, moralischen und religiösen Aspekten. – Um dies näher zu zeigen, seien die Begriffe ›Technik‹ und ›Technikakzeptanz‹ kurz erläutert und, nach einem historischen Rückblick auf einen gemeinsamen Grundzug älterer und neuerer Technikakzeptanzkonflikte, die besonderen Züge des gegenwärtigen Wertkonfliktes nochmals beleuchtet.

4. Unter *Technik* im allgemeinsten Sinne soll die Gesamtheit der Verfahren (geregelten Denk- und Handlungsvollzüge) und Mittel (Sachen, Gegenstände) verstanden werden, durch die die Menschen ihre natürliche Umwelt und sich selbst bzw. ihre Lebensäußerungen als Naturwesen umformen – mit dem Ziel, ihre jeweils geschichtlich erreichten Lebensbedingungen zu erhalten und zu verbessern. Jede auf die ›Außenwelt‹ gerichtete, sachgestaltende

Technik erfordert zugleich und komplementär eine nach ›innen‹ gewandte Technik der Selbstkontrolle und Selbstdisziplinierung. In den verschiedenen Kulturen sind ›äußere‹ und ›innere‹ Techniken allerdings in sehr unterschiedlichem Maße gepflegt und oft ohne Bezug aufeinander ausgebildet worden (vgl. Scheler 1926). – In jedem technischen Denken und Handeln, gleichgültig ob auf äußere oder innere Techniken bezogen, lassen sich kognitive, evaluative und normative Komponenten unterscheiden.

a) In *kognitiver* Hinsicht ist die Distanznahme zum Objekt, die Zurückhaltung der ›subjektiven‹ Affekte, Wünsche und Wertungen nötig, wenn natürliche Sachgesetzlichkeiten ›objektiv‹ analysiert und mit erfundenen technischen Gebilden effektiv ausgenutzt werden sollen. Das technische Tun setzt damit in seinen zentralen methodisierten Phasen die Fähigkeit zur Subjekt-Objekt-Trennung voraus. Darin liegt eine Grundbedingung der Verläßlichkeit und Wiederholbarkeit seiner Problemlösungen. Das technische Subjekt muß in diesen Kernphasen aus einer beobachtend-bearbeitenden Ich-Es- bzw. Wir-Es-Einstellung heraus agieren und damit die Teilnahmebedürfnisse einer Ich-Du- und einer Ich-Wir-Einstellung zurücktreten lassen.

b) Jede Technik ist zugleich bestimmt, menschliche Zwecke zu erfüllen. Sie stellt, vereinfacht gesagt, die Mittel zur Erfüllung solcher Zwecke zur Verfügung. Genauer gesehen, gibt es jedoch stets kulturelle Über-Unterordnungs-Systeme von Mitteln und Zwecken, in denen – je nach Standpunkt – Zwecke als Mittel (für übergeordnete Zwecke) und Mittel als (untergeordnete) Zwecke betrachtet werden können (vgl. Ropohl 1979). In der Ausrichtung auf ›Werte‹ und der jeweiligen ›Bewertung‹ dieser Mittel-Zweck-Zusammenhänge liegt die *evaluative* Komponente des technischen Denkens und Handelns. Seine letzten Wertorientierungen sind immer außertechnischer Art: es intendiert die Verwirklichung ›positiver‹ Werte (wie Wohlstand, Sicherheit, Wirtschaftlichkeit, Macht, Schönheit usw.) oder die Vermeidung/Abmilderung von ›negativen‹ Werten (wie Gefahren oder Schädigungen durch Natureinflüsse bzw. durch unvorhergesehene Auswirkungen der Technik selbst). Innertechnische Orientierungswerte (wie Funktionstüchtigkeit, Effizienz, Perfektion usw.) sind den außertechnischen untergeordnet.

c) Um die erstrebte Wertverwirklichung zu sichern, wird das technische Tun in allen bekannten Kulturen gewissen Normen organisatorischer, rechtlicher und moralischer Art unterworfen – allerdings in verschiedenen Hinsichten und verschieden weitgehend. Diese *normative* Komponente dient dazu, die mit jeder – auch der einfachsten – Technikanwendung verbundenen Risiken für die Menschen und ihre Lebenswelt, die sich durch technische Mängel, unbeabsichtigte Nebenfolgen, menschliche Fehlbarkeit und Mißbrauch ergeben können, einzugrenzen und kalkulierbar zu machen.

5. Der jeweilige Grad an *Akzeptanz einer Technik* bei den Menschen, die mit ihr umgehen, hängt davon ab, wie sie das Verhältnis von positiver Wertrealisation bzw. Unwertverhütung einerseits und möglichen negativen Auswirkungen dieser Technik einschätzen. Da jede menschliche Existenz aufgrund ihrer natürlichen und kulturellen Vorgegebenheiten auf ein geringeres oder größeres Maß an Technik angewiesen ist, kann sich die Frage nach der Technikakzeptanz nicht auf die Annehmbarkeit von Technik überhaupt, sondern nur darauf beziehen, ob bestimmte Formen von Technik für bestimmte Menschen in bestimmten geschichtlichen Situationen akzeptabel sind. Die bekannte Formel, daß sich die Akzeptanz einer Technik aus der Abwägung ihres ›Nutzens‹ und ihrer ›Risiken‹ ergebe, drückt allerdings die komplexen Wertdimensionen hinter den Akzeptanzproblemen (s. oben 1-3), die weit über die Einschätzung von wirtschaftlichen Vorteilen und Nachteilen oder von direkten Chancen und Gefahren für Leben und Gesundheit hinausgehen, nur sehr verkürzt aus.

Wertkonflikte um die Technikakzeptanz in dem hier gemeinten weiten Sinne kommen keineswegs allein in der neuzeitlichen Geschichte der Industrialisierung vor. Sie sind auch für frühere Phasen der Technikentwicklung belegbar. Die jeweiligen Kriterien der Akzeptanz oder Nichtakzeptanz von Techniken sind dabei letztlich an den Grundeinstellungen von Menschen zur Welt und zu sich selbst orientiert. Die Formen der Technik und die Haltungen ihnen gegenüber unterscheiden sich entsprechend diesen menschlichen Weltsichten, deren Wurzeln meist in mythische oder metaphysische Dimensionen hinabreichen. Die Weltsichten treten in kulturell verschiedenen Typen auf und sind geschichtlich wandelbar. Doch ändern sie sich – dies dürfte seit Max Webers und Max Schelers Einsichten deutlich sein – keineswegs nur in einsinniger Abhängigkeit von der faktischen Entwicklung der technischen »Produktivkräfte«, wie es die marxistische Basis-Überbau-Theorie behauptete.

Im Rahmen solcher Weltsichten ist die menschliche Einstellung zur Technik stets engstens verbunden mit der Einstellung zum unaufhebbar Vorgegebenen jeder Technik: zur ›Natur‹. Technik ist Umformung, Überformung und Ausnutzung von Gegebenheiten, die unabhängig von kultureller Tätigkeit bestehen: von natürlichen Stoffen, Energien, Prozessen, Gesetzmäßigkeiten und Systemzusammenhängen in der materiellen ›Außenwelt‹ wie auch von den Strukturen und Funktionen des natürlichen menschlichen Organismus und seiner ›Innenwelt‹ (des Bewußtseins). Technik setzt in diesem Sinne immer Natur voraus: als Basis, von der aus sie durch produktives menschliches Handeln entwickelt wird.

6. Naturabhängigkeit und technisches Tun spiegeln sich immer in bestimmter Weise im menschlichen Bewußtsein, und dieses Bewußtsein – das sich wiederum sprachlich und symbolisch ausdrückt – wirkt lenkend auf das Handeln im Materiellen ein. Dementsprechend wird hier die Frage nach der Technikakzeptanz in den Rahmen einer Bewußtseinsgeschichte des menschlichen Verhältnisses zu Natur und Technik gestellt: mehrere wesentliche Schichten des menschlichen Verhältnisses zu Natur und Technik werden typologisch voneinander abgehoben, um von diesem Hintergrund her einige Gesichtspunkte zur Beurteilung der gegenwärtigen Wertkonflikte zu gewinnen.

In der menschlichen Geschichte lassen sich (nach der hier gewählten Perspektive) bisher vier umfassende *Rahmentypen des menschlichen Verhältnisses zu Natur und Technik* unterscheiden, von denen zumindest im Abendland drei Typen voll (zum Teil in verschiedenen Varianten) entwickelt worden sind, während der vierte sich noch im Aufbau befindet und umstritten ist. Diese Typen scheinen einander in der Geschichte der menschlichen Bewußtseins- und Verhaltensmuster nicht einfach zu verdrängen, sondern eher zu überlagern. Beim Übergang von der Dominanz eines älteren zur Dominanz eines neueren Typus ist jeweils ein deutlicher Wandel in der Art des technischen Denkens und Handelns sowie in der kognitiven, werthaften und normativen Einstellung der Menschen zu Natur und Technik feststellbar. Die vier Typen sind historisch zu lokalisieren auf den Stufen: a) der Wildbeuterkultur, b) der agrarisch-handwerklichen Kultur,

c) der neuzeitlichen Industriekultur, d) einer (in Ausbildung begriffenen) Kultur neuartiger Natur-Technik-Synthese. Sie können hier nur grob stichwortartig charakterisiert werden (vgl. Oldemeyer 1983).

A) Erster Typ (vorherrschend im Stadium des Wildbeutertums)

Die *Natur* wird als ein Kollektiv von personalen bzw. unter- oder überpersonalen ›Mächten‹ erfahren, mit denen die Menschen symbiotisch-identifikatorisch (Verhältnis zu einem ›Wir‹) oder auf Gegenseitigkeit (Verhältnis zu einem ›Du‹ oder ›Ihr‹) kommunizieren können, um ihre Gunst zu erlangen oder ihre Bedrohlichkeit abzuwenden.

An *technischen* Aktivitäten findet sich eine einfache Werkzeugtechnik (mit Stein-, Holz- und Knochengeräten, Bändigung des Feuers usw.), die im wesentlichen der unmittelbaren Vorbereitung des Konsums dient, aber in ein umfassenderes Einzugsfeld magischer Techniken (mit Beschwörungen von Naturmächten, z. B. im Jagd- und Regenzauber, mit schamanistischen Ekstasepraktiken zur Bewältigung von Geburt, Krankheit, Tod und sonstigen Grenzsituationen) eingebettet ist.

B) Zweiter Typ (vorherrschend im Stadium agrarisch-handwerklicher Hochkulturen)

Die *Natur*auffassung bildet sich in mehreren Untertypen aus, die in verschiedenen Kultur- und Traditionszusammenhängen einflußreich sind. Die zwei wohl bedeutsamsten seien hier genannt:
a) Die Natur wird als eine Art Groß-Organismus (Makrokosmos) von endlichen Ausmaßen und vom Charakter einer selbstregulatorischen ›Entelechie‹ betrachtet, deren Eigengesetzlichkeit (Logos) und Ursprungssubstanz (Archē) der Mensch (als Mikrokosmos) zu erkennen vermag (z. B. im Abendland: heraklitisch-aristotelisch-stoische, in China: taoistische Tradition).
b) Die Natur wird ›teleologisch‹ als Werk eines Schöpfergottes bzw. göttlichen Weltbaumeisters begriffen, der nach eigenem Planwillen oder nach vorgegebenen Musterbildern (Ideen) in einer Art handwerklich-künstlerischer Tätigkeit das Weltganze und seine Ordnung hervorgebracht hat (z. B. jüdisch-christliche und platonische Traditionen).

Die *Technik* dieser Stufe differenziert und spezialisiert sich rasch. Es entstehen

a) agrarische Techniken, die der Hege, Züchtung und Kultivierung von Pflanzen und Tieren sowie der Bodenbearbeitung (Hacke, Pflug) und Bewässerung dienen,

b) handwerkliche Techniken zum Hausbau sowie zur Herstellung von Alltagsgütern (Waffen, Werkzeugen usw.) und Kunstwerken, zum Teil unter Benutzung neuer Werkstoffe und Bearbeitungsmethoden (Metalle, Ton, Textilien, Papier und seine Vorformen usw.),

c) organisatorische und kommunikative Techniken mit Hilfe von Schrift, Zahlenwesen, Zeitrechnung, Raummessung zur wirtschaftlichen und politischen Verwaltung sowie zur Kriegsführung,

d) Techniken der ›inneren‹ Kontrolle, der Selbstbeherrschung und Bewußtseinssteigerung, meist verbunden mit moralischen Läuterungsverfahren (z. B. bei Initiationsverfahren, in Mysterienschulungen, in Yoga- und Zen-Praktiken).

C) Dritter Typ (vorherrschend im Stadium der neuzeitlichen Industriekulturen)

In den dominierenden Sichtweisen dieser Stufe wird die *Natur* vollends zu einem bloßen ›Gegenstand‹ der Erkenntnis, Bearbeitung und Beherrschung durch den Menschen: zu einem ›Es‹, dem mit zunehmender methodischer Subjekt-Objekt-Trennung keine Eigensubjektivität mehr zuerkannt wird. Subjektcharakter hat allein der Mensch – als Individuum und als Kollektiv. Zwei wichtige Untertypen seien herausgehoben:

a) Die Natur erscheint als ein komplexes, mechanisch funktionierendes ›Uhrwerk‹, in dessen ›Gesetzen‹ und immanenter ›Harmonie‹ für den forschenden Menschen noch die Spuren eines anfänglichen göttlichen Schöpfungsaktes erkennbar sind (deistische Tradition).

b) Mit fortschreitender Aufklärung und dem Abbau der theistisch-deistischen Metaphysik setzen sich Auffassungen der Natur als eines Körper-Aggregats durch, das aus rein physikalisch-chemischen Ursache-Wirkungs-Ketten, aus ›Zufall‹ und ›Notwendigkeit‹ (Naturgesetzen) – ohne Annahme einer ›Entelechie‹ oder einer Plan-Teleologie – zu erklären ist.

In der *Technik* führt die Erfindung von Kraftmaschinen (Dampf-maschine, Verbrennungsmotor, Elektromotor) einen entschei-denden Durchbruch zur Verstärkung und Ersetzung menschli-cher und tierischer Arbeitskraft herbei. Neue Informations- und Kommunikationstechniken (Telegraphie, Telefon, Rundfunk, Fernsehen usw.), Steuerungs- und Verkehrstechniken fördern – zusammen mit einer immer komplexeren Maschinentechnik – die Tendenz zur Automation und Vernetzung wachsender Produk-tions- und Verteilungssysteme. Ein Trend zur Reduktion kör-perlicher Arbeit zielt dahin, menschliche Tätigkeit in Produktion, Distribution und Entsorgung schließlich auf Planungs-, Kon-troll- und Wartungsfunktionen zu beschränken. Zugleich neh-men Bio-, Psycho-- und Soziotechniken auf der Basis der Sub-jekt-Objekt-Trennung einen starken Aufschwung (Gentechnik, Verhaltenssteuerungstechniken, psychosoziale ›Manipulations‹-Techniken). Auch auf dem Gebiet der Selbstkontrolle setzen sich über ›äußere‹ Techniken vermittelte Verfahren über die alten ›in-neren‹ Techniken und moralischen Einflußnahmen durch: man denke an die im Umgang mit technischen Apparaturen aufgenö-tigte Internalisierung von ›Sachzwängen‹, aber auch technisch un-terstützte Verfahren des ›Bio-Feedback‹ usw.

D) Vierter Typ (seit dem 19. Jahrhundert
in Ausbildung begriffen)

Im Anschluß an erste Ansätze in Goethes und Schellings Natur-auffassungen, im dialektischen Materialismus, in der Evolutions-theorie und der relativistisch-quantentheoretischen Physik bildet sich seit Mitte des 20. Jahrhunderts – auch in Erweiterung der biologischen Ökologie und z. T. mit neuen ›ganzheitlichen‹ Me-thoden (Kybernetik, Systemtheorie) – ein gewandeltes Paradigma des Naturverständnisses aus. *Natur* wird als das selbstorganisie-rende, dynamische Gesamtsystem der Welt – mit unzähligen hierarchisch vernetzten Subsystemen – gesehen. Der Mensch mit seiner Kultur wird nicht mehr als außenstehendes Gegenüber fin-giert, sondern bewußt als Bestandteil in das Natursystem einbe-zogen. Die Bio-Ökologie wird zur Human- bzw. Kultur-Ökolo-gie ergänzt. Der Mensch kann das Natursystem, das für ihn of-fen-unbegrenzt erscheint, nur unter je endlichen Perspektiven, nie jedoch in seiner Ganzheit erfassen oder beeinflussen.

Die Konsequenz auf dem Gebiet der *Technik* ist die Idee einer an natürliche Regelkreisprozesse des Erde-Sonne-Systems und an autochthone kulturelle Gegebenheiten ›angepaßten‹ Technik. Es wäre eine sich selbst begrenzende Technik, die versuchte, durch möglichst weitgehenden Übergang zu regenerierbaren oder kaum erschöpfbaren Rohstoffen und Energien, durch Recycling verbrauchter Stoffe und durch Rücksichtnahme auf die Erhaltung einer vielfältigen Biosphäre in den menschlichen Kulturräumen eine neuartige Natur-Kultur-Symbiose zu erreichen. – Im Bereich der Selbstbeherrschung könnten durch Eigenanstrengung zu leistende Techniken der Bewußtseinserweiterung dazu beitragen, die Menschen psychisch und moralisch fähig zu machen, eine Einstellung der ›Einfügung in die Natur‹ zu erringen.

7. In der Kulturgeschichte lassen sich (besonders in Übergangsperioden) in Phasen der Konkurrenz zwischen typusverschiedenen Natur- und Technikkonzepten immer wieder Konflikte um die Akzeptanz bestimmter Arten von Technik nachweisen. Es gibt Konflikte um die Vorherrschaft magischer und profaner Technik bei Kontakten und beim Übergang zwischen wildbeuterischen und agrarischen Kulturen; Konflikte zwischen ackerbauenden und hirtennomadischen Populationen (vgl. Kain und Abel); Konflikte zwischen hegungstechnisch orientierten Bewohnern des offenen Landes und herstellungstechnisch orientierter Stadtbevölkerung (vgl. Turmbau zu Babel); Konflikte um die Einführung von tiefer natur-eingreifenden, ›listigen‹ Herstellungstechniken (z. B. Bergbau- und Schmiedetechniken, Hebel- und Rollentechniken zur Bewegung von Lasten, Techniken der Bewässerung und der Ausnutzung von Wasser- und Windkraft); Konflikte um Techniken, die eine Eskalation menschlicher Luxusbedürfnisse, damit Verweichlichung und Krankheitsanfälligkeit fördern (vgl. Seneca, Rousseau); Konflikte schließlich um die Errungenschaften und Gefahren der industriellen Technik in den letzten Jahrhunderten. All diese Auseinandersetzungen ergeben sich daraus, daß verschiedene Menschengruppen das Verhältnis von ›Chancen‹ und ›Risiken‹, auch von moralischer Zu- und Abträglichkeit der Verwendung bestimmter Techniken unterschiedlich einschätzen. Letztlich lassen sich diese Akzeptanzkonflikte als Varianten eines fundamentalen *Wertkonflikts* deuten, der nur auf verschiedenen Bewußtseinsstufen und anläßlich verschiedener Problemsituationen einen unterschiedlichen Ausdruck findet. Es

ist der Konflikt zwischen einer optimistisch-weltverbessernden und einer zukunftsskeptischen, einer ›innovativen‹ und einer ›konservativen‹ Haltung, einer Ausrichtung auf unbegrenzten *Kulturfortschritt*‹ und einer solchen auf *Natureinfügung*‹ – wobei mit der Natur, in die es sich einzufügen gilt, nicht nur die außenweltliche, sondern auch die ›innere‹ des Menschenwesens gemeint ist.

In ihrer einseitigen Zuspitzung bilden die beiden Positionen – das Eintreten für eine radikale *Kultur-Autonomie* (menschliche Selbstbestimmung) und das Eintreten für eine radikale *Kultur-Heteronomie* (menschliche Unterordnung unter eine vorgegebene Weltordnung) – zwei idealtypische Haltungen, die in ihren geschichtlichen Ausprägungen mannigfaltig konkretisiert sind, teilweise auch in Mischformen auftreten und damit einander angenähert erscheinen können. Dennoch bleiben sie unter ihren verschiedenen Einkleidungen erkennbar und treten auch in den heutigen Auseinandersetzungen um die Technikakzeptanz zutage.

8. Die gegenwärtigen Technikakzeptanzkonflikte spielen sich fast durchweg zwischen rivalisierenden Wertidealen ab, die dem dritten und vierten Typ zuzuordnen sind. – Im Rahmen des dritten Typs hat sich mit der Steigerung des technischen Potentials ein Wertideal herausgebildet, das die Ideen eines zeitlich-unbegrenzten Kulturfortschritts und einer unbegrenzt-expansiven Raumbeherrschung im technizistischen Sinne vereint. Implizit richtet sich das organisierte Planen und Handeln daran aus, zumindest die Natur der Erde gemäß der Mehrungsdynamik menschlicher Bedürfnisse immer perfekter technisch umzuwandeln und neu zu organisieren. Das Fernziel wäre ein *anthropozentrisch-zweckrationales Technosystem*, dem die beherrschte Natur untergeordnet und kleinere Zonen relativer Wildnis als Schutz- und Erholungsgebiete eingebaut wären – ein System mit expandierenden Ausläufern ins stellare Umfeld der Erde. Da in einem solchen Technik-Natur-System die vollständig domestizierte Natur eigentlich nicht mehr das wäre, was jahrtausendelang unter ›Natur‹ (Physis) verstanden wurde, wird gelegentlich auch von einem ›Ende der Natur‹ unter humanistischen Vorzeichen gesprochen (vgl. Ropohl 1983).

Für das Weltverständnis des vierten Typs wird demgegenüber das schon genannte Wertideal einer *Natur-Kultur-Synthese* erkennbar, deren Pointe darin besteht, daß auch hochentwickelte Techniken weitgehend in die je verstandenen übergeordneten Systemzusammenhänge der Natur einzupassen wären. Der Annäherung an dieses Wertideal dienen heute schon Versuche zur Dezentralisierung technischer Systeme, Verfahren zur sparsamen Verwendung von Rohstoffen, Maßnahmen zur besseren Ausnutzung und Mehrfachnutzung von Energien nach dem »Jiu-Jitsu-Prinzip« (Vester 1980), allgemein die Beachtung der Verträglichkeit technischer Projekte mit bestehenden Gegebenheiten der natürlichen Umwelt einschließlich der traditionellen Kulturlandschaften. Das Fernziel wäre eine durchgängige Orientierung aller technischen Entwicklung an dem Leitgedanken, daß technische Systeme jeweils als Subsysteme in umgreifenden Teilsystemen der Natur fungieren.

9. Was den gegenwärtigen Konflikt zwischen diesen beiden Wertidealen schwer lösbar macht, ist der Umstand, daß die Ausweitung der Maschinentechnik des dritten Typs zu einer Technik großer Produktions-, Verteilungs- und Entsorgungsnetze, die eine Tendenz zu immer stärkerer Automatisierung und Zentralisierung von Teilprozessen aufweisen, nicht ohne weiteres rückgängig gemacht werden kann. Ohne die Leistungen dieser Makrotechnik in den hochindustrialisierten Regionen wären in näherer Zukunft die Lebensmöglichkeiten für große Teile der weiterhin explosiv wachsenden Erdbevölkerung noch viel eingeschränkter, als sie es bisher in benachteiligten Gebieten waren und sind. Aber eine Umorientierung von immer mehr Menschen zur Idee einer naturangepaßten Technik und zur Anerkennung eines Eigenwertes des Naturgegebenen mag sich auf die Dauer auch auf das faktische technische Planen und Handeln auswirken. Hilfreich könnte hierzu die Verbreitung der Idee einer Synthese von Kulturfortschritt und Natureinfügung sein. Sie würde sich gründen auf ein Ernstnehmen der Einsicht in die Endlichkeit menschlichen Wissens und menschlicher Macht gegenüber der stets nur begrenzt und aspekthaft überblickbaren Gesamtnatur. Sie könnte bestärkt werden dadurch, daß – bei Bewahrung des humanistischen (anthropozentrischen) Wertekanons, der für die Anerkennung von Menschenwürde und Menschenrechten so wichtig geworden ist – dieser durch einen *transhumanistischen Wertekanon* ergänzt würde, einen Wertekanon, der den Menschen Respekt vor der Natur und Verantwortung für die Bewah-

rung ihrer Vielfalt als eine Aufgabe auferlegen würde, die, aufs Ganze gesehen, keinen geringeren Rang hätte als die Sorge für die Erhaltung des Ich, der ›Nächsten‹ und der menschlichen Gattung; die ihm allerdings im Konfliktfall eine sorgfältige Abwägung zwischen menschlich-kulturellen Interessen und Belangen der Natur abverlangen würde. – Vielleicht könnte eine solche Umorientierung gestützt werden durch eine Entwicklung und Einübung neuer ›innerer Techniken‹ und eines Ethos der Bewußtseinserweiterung und Selbsttranszendenz, wie sie wohl schon Henri Bergson (1932) in seiner Idee einer Verbindung von hochentwickelter Technik und einer für »Mystik« offenen Bewußtseinshaltung vorschwebte. Der Gedanke einer Selbstbegrenzung des technischen Tuns verlöre so möglicherweise etwas von seinem Zumutungscharakter und könnte allmählich zu etwas Selbstverständlichem werden.

Literatur

Henri Bergson (1932), »Die beiden Quellen der Moral und der Religion«, in: ders., *Materie und Gedächtnis und andere Schriften*, Frankfurt a. M. 1964.
Dieter Birnbacher (Hg.) (1980), *Ökologie und Ethik*, Stuttgart.
Hans Jonas (1979), *Das Prinzip Verantwortung*, Frankfurt a. M.
Hans Lenk (1982), *Zur Sozialphilosophie der Technik*, Frankfurt a. M.
Hubert Markl (1984), »Die Erde, doch hoffentlich ein Garten«, in: *Stadt*, 31, Heft 1.
Reinhart Maurer (1982), »Ökologische Ethik?«, in: *Allgemeine Zeitschrift für Philosophie*, 7, Heft 1, S. 17-39.
Klaus-Michael Meyer-Abich (1984), *Wege zum Frieden mit der Natur*, München.
Lewis Mumford (1964/70), *Mythos der Maschine*, Frankfurt a. M. 1977.
Ernst Oldemeyer (1978), »Zum Problem der Umwertung von Werten«, in: G. Ropohl (Hg.), *Maßstäbe der Technikbewertung*, Düsseldorf (Reihe: Der Ingenieur in Beruf und Gesellschaft).
Ernst Oldemeyer (1983), »Entwurf einer Typologie des menschlichen Verhältnisses zur Natur«, in: G. Großklaus/E. Oldemeyer (Hg.), *Natur als Gegenwelt*, Karlsruhe.
Friedrich Rapp (1978), *Analytische Technikphilosophie*, Freiburg.
Günter Ropohl (1979), *Eine Systemtheorie der Technik*, München.

Günter Ropohl (1983), »Technik als Gegennatur«, in: G. Großklaus/E. Oldemeyer (Hg.), *Natur als Gegenwelt*, Karlsruhe.

Hans Sachsse (1978), *Anthropologie der Technik*, Braunschweig.

Hans Sachsse (1984), *Ökologische Philosophie*, Darmstadt.

Max Scheler (1926), »Probleme einer Soziologie des Wissens«, in: ders., *Die Wissensformen und die Gesellschaft. Gesammelte Werke*, Bd. 8, Bern/München ²1960.

Rolf Peter Sieferle (1984), *Fortschrittsfeinde. Opposition gegen Technik und Industrie von der Romantik bis zur Gegenwart*, München.

Arbeitsgruppe für Angepaßte Technologie (AGAT) (1982), *Technik für Menschen*, Frankfurt a. M.

Frederic Vester (1980), *Neuland des Denkens*, Stuttgart.

Max Weber (1920/21), *Gesammelte Aufsätze zur Religionssoziologie*, Bd. 1-3, Tübingen 1963.

Alois Huning
Technik und das System der Bedürfnisse

Technik, die formal bestimmt wird als Können aufgrund von Wissen, gehört seit Anbeginn zum Menschen. Der Mensch lebt und überlebt als Mensch auf dieser Erde, weil er die Fähigkeit hat, sich nicht nur wie ein Tier der Natur anzupassen, sondern die Natur und ihre Gegebenheiten sich anzupassen. Die Technik ist »ein Ur-Humanum, so alt wie der Mensch selbst und auch mit dem ersten Heraufkommen des Menschen heraufgekommen«.[1] Weil der Mensch nicht wie das Tier in eine Umwelt mit festen Mustern eingepaßt ist, muß er seine spezielle Menschenwelt der Umwelt in beständiger Auseinandersetzung abringen.

Daher kann Technik bestimmt werden als »Theorie und ... Wirklichkeit von Gegenständen und Verfahren, die zur Erfüllung individueller und gesellschaftlicher Bedürfnisse durch konstruktive Leistung im Rahmen der Naturgesetze geschaffen werden und insgesamt weltgestaltend wirken«.[2]

Wenn davon die Rede ist, daß Technik den Zweck hat, die Natur umzugestalten in die Menschenwelt, und zwar nach Zielen des Menschen, die aufgrund von Bedürfnissen und Wünschen vorgestellt werden, dann wird die Untersuchung der Bedürfnisse des Menschen vordringlich, wenn es darum geht, die Entwicklung der Technik zum Wohle des Menschen zu fördern – die Wünsche, aus denen Zielvorstellungen kommen, seien in diesem Zusammenhang nur kurz als Fortentwicklung auf der Grundlage von Bedürfnissen charakterisiert.

Von Bedürfnissen ist aber auf durchaus verschiedenen Ebenen die Rede, von einer ontologischen Basis über die anthropologisch-psychologische Ebene bis hin zur soziologisch oder sozialgeschichtlich oder sogar ökonomisch festgestellten Äußerung eines Bedürfnisses als Bedarf. In dem Entwurf einer Richtlinie »Empfehlungen zur Technikbewertung« erklärt der Verein Deutscher Ingenieure:

»Bedürfnisse sind der Ausdruck für das, was zur Lebenserhaltung und Lebensentfaltung eines Menschen notwendig ist. Im Gegensatz zur Beliebigkeit des Wunsches hebt das Bedürfnis auf die Notwendigkeit der Befriedigung ab. Was allerdings als unerläßlich gilt, hängt vom jeweiligen

Entwicklungsstand von Kultur und Gesellschaft ab; in der Industriegesellschaft konkretisieren sich die Bedürfnisse anders als in einem Naturvolk. Oft wird ein nicht befriedigtes Bedürfnis subjektiv als Gefühl eines
Mangels erlebt; es gibt aber auch Bedürfnisse, die mit keinem Mangelerlebnis verbunden sind, weil sie entweder regelmäßig und dauerhaft befriedigt werden oder aus anderen Gründen dem Individuum nicht zu Bewußtsein kommen.«

Von Bedürfnis kann – in unterschiedlichem Maße – nur dort
gesprochen werden, wo der Bedürfnisträger nicht oder noch
nicht alles hat, was er haben müßte, könnte oder möchte; im
Extrem wäre daher von der Bedürftigkeit eines Subjektes immer
dann zu sprechen, wenn es noch nicht alles hat oder ist, was es
überhaupt gibt – in diesem Sinne kann nur ein absolutes Wesen
als völlig ohne Bedürfnis überhaupt gedacht werden: ein Gott
oder die Menschheit als Ganzes am Vollendungsende einer ständig der Vollendung entgegengehenden Geschichte. Die Menschheit in ihrem geschichtlichen Gang präsentiert sich dauernd als
ein Unvollendetes, als ein Nicht-Ganzes, das nach Vollendung,
Ergänzung und Erweiterung verlangt.
Ontologisch hat die Geschichte der Philosophie diesen Gedanken
vor allem für den einzelnen Menschen herausgearbeitet, der als
relatives Wesen auf Handlung und Vollendung angewiesen ist.
Als Handelnder aber schafft der Mensch sich und seine Welt,
denn er handelt vor allem – sicherlich nicht nur – als Techniker.
Als endliches Wesen – so die aristotelisch-scholastische Ontologie – ist der Mensch Prinzip für Tätigkeit. »Die Tätigkeit ist ein
Wesenszug des endlichen Seienden als solchen; ausnahmslos ist
jedes endliche Seiende vervollkommenbar, aber darüber hinaus... ist es von sich aus Quelle für neue Vollkommenheit, Tendenz zum Mehr-Sein, Fähigkeit zum Tätigsein.«[3] Als Sein hat das
endliche Sein Macht zum Handeln, die allerdings begrenzt ist,
weil alles endliche Sein nur begrenztes Sein ist. Aber gerade diese
endliche Begrenztheit, die jedes So-Sein von anderem So-Sein
trennt, ist der Grund dafür, daß endliches Sein seine Handlungsmacht zum Überschreiten der Grenze auf ein Mehr-Sein hin nutzen möchte. Ich weiß, daß es anderes So-Sein gibt, das ich nicht
bin: daher das Bedürfnis des endlichen Seins nach Handlung und
Betätigung zum Zweck der Vollendung des eigenen Seins.

»So wird das endliche... Seiende zunächst gesehen in der Abhebung von
anderen, es ist auf seine Grenzen eingeschränkt. Anlage und Vermögen

zur Tätigkeit sprengen diese Abschließung. Das endliche Sein ist der Entfaltung, der Vervollkommnung fähig. Indem es zu anderen endlichen Seienden in Beziehung tritt, weitet es sich aus, bringt es sich zur vollen Verwirklichung, wird es in gewisser Weise ›mehr als es selbst‹. Tätigkeit, ›Mehr-sein‹ oder neue Vollkommenheit, wofür das endliche Sein Ursprung ist, bilden seine zweite Vollkommenheit, da die Existenz oder Teilhabe am Sein seine erste Vollkommenheit, seine Grundwirklichkeit ausmachen.«[4]

Die Tendenz zur Tätigkeit, die Macht zur Entfaltung hat ihren Grund in der weiteren Bestimmbarkeit oder Perfektibilität des tätigen Seienden[5], das als Seiendes zugleich erfüllt ist von dem, was es noch nicht ist (wie in unserer Zeit vor allem Ernst Bloch aufgezeigt hat), das als Mängelwesen nach Ergänzung, Erweiterung und Vollendung ruft (worauf besonders Arnold Gehlen immer wieder hingewiesen hat).

Hegel weitet diese grundlegende Bedürftigkeit des Menschen als eines endlichen Wesens vom Individuum auf die Gesellschaft aus, indem er die Grundeinsicht auch der modernen Phänomenologie als konstitutiv in sein System aufnimmt, die Einsicht nämlich, daß der Mensch mit anderen Menschen in einer Welt lebt, die den Menschen mit Tieren, Pflanzen und lebloser Materie gemeinsam ist. Die konkrete Person ist als Ganzes von Bedürfnissen und als Vermischung von Naturnotwendigkeit und Willkür Prinzip der bürgerlichen Gesellschaft, aber immer in der Vermittlungsbeziehung zu anderen Personen, die erst Geltung und Anerkennung sowie Befriedigung ihrer Bedürfnisse durch ihre Vermittlung ermöglichen.[6]

Das System der Bedürfnisse und ihrer Befriedigung zeigt sich darin, daß »die Vermittlung des Bedürfnisses und die Befriedigung des Einzelnen durch seine Arbeit und durch die Arbeit und die Befriedigung der Bedürfnisse aller übrigen« geschieht.[7]

An die Stelle der Endlichkeit, der Beschränktheit des So-Seins der klassischen Philosophie tritt hier also das »Bedürfnis«, an die Stelle des Aktivitätsprinzips die »Arbeit«. Wie die Aktivität sich entsprechend den Seinsstufen verschieden äußerte, so stellt auch Hegel die Aktivität des Menschen aufgrund seiner besonderen Mangelsituation als bedürftiges Wesen heraus, allerdings im Gegensatz zur stärker individualisierenden scholastischen Tradition immer im Blick auf die gesellschaftliche Vermittlung. »Das Tier hat einen beschränkten Kreis von Mitteln und Weisen der Befriedigung seiner gleichfalls beschränkten Bedürfnisse. Der Mensch beweist auch in dieser Abhängigkeit zugleich sein Hinausgehen über dieselbe und seine Allgemeinheit, zunächst durch die Vervielfältigung der Bedürfnisse und Mittel, und dann durch Zerlegung und Unterscheidung des konkreten Bedürfnisses in einzelne Teile und Seiten, welche verschiedene partikularisierte, damit abstraktere Bedürfnisse werden.«[8] Bedürfnisse und Mittel der Befriedigung sind zugleich bedingt durch die Bedürfnisse und die Arbeit anderer, durch deren Vermittlung die Befriedigung möglich wird.[9] Vor allem die Arbeit als Vermittlung wird durch Hegel herausgestellt, denn sie spezifiziert das von der Natur unmittelbar gelieferte Material für die vielfachen Zwecke aufgrund menschlicher Bedürfnisse durch eine Vielfalt von Handlungsprozessen.[10] Hier formuliert Hegel den berühmten Paragraphen 198 seiner *Grundlinien der Philosophie des Rechts*, der die Reziprozität der Steigerung von Bedürfnis und technischer Arbeitsleistung deutlich macht und abstrakt die Entwicklung der modernen Technik und ihrer Konsequenzen für die Gesellschaft vorwegnimmt.

»Das Allgemeine und Objektive in der Arbeit liegt aber in der Abstraktion, welche die Spezifizierung der Mittel und Bedürfnisse bewirkt, damit ebenso die Produktion spezifiziert und die Teilung der Arbeiten hervorbringt. Das Arbeiten des Einzelnen wird durch die Teilung einfacher und hierdurch die Geschicklichkeit in seiner abstrakten Arbeit, sowie die Menge seiner Produktionen größer. Zugleich vervollständigt diese Abstraktion der Geschicklichkeit und des Mittels die Abhängigkeit und die Wechselbeziehung der Menschen für die Befriedigung der übrigen Bedürfnisse zur gänzlichen Notwendigkeit. Die Abstraktion des Produzierens macht das Arbeiten ferner immer mehr mechanisch und damit am Ende fähig, daß der Mensch davon wegtreten und an seine Stelle die Maschine eintreten lassen kann.«[11]

Elementare Bedürfnisse weniger Menschen lassen sich mit elementarer Technik der einzelnen befriedigen. Viele Menschen mit entwickelten Bedürfnissen verlangen gesellschaftlich vermittelte Arbeitsorganisation zur Bedürfnisbefriedigung, verlangen entwickelte Technik und eine ihr entsprechend organisierte Gesellschaft, die immer weniger Unmittelbarkeit, sondern statt dessen immer höhere Abstraktion und Entwicklung des Geistes erforderlich macht.
In solcher Erfüllung menschlicher Bedürfnisse durch die gesell-

schaftliche Arbeit sieht Hegel zugleich die Perfektibilität und die Perfektion des Menschengeschlechtes realisiert. Indem der Mensch erfaßt, was er ist, und indem er dieses zu seinem Gesetz macht, kann er werden, was er noch nicht ist, aber sein kann.[12]

Karl Marx hat in Weiterführung dieser Gedanken den Menschen als das Wesen der Arbeit und damit die Arbeit als wesentlich für den Menschen bestimmt. Dabei sind wichtiger noch als die großen Erörterungen im *Kapital* die Frühschriften mit ihrer anthropologischen Ausrichtung. Auch hier wird der Mensch als Bedürfnis- und Mangelwesen erklärt, das nach Ergänzung und Mehr-Sein verlangt.

»Der Mensch ist unmittelbar Naturwesen... die Gegenstände seiner Triebe existieren außer ihm als von ihm unabhängige Gegenstände; aber diese Gegenstände sind Gegenstände seines Bedürfnisses, zur Betätigung und Bestätigung seiner Wesenskräfte unentbehrliche, wesentliche Gegenstände. Daß der Mensch ein leibliches, naturkräftiges, lebendiges, wirkliches, sinnliches, gegenständliches Wesen ist, heißt, daß er wirkliche, sinnliche Gegenstände zum Gegenstand seines Wesens, seiner Lebensäußerung hat oder daß er nur an wirklichen, sinnlichen Gegenständen sein Leben äußern kann... Der Hunger ist ein natürliches Bedürfnis; er bedarf also einer Natur außer sich, eines Gegenstandes außer sich, um sich zu befriedigen, um sich zu stillen. Der Hunger ist das gestandne Bedürfnis meines Leibes nach einem außer ihm seienden, zu seiner Integrierung und Wesensäußerung unentbehrlichem Gegenstande...«[13]

Der ganze, vollendete Mensch ist erst der, der alle Bedürfnisse befriedigen kann, ohne sich mit einem einzigen von ihnen in seiner Arbeit identifizieren zu müssen, dem es möglich ist, »morgens zu jagen, nachmittags zu fischen, abends Viehzucht zu treiben, nach dem Essen zu kritisieren, wie ich gerade Lust habe, ohne je Jäger, Fischer, Hirt oder Kritiker zu werden«.[14]

Denn Arbeit ist selbst »nicht die Befriedigung eines Bedürfnisses, sondern sie ist nur ein Mittel, um die Bedürfnisse außer ihr zu befriedigen«.[15] – Hier ist allerdings sofort die Reserve anzumelden, daß Arbeit als sinnschaffende Selbsterfüllung des Menschen durchaus ein Bedürfnis sein kann, das sich im Selbstvollzug befriedigt: eine These, die sich aus anderen Marxtexten auch für den Marxismus selbst belegen läßt. Marx beschränkt nämlich das Verlangen nach Bedürfnisbefriedigung keineswegs auf tierische, sinnliche und vitale Bedürfnisse, wie schon sein Hinweis auf das Kritisieren nach dem Essen deutlich werden läßt. Der Mensch – und mit dieser Äußerung geht Marx weit über ein elementares Bedürfnisverständnis hinaus – erweist sich als Mensch in dem Maße, wie ihm »der andere Mensch als Mensch zum Bedürfnis geworden ist, inwieweit er in seinem individuellen Dasein zugleich Gemeinwesen ist«.[16] »Der reiche Mensch ist zugleich der einer Totalität der menschlichen Lebensäußerung bedürftige Mensch. Der Mensch, in dem seine eigne Verwirklichung, als innere Notwendigkeit, als Not existiert ...«[17], der er durch sein Handeln abzuhelfen sucht, für das er darin seine durch Arbeit und Technik zu verwirklichenden Ziele gesetzt sieht.

Aus Bedürfnissen werden also Ziele, die als mögliche Sachverhalte vorgestellt werden und gewollt werden. »Das Ziel ist gerade deshalb ein Ziel, weil es nicht wirklich ist, aber wirklich werden könnte, also präziser: noch nicht wirklich ist. Dieses Verhältnis von Wirklichkeit und Möglichkeit bleibt in der Zielvorstellung nicht indifferent, sondern das Mögliche wird als erstrebenswert dem Wirklichen vorgezogen.«[18]

Diese Ebene der Bedürfnisdiskussion hält auch Jean-Paul Sartre ein, der davon ausgeht, daß das Bewußtsein des Für-Sich existenznotwendig die intentionale Ausrichtung auf das An-Sich braucht. Erst die menschliche Realität, erst ein Für-Sich kann nicht nur Mangel an Sein sein, sondern diesen Mangel auch feststellen, als sein Bedürfnis wissen, während jedes bloße An-Sich, so mangelhaft es auch ist, volle Realität ist. Daher ist die menschliche Wirklichkeit dauernder Überstieg zu einer Koinzidenz mit anderem, zu einer Bereicherung durch das Nicht-Ich, die jedoch in der Absolutheit ihres Anspruchs niemals als Wirklichkeit gegeben ist.[19]

Ob im Bett, auf der Bühne oder im Buch, ob als Masochist, Komiker und Autor oder als Sadist, Zuschauer und Leser-Konsument: Der Mensch will entweder die anderen sich zu eigen machen, um mehr zu sein, oder aber in der Verzweiflung sich aufgeben, damit der andere mehr sein kann. Nach Sartre bleibt beides allerdings ein Ideal, das nie erreicht wird, sondern immer wieder in das andere Extrem umschlägt: Der Mensch bleibt das unvollständige Mangelwesen, das in ständiger Aktion seine Existenz verwirklicht, ohne jemals sein Wesen zu erfüllen, ehe es am Ende als Gewesenes ist.

Die grundlegende Mangelsituation, aus der das Bedürfnis nach

Seinsmehrung erwächst, wird so bei Sartre zur Begierde, die das Ganze und das Höchste will, also nicht bloß den Arm oder den Busen einer Frau, sondern das Bewußtsein des Menschen, den ganzen Menschen.[20] Neben der Sexualität im weitesten Sinne – bis in die psychisch-geistigen Bereiche – bieten hier Arbeit und Technik einen Zugang, um Abhilfe aus Mangelsituationen zu schaffen. »Die Welt kündigt uns unsere Zugehörigkeit zu einer Subjekt-Gemeinschaft an, insbesondere das Dasein in einer Welt von angefertigten Gegenständen.«[21] Wenn nach Hegel die menschliche Freiheit die transzendentale Bedingung für die Realisierung der Natur als Welt ist, dann verweist jede Welt darauf, daß ihre Gegenstände von Menschen als Subjekten für Subjekte erarbeitet worden sind. Erfüllung entwickelter menschlicher Bedürfnisse, die über den bloßen Konsum von Naturvorräten hinausgehen, kann also nur geschehen durch Gegenstände, die von anderen mit einem Sinn erfüllt sind, den auch ich als Subjekt zur Befriedigung meiner Bedürfnisse intendiere.

Sartre sieht im Bedürfnis eine totalisierende Kraft, die als Subjektseite auf das Andererseits der umgebenden Materialität angewiesen ist, »insofern der Organismus sich von ihr zu ernähren sucht« – fast eine Umschreibung des Marxschen »Stoffwechsels mit der Natur«. Dabei ist das Bedürfnis als Äußerung der organischen Funktion in einer dialektischen Ordnung an die Praxis gebunden, wobei jeweils der Entwurf aus der Zukunft die Negation der Vergangenheit durch die existentielle Gegenwart ins Werk setzt.[22] Der Plan, der aus dem Bedürfnis erwächst, ordnet die äußere Umgebungswelt auf sein eigenes Ziel hin: »Die Exterioritäts-Vielfalt wird von einem Band innerer Vereinigung umspannt, und die Praxis ist es, die, im Hinblick auf den verfolgten Zweck, die Exterioritäts-Ordnung von einer tieferen Einheit her ständig umformt.«[23] Das Bedürfnis ist »die erlebte Enthüllung eines zu erreichenden Zieles, das zunächst nichts anderes als die Wiederherstellung des Organismus ist«, sodann aber auch die Bereicherung und Erweiterung dieses Organismus auf die Totalität hin will: »Die Totalität definiert ihr Mittel durch das, was ihr fehlt.«[24]

Bedürfnis in Richtung auf Technik zu reflektieren, bedeutet auch für Sartre, die Gegenwart in Richtung auf Zukunft zu überschreiten. Der Mensch der Praxis macht sich »in jedem Augenblick zum Instrument, zum Mittel dieses zukünftigen Status, der ihn als anderen verwirklichen wird. Es ist ihm unmöglich, seine eigene Gegenwart als Ziel zu nehmen, oder, wenn man vorzieht, der Mensch als Zukunft des Menschen ist das regulative Schema jedes Unternehmens, aber sein Ziel ist immer eine Umgestaltung der materiellen Ordnung, die durch sich selbst den Menschen möglich machen wird«.[25]

Damit erreicht auch Sartre das Ergebnis der an Hegel orientierten ersten eigentlichen Technikphilosophie, in der Ernst Kapp alles Technische als Realisierung, als Verobjektivierung des im Menschen selbst Vorgegebenen betrachtet, weshalb jede Technik als solche Verobjektivierung wieder Mittel der Selbsterkenntnis des Menschen wird. Im Erkennen wie im technischen Handeln des Menschen gilt: Das Bedürfnis des Menschen ist der Mensch selber. Allerdings bleibt der Mensch, da jede Verobjektivierung als Entäußerung eine Entfremdung darstellt und auf den Menschen als Forderung, als Anspruch des realen Gegenstandes in seiner Welt zurückwirkt, auch nach seiner menschenschaffenden Aktivität immer »der Mensch des Bedürfnisses, der Praxis und des Mangels«[26], der sein dauerndes Noch-nicht-Mensch-Sein, den Mangel an erstrebter Totalität immer wieder in den auf jeder Stufe der dialektischen Entwicklung neu auftretenden Widersprüchen erlebt, die das Bedürfnis nach Aufhebungsaktivität wachhalten.

Bedürfnisse sind also anzusiedeln auf der Ebene des Seins; sie sind etwas Faktisches. Aber sie sind ein Faktisches, mit dem der Mensch sich nicht abfinden kann. Sie rufen nach Erfüllung, Befriedigung, Abhilfe gegen den Mangel. Das aber bedeutet, daß aus dem anthropologischen Befund ein Wille wird, der Ziele setzt, die er in seiner Praxis realisieren will, wobei häufig dieses Wollen ideologisch zum Sollen erhoben wird, indem die Ziele als Werte herausgestellt werden.

Dabei ist die Technik nicht nur das Mittel, die Art und Weise der historisch möglichen Bedürfnisbefriedigung, sondern sie ermöglicht häufig erst die inhaltliche Konkretisierung der Bedürfnisse in einer bestimmten Situation. Der Mensch fängt auch bei seinem Verlangen nach Bedürfnisbefriedigung nicht immer wieder am gleichen Punkt an – wie das Tier es tun muß –: Gedächtnis, Tradition und Geist ermöglichen ein ständig wachsendes Fortschreiten über den jeweils erreichten Stand hinaus. Entwickelte Mittel der Bedürfnisbefriedigung bewirken Entwicklung der Bedürfnisse und Ansprüche, die wiederum neue Mittel der Befriedigung herausbringen usw., so daß wir im System der Bedürfnisse und der Mittel ihrer Befriedigung »die Bedingungen der historisch vermittelten Selbstverwirklichung der Menschennatur« erfassen.[27]

Diese Menschennatur aber enthält verschiedene Schichten, denen jeweils Bedürfnisse entsprechen, die dann auch entsprechende Technik als Mittel der Befriedigung entstehen lassen. Damit münden die Überlegungen zum System der Bedürfnisse in eine allgemeine Anthropologie der Technik ein, die sinnvollerweise den Versuch macht, alles Technische als vom Menschen Gemachtes aus dem Menschen selbst und aus den in ihm integrativ aufgehobenen niederen Seinsgraden zu erklären. Es gibt Technik, die der anorganischen Materie entspricht; es gibt Technik, die dem vegetativen wie dem sensitiv-tierischen Leben entspricht; und es gibt Technik, die Organe und Funktionen von Organen des Menschen repliziert, bis hin zur Technik in Analogie zu den entwickeltsten geistigen Funktionen des Menschen. Der Mensch kann im Grunde nur sich selbst reproduzieren, wobei die einzelnen Parameter und Funktionen ihre Analogie bewahren, auch wenn sie an Extension und/oder an Intensität zunehmen. Das gilt für Ergänzungstechniken, Verstärkungstechniken und Entlastungstechniken gleichermaßen.[28]

Die Welt der Technik als Spiegelbild des Menschen, der sich in Liebe und in Furcht seiner Umwelt zuwendet, enthält auch alle Ambivalenzen des Menschen selbst; sie ist der äußere Mensch selber. Eine besondere Tendenz der Natur, nämlich die Tendenz, selbststabilisierende Regelsysteme zu entwickeln, zeigt sich in der Technik, die zur Automation strebt und darin ihr eigentlich menschliches Wesen offenbart.[29] Das menschliche Wesen kam in Werkzeugen wie in Arbeits- und Kraftmaschinen noch recht verdunkelt zum Ausdruck. Diese höchste Analogie im Körperlichen – die Selbstregelung des Herzschlags, der Atmung usw. – ist aber wohl noch nicht das Ende der Technik. Man wird sagen dürfen, daß die Technik jetzt erst anfängt, auf die eigentlich menschliche Höhe ihrer Entwicklung zu gelangen, das Äußerungsbedürfnis des Menschen auf seiner höchsten Ebene zu verwirklichen, indem sie den Arbeitsbereich der technischen Entwicklung von den Analogien zum Körperlichen und seiner Organisation – das ist uns ja mit den Tieren gemeinsam – zu Analogien zum Geistigen und Psychischen des Menschen fortentwickelt. Bisher sind wir erst bei einer theriologen oder zoologen Technik angelangt, die wir recht weit entwickelt haben; jetzt gilt es, eigentlich anthropologe Technik zu schaffen. Es bleibt allerdings die Frage, ob wir bereits so weit entwickelt sind als Menschen, ob wir hierzu bereits das Bedürfnis empfinden und begreifen können und ob wir dieser Technik wirklich schon gewachsen sind, da wir ja auch die primitiven Werkzeuge – auf dieser Stufe stehen ja auch die meisten Waffensysteme – noch so oft in unmenschlich-menschenunwürdiger Weise gebrauchen.

Abschließend ist noch darauf hinzuweisen, daß zwar eindeutig Bedürfnisse Technik entstehen lassen, daß aber nicht alle Technik gleich auf den ersten Blick diesen Ursprung deutlich werden läßt, weil es einfach noch nicht Selbstverständlichkeit geworden ist, auch die Betätigung der geistigen Schaffenskraft selbst als Bedürfnis der entwickelten Persönlichkeit zu verstehen. Diesen Gedanken hat Max Scheler in seiner Schrift *Vom Ewigen im Menschen* deutlich ausgesprochen:

»Man hat das Bedürfnis, den Mangel, die Not zum Schöpfer der Kultur und der technischen Zivilisation machen wollen... Was die höhere Kultur betrifft, so gehen die freien Schöpfungen des Geistes, gehen Philosophie und Kunst nie und nirgends aus der Not, aus dem Mangel, sondern aus der freien Muße hervor. Dies wußten schon die Alten. Auch die Bildung der technischen Werkzeuge, für die Not und Mangel erheblich mehr bedeutet, ruft die Not nur in dem Sinne hervor, daß die Richtungswahl der erfinderischen Tätigkeit des Geistes – die aber selbst immer schon da sein muß – durch sie gelenkt wird. Aber auch in diesem Falle sind die sog. ›Bedürfnisse‹ selber, die durch das Werkzeug oder die Maschine befriedigt werden, geschichtlich entstanden – und zwar entstanden durch Anpassung des Trieblebens an Güterarten, die als Arten vor ihnen schon da waren; die also schon gebildet waren, ehe das betreffende Bedürfnis vorhanden war; an Güter, die schließlich selber nicht aus Bedürfnissen, sondern aus freier positiver Schöpferkraft des Geistes hervorgingen. Fast alles, was heute Massenbedürfnis ist, war einst Luxus weniger.«[30]

Dazu aber bleibt zu fragen, ob nicht »Luxus« Bedürfnis des »reichen Menschen« ist, weil Kultur die Vollendung der Natur des Menschen bedeutet, dem die Betätigung seiner geistigen Schöpferkraft wesentliches natürliches Bedürfnis ist.

 1 W. Schadewaldt, »Humanität und Technik«, in: *VDI-Berichte* Nr. 71 A.,
   Düsseldorf 1963, S. 23-26; das Zitat findet sich auf S. 24.
 2 A. Huning, *Das Schaffen des Ingenieurs. Beiträge zu einer Philosophie
   der Technik*, Düsseldorf ³1987 (erschienen 1986), S. 57.
 3 F. Van Steenberghen, *Ontologie*, Einsiedeln-Zürich-Köln 1952, S.
   181.
 4 Ebd., S. 193.
 5 Ebd., S. 216.
 6 G. W. F. Hegel, *Grundlinien der Philosophie des Rechts*, Hamburg
   ⁴1955, S. 165 (§ 182).
 7 Ebd., S. 169 (§ 188).
 8 Ebd., S. 170 (§ 190).
 9 Ebd., S. 171 (§ 192).
10 Ebd., S. 173 (§ 196).
11 Ebd., S. 173 f. (§ 198).
12 Ebd., S. 289 (§ 343).
13 K. Marx, *Ökonomisch-philosophische Manuskripte aus dem Jahre
   1844*, in: Karl Marx – Friedrich Engels, *Werke* (MEW), Ergänzungsband, Berlin 1981, S. 578.
14 K. Marx/F. Engels, *Die deutsche Ideologie*, MEW 3, S. 33.
15 K. Marx, *Ökonomisch-philosophische Manuskripte aus dem Jahre
   1844*, MEW Ergänzungsband, S. 514.
16 Ebd., S. 535.
17 Ebd., S. 544.
18 H. H. Holz, »Werte und Bedürfnisse«, in: G. Ropohl (Hg.), *Maßstäbe der Technikbewertung*, Düsseldorf ²1979, S. 107-130; das Zitat
   findet sich auf S. 110.
19 J.-P. Sartre, *Das Sein und das Nichts*, Hamburg 1962, S. 144.
20 Ebd., S. 494 f.
21 Ebd., S. 540.
22 J.-P. Sartre, *Kritik der dialektischen Vernunft*, Hamburg 1967; zum
   vorhergehenden Abschnitt vgl. besonders S. 84-88.
23 Ebd., S. 92.
24 Ebd., S. 96.
25 Ebd., S. 118.
26 Ebd., S. 197.
27 H. H. Holz, »Werte und Bedürfnisse«, in: G. Ropohl (Hg.), *Maßstäbe der Technikbewertung*, Düsseldorf ²1979, S. 107-130; das Zitat
   findet sich auf S. 124.
28 Vgl. dazu meinen Beitrag, »Homo Mensura. Der Mensch ist seine
   Technik – Technik ist menschlich«, in: A. Huning/C. Mitcham (Hg.),
   Technikphilosophie im Zeitalter der Informationstechnik, Braun-

schweig/Wiesbaden 1986, S. 35-45. Dieser Beitrag geht aus von den Arbeiten von E. Kapp und A. Gehlen.

29 Diesen Gedanken hat K. Hübner 1966 in einem Vortrag mit dem Titel »Kybernetik – Geist der Technik« entwickelt und in seinem Beitrag »Von der Intentionalität der modernen Technik«, in: *Sprache im technischen Zeitalter* 25 (1968), S. 27-48, veröffentlicht.

30 M. Scheler, *Vom Ewigen im Menschen*, Bern ⁴1954, S. 114.

Hans Lenk
Verantwortung in, für, durch Technik

Noch nie zuvor in der Geschichte hatte der Mensch so viel Verantwortung zu tragen wie heute, denn noch nie hatte er so viel Macht – technisch multiplizierte Macht über andere Menschen, aber auch über andere Naturwesen und -arten, über seine Umwelt, ja, über die Lebenswelt auf der Erde insgesamt. Der Mensch könnte heute regional oder sogar global seine eigene Art und alles höhere Leben vernichten oder wenigstens schwer schädigen.

Aber nicht nur mit Waffengewalt können Schädigungen erzeugt werden. Auch gutgewollte Entwicklungen zugunsten oder im Interesse der Menschheit oder von Teilgruppen können Schädigungen erzeugen – z. T. erst im kumulativen und synergistischen Zusammenwirken vieler Akteure und Agentien. Wer ist hier verantwortlich? Ein einzelner doch wohl nicht allein – etwa bei einem synergistischen, erst im Zusammenwirken vieler Faktoren die Schädlichkeitsschwelle überschreitenden Effekt. (Der saure Regen mag als Beispiel dienen, den übrigens David Smith schon 1872 in seinen Schädigungswirkungen beschrieb!) Sind also alle verantwortlich? Doch wohl auch nicht. Dies wäre eine ins Folgenlose führende Aufteilung der Verantwortlichkeit. Wenn alle für alles verantwortlich sind, wenn »jeder einzelne für die ganze Welt verantwortlich ist«, wie es J. Weizenbaum in seinem Buch *Über die Macht der Computer und die Ohnmacht der Vernunft* (1979, S. 394) schrieb, dann ist keiner mehr wirklich für etwas verantwortlich. Verantwortlichkeit kann nicht allumfassend sein. Ist sie aber stets allein einzelnen aufzubürden? Brauchen wir nicht im Zeitalter der vernetzten Systemzusammenhänge – besonders auch angesichts der schon erwähnten synergistischen und kumulativen Effekte – eine über die rein individuelle Verursacherverantwortung hinausgehende Verantwortung und eine entsprechende Gruppenethik der Verantwortung?

Bevor wir zum Thema »Verantwortung« kommen, muß wohl noch der Begriff ›Verantwortung‹ selbst erläutert werden. Was heißt Verantwortung? Verantwortung tragen heißt: bereit zu sein oder genötigt werden zu können, sich zu ver-antworten – zu antworten jemandem für etwas. Wir sind nicht nur für etwas (eine

Handlung, Aufgabe, Betreuung usw.) verantwortlich, sondern auch gegenüber jemandem oder vor einer Instanz. Der religiöse Mensch, der an einen Gott glaubt, weiß sich vor diesem verantwortlich.

In zwei interessanten Artikeln über Verantwortlichkeit in Organisationen und im Ingenieurwesen diskutiert der amerikanische Philosoph John Ladd die vier Verantwortungsbegriffe, die durch Harts rechtsphilosophische Untersuchungen besonders bekannt geworden sind. Hart unterscheidet die *kausale Handlungsverantwortung* (wobei die negative Verursachung, z. B. Eintritt eines Unfalls durch Nicht-Handeln einbegriffen ist), von der *Haftbarkeitsverantwortung* (wie man *liability-responsibility* sinngemäß freier übersetzen könnte), entsprechend der jemand für einen entstandenen unerwünschten oder schädigenden Sachverhalt in dem Sinne »verantwortlich« ist, daß er entweder einen Ausgleich zu gewähren oder zu zahlen hat oder Strafe bzw. Sanktionen einer sozialen Kontrolle zu übernehmen hat. Drittens wird die *Aufgaben- oder Rollenverantwortung* behandelt, die mit einer spezifizierten Rolle, etwa der einer beruflichen Beschäftigung, unlöslich verbunden ist. Schließlich wird viertens die *Fähigkeitsverantwortung* bei Hart angeführt, die eher im rechtlichen Zusammenhang einschlägig ist, bei der Frage, ob jemand in der Lage ist, Vorgänge zu verstehen, zu planen, durchzuführen, zu beurteilen und ob er die entsprechenden Erkenntnis- und Steuerqualitäten sowie die erforderliche Qualifikation besitzt. Ladd wirft Hart vor, daß dieser eine fünfte Variante, nämlich die *Rechenschaftsverantwortung* gegenüber einer Person für etwas, von Ladd etwas mißverständlich »Organisationsverantwortung« genannt, nicht mitanführt.

Wie dem auch sei, wichtig ist jedenfalls, daß alle diese spezifischen Verantwortlichkeiten begrenzte und eingeschränkte Formen der Verantwortung sind, die sich auf bestimmte Personen in eingeschränkter Weise beziehen. Ladd behauptet, daß diese Varianten begrenzte Formen der Verantwortung sind, die sich auf bestimmte Personen eben in beschränkter Weise beziehen. Ladd schreibt, daß diese begrenzten Verantwortlichkeiten oft in der Gesellschaft »als ein Mittel benutzt würden, um Verantwortlichkeit in einem vollständigeren moralischen Sinne zu vermeiden« (1982, S. 8). Während manche dieser spezifischen Verantwortlichkeiten (wie etwa die Haftbarkeitsverantwortlichkeit), auch für Verbände oder Gruppen kollektiv gelten, ist dies bei der moralischen Verantwortung nicht der Fall. Diese ist individuell; zudem ist sie unbegrenzt und unbeschränkt, kann nicht abgeschoben werden, wird nicht von äußeren Normen und Regeln allein beherrscht, sondern ist situationsabhängig. Zwar kann moralische Verantwortung nach Ladd sich auch auf Individuen in Gruppen beziehen, jedoch kann sie nicht von der Gruppe selbst kollektiv in der Weise getragen werden, daß dem Individuum keine Verantwortung oder auch nur ein geringer Teil davon zukäme: Moralische Verantwortung »ist nicht etwas, das zwischen Individuen aufgeteilt werden kann oder das sich ausschließlich auf ein Individuum gegenüber einem anderen erstreckt. Es ist vollkommen schlüssig, zu behaupten, daß mehrere Individuen dieselbe Verantwortlichkeit auch gemeinsam tragen können. Wenn sie dies tun, können wir von *kollektiver Verantwortlichkeit* oder *Gruppenverantwortlichkeit* sprechen« (1982a, S. 8, 11), ohne daß von der jeweiligen individuellen Verantwortlichkeit auch nur ein Jota abgestrichen würde. Ich würde sie unmißverständlicher gemeinschaftliche Einzelverantwortung in Gruppen oder Mitverantwortung nennen. Die moralische Verantwortlichkeit ist also individuell, sie kann nicht sinnvoll Verbänden oder formalen Organisationen zugesprochen werden; sie bezieht sich immer auf Personen, ist »vorwärts blickend« in bezug auf etwas, was Personen tun oder verhindern sollen. Sie ist »nicht exklusiv«; sie gestattet keine Abschiebung durch Aufteilung – etwa nach dem Motto: »Teile die Verantwortung und sei entschuldigt!« Sie ist sozusagen nicht vertretbar, nicht aufgebbar, nicht teilbar, nicht ablenkbar. Ladd wundert sich darüber, daß Hart in seinem Versuch, Verantwortungstypen zu unterscheiden, auf diese umfassende moralische Verantwortlichkeit nicht eingegangen ist. (In der Tat handelte es sich bei Hart um spezielle rechtlich relevante Probleme der Verantwortlichkeitszuschreibung, nicht um Fragen der allgemeinethischen Verantwortung.) Die Differenzierung der grundverschiedenen Verantwortungstypen ist zweifellos nützlich – gerade auch bei der Betrachtung unterschiedlicher Verantwortungsarten und möglicher Verantwortungskonflikte in der Technik. Zweifellos ist es aber notwendig, die umfassende moralische Verantwortung hinzuzufügen. Vor welcher Instanz hat man sich nun allgemein moralisch zu verantworten?

In der Ethik wird gewöhnlich das Gewissen angeführt, vor dem man sich verantwortet. »In der Tat ist das Gewissen auch die letzte und die entscheidende Instanz für die Verantwortung«, meinte Hans Sachsse kürzlich – und er lehnt daher jede »kollektive Verantwortung« als einen zu »verschwommenen Begriff« ab. »Aber der private Charakter des Gewissens«, sieht Sachsse selbst ein, »erschwert seine intersubjektive Handhabung«.

Ist wirklich das Gewissen letzte Instanz? Ist dies nicht eine zu individualistische Grundlage für öffentliche und kollektive Verantwortung? Und wer nun gerade gewissensblind ist, hat er oder haben die von seiner Tat (u. U. einer Wahnsinnstat) negativ Betroffenen eben einfach Pech gehabt? Ist das Gewissen nicht eher ein Medium, eine Stimme, die Verantwortlichkeit schätzt, mißt, als ein Kriterium derselben? Setzt es nicht einen Maßstab, einen Standard, eine Instanz schon voraus?

Oder ist die moralisch-praktische Vernunft diese Instanz, die der späte Kant interessanterweise mit Gott gleichsetzt (»Gott ist die moralisch-praktische Vernunft«, Akademie-Ausgabe, Bd. XXI, S. 145). Ist nicht auch die praktische Vernunft wiederum nur Medium und Organ, sozusagen das Feststellungszentrum, nicht die inhaltliche Instanz?

Allenfalls verantworten wir uns vor der Vernunft, aber nicht gegenüber der Vernunft. Vernunft ist außerdem kein Organ, kein kleinster Zurechner im Gehirn, sondern in Kants Sinn durchaus selbst eine regulative Idee, die Idee der Ideen(-erzeugung). Da wir schon bei solchen Ideen sind, könnten wir auch über die eher formale Idee der moralischen Vernunft als Instanz hinausgehen und stärker inhaltliche Ideen als mögliche Instanzen heranziehen, etwa die Selbstachtung, die Idee der Menschheit oder die der Gesellschaft. Sind wir der Menschheit oder der Gesellschaft oder dem Gesetze gegenüber verantwortlich? In gewissem Sinne durchaus – aber dies alles sind auch abstrakte Begriffe, keine lebendigen persönlichen Instanzen, keine Partner, die mich direkt zur Verantwortung oder zur Rechenschaft ziehen könnten. Die Verantwortlichkeit gegenüber einem Abstraktum bleibt Metapher, mag jedoch sehr wirksam sein. Verantwortlichkeit ist dann in der Tat eine moralische Konstruktion, der Partner ist im allgemeinen ein Konstrukt, das gleichsam Über-Ich-Kontrollfunktion zugeschrieben erhält. Soziale Kontrollen oder gesetzliche Kontrollen konkretisieren die Verantwortlichkeit, sind aber schon abgeleitet im Verhältnis zur unmittelbar persönlichen und auch zur allgemeineren ethischen Verantwortung. Diese bleibt im allgemeinen auf eine Idee als Instanz verwiesen. Sie selbst wird nicht konkret, ist auch nicht auf die begleitende oder ausdrückende Stimme des tatsächlichen Gewissens zurückzuführen. Ethische Verantwortlichkeit ist mehr als die empirische Gewissensstimme. Wiederum finden wir uns auf Immanuel Kants Idee der Moralität zurückgeworfen, auf die ihm zufolge nicht erklärbare Tatsache der moralischen Vernunft.

Zweifellos hängt diese Idee mit der Idee der Menschenwürde zusammen. Zum Menschen, zur Menschenwürde gehört es, Verantwortung zu übernehmen, insofern man ein handelndes und relativ wirkungsmächtiges freies Wesen ist. Handlungsfreiheit und Verantwortlichkeit bedingen einander. Zur Idee der Menschenwürde gehört die Achtung vor dem Mitmenschen und vor der eigenen Person – auch die Idee der Existenz und des menschenwürdigen Fortbestehens, vielleicht sogar der Fortentwicklung der Menschheit. Außerdem, denke ich, gehört es zur Menschenwürde, daß wir als Einsichtige, als diejenigen, die in der Natur ausgezeichnet sind, indem wir ihren Zusammenhang zum Teil erkennen, entschlüsseln und lenken können, auch für andere Wesen und sogar Natursysteme Mitverantwortung übernehmen können und müssen.

Diese Verantwortung wächst mit unserer Einsichts- und Eingriffsfähigkeit und zumal mit unserer Zerstörungsmacht. Wir können und sollen als einsichtige Wesen für andere Wesen repräsentativ mitdenken – uns z. B. auch für ihre Existenz verantwortlich fühlen. Wir könnten sogar etwas von unserem moralischen Gattungschauvinismus aufgeben, indem wir Tieren und Naturwesen gewisse moralische Quasirechte zuerkennen, ohne von unserer besonderen Würde und der Auszeichnung, moralische Pflichten tragen zu können, auch nur ein Quentchen abzugeben. Freilich müssen wir dann die von Kant geforderte Symmetrie der moralfähigen Gegenstände aufgeben, die darin bestand, nur einem Wesen, das auch Pflichten übernimmt, moralische Rechte zuzuordnen. Diesen Rest von Anthropozentrismus müssen wir aufgeben.

Warum sollten Tiere nicht aus Gründen an sich, aufgrund moralischer Quasirechte, vor Folterung bewahrt werden – und nicht nur aus Gründen der erzieherischen Wirkung auf den Menschen? Der Mensch ist das der Verantwortung fähige Wesen. Erst als solches ist er ausgereifte moralische Person.

Der Mensch ist das verantwortliche Wesen. Und Wissenschaftler, Technik-Wissenschaftler, praktische Ingenieure sind auch Menschen. Also sind auch sie verantwortliche Wesen. So einfach scheint der Schluß, aber so einfach liegen die Verhältnisse aufgrund des bereits Erläuterten natürlich nicht.

Man hielt traditionellerweise Technik und Wissenschaft für moralisch neutral. Man konnte deren Resultate immer zum Guten wie zum Bösen verwenden und oft war und ist nicht einmal zu bestimmen, was gut und was böse oder unethisch ist. Man hielt die Wissenschaftler und Ingenieure herkömmlich für nicht verantwortlich, für entschuldigt, schuldlos. Sie schienen nicht verantwortlich für ihre Entdeckungen, Entwicklungen und deren Verwendung.

Albert Einstein war übrigens nicht dieser Meinung. Er schrieb in den dreißiger Jahren an seinen Physikerfreund Max von Laue: »Deine Ansicht, daß der wissenschaftliche Mensch in den politischen, d.h. menschlichen Angelegenheiten im weiteren Sinne schweigen soll, teile ich nicht. Du siehst ja gerade an den Verhältnissen in Deutschland, wohin solche Selbstbeschränkung führt. Es bedeutet, die Führung den Blinden und Verantwortungslosen widerstandslos zu überlassen. Steckt nicht Mangel an Verantwortungsgefühl dahinter? Wo stünden wir, wenn Leute wie Giordano Bruno, Spinoza, Voltaire, Humboldt so gedacht und gehandelt hätten?«

Was ist also, worin besteht die Verantwortung der Techniker und anwendenden Wissenschaftler in der heutigen Situation?

Dies sei am Beispiel der Diskussion der sogenannten Ethik-Codes der amerikanischen Ingenieurvereinigungen und anhand einiger öffentlich gewordener Vorfälle bzw. Skandalfälle diskutiert: Die moralischen Folgefragen wissenschaftlich-technischer Innovationen sind freilich keine Fragen der Wissenschaft selbst, besonders nicht der Grundlagenforschung, sondern der Verwendung, der Anwendung wissenschaftlicher Ergebnisse. Angesichts technischer, zumal militärtechnischer Projekte entstehen natürlich bei den einzelnen Wissenschaftlern, bei den einzelnen Technikern auch moralische Fragen der Beteiligung, die sorgfältig kasuistisch zu analysieren wären, doch dürften diese grundsätzlichen Probleme nicht die ethischen Hauptprobleme der Wissenschaft sein, die sich eher durch die ethische Neutralität und Ambivalenz der wissenschaftlichen Resultate und der technisch-wissenschaftlichen Projektentwurfsmöglichkeiten generell ergeben. Neu sind diese Probleme nicht; Messer und Feuer konnten immer schon mißbraucht werden. Doch die Reichweite der Folgen, die Größe des Risikos, auch die Reichweite ungeplanter, ungesehener Nebenfolgen haben sich derart potenziert, daß die Dimensionen zwischenmenschlicher Interaktionen, anhand deren sich die Moralvorstellungen, die meisten ethischen Argumentationen entwickelt haben, durch diese technischen Dimensionen überholt, überdehnt, überspannt werden. Ich will nicht sagen, daß die Quantität allein hier zum Umschlag geführt hat, doch erzeugt die ins nahezu Unermeßliche gewachsene Erreichbarkeit, Betroffenheit und Abhängigkeit von Aktionen eine erheblich erweiterte, planetarisch-gesamtmenschheitliche und universell-kreatürliche Verantwortlichkeit.

Die Ethik der Nächstenliebe reicht nicht mehr im Zeitalter globaler Fernwirkungsverflechtungen. Wenn auch wohl nicht die Grundimpulse, so haben sich die Anwendungsbedingungen der Ethik jedoch so drastisch gewandelt, daß ganz neue ethische Probleme der Machbarkeit entstehen; denken Sie etwa an die Genmanipulation an Menschen, nur an deren Möglichkeit, vorerst noch im Gruselkabinett wissenschaftlich-technischer Machbarkeit vorgespielt. Wie die Bemühungen der Atomic Scientists of Chicago, der Göttinger Atomwissenschaftler und vor wenigen Jahren, 1975, die der Molekularbiologen der Asilomar-Konferenz erkennen lassen, waren sich die Wissenschaftler sehr bald dieser Verantwortung bewußt geworden; *allein* sind sie allerdings mit dieser gesellschaftlichen, politischen Frage der Verwendung freilich überfordert. Insbesondere konnte man ihnen, z. B. Hahn, Straßmann und Meitner, nicht etwa die Hiroshima-Bombe moralisch zurechnen. (Dennoch litt der erstere Berichten zufolge schwer und war sehr betroffen von der durch seine eigentlich harmlose Grundlagenforschung angestoßenen Entwicklung; ähnliches wird ja auch von Einstein berichtet, der allerdings aktiv eingegriffen hatte, indem er seinen Brief an Präsident Roosevelt geschrieben hatte, der im Grund die Entscheidung über den Bau der Atombombe vorgeprägt hat.)

Der faustische Pakt mit dem technisch-wissenschaftlichen Fortschritt ist also zweifellos existent und folgenreich. Er ist in der Tat ein faustischer Pakt. Wir können ihn nicht einfach einseitig aufkündigen; wir können nicht einseitig den Fortschritt stillstellen, wie Herbert Marcuse meinte, ohne daß wir einen Rückfall in Versorgung, Lebensstandard, Konkurrenzfähigkeit der Wirtschaft u. ä. in Kauf nehmen würden. Der faustische Pakt kann nur im Rahmen humaner Verantwortbarkeit gehalten werden, durch einen weiseren, humaneren Umgang mit den technologischen Expansionsmöglichkeiten. Also nicht Abschaffung oder Stillegung der technischen Entwicklung, nicht Abschaffung der Wissenschaft oder Ersetzung durch andere Traditionen, durch Mythen oder ähnliches kann zur Debatte stehen – gerade auch aus Gründen der moralischen Verantwortlichkeit für eine historisch und durch Populationsdynamik und Versorgungsprobleme von Technik und Wissenschaft zunehmend abhängig gewordene Menschheit –, sondern nur eine gesamtmenschheitlich global-ethisch orientierte Humanisierung des Umgangs mit den technischen Möglichkeiten. »Keine Schwarz-Weiß-Zeichnung« ist das Gebot der Stunde, keine scharfe Gegensatzbildung kann realistisch sein, keine Verdammung von Wissenschaft und Technik, doch auch keine maßlose »Can-implies-ought«-Technokratie. Apologeten und Kritiker, politisch rechts wie links verortet, haben zu sehr auf diese Dichotomien gebaut, zu sehr in solchen Schwarz-Weiß-Gegensätzen gedacht und zu oft das Kind mit dem Bade ausgeschüttet.

Der Mensch ist nicht ein Techno-Produkt, Gott sei Dank, obwohl er von den technischen Errungenschaften abhängig geworden ist, die ihm ja auch so große Lebensverbesserungen, Lebensbereicherungen eröffneten, daß die meisten antitechnischen Kulturkritiker selbst kaum darauf verzichten wollen. Die Welt ist nicht nur technische Welt, obwohl sie weitgehend von der technischen Industrie geprägt wird. Der Staat ist kein technischer Staat, keine rationalkalkulatorisch zu optimierende Sozialmaschine, obwohl er auf technische Verwaltung, auf sozialtechnische Optimierung zunehmend angewiesen ist. Das Unbehagen an manchen Verwendungen von Resultaten der Wissenschaft und Technik wird und sollte sich weiter artikulieren. Es war oft pointiert, überpointiert, überzogen im publizitären Spiel mit Urängsten – man denke an das Atom als das Sinnbild dessen, was die Welt im Innersten zusammenhält, an Slogans wie »Mit der Bombe leben« und ähnliche Motive, die offenbar in gewisser Weise sozialpsychologisch sehr wirksam an gewisse Urängste appellieren. Aber alles dies hat doch auch eine kritische, sensitivierende und kontrollierende Funktion. Die *Volonté générale,* zu der die einzelnen nach Rousseau bekanntlich auch isoliert durch vernünftige Überlegung kommen könnten, ist immer noch dem mittleren Weg, dem seit Aristoteles Vernünftigeren, angemessener als die Volonté de tous und als die üblichen politischen Kraftprotzenposen vieler Völkerrepräsentanten und Stammestribunen. Zu absolutem Pessimismus sehe ich keinen Grund, um so mehr Gründe für die kritisch-humane Wachsamkeit. Vernunft muß sich als Idee und Appell für menschengerechte, sozialgerechte Angemessenheit verstehen. In pragmatischer Verpackung und Verwendung hat sie immer noch eine Chance, doch müssen wir sie, wo immer wir können, lancieren und fördern.

Wir können es uns freilich schon heute und besonders künftig nicht mehr leisten, die drängenden ethischen Probleme der Technik und der angewandten Wissenschaften zu vernachlässigen.

Die ethische Problematik stellt sich heutzutage stärker als früher im Zusammenhang mit der ausgedehnten Verfügungsmacht des Menschen über die nicht-menschliche Umwelt, über die »Natur«, aber auch mit den neuartigen Manipulations- und Zugriffsmöglichkeiten zum Leben, insbesondere auch zum menschlichen Leben selbst. Durch die technologisch bis ans Ungeheuerliche grenzenden Wirkungsmöglichkeiten des Menschen entsteht auch für die ethische Orientierung eine neue Situation. Diese erfordert neue Verhaltensregeln und Normen, die nicht mehr nur für einzelne Individuen gelten, sondern auch für Gruppen, Teams und Anwender. Selbst bei konstant bleibenden ethischen Grundimpulsen wären zumindest die Anwendungsbedingungen und Durchführungsregeln sowie die Einzelnormen unter Umständen weiterzubilden, den neuartigen ausgedehnten Verhaltens-, Wirkungs- und Nebenwirkungsmöglichkeiten kritisch-konstruktiv »anzupassen«. Diese Anpassung darf aber keineswegs »anpassungsmechanistisch« einfach den neuen Verhaltensmöglichkeiten folgen, sondern muß im Lichte der konstanten, eventuell neu zu interpretierenden ethischen Grundwerte und im Lichte voraussehbarer und eigens wieder zu beurteilender Konsequenz in einer ebenso pragmatischen wie detailliert kritischen Auseinandersetzung beurteilt werden.

Das Auftreten neuer technischer Phänomene und Prozesse an sich ist nicht das einzige Moment einer neuartigen Situation, die aufgrund der technischen Entwicklung neuartige ethische Probleme erzeugt. Der entscheidende neuartige Gesichtspunkt für eine neue Interpretation oder Neuanwendung der Ethik ist zweifellos die ins Unermeßliche gewachsene technologische Verfügungsmacht des Menschen. Diese führt in wenigstens einigen Punkten zu Risiken, die neue ethische Gesichtspunkte erfordern:

1. Die Zahl der von technischen Maßnahmen oder deren Nebenwirkungen Betroffenen ist ins Gewaltige gestiegen. Die Betroffenen stehen oft nicht mehr unmittelbar im Handlungszusammenhang mit den Eingreifenden.

2. Natursysteme werden Gegenstand des menschlichen Handelns – wenigstens negativ: Der Mensch kann sie durch seine Eingriffe nachhaltig stören oder zerstören. Dies ist zweifellos eine absolut neuartige Situation: Der Mensch hatte nie zuvor die Macht, alles Leben in einem ökologischen Teilsystem oder gar global zu vernichten oder durch seinen technischen Eingriff entscheidend zu depravieren. Da diese Eingriffe unter Umständen nicht kontrolliert werden können und zu irreversiblen Schädigungen führen können, gewinnen die Natur (als ökologisches Ganzes) und die Arten in ihr angesichts der neuartigen technologischen Machtverteilung eine ganz neuartige ethische Relevanz. War die Ethik bisher im wesentlichen anthropozentrisch nur auf Handlungen und Handlungsfolgen zwischen Menschen ausgerichtet, so gewinnt sie nun eine weitergehende ökologische Relevanz und ebenfalls Bedeutsamkeit für anderes Leben (wie sie etwa Schweitzers Ethik der »Ehrfurcht vor dem Leben« schon vorformuliert hatte). Angesichts möglicher irreversibler Schädigungen (Klimaänderungen, Strahlenschäden, technologischer Erosion usw.) geht es *auch* um den Menschen, aber keinesfalls nur mehr noch um ihn.

3. Angesichts der gewachsenen Eingriffs- und Wirkungsmöglichkeiten im biologisch-medizinischen wie auch im ökologischen Zusammenhang stellt sich auch das Problem der Verantwortung für Ungeborene – sei es für individuelle Föten wie auch für nachgeborene Generationen.

4. Nicht nur im Sinne der möglichen Manipulation des Menschen in seinem Unterbewußtsein oder durch soziale Manipulation, sondern auch im Humanexperiment allgemein, sei es im pharmakologisch-medizinischen Forschungsprojekt oder im sozialwissenschaftlichen, wird der Mensch selbst zum Gegenstand der wissenschaftlichen Forschung. Es stellt sich somit ein besonderes

ethisches Problem im Zusammenhang mit wissenschaftlichen und technischen Humanexperimenten.

5. Im Bereich der Genbiologie hat der Mensch inzwischen die Möglichkeit erworben, durch biotechnische Eingriffe Erbgut zu verändern, neue lebendige Arten durch mutative Abwandlungen zu schaffen und unter Umständen sogar den Menschen selbst genetisch zu beeinflussen oder zu verändern. Dies stellt natürlich eine ganz neuartige Dimension einer ethischen Problematik dar. Kann der Mensch die Verantwortung tragen dafür, hat er das Recht, künstlich anderes Leben der Art nach und sich selbst eugenisch zu verändern – und sei es zum Besseren?

6. Der Mensch droht nicht nur potentiell im Zugriff der genetischen Manipulation zum »Objekt der Technik« zu werden, sondern ist in mancherlei Hinsicht im Kollektiven wie im Individuellen bereits Gegenstand so mancher Beeinflussung geworden, die oft kritisch als »Manipulation« bezeichnet wird. Dazu gehören nicht nur pharmakologische und massensuggestive Beeinflussungen durch Tranquilizer bzw. unterschwellige Wirkungen.

7. Läßt sich mit der fortschreitenden Entwicklung der Mikroelektronik, der computer-gesteuerten Systemorganisation und der EDV-automatisierten Verwaltungsorganisation ein Drang zur ständig zunehmenden Technokratie feststellen? Gehen in der Bürokratie Technokratie und Elektro(no)kratie eine überaus effiziente Verbindung ein, die geradezu das Kommen des technetronischen »Großen Bruders« als sehr realistisches Menetekel an die Programmtafel industriell hochentwickelter Gesellschaften schreibt? Droht die Gefahr einer umfassenden Systemtechnokratie? Die Entwicklung der Computertechnik, der elektronischen Datentechnik und Informationsverarbeitung beginnt nachdrücklich das Problem einer technokratischen Gesamtkontrolle der Person in Gestalt ihrer gesammelten und kombinierten Personendaten zu erzeugen. Die Gefährdung der persönlichen Privatheit, des »Datengeheimnisses« hat zur rechtlichen Problematik des Datenschutzes vor kommerzieller und gesellschaftlicher Ausnutzung persönlicher Daten geführt – eine Fragestellung, die natürlich auch erhebliche moralische Bedeutsamkeit aufweist.

8. Aber Technokratie weist noch eine andere, hier wichtigere Komponente auf. Wenn Edward Teller, der sogenannte »Vater der Wasserstoffbombe«, in einem Interview mit *Bild der Wissenschaft* (1975) meinte, der Wissenschaftler und damit auch der

technische Mensch »soll das, was er verstanden hat, anwenden«
und »sich dabei keine Grenzen setzen«: »Was man verstehen
kann, das soll man auch anwenden«, so wird noch auf eine über-
zogene Ideologie technokratischer Machbarkeit angespielt, die
das alte Kantische Moraldiktum »Sollen impliziert Können« um-
kehrt zum »technologischen Imperativ« (L. Marcuse, Lem), zu
einer unterstellten Normativität technologischer Möglichkeiten,
die in dem Schlagwort »can implies ought« (Ozbekhan) Ausdruck fand. Ob der Mensch auch all das, was er herstellen, machen, bewirken kann, auch initiieren und durchführen soll oder
darf – dies stellt natürlich eine besonders prekäre ethische Frage
dar, die keineswegs, wie Teller meinte, einfach bejaht werden
kann. Für Ozbekhan schien dieses Schlagwort ein Leitmotto des
technischen Fortschritts darzustellen, das zur empirischen Beschreibung technischer Entwicklungen geeignet ist/war: Vieles –
wenn auch nicht alles (nur ca. 5% der Patente werden zur Produktion gebracht) –, was hergestellt werden konnte, verfahrensmäßig technologisch erreichbar war, gewann offenbar bis hin zur
Gegenwart eine derartige Faszination, daß es quasi-normative
Kraft annahm: eben nahezu automatisch aus sich den Anspruch
erzeugte, nun auch durchgeführt werden zu sollen. Beispiele vom
Mondlandeprogramm bis zur genetischen Manipulation oder früher der Atombombenexplosion über Zivilstädten liegen auf der
Hand. (Vereinzelte Gegenbeispiele von geradezu säkularer Bedeutung sehen manche in der Ablehnung des Überschallzivilflugs
durch die USA und dem erwähnten zeitweilig wirksamen Mora-
torium der Molekularbiologen von Asilomar zur Selbstbeschränkung der als besonders gefährlich eingeschätzten Genfor-
schung.)
Die Hauptthese von Jonas' Buch *Das Prinzip Verantwortung.
Versuch einer Ethik für die technologische Zivilisation* (1979) geht
dahin, daß angesichts der ins Unermeßliche gewachsenen technologischen Macht des Menschen und der Dynamisierung der Le-
bensumstände in der industriellen Welt sowie angesichts der Gefährdungen von Natur und Kreatur (einschließlich des Menschen
selbst) durch Nebenwirkungen des industriellen Prozesses eine
sittliche Erweiterung des Verantwortungskonzepts nötig ist: der
Übergang von einer Konzeption der Verursacherverantwortung
zu einer »Treuhänder«- oder Heger-Verantwortung des Menschen, von der rückwirkend zuzuschreibenden Ex-post-Verant-

wortung zur prospektiv ausgerichteten Sorge-für-Verantwortung und Präventionsverantwortlichkeit, von der vergangenheitsorientierten Handlungsresultatsverantwortung zur zukunftsorientierten, durch Kontrollfähigkeit und Machtverfügbarkeit bestimmten Selbstverantwortung.

In der Tat kann angesichts von kumulativen Effekten und synergistischen Kombinationswirkungen das Konzept einer einzelakteursorientierten Verantwortung, die nur an abgeschlossenen Handlungen orientiert ist, nicht mehr genügen. Die Individualzurechnung läßt sich bei kombinierten und kollektiven Prozessen nicht durchführen. Man darf aber nicht einfach das Nichtzurechenbare, doch Beeinflußbare gleichsam ›seinem Schicksal‹ überlassen. Dies wäre ›unverantwortlich‹. Ebenso müssen unter dem Gesichtspunkt der hegerischen Verantwortlichkeit, der Treuhänderschaft für ökologische Systeme, für Natur und Leben allgemein kollektive Verantwortlichkeiten definiert werden, welche die Abwendung von Störungen zum Ziele haben, u. U. auch Unterlassungen individuell oder kollektiv zurechnen können. Jeder Mensch im Handlungs- und ökologischen Lebensgefüge mit Verfügungsmacht (und wer hätte nicht – wenigstens im negativen Sinne – die Macht, Störungen eines aufgrund der hochgradigen Vernetzung störanfälliger gewordenen Systems zu vermeiden oder zu verhindern?) hat Anteil an dieser erweiterten Verantwortlichkeit.

Ergänzend bzw. korrigierend zu Jonas' Ausführungen muß man noch hinzufügen: Eigentlich handelt es sich nicht um einen *Übergang* von der traditionellen Handlungsresultatsverantwortung zur Heger- und Präventionsverantwortung, sondern die traditionelle Verantwortung für Getanes bleibt natürlich weiterhin bestehen, was die Kausalitäten des Handelns – gerade auch mit der technologisch gewaltig erweiterten Aktionsweite – betrifft. Angesichts der zum Teil schwerer zu übersehenden unbeabsichtigten Nebenwirkungen ist diese Verantwortung nur schwieriger zu tragen und zuzuschreiben. Das ist eine Paradoxie der Situation: Der Mensch ist angesichts seiner Macht eigentlich mehr (präventions-)verantwortlich, als er (an eventuell ihm nicht vorhersehbaren, etwa erst synergistisch und kumulativ wirkenden Nebeneffekten) übersehen, im einzelnen bewußt handlungsbezogen »verantworten« kann. Statt aber von einem Übergang aus einem Verantwortungstyp zu einem anderen zu sprechen, sollte man von zwei *zugleich* zu berücksichtigenden Verantwortungskonzepten sprechen: einem strikteren und engeren sowie einem feineren und weiteren. Ein Übergang wäre allenfalls darin zu sehen, daß aufgrund der gewandelten Situation die Ethik sich nicht mehr auf den strikteren, engeren traditionellen Verantwortungsbegriff allein beschränken kann, sondern sich auch an dem neuen erweiterten Verantwortungsbegriff orientieren muß, ohne die herkömmliche Handlungsverantwortung beiseite zu schieben oder zu ignorieren.

All dies hat natürlich erhebliche Konsequenzen für die Ethik insgesamt: Die traditionell ausschließlich individualistisch orientierte Ethik der moralischen Einzelverpflichtung muß ausgedehnt werden in Richtung auf eine zeitübergreifende, insbesondere auf eine zukunftsorientierte Ethik auch für kollektive Handelnde oder auch für Träger von Verfügungsmacht (selbst und vielleicht gerade dann, wenn diese nicht handeln). In einer Welt zunehmender Systemvernetzung, wachsender ökonomischer, politischer, sozialer und ökologischer Abhängigkeiten, die vermehrt durch technische Eingriffe und deren Risiken, Nebenwirkungen, Kumulationseffekte geprägt ist, kann keine Moral der bloßen Nächstenliebe mehr genügen, wie sie sich wohl zum Teil schon stammesgeschichtlich und besonders geschichtlich am Beispiel der Handlungen zwischen Menschen von Angesicht zu Angesicht entwickelt hat. Die Ethik muß bei aller weiterhin zu berücksichtigenden Beachtung »der moralischen Integritätsrechte des Individuums« künftig mehr »von einer zu praktizierenden Verantwortung für die Gesamtmenschheit getragen werden – nicht nur für die existierenden, sondern auch für die Nachwelt« (Lenk 1979, S. 70). Die Ethik muß nicht nur stärker gesamtmenschheitsorientiert, zukunftsoffener, sozialer, kooperativer und pragmatischer (in der Berücksichtigung von situativen Abhängigkeiten und Machtverfügungsfaktoren) werden, sondern sie muß sich auch auf kollektive Handelnde unter einem erweiterten Begriff der »Treuhänder«- und Präventionsverantwortung ausrichten. Daß die Ethik unter Einschluß ihrer pragmatischen Anwendungsbedingungen in einer ständig sich wandelnden Welt nichts Statistisches bleiben kann, sondern sich den sich wandelnden Wirkungsmöglichkeiten und Nebenwirkungspotentialen im Bereich des technologisch Machbaren stellen muß, ohne sich mechanistisch den Wandlungen bloß anzupassen, ist einsichtig. Die konstanten ethischen Grundimpulse können und müssen bei durchaus erweiterter Anwendbarkeit ethischer Zentralbegriffe (Hegerverantwortung) und bei sensitiver ethischer Beurteilung von eventuell nicht ganz übersehbaren Nebenwirkungen (gerade deswegen sind vorsichtigere, striktere Urteile nötig, ohne daß alle Risiken vermieden werden können oder sollten) pragmatisch auf die Gegenwartssituation des Homo faber technologicus bezogen werden. Mag der ethische Grundimpuls sich selbst auch kaum gewandelt haben, so veränderten sich doch die Anwendungsbedingungen in der systemtechnologischen Welt von heute sehr drastisch. Da das ethische Nachdenken und Urteil den Verantwortung tragenden, »den handelnden, besonders auch den Neues schaffenden, die Welt verändernden Menschen« betrifft, ist »die Moral ... angesichts der dynamischen Entwicklung ständig neu weiter zu ›erschaffen‹« (Lenk 1979, S. 73). *Macht und Wissen verpflichten* – auch technologische (überpersönliche) Macht. Die Schaffung neuer Abhängigkeiten schafft eine neue moralische Verantwortung persönlicher und überpersönlicher Art.

Diese pragmatische Umorientierung angesichts der gewachsenen Verfügungsmacht des Menschen läßt sich auch gut mit der Diskussion in der sogenannten analytischen Ethik vereinen. Eine zugleich realistische und pragmatische sowie den moralischen Intuitionen entsprechende Ethik kann nur eine *gemischte Theorie* sein, in die gesamtnutzenorientierte Komponenten ebenso Eingang finden wie Faktoren einer deontologischen Prinzipienethik. Wenn »die Moral für die Menschen geschaffen ist, nicht der Mensch für die Moral« (Frankena 1972, S. 64, 141), so kann die Ethik auf eine (wenigstens) regelutilitaristische Ausrichtung auf Konsequenzen nicht verzichten.

Die Übertragung der bisherigen Einsichten auf die Problematik des technischen Fortschritts im engeren Sinne ist leicht durchführbar. Sie soll hier nur angedeutet werden.

Der technische Fortschritt erweist sich als ein multidimensionales Konstruktphänomen, das sich erst durch ständiges Wechselspiel mit anderen Einflußbereichen und durch Aktionen handelnder Individuen ergibt und eine recht große Komplexität hinsichtlich individueller Beiträge, verschiedener Bereiche und sozialer Hintergrundfaktoren (wie z. B. den des »gesellschaftlichen Leistungsstandes« [Bolte]) aufweist. Daß die Wahrscheinlichkeit von Verbesserungen und neuen Veränderungen sich stets in Abhängigkeit vom jeweilig erreichten Entwicklungsstand (der Technik, der Naturwissenschaft und anderer auch gesellschaftlicher Einflußgrößen) entwickelt, begründet unmittelbar die quasigesetzliche Grundform eines exponentiell wachsenden technischen Fortschritts – insbesondere, was die zeitliche Beschleunigung angeht.

Hinsichtlich der moralischen Beurteilungen ergibt sich ähnlich wie bei der früheren Erörterung synergistischer und kumulativer Effekte, daß eine ursächliche Verantwortung meist keinem einzelnen Individuum noch einem einzelnen Bereich zugeschrieben werden kann, wenn die Entwicklung und besonders die Beschleunigung von einer Vielzahl sich gegenseitig steigernder Wechselwirkungen abhängt. Im weiteren Sinne der Heger- und Präventionsverantwortung, wie sie zuvor erläutert wurde, übernehmen natürlich beteiligte Individuen, d. h. die Techniker, Ingenieure und generell Mitglieder der technischen Intelligenz sowie die in Anwendungsbereichen tätigen Naturwissenschaftler eine gewisse Mitverantwortung, ohne daß ihnen schlicht und einfach allein etwa die volle moralische Verantwortung für die Anwendung der von ihnen initiierten Erfindungen, deren unter Umständen schädliche Anwendungen sie aber möglicherweise nicht einmal voraussehen konnten, zugerechnet werden könnte. Die *Verantwortung des Forschers* in Wissenschaft und Technik unter Berücksichtigung der präventionsorientierten und hegerischen Verantwortung ist Gebot, wo immer schädliche Effekte vorausgeschätzt und abgewendet werden können – z. B. bei direkt anwendungsorientierten technologischen Projekten. Eine persönliche Mitverursacherverantwortung ist fallweise gegeben. Eine allgemeine *strikte Verursacherverantwortung* der Wissenschaftler und Techniker kann angesichts der Ambivalenz und kollektiven Entstehung der Forschungsergebnisse (besonders in der Grundlagenforschung) *nicht erhoben* werden. Um so wichtiger ist dann aber die *präventive Verantwortung*. Die *Verantwortung* der wissenschaftlichen und technischen Experten an *strategischen Positionen* ist Teil dieser *Präventionsverantwortung*. (Man stelle sich vor, daß statt der Fluglotsen die Chemiker und Ingenieure streiken, die die Wasserversorgung überwachen!) An strategischer Schaltstelle wird die Präventionsverantwortung in negativer Weise auch individuell zurechenbar. Eine Unterscheidung Weizsäckers (in: Heisenberg 1969) zwischem dem »Entdecker« und dem »Erfinder« (»Der Entdecker kann in der Regel vor der Entdeckung nichts über die Anwendungsmöglichkeiten wissen...«) scheint auf den ersten Blick plausibel, und sie ist es vielleicht auch – allerdings nur im idealtypischen Sinne: Sie unterstellt nämlich zu einfache Verhältnisse: Auch technische Entwicklungen (zum Beispiel die Entwicklung des Verbrennungsmotors oder die prototypische Herstellung von Dynamit) haben natürlich die Ambivalenz der positiven und destruktiven Verwendbarkeit an sich. Zudem lassen sich Grundlagenforschung und technische Entwicklung nicht mehr so glatt und einfach trennen, wie die idealtypisch reine Untersuchung zwischen dem »Entdecker« und dem »Erfinder« unterstellt.

Allgemein muß angesichts der Aufspaltung der Einzelverantwortlichkeiten und der unübersichtlichen Verzweigungen auch der Gesellschaft und ihren repräsentativen Entscheidungsträgern eine kollektive Verantwortung für die Anwendung entwickelter technischer Verfahren – und zum Teil (man denke an das Manhattan-Projekt der ersten Atombombe) auch für die Entwicklung technologischer Großprojekte zugeschrieben werden, wenn nicht eine These vom eigendynamischen, quasi »naturwüchsigen« technologischen Entwicklungsprozeß vertreten werden soll.

Letztlich gestalten handelnde Menschen die Technik und deren Entwicklung, wenn auch in einer sehr vielfältig und verzweigt synthetisierten Kombinationsleistung. Mit der Erweiterung des Verantwortungsbegriffs – wie erörtert – übernehmen sie natürlich als einzelne, insbesondere auch als Mitglieder einer handelnden Kollektivität, Präventionsverantwortung gegenüber mißbräuchlicher Anwendung. Dies gilt besonders für Individuen in systemstrategischen Positionen.

Reicht aber der Appell für erweiterte Verantwortlichkeit des einzelnen aus? Man spricht heute von einer Gattungsverantwortung der Menschheit für die Biosphäre, den Lebensbereich der Erde – also von einer kollektiven Verantwortlichkeit, einer Gemeinschaftsverantwortung. Wie aber läßt sich diese dingfest machen, wie auf Handelnde beziehen, wenn man dem oben erwähnten Widersinn, jeder sei für alles verantwortlich, entgehen will? Man denke an die genannten kumulativen und synergistischen Effekte. Ist der Mensch heute aufgrund seiner ins Ungeheuerliche gewachsenen, aber nicht immer ganz im voraus abschätzbaren oder kontrollierbaren technischen Eingriffs- und Verfügungsmacht nicht auch sozusagen für mehr verantwortlich, als er eigentlich voraussehen und somit bewußt verantworten kann? Müßte er nicht auch für ungesehene Nebeneffekte seiner technischen und wissenschaftlichen Großunternehmungen Verantwortung übernehmen? Aber wie könnte er das? Was man nicht weiß, kann man moralisch kaum sinnvoll verantworten. Die Handlungsmacht scheint mehr gewachsen als die Voraussicht – ein Dilemma der Verantwortlichkeit im systemtechnologischen Zeitalter, das von Wirkungsvernetzungen und dynamischen Veränderungen geprägt ist, denen das wissenschaftliche Wissen nicht in allen Verästelungen so schnell folgen kann. Wir müssen Wagnisse eingehen, um Neues zu erkennen, auszutesten – aber wir müssen bei Großversuchen, möglichen Gefährdungen von Mensch und Natur sehr vorsichtig sein. Wie ein Halbblinder seinen Weg mit dem Stock vorantastet, so müssen auch wir im Verantwortungsdilemma handeln.

Daß wissenschaftlich-technische Projekte zumeist Großprojekte, Gemeinschaftsprojekte sind, macht dies nicht leichter, wie wenn mehrere Halbblinde mit ihren Stöcken hierhin und dorthin tasten.

Wenn kollektive Verantwortung, Gemeinschaftsverantwortlichkeit gegeben ist, muß sie irgendwie zum Handeln des einzelnen in Beziehung gesetzt werden. Sie muß teilbar sein. Ein einzelner könnte nur pro forma, der Form nach öffentlich – gleichsam politisch – die Verantwortung für ein technologisches Großprojekt tragen. Bloß formalistische Übernahme der Verantwortung scheint nicht mehr auszureichen. Eher scheint die negative Formulierung der strategischen Verhinderungs- und Erhaltungsverantwortung fruchtbar der Verantwortungsaufteilung zugänglich zu sein, ohne daß sich die Gesamtverantwortung oder auch jene der einzelnen Beteiligten auflöste.

Ich arbeite gerade mit dem amerikanischen Kollegen Earl MacCormac, einem Philosophen und Ingenieur, an einem solchen Modell, das graphentheoretische Begriffe und Elemente des Hierarchischen Analytischen Prozesses nach T. Saaty verwendet. Das letztere Modell wurde ethisch zuerst für Schadensfallabschätzungen angewandt; MacCormac fand eine Möglichkeit, bei Güterabwägungen von der Wertschätzung des menschlichen Lebens in Geldeinheiten (Kind $ 17 000,-, bei Atomunfall Leben: $ 50 000,-) wegzukommen und doch zu praktikablen Prioritäten zu gelangen. Die Mitverantwortung in komplexen Systemzusammenhängen muß sich modellhaft aufgliedern lassen, ohne zu verschwinden – idealerweise wenigstens. Doch dies betrifft mehr die technische, organisatorische, praktische Verantwortung in der Anwendung.

Die Leitidee ist: Jeder hat Mitverantwortung entsprechend der strategischen Zentralität im Wirkungs- und Handlungsmuster, im Macht- und Wissenszusammenhang des Systems – insbesondere, insoweit er das System, die Systemerhaltung stören kann – aktiv oder durch Unachtsamkeit oder Unterlassung. Entsprechend der Anordnungsbefugnis nimmt die Verantwortung nach oben (mit wachsender formaler Zentralität) zu. Jeder ist im System sozusagen für das System im ganzen mitverantwortlich, soweit dieses von seinen Handlungs- und Eingriffsmöglichkeiten abhängt. Doch niemand ist allein für alles verantwortlich.

Gesamtverantwortung ist in diesem Sinne aufteilbar, ohne verkleinert zu werden, ohne gar ganz zu verschwinden – und sie kann als jeweilige Mitverantwortung praktikabel und sogar persönlich zuzurechnen sein. Es ist also nicht wie in dem sprichwörtlichen Entscheidungsgremium, in dem bei demokratisch geheimer Abstimmung eine Neigung entsteht, daß keiner sich mehr als einzelner voll verantwortlich fühlt.

Verantwortung ist somit gewissermaßen als aufteilbar oder verteilbar anzusehen, als gemeinsam, sozusagen anteilig, zu tragen, aber wohl nicht als arithmetisch subtrahierbar oder diskontierbar.

Sicherlich gibt es hier noch viel analytische Arbeit zu tun.

Wir werden generell den technischen Fortschritt in der Tat nur dann moralisch zähmen können, wenn wir nicht in vordergründiger Pragmatik moralische Vogel-Strauß-Politik betreiben und blind den moralischen Kopf in den Treibsand scheinbarer technologischer Eigendynamik stecken. Die Steuerung, Zähmung, Regelung des technischen Fortschritts bzw. seiner Implementationen wird um so mehr *auch* zu einer ethischen Aufgabe, als die Menschheit immer mehr von ihm abhängig geworden ist. Der Mensch von heute kann es sich nicht mehr leisten, den technischen Fortschritt stillzustellen (wie es Herbert Marcuse noch vorschlug) oder ihn auch nur abschätzig zu bewerten und dadurch zu behindern. Das bedeutet freilich nicht, daß die Menschheit auf einen überzogenen industriellen Wachstumsfetischismus oder einen »technologischen

76

Imperativ« angewiesen wäre, alles Machbare auch herzustellen oder etwa regionale und globale Zerstörungen der natürlichen Lebensbedingungen in Kauf zu nehmen.

Angesichts der Entwicklungsdynamik, der Orientierungs- und Bewertungsschwierigkeiten können zwar kaum umfassende ethische Generalrezepte über die konstanten Grundverantwortlichkeiten für Menschheit, Mitmensch, künftige Generation, Natur und Kreatur hinaus gegeben werden. Daher ist die einzige Möglichkeit, sich den künftigen ethischen Herausforderungen gewachsen zu zeigen, die *moralische Bewußtheit*, wo überhaupt möglich, zu fördern – besonders auch in konkreten projekt- und berufsbezogenen Zusammenhängen. Die Entwicklung von *Berufsethiken* ist vordringlich – und die entsprechende Ausbildung: Kaum ein Medizinstudent nimmt vorerst noch an Kursen in medizinischer Ethik teil. Techniker und Forscher werden, soweit ich sehe, fast überhaupt noch nicht auf die ethischen Probleme ihrer Disziplinen hingewiesen – weder im allgemeinen Zusammenhang (Studium generale) noch in projektnaher Konkretisierung. Ethik sollte nicht nur als Schulfach (und Religionsunterrichtsersatz) gefordert und gefördert werden, sondern besonders auch als berufsethische Bewußtmachungsdisziplin.

Eine wirksame Förderung der Ethik als berufsethische Bewußtmachungs- und moralische »Wächterdisziplin« forderte schon vor einem Jahrzehnt die internationale »Mount Carmel Declaration on Technology and Moral Responsibility« (im Technion zu Haifa; 1974). Viele international angesehene Wissenschaftler konstatierten und postulierten gemeinsam:

»Die verantwortliche Kontrolle technischer Entwicklungen durch soziale Systeme und Institutionen ist eine dringliche Aufgabe für die *ganze* Welt ... über alle Interessenkonflikte hinaus ...« Angesichts der Technikfolgen (positiver wie auch der »direkten Bedrohung für das Fortleben der Menschen«) ist u. a. »vor allem (auch) *moralische* Wertung notwendig«. »Kein Aspekt der Technik ist moralisch gesehen ›neutral‹« (wir haben gesehen, daß dies differenzierter zu sehen ist). »Es sind Menschen«, als Individuen handelnde Repräsentanten oder Gruppen selbst, »die die volle Verantwortung für den Mißbrauch der Technik tragen«. Und wir alle gehören mit unserer jeweiligen Verantwortung je nach Eingriffsmacht dazu. Daran sollte jeder von uns denken.

Literatur

Frankena, W. K. (1972), *Analytische Ethik*, München.

Hart, H. L. A. (1968), *Punishment and Responsibility*, New York - Oxford.

Heisenberg, W. (1969), *Der Teil und das Ganze*, München.

Jonas, H. (1979), *Das Prinzip Verantwortung. Versuch einer Ethik für die technologische Zivilisation*, Frankfurt.

Ladd, J. (1982a), »Philosophical Remarks and Professional Responsibility in Organisations«, in: *Applied Philosophy* 1, H.2, 1-13.

Ladd, J. (1982b), »Collective and Individual Moral Responsibility in Engineering: Some Questions«, in: *Society and Technology*, Juni 1982, 3-10.

Lenk, H. (1979), *Pragmatische Vernunft*, Stuttgart.

– (1982), *Zur Sozialphilosophie der Technik*, Frankfurt.

– (1984), »Zum Verantwortungsproblem in Wissenschaft und Technik«, in: Ströker, E. (Hg.), *Ethik der Wissenschaften? Philosophische Fragen*, München/Paderborn, Band 1, 87-116.

Lenk, H. – Moser, S. (Hg.) (1973), *Techne – Technik – Technologie*, München.

Lenk, H. – Ropohl, G. (1976), »Praxisnahe Technikphilosophie«, in: Zimmerli, W. C. (Hg.), *Technik oder wissen wir was wir tun?* Basel/Stuttgart, 104-145.

Lenk, H. – Staudinger, H. – Ströker, E. (Hg.) (1984), *Ethik der Wissenschaften*, München/Paderborn, Band 1.

N. N. (1974), *The Mount Carmel Declaration on Technology and Moral Responsibility*, Haifa.

Rapp, F. – Jokisch, R. – Lindner, H. (1980), *Determination der technischen Entwicklung*, Berlin.

Sachsse, H. (1972), »Ethische Probleme des technischen Fortschritts«, in: Sachsse, H., *Technik und Verantwortung*, Freiburg, 121-148.

Sachsse, H. (1983), »Handeln im Spannungsfeld zwischen gesellschaftlicher Regelung und Eigenverantwortung«, in: Kessler, H. (Hg.), *Selbstfindung in einer Zeit der Selbstentfremdung*, (Humboldt-Gesellschaft), Mannheim, 13-28.

Spaemann, R. (1980), »Technische Eingriffe in die Natur als Problem der politischen Ethik«, in: Birnbacher, D. (Hg.), *Ökologie und Ethik*, Stuttgart, 180-206.

Weizenbaum, J. (1979), *Die Macht des Computers und die Ohnmacht der Vernunft*, Frankfurt a. M.

Günter Ropohl
Zur Technisierung der Gesellschaft

1. Faktizität und Theorie

Die Technisierung der Gesellschaft ist ein faktischer Prozeß, dessen vordergründige Erscheinung fortgesetzt zu beobachten ist. Dieser Prozeß stellt sich als ständige Vermehrung künstlich gemachter Gegenstände dar und schließt sowohl deren Entstehung wie deren Verwendung ein (Tuchel 1967, S. 29). Technisierung heißt also zunächst, daß sich in der Welt des Gegebenen eine immer umfangreicher werdende Welt des Gemachten etabliert: Immer mehr künstliche Gegenstände, Artefakte, Produkte und Sachsysteme werden hervorgebracht und in immer mehr menschliche Handlungszusammenhänge integriert.

Wirtschaftsstatistische Zahlen belehren darüber, in welchem Ausmaß sich die künstlichen Sachsysteme vermehrt haben. So hat sich in der Bundesrepublik in den vergangenen dreieinhalb Jahrzehnten die Kapitalintensität der Produktion, also die Ausstattung des betrieblichen Arbeitsplatzes mit Sachkapital in Form von Maschinerie, annähernd vervierfacht. In der gleichen Zeit ist die Arbeitsproduktivität, die Produktionsmenge je Arbeitsstunde, die ebenfalls den Technisierungsgrad der Produktion widerspiegelt, auf das Fünffache gestiegen. Aber auch die Ausstattung der privaten Haushalte mit technischen Gebrauchsgütern hat beträchtlich zugenommen; beispielsweise stieg zwischen 1962 und 1984 die Verbreitung der Waschautomaten von 9% auf 87% der Haushalte, der Telefone von 14% auf 81%, der Farb-Fernsehgeräte von 0% auf rund 85% und der Personenkraftwagen von 27% auf 64% – bei mehr als zwanzig Millionen Haushalten eine Technisierung von wahrhaft massenhaftem Ausmaß!

Eine erste Fassung dieses Beitrages wurde im März 1983 bei der Arbeitstagung »Technikbewertung – Aspekte zwischen Philosophie und Psychologie« auf Schloß Reisensburg vorgetragen. Weitere Klärungen sind dem Gesprächskreis »Technik und Alltag« zu verdanken, der zwischen 1983 und 1985 mehrmals in Berlin zusammentraf. Einige Passagen der vorliegenden Fassung sind meiner Abhandlung »Zum gesellschaftstheoretischen Verständnis soziotechnischen Handelns im privaten Bereich« entnommen, die demnächst in dem Sammelband *Technik im Alltag*, hg. von B. Joerges, erscheinen soll. Dank für die Förderung gebührt der Fritz Thyssen Stiftung und der Deutschen Forschungsgemeinschaft.

Diese und manche anderen statistischen Befunde sind im Prinzip längst bekannt, doch führt man sich zu selten vor Augen, welchen Umfang schon rein quantitativ die Technosphäre angenommen hat. Und man darf nicht vergessen, daß damit oft genug auch eine qualitative Ausweitung auf fast alle möglichen Arbeits- und Lebensbereiche einhergegangen ist. Das sind Fakten von erstaunlicher Dimension. Doch noch erstaunlicher ist es, daß die Human- und Sozialwissenschaften erst jetzt damit beginnen, diese Fakten, ihre Bedingungen und ihre Folgen theoretisch zu beschreiben, zu erklären und zu deuten. Von wenigen Ausnahmen – wie der Technikphilosophie (z. B. Lenk 1982) oder der Industriesoziologie (z. B. Lutz 1983) – abgesehen, blieben diese Fragen allzu lange einem kulturkritischen Feuilleton überlassen, das in den siebziger Jahren durch die Energie- und Umweltdebatte neuen Auftrieb erhielt (Ropohl 1985a, S. 35 ff.). Ein wohlfundiertes Programm für die theoretische Systematisierung soziotechnischer Zusammenhänge (Linde 1972) wurde zwar von einzelnen Autoren aufgegriffen (Joerges 1977; Ropohl 1979), doch mußte die »Technikblindheit«, die Linde seinerzeit kritisiert hatte, noch ein Jahrzehnt später von Vertretern mehrerer sozialwissenschaftlicher Disziplinen bestätigt werden (Ropohl 1981). Auch jüngste techniksoziologische Versuche lassen sich mit guten Gründen kritisieren (Braun 1985). Zwar haben Sozialphilosophen inzwischen den gesellschaftlichen Charakter der Technik überzeugend analysiert (Krämer 1982; Böhme 1984), doch ist die gesellschaftstheoretische Frage nach dem technischen Charakter der Gesellschaft wohl immer noch nicht mit letzter Radikalität gestellt worden.

So sollen die folgenden Überlegungen eine Antwort auf die Frage versuchen, was die Technisierung der Gesellschaft in einem theoretischen Sinn bedeuten kann.

2. Begriffliche Vorklärungen

2.1 Gesellschaft

Die theoretische Frage nach der Technisierung der Gesellschaft ist zu grundlegend, als daß sie das Spezialproblem einer soziologischen Teildisziplin, der Techniksoziologie, bleiben könnte. Vielmehr trifft sie ins Zentrum der theoretischen Soziologie, wo es darum geht, wie man sich so etwas wie Gesellschaft überhaupt vorzustellen hat. Ohne hier eine Systematik gesellschaftstheoretischer Modelle vorlegen zu können, müssen wir doch zwei Extremlösungen für diese Frage von vornherein ausschließen.

Das ist zum einen die essentialistisch-holistische Mystifikation, die »der« Gesellschaft eine ganzheitliche Wesenheit andichtet, als wäre sie ein personales Subjekt; diese Deutung ist abzulehnen, weil ihr jegliches empirische Korrelat fehlt. Ebenso unbefriedigend aber ist zum anderen die reduktionistische Simplifikation, die, alle Soziologie auf Psychologie zurückführend, Gesellschaft lediglich als Menge von Individuen verstehen und alle gesellschaftlichen Erscheinungen allein aus dem Verhalten und Erleben von Individuen erklären will. Die reduktionistische Lösung verkennt, was eigentlich trivial erscheint: daß nämlich Gesellschaft mehr ist als die Ansammlung vieler Menschen auf dem gleichen Territorium. So ist es das Kernproblem der theoretischen Soziologie, worin dieses Mehr besteht und wie es zu fassen ist. Denn ganz offensichtlich unterliegt das Handeln der Individuen bestimmten Orientierungen, die, jedenfalls in abgrenzbaren sozialen, kulturellen und historischen Bereichen, überindividuell, allgemein und relativ dauerhaft vorkommen und gelten. Die Frage nach dem Mehr ist also die Frage nach dem Überindividuellen und Überzeitlichen gesellschaftlicher Regelmäßigkeit und gesellschaftlichen Zusammenhalts.

Nun liegt es nahe, zur Beantwortung dieser Frage das systemtheoretische Paradigma – allerdings in der präzisen Fassung der Allgemeinen Systemtheorie (Lenk/Ropohl 1978) – heranzuziehen. Gegenüber einer bloßen Menge von Elementen besteht die besondere Qualität eines Systems in der Menge von Relationen, also in der Struktur über den Elementen, die zwar von den Eigenschaften der Elemente mitgeprägt ist, umgekehrt aber als Systemqualität auch auf die Eigenschaften der Elemente zurückwirkt. Gesellschaft ist also in diesem Sinne als System von Individuen zu verstehen, das überindividuelle Strukturen aufweist und in dem sich Strukturveränderungen als überindividuelle Prozesse abspielen (Schäfers 1985, S. 3 ff.). Es ist nun die These dieser Überlegungen, daß für gesellschaftliche Strukturen und Prozesse zunehmend die Technik konstitutiv ist.

Der Technikbegriff, der in den einleitenden Erwägungen bereits benutzt wurde, ist zwar weit verbreitet, wird aber vor allem in den Human- und Sozialwissenschaften selten mit hinreichender Schärfe abgegrenzt. Wenn umgangssprachlich von »Technik« die Rede ist, denkt man meist an Apparate, Maschinen und Fabriken; das ist auch der Ausgangspunkt für das Technikverständnis, das hier zu entwickeln ist.

Vorher aber muß dieser engere Technikbegriff von einer sehr weit gefaßten Wortbedeutung abgehoben werden, die ebenfalls in der Umgangssprache vorkommt, aber auch in den Sozialwissenschaften eine nicht immer glückliche Rolle spielt. Wenn man nämlich von der »Technik des Weitsprungs«, von der »Technik der Staatsverwaltung« oder von der »Technik des Kopfrechnens« spricht, meint man etwas ganz anderes. »Technik« in diesem weiten Sinn bedeutet eine systematisch erlernte und planmäßig ausgeübte Fertigkeit in beliebigen Bereichen menschlichen Handelns. Typisch für diese weite Begriffsauffassung ist eine Definition, die M. Weber (1976, S. 32) in *Wirtschaft und Gesellschaft* gegeben hat: »Technik eines Handelns bedeutet uns den Inbegriff der verwendeten Mittel derselben im Gegensatz zu jenem Sinn oder Zweck, an dem es letztlich orientiert ist, ›rationale‹ Technik eine Verwendung von Mitteln, welche bewußt und planvoll orientiert ist an Erfahrungen und Nachdenken, im Höchstfall der Rationalität: an wissenschaftlichem Denken. Was *in concreto* als ›Technik‹ gilt, ist also flüssig«, und Weber gibt dann eine lange Aufzählung von der »Gebetstechnik« bis zur »erotischen Technik«.

F. von Gottl-Ottlilienfeld (1923, S. 8 f.), dessen Arbeit *Wirtschaft und Technik* übrigens M. Webers zitierter Untersuchung in dem Sammelwerk *Grundriß der Sozialökonomik* unmittelbar vorausging, präzisiert dagegen innerhalb des allgemeinen Technikbegriffs vier besondere Arten von Technik, die »Individualtechnik«, die »Sozialtechnik«, die »Intellektualtechnik« und die »Realtechnik«. Die »Realtechnik« definiert dieser Autor als das »abgeklärte Ganze der Verfahren und Hilfsmittel des naturbeherrschenden Handelns«; allerdings muß man Gottls Hinweis beachten, »daß selbst in diese Kernpartie aller Technik auch viel Individual- und Sozialtechnisches einschlägt«. Dieser engere Technikbegriff bezieht sich also nur auf solches menschliche Handeln, das es mit der Herstellung und Verwendung künstlich gemachter Gegenstände zu tun hat, und schließt selbstverständlich diese Artefakte ein. Technik als Realtechnik umfaßt also: (a) die Menge der nutzenorientierten, künstlichen, gegenständlichen Gebilde (Artefakte oder Sachsysteme); (b) die Menge menschlicher Handlungen und Einrichtungen, in denen Artefakte entstehen; und (c) die Menge menschlicher Handlungen, in denen Artefakte verwendet werden.

Immerhin beschränkt sich der hier eingeführte Technikbegriff – im Gegensatz zu einem verengten Technikverständnis der Ingenieurwissenschaften – nicht auf die Artefakte, sondern schließt menschliches Handeln ein. Da Technik nur im Rahmen menschlichen Handelns zu verstehen ist, alles menschliche Handeln aber stets gesellschaftlichen Einflüssen unterliegt, ist aller Umgang mit Technik gesellschaftlich geprägt. Technisches Handeln ist daher grundsätzlich soziotechnisches Handeln. Die Handlungseinheiten, zu denen sich Menschen mit technischen Sachsystemen verbinden, sollen daher soziotechnische Handlungssysteme heißen. Ganz allgemein kann der Technisierungsprozeß dadurch beschrieben werden, daß immer mehr Teilfunktionen soziotechnischer Handlungssysteme von menschlichen Funktionsträgern auf Sachsysteme übergehen. Das aber hat Konsequenzen für das theoretische Verständnis von Gesellschaft.

3. Gesellschaftliche Strukturen

3.1 Produktionsstruktur

Wenn man, wie oben skizziert, jenes Mehr, das aus einer Menge von Individuen eine Gesellschaft macht, zunächst in einer Struktur sieht, die über den Individuen besteht, so muß eine solche Struktur doch noch näher beschrieben werden; und daran scheiden sich nach wie vor verschiedene Schulen der Sozialwissenschaften. »Materialistische« Auffassungen betonen die Produktionsstruktur, also die Art und Weise, in der die Menschen die Befriedigung ihrer Lebensbedürfnisse in gemeinsamem Arbeitshandeln organisieren. »Idealistische« Deutungen stellen dagegen die Kommunikationsstruktur in den Vordergrund, in der sich gemeinsame Überzeugungen und Werte herausbilden und das

Handeln der Individuen koordinieren. Zwar ist der Streit zwischen diesen Positionen schwer zu verstehen, da sie einander doch ganz offensichtlich wechselseitig ergänzen; beide Richtungen jedoch müssen heute den Umstand berücksichtigen, daß die gesellschaftsbildenden Strukturen zunehmend technische Sachsysteme enthalten, ohne die sie kaum noch bestehen könnten; daß, um es noch einmal zu wiederholen, Gesellschaft sich heute weitgehend technisch konstituiert.

Für die Produktionsstruktur ist diese Behauptung leicht nachzuvollziehen, und sie ist denn auch für »materialistische« Gesellschaftsdeutungen eine Selbstverständlichkeit. Gesellschaft beruht in dieser Sicht auf einer Organisation der Arbeit, die zwischen sehr ungleich entwickelten Fähigkeiten und recht gleichmäßig verteilten Bedürfnissen vermittelt. Nicht jeder kann all die Fähigkeiten entfalten, die zur Befriedigung seiner Bedürfnisse erforderlich wären. Also tut jeder einzelne das, was er am besten kann, und er vervollkommnet sich darin, weil er nichts anderes tut; einen Großteil seiner Arbeitsergebnisse stellt er den anderen zur Verfügung, weil er selbst nur wenig davon braucht; und er erhält dafür jene Bedarfsgüter, die er auch benötigt, von den anderen, die sie in besserer Qualität hervorbringen können als er selbst. Gesellschaft ist mithin ein arbeitsteiliges Geflecht materieller Austauschbeziehungen. Wie nun schon Adam Smith (1814, S. 8 ff.) bemerkt hat, führt von der Arbeitsteilung ein direkter Weg zur Technisierung: Erst die Spezialisierung von Teilarbeiten macht es möglich, technische Einrichtungen zu erfinden, die eine äquivalente Teilfunktion leisten. Damit aber verfestigt sich die Arbeitsteilung in Sachsystemen, die nun spezialisierte Träger vergegenständlichten Könnens bilden. Die Bedürfnisbefriedigung aller hängt nicht mehr so sehr von den individuellen Fähigkeiten einzelner ab, sondern beruht zunehmend auf dem überindividuell vergegenständlichten Können der Sachsysteme. Und weil Sachsysteme, die ja menschliches Arbeitshandeln nicht nur substituieren, sondern auch um Teilfunktionen komplementieren, die von Menschen gar nicht geleistet werden können, mehr vermögen als alle einzelnen Individuen, verwirklicht sich in der Technik Gesellschaftlichkeit in gesteigerter Form.

Mit fortschreitender informationstechnischer Entwicklung können aber auch »idealistische« Auffassungen die Technisierung der
Gesellschaft nicht länger ignorieren. Sieht man das Wesen der
Gesellschaft im überindividuellen Bestand gemeinsamer Überzeugungen und Werte, so drängt sich ohnehin die Frage auf, wie
dieser gemeinsame Zusammenhalt, solange er nur in den Köpfen
der Individuen präsent ist, allgemeine Geltung und längerfristige
Stabilität erhalten und bewahren kann. Die Soziologie hat zwar
beträchtlichen Scharfsinn aufgewendet, um kommunikative Prozesse zu identifizieren, in denen Wissens-, Sinn- und Wertsysteme überliefert, verbreitet und stabilisiert werden. Sie hat jedoch meist übersehen, daß schon seit der Erfindung der Schrift,
spätestens jedoch seit der Einführung des Buchdrucks technische
Informationsspeicher eine wesentliche Rolle in der gesellschaftlichen Kommunikationsstruktur spielen, indem sie Wissensdaten,
Weltdeutungen und Handlungsnormen überindividuell fixieren
und allgemein verfügbar halten. Inzwischen ist nun, neben vielfa-
cher Vermehrung, Ausweitung und Verbesserung der Speiche-
rungstechniken, auch ein wachsender Teil der Informationsübertragung und -verarbeitung auf Sachsysteme übergegangen. Einzelne Menschen wären längst nicht mehr in der Lage, all jene
Sortier-, Auswertungs- und Berechnungsarbeiten auszuführen,
die heute von Computern geleistet werden; und die Reichweite,
Vielfalt und Dichte von Kommunikationsbeziehungen, die sich
über die Telekommunikationsnetze bilden, wären ohne Technik
überhaupt undenkbar. Selbst »Strafen«, jene gesellschaftlichen
Einrichtungen, mit denen die Regelmäßigkeit erwünschten individuellen Handelns zu erzwingen ist, werden bereits von Computern über Datennetze verhängt, wenn diese automatisch Mahn-
gelder einfordern und vom Bankkonto des Schuldners abbuchen
lassen.
Damit die informationsverarbeitenden Sachsysteme derartige
Aufgaben übernehmen können, müssen Erfahrungswissen, Re-
gelkenntnisse, Verhaltensroutinen und Verkehrssitten, die zuvor
in Mensch-zu-Mensch-Beziehungen praktiziert wurden, theoretisch analysiert, objektiviert, formalisiert und durch Programmie-
rung technisch reproduzierbar gemacht werden. Was man beispielsweise bisher in spontanem Gespräch mit dem Bankange-

stellten, mit der Dame im Reisebüro oder mit dem Verkaufsberater beredete, das ist inzwischen in unpersönlicher Standardisierung von Auskunftscomputern über Bildschirmtext abzurufen. So wird auch soziales Handeln mit seinen Sinn- und Wertbezügen von den Individuen abgelöst und technisch vergegenständlicht. Diese Technisierungstendenz dürfte sich noch zuspitzen, wenn ganze Wissenssysteme in der »künstlichen Intelligenz« sogenannter »Expertensysteme« objektiviert und standardisiert werden, so daß sich individuelle Variationen von Sinnzusammenhängen zugunsten eines überindividuell vergegenständlichten Sinnprogramms mehr und mehr verflüchtigen (Ropohl 1986).

Schon diese kurzen Überlegungen zur Produktions- und Kommunikationsstruktur zeigen, daß konstitutive Strukturen der Industriegesellschaft nicht mehr rein sozialen Charakter haben, sondern nur noch als soziotechnisch begriffen werden können. Strukturbeziehungen zwischen den Gesellschaftsmitgliedern treten nicht mehr nur als zwischenmenschliche Interaktions-, Erwartungs- und Wissensmuster auf, sondern haben sich in hohem Maße technisch vergegenständlicht. Das, was Gesellschaft ausmacht, erscheint nicht länger bloß als Widerspiegelung in den Köpfen der Individuen, sondern hat sich inzwischen vielfältig in den technischen Sachsystemen überindividuell verfestigt. Dies ist eine erste Bestätigung für die These, daß die Technisierung der Gesellschaft nicht nur in einem faktischen, sondern auch in einem gesellschaftstheoretischen Sinn zu verstehen ist.

4. Gesellschaftliche Prozesse

4.1 Institutionalisierung

Die soziotechnischen Strukturen, die im letzten Abschnitt konstatiert wurden, hat es selbstverständlich nicht schon immer gegeben. Die statische Strukturanalyse bietet lediglich eine Momentaufnahme eines fortwährenden Wandlungsprozesses. Zu den sozialen Teilprozessen, die eine ganz besondere Rolle sowohl bei der Konstitution wie beim Wandel gesellschaftlicher Systeme spielen, zählen die Institutionalisierungs- und die Sozialisationsprozesse. Wenn nun die Technisierung der Gesellschaft auch in ihrer Dynamik theoretisch begriffen werden soll, liegt die Vermutung nahe, daß Institutionalisierung und Sozialisation ebenfalls zunehmend durch Technik vermittelt werden. Diese Vermutung läßt sich zunächst für jenen Teil der Technisierung prüfen, der den Entstehungsprozeß technischer Sachsysteme umfaßt.

Der Entstehungsprozeß technischer Sachsysteme ist ein vielschichtiger Vorgang, für den eine umfassende theoretische Beschreibung und Erklärung noch aussteht. So kann hier lediglich jener Teilaspekt der Technikentstehung herausgegriffen werden, der für das gesellschaftstheoretische Verständnis der Technisierung besonders bedeutsam erscheint. In der schematischen Darstellung von Abbildung 1 sind im oberen Teil die drei Bestimmungsstücke des Technikbegriffs zu erkennen, der im zweiten Abschnitt eingeführt wurde. Konzentriert man sich vorläufig auf die linke Seite des Bildes, so ist dort angedeutet, daß bei der Herstellung von Sachsystemen individuelles Können, Wissen und Wollen von den einzelnen Personen sozusagen abgelöst und in den Sachsystemen vergegenständlicht wird. Können, Wissen und Wollen, das ursprünglich nur in den Köpfen und Körpern von einzelnen Menschen existierte und nur durch soziale Kommunikationsprozesse von Mensch zu Mensch weitergegeben werden konnte, verfestigt sich nunmehr in technischen Gegenständen. Soweit diese Sachsysteme massenhaft produziert werden, vervielfachen und verallgemeinern sich diese ursprünglich individuellen Qualifikationen als überindividuelle, dauerhafte Wissens- und Verhaltensmuster.

Besonders deutlich läßt sich dieser Vorgang am Beispiel des elektronischen Taschenrechners exemplifizieren. Dieses Gerät hat sich in wenig mehr als zehn Jahren sozusagen lawinenartig verbreitet, wozu die außerordentliche Verbilligung auf rund ein Zehntel der damaligen Einführungspreise natürlich das ihre beigetragen hat. Wenn auch Taschenrechner von den Haushaltstichproben leider nicht erfaßt werden, kann man doch annehmen, daß mehr als zwei Drittel der Haushalte mindestens ein Gerät besitzen, zumal in den höheren Schulklassen Taschenrechner zum Teil schon eingeführt sind.

Das Rechnen mit dem Kopf, mit Bleistift und Papier erfordert Kenntnisse und Fertigkeiten, die jeder einzelne in der Jugend einige Schuljahre lang hat erlernen müssen. Im Zahlenraum bis 20 muß man alle denkbaren Additionen und Subtraktionen und im Zahlenraum bis 100 alle denkbaren Multiplikationen und Divisionen – das kleine Einmaleins – auswendig lernen. Für das Rechnen mit größeren Zahlen muß man sich Algorithmen aneignen, nach denen elementare Rechenoperationen zu verknüpfen sind;

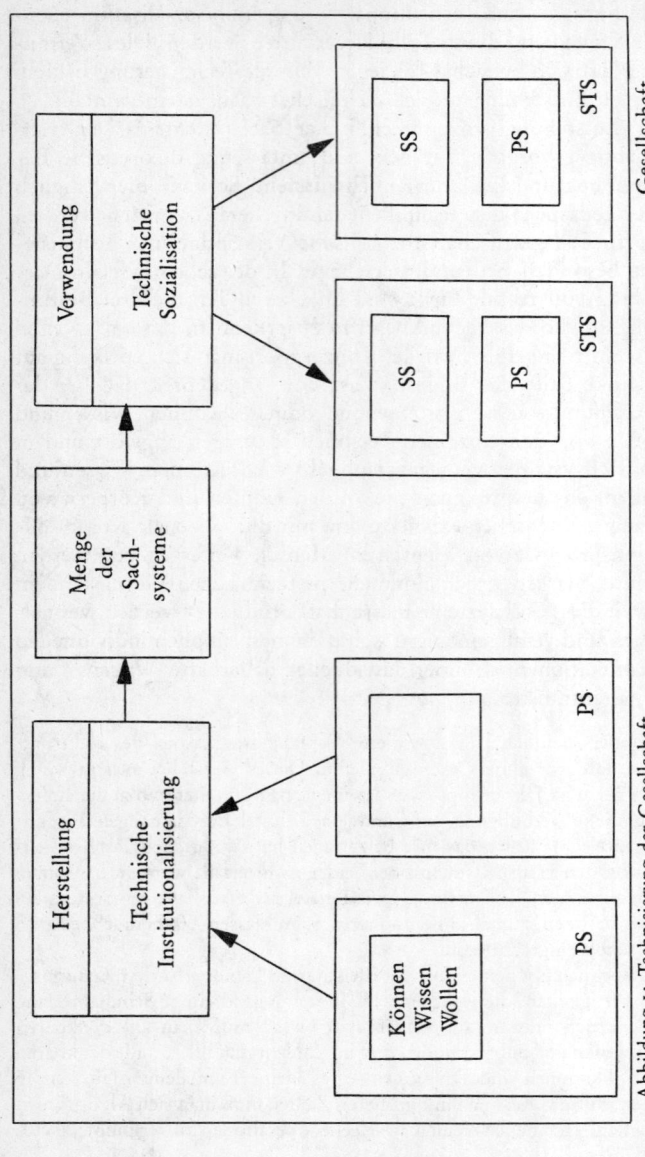

Abbildung 1: Technisierung der Gesellschaft
(PS = Personales System SS = Sachsystem STS = Soziotechnisches System)

88

bei der Division durch größere Zahlen gar benötigt man eine Art intuitives Zahlengefühl, um nicht allzu oft Versuch und Irrtum durchspielen zu müssen. Für Prozent- und Währungsumrechnungen muß man den Algorithmus des Dreisatzes beherrschen, und in allen Fällen hilft ein durch Übung erworbenes Gefühl für Zahlen, schnelle Überschlagsrechnungen vorzunehmen. Je nachdem, wofür man das Rechenresultat benötigt, kann man frei entscheiden, welche Rechengenauigkeit zu erzielen ist.

All diese Kenntnisse und Fertigkeiten werden entbehrlich, wenn man mit dem Taschenrechner rechnet. Man braucht nur noch die Bedeutung der Zahlen und der Rechenoperationen sowie die »Rechenlogik« des Geräts zu kennen, um die richtigen Tasten in der richtigen Reihenfolge zu betätigen zu können, und das Rechenergebnis stellt sich von alleine ein. Tatsächlich ist das Können und Wissen, das man zum Rechnen benötigt, im Taschenrechner vergegenständlicht worden; alle Wissenselemente und Verfahrensvorschriften sind in der Struktur der Mikrochips gespeichert worden. Können und Wissen stehen nun jedem in objektivierter Form zur Verfügung. In gewissem Umfang wird sogar das Wollen von den Individuen abgelöst; so kann man nicht mehr frei über den Genauigkeitsgrad einer Berechnung entscheiden, sondern muß es hinnehmen, daß auch der Gegenwert des im ausländischen Lokal bestellten Getränks auf hundertstel Pfennig genau angegeben wird. Tatsächlich also verkörpert der Taschenrechner ein stabiles, überindividuelles Wissens- und Verhaltensmuster.

Nun werden relativ stabile, überindividuelle Wissens- und Verhaltensmuster in der Soziologie bekanntlich als Institutionen bezeichnet, und den Vorgang, in dem Institutionen entstehen, nennt man Institutionalisierung. So kommt man zu dem Ergebnis, daß technische Sachsysteme den Rang von Institutionen besitzen (Linde 1972), und die Herstellung von Sachsystemen ist als technische Institutionalisierung anzusehen. Ein ursprünglich sozialer Prozeß ist technisiert worden, bleibt aber nichtsdestoweniger eine gesellschaftliche Erscheinung. Diese Feststellung spricht dafür, daß der bislang vorherrschende theoretische Dualismus von Technik und Gesellschaft irreführend und unzweckmäßig ist.

4.2 Sozialisation

Wenn die Sachsysteme im Herstellungsprozeß verwirklicht worden sind, besitzen sie ihre institutionelle Kraft zunächst nur potentiell. Ihre institutionelle Potenz realisiert sich erst in dem Augenblick, in dem die Sachsysteme von einzelnen Menschen verwendet werden und damit zu integralen Bestandteilen soziotechnischer Handlungssysteme werden; dies ist in der rechten Hälfte der schematischen Darstellung von Abbildung 1 angedeutet.

So wird auch der Taschenrechner, wenn ein Mensch ihn benutzt, zum Teil eines Handlungssystems, das nunmehr aus Mensch und Taschenrechner besteht. Weder ist es nur der Mensch, der da rechnet, noch ist es allein das technische Gerät. Vielmehr bilden beide gemeinsam eine integrale Handlungseinheit, in der die erforderlichen Rechenkenntnisse und -fertigkeiten vom technischen Sachsystem eingebracht werden.

Indem also ein Mensch den Taschenrechner benutzt, verfügt er über ein Können und Wissen, das nicht mehr sein eigenes ist, ihm aber doch in vergegenständlichter Form zu Gebote steht. In technischer Objektivation ist gesellschaftlich verallgemeinertes Können und Wissen zum konstitutiven Bestandteil soziotechnischen Handelns geworden. Im Grunde braucht man das Einmaleins gar nicht mehr von einem menschlichen Lehrer zu lernen, da es, im Taschenrechner verkörpert, ohnehin für jedermann jederzeit verfügbar ist. Besonders deutlich zeigt sich das bei der Operation des Quadratwurzel-Ziehens: Kaum jemand beherrscht den Algorithmus, diese Operation mit Bleistift und Papier auszuführen, doch mit Hilfe des Taschenrechners kann tatsächlich jedermann Quadratwurzeln ermitteln, indem er lediglich durch einen einzigen Tastendruck das entsprechende Unterprogramm im Gerät aufruft.

Solches aber geschieht inzwischen tagtäglich millionenfach!

Die Technisierung des Handelns bedeutet also nichts anderes, als daß dem einzelnen nunmehr gesellschaftlich verallgemeinertes, überindividuelles Können, Wissen und Wollen in technischer Vergegenständlichung verfügbar ist. Für jene Handlungsfunktionen, die das technische Sachsystem leistet, braucht das Individuum keine persönlichen Qualifikationen mehr zu erwerben und zu entwickeln, da es nun fremde Fähigkeiten, die im Sachsystem verkörpert sind, ohne weiteres nutzen kann: Die Aneignung von Qualifikationen wird durch die Aneignung von Sachen ersetzt.

Nun nennt man in der Soziologie all jene Vorgänge, in deren Verlauf der Mensch zum Mitglied einer Gesellschaft und Kultur wird, Sozialisation. Insbesondere umfaßt der Sozialisationsprozeß die Verbreitung gemeinsamen Könnens, gemeinsamen Wissens und gemeinsamen Wollens. Genau dies aber wird nun von technischen Sachsystemen geleistet, soweit sie Träger von Handlungsqualifikationen sind. Wenn aber Können und Wissen dadurch übertragen werden, daß man Sachsysteme in Gebrauch nimmt, in denen dieses Können und Wissen vergegenständlicht ist, dann erweisen sich die Sachsysteme als Medien technischer Sozialisation. Indem sich ein Mensch mit einem technischen Sachsystem zu einem Handlungssystem zusammentut, geht er mithin ein gesellschaftliches Verhältnis ein: Sein individuelles Handeln gründet sich nunmehr auf überindividuelles Können, Wissen und Wollen, das in technischer Vergegenständlichung zum festen Bestandteil des personalen Handlungssystems geworden ist.

Auch in der technischen Sozialisation wird ein Prozeß, der ursprünglich rein gesellschaftlichen Charakter trug, technisiert und hört doch nicht auf, gesellschaftlich zu wirken. Wieder erkennt man, daß bei der theoretischen Durchdringung der soziotechnischen Entwicklung die technischen und die gesellschaftlichen Anteile nur noch analytisch auseinandergehalten werden können, während sie in der soziotechnischen Praxis auf das engste verflochten sind.

Institutionalisierung und Sozialisation sind gesellschaftskonstitutiv. Wenn diese gesellschaftskonstitutiven Prozesse mehr und mehr durch Technik vermittelt werden, muß man dies in einem strikten Sinne als Technisierung der Gesellschaft betrachten: Gesellschaft kann nur noch begriffen werden, wenn die konstitutive Rolle der Technik anerkannt wird. Gewiß gilt das, was hier analysiert wird, auch für die Technisierung des beruflichen Bereichs, die ja bereits seit der Ersten Industriellen Revolution im Gange ist. So ist es denn auch schon K. Marx (1858, S. 584 ff.) gewesen, der einen Grundgedanken der vorliegenden Erwägungen formuliert hat, indem er die Maschinerie als die »Akkumulation des Wissens und des Geschicks, der allgemeinen Produktivkräfte des gesellschaftlichen Hirns« apostrophiert hat. Allerdings hat Marx seine Überlegungen nur auf die Produktion bezogen; Technik im privaten Bereich verstand er nur als »Luxuswaren«, und er hielt sie »für die unbedeutendsten für die technologische Vergleichung verschiedener Produktionsepochen« (Marx 1867, S. 195). Dementsprechend meinen orthodoxe Marxisten noch heute, technische Konsumgüter zählten nicht zur Technik (Klaus/Buhr 1975, S. 1209). Man muß sich fragen, ob nicht diese Auffassung unterderhand mitgewirkt hat, wenn sozialwissenschaftliche Technikforschung auch in den nicht-marxistischen Schulen die Technik im privaten Bereich bis heute so hartnäckig vernachlässigt hat. Gewiß muß man einräumen, daß die Technisierung des privaten

Bereichs erst in diesem Jahrhundert und vor allem erst in den letzten Jahrzehnten geschehen ist. Doch seitdem gewinnen technische Institutionalisierung und technische Sozialisation, die zuvor in der Arbeitswelt ja nur einen Teil der Gesellschaft erreicht hatten, gesamtgesellschaftliche Wirkungsmacht.

4.3 Technisierung

In den vorangegangenen Abschnitten wurde gezeigt, daß gesellschaftliche Strukturen in wachsendem Maße technischen Charakter annehmen und daß gesellschaftliche Prozesse der Institutionalisierung und Sozialisation zunehmender Technisierung unterzogen sind. Jetzt freilich kommt es darauf an, diese Technisierung der Gesellschaft ihrerseits als gesellschaftlichen Prozeß zu begreifen und damit jedem technologischen Determinismus (vgl. Ropohl 1982) entgegenzutreten. Bei genauerer Betrachtung tritt der technologische Determinismus in zwei Varianten auf, indem er zwei verschiedene Arten von Determination behauptet. Erstens wird angenommen, die Technisierung selbst sei in sich determiniert; und zweitens wird die These vertreten, die jeweiligen sachtechnischen Hervorbringungen determinierten ihrerseits individuelles und soziales Handeln. In den bekannten Technokratiekonzepten (vgl. Lenk 1973) treten beide Teilthesen in kaum entwirrbarer Vermengung auf; es empfiehlt sich jedoch eine analytische Unterscheidung, da die erstgenannte These eindeutig auf die Technikentstehung zielt, während die zweite Spielart vor allem die Technikverwendung im Auge hat.
Diese zweite Variante ist als Sachzwangthese bekannt und kann als konsequentieller Determinismus präzisiert werden. Diese Auffassung behauptet, daß die institutionelle Potenz der technischen Sachsysteme das soziotechnische Handeln in Arbeits- und Lebenswelt determiniere. An anderer Stelle (Ropohl 1979, S. 183 ff.) ist diese These in einer ausführlichen Analyse der Technikverwendung untersucht und im Sinne einer »Sachdominanz«-Vermutung (Linde 1972) relativiert worden; auch arbeitswissenschaftliche Analysen (z. B. mehrere Beiträge in Ropohl 1985 b; Kern/Schumann 1984) zeigen immer deutlicher, daß technikimmanenten Entwicklungen kein starrer Zwang anhaftet, der die Organisation des Arbeitshandelns unwiderruflich bestimmen

würde. Freilich ist ein prägender und standardisierender Effekt der Technisierung nicht zu leugnen, zumal er aus dem Konzept der technischen Sozialisation notwendig folgt.

Die Schwäche des konsequentiellen Determinismus liegt allerdings darin, daß er nicht nach den Entstehungsbedingungen der Technisierung fragt, sondern vielmehr von der stillschweigenden Annahme auszugehen scheint, die Technik falle sozusagen vom Himmel. Diese Lücke versucht die andere Variante des technologischen Determinismus zu füllen, die als genetischer Determinismus bezeichnet werden kann. Diese Auffassung spricht der technischen Entwicklung »Naturwüchsigkeit« oder auch »innere Verlaufslogik« zu. Schon die Metaphorik dieser Charaktisierungen spricht für deren Erklärungsschwäche, und tatsächlich wird dann auch durchweg so etwas wie ein unerklärbarer Automatismus angenommen. Träfe dies zu, so müßte die technische Institutionalisierung als eine unbeeinflußbare Eigenbewegung begriffen werden.

Tatsächlich könnte man für diese Annahme die Analogie geltend machen, die zwischen technischer Institutionalisierung und der Entstehung immaterieller Institutionen herkömmlicher Art zu sehen wäre; für den Prozeß, in dem sich gesellschaftliche Verhaltensmuster und Normen herausbilden, sind eindeutig faßbare Wirkfaktoren ja auch nicht ohne weiteres zu identifizieren. Doch erscheint es bei genauerer Betrachtung höchst zweifelhaft, ob diese Analogie wirklich angenommen werden kann. Gewiß erweist es sich als höchst intrikat, die Entstehungsfaktoren beispielsweise der Begrüßungsrituale dingfest zu machen. Die Entstehung des Taschenrechners hingegen läßt sich technikgeschichtlich in allen Einzelheiten nachzeichnen, und dann muß es auch möglich sein, begründete Hypothesen über die Wirkfaktoren dieses Institutionalisierungsprozesses zu formulieren. Tatsächlich sind gegen den genetischen Determinismus schon die verschiedensten Erklärungsansätze vorgelegt worden, um die technische Entwicklung mit technikexternen Ursachen zu begründen. Resumiert man die verschiedenen Erklärungstypen (Ropohl 1979, S. 302 ff.), muß man freilich feststellen, daß kaum ein einzelner Ansatz zu befriedigen vermag. Auch der Entstehung nach ist die Technisierung ein sozialer Prozeß, der einem ganzen Bündel von Faktoren und Rahmenbedingungen unterliegt und von den verschiedensten konkurrierenden Zielvorstellungen und Handlungsplänen der Individuen, der Forschungs-, Entwicklungs- und Wirtschaftsorganisationen sowie der staatlichen Politik geprägt wird. Dieses komplexe Geflecht inhomogener und auch wechselseitig aufeinander einwirkender Tendenzen und Intentionen zu entwirren, bleibt die Aufgabe einer umfassenden und differenzierten Theorie der technischen Entwicklung. Mit einseitig linearen Kausalitätsmodellen lassen sich jedenfalls die Zusammenhänge zwischen gesellschaftlichem und sozialem Wandel nicht verstehen und erklären: Weder kann man die technische Entwicklung, die sich allemal zunächst als Entwicklung von Sachsystemen darstellt, als unabhängige Variable betrachten, von der die gesellschaftliche Entwicklung zwangsläufig determiniert würde, noch kann man den gesellschaftlichen Wandel autonom setzen und die technische Entwicklung als nur davon abhängige Variable ansehen, indem man sie ausschließlich als »gesellschaftliches Projekt« (Rammert 1983; Hochgerner 1986) – was immer das heißen mag – auffaßt. Wenn Technisierung hier als sozialer Prozeß eingestuft wurde, bedeutet das ja noch keineswegs, daß sie ausschließlich gesellschaftlich bestimmt wäre. Die gesellschaftlichen und möglicherweise auch nicht-gesellschaftlichen Dimensionen der Technisierung aber müssen begriffen und erklärt werden, damit man Gestaltungsspielräume und Eingriffschancen wahrnehmen kann, um auf die Entstehung neuer Techniken einzuwirken und ihre Sozialisationspotentiale von vornherein akzeptablen gesellschaftspolitischen Intentionen anzupassen.

5. Verhältnis von Technik und Gesellschaft

Die geläufige Redeweise, die von Technik *und* Gesellschaft spricht, legt die Auffassung nahe, es handele sich dabei um getrennte Seinsbereiche, zwischen denen es lediglich ein paar beiläufige Berührungspunkte gebe. Tatsächlich ist dies die herrschende Meinung in den Technikwissenschaften, die in ihren Forschungs- und Lehrprogrammen einen völlig ungesellschaftlichen Technikbegriff kultivieren. Aber auch die Sozialwissenschaften haben wie gesagt bis in die jüngste Zeit hinein so getan, als sei die Technik ein Phänomen, das den sozialen Erscheinungen äußerlich bleiben und allenfalls als externer Faktor oder wesenfremdes Nebenprodukt sozialer Strukturen und Prozesse ins Beiwerk gesellschaftswissenschaftlicher Theorienbildung gehöre. Neuerdings jedoch erwecken gewisse Konzeptualisierungsversuche jüngerer Sozialforscher den Eindruck, als setzten sie zu einer totalen Soziologisierung der Technik an. Und die vorstehenden Überlegungen könnten möglicherweise dahingehend mißverstanden werden, als wollten sie nun im Gegenzug mit der totalen Technologisierung der Gesellschaft kontern.

Freilich wird nicht bestritten, daß der Technik gesellschaftliche Momente innewohnen, ja, daß sie als ein Stück sozialer Praxis aufzufassen ist. Und es ist umgekehrt in diesem Beitrag gezeigt worden, daß die moderne Industriegesellschaft technische Momente in sich aufgenommen hat, die ihre Konstitution als Gesellschaft berühren. Wenn soziale Strukturen und soziale Prozesse mehr und mehr in technischen Sachsystemen gerinnen, dann folgt aus diesem Befund tatsächlich die These, daß Gesellschaft nur mehr qua Technik theoretisch begriffen werden kann. Nimmt man aber die Vergesellschaftung der Technik und die Technisierung der Gesellschaft zusammen, kann man wirklich die Frage aufwerfen, ob die Unterscheidung von Technik und Gesellschaft nicht vielleicht überhaupt obsolet geworden ist.

Daß diese Frage in derart undifferenzierter Form nicht einfach bejaht werden kann, ist in diesem abschließenden Gedanken nur noch anzudeuten. Sorgfältige sozialwissenschaftliche Analysen hätten zu zeigen, welche gesellschaftlichen Phänomene (noch) nicht von Technik affiziert sind oder gar auch prinzipiell dagegen immun sind. Ganz ähnlich hätte die Technikforschung zu prüfen, welche technischen Phänomene unabhängig von gesellschaftlichen Interdependenzen bestehen. Nur wenn solche Untersuchungen negativ ausgingen, wenn Nicht-Technisches in der Gesellschaft und Nicht-Gesellschaftliches in der Technik nicht mehr aufzuweisen wären, nur dann könnte man die Identität von Technik und Gesellschaft behaupten. So zugespitzt, enthüllt sich die Identitätsthese als vorschneller Reduktionismus, der spezifische Differenzen, die noch keineswegs auszuschließen sind, allzu grobschlächtig überspielen würde. Technik und Gesellschaft sind als Phänomenbereiche weder völlig disparat, noch fallen sie unterschiedslos in eins zusammen.

Technik kann als Objektivation sozialer Strukturen und Prozesse verstanden werden; und Gesellschaft kann als Konstrukt aus technischer Substanz aufgefaßt werden. Doch auch wenn Tech-

nik und Gesellschaft zum soziotechnischen System verschmel-
zen, bleiben die technischen und die sozialen Subsysteme mindestens in analytischer Perspektive unterscheidbar. Vergesellschaftung der Technik und Technisierung der Gesellschaft sind
Teilansichten soziotechnologischer Theoriebildung, für die nicht
bedenkenlose Universalansprüche erhoben werden sollten.

Literatur

Böhme, G. (1984), »Die Gesellschaftlichkeit von Technik und Natur«, in:
Zeitschrift für Hochschuldidaktik 8 (Sonderheft 9), S. 10-26.

Braun, I. (1985), Probleme einer Soziologie des Technischen, Diplom-
Arbeit, Fachbereich Gesellschaftswissenschaften, Universität Frankfurt.

von Gottl-Ottlilienfeld, F. (1923), Wirtschaft und Technik, Tübingen.

Hartfiel, G. (1972), Wörterbuch der Soziologie, Stuttgart.

Hochgerner, J. (1986), Arbeit und Technik, Stuttgart.

Joerges, B. (1977), Gebaute Umwelt und Verhalten, Baden-Baden.

Kern, H. und M. Schumann (1984), Das Ende der Arbeitsteilung?, München.

Klaus, G. und M. Buhr (Hg.) (1975), Philosophisches Wörterbuch, Berlin.

Krämer, S. (1982), Technik, Gesellschaft und Natur, Frankfurt/New
York.

Lenk, H. (Hg.) (1973), Technokratie als Ideologie, Stuttgart.

– (1982), Zur Sozialphilosophie der Technik, Frankfurt.

Lenk, H. und G. Ropohl (Hg.) (1978), Systemtheorie als Wissenschafts-
programm, Königstein.

Linde, H. (1972), Sachdominanz in Sozialstrukturen, Tübingen.

Lutz, B. (1983) »Technik und Arbeit. Stand, Perspektiven und Probleme
industriesoziologischer Technikforschung«, in: Forschung in der Bundesrepublik Deutschland. Im Auftrag der DFG hg. von Ch. Schneider,
Weinheim, S. 167-187.

Marx, K. (1858), Grundrisse der Kritik der politischen Ökonomie, 2.
Aufl., Berlin 1974.

Marx, K. (1867), Das Kapital, Bd. 1, in: K. Marx und F. Engels, Werke,
Bd. 23, Berlin 1959 ff.

Rammert, W. (1983), Soziale Dynamik der technischen Entwicklung,
Opladen.

Rapp, F. und P. T. Durbin (Hg.) (1982), Technikphilosophie in der Diskussion, Braunschweig/Wiesbaden.

Ropohl, G. (1979), Eine Systemtheorie der Technik, München/Wien.

- (Hg.) (1981), *Interdisziplinäre Technikforschung*, Berlin.
- (1982), »Zur Kritik des technologischen Determinismus«, in: Rapp/Durbin 1982, S. 3-17.
- (1985 a), *Die unvollkommene Technik*, Frankfurt.
- (Hg.) (1985 b), *Arbeit im Wandel*, Berlin.
- (1986), »Information gibt keinen Sinn«, in: A. Huning und C. Mitcham (Hg.), *Technikphilosophie im Zeitalter der Informationstechnik*, Braunschweig/Wiesbaden, S. 97-110.

Schäfers, B. (1985), *Sozialstruktur und Wandel in der Bundesrepublik Deutschland*, Stuttgart.

Smith, A. (1814), *Untersuchung über die Natur und die Ursachen des National-Reichtums*, Erster Band, Wien.

Tuchel, K. (1967), *Herausforderung der Technik*, Bremen.

Weber, M. (1976), *Wirtschaft und Gesellschaft*, 5. Auflage, Tübingen.

Friedrich Rapp
Die Idee der Technikbewertung

Kritische Urteile

Die Einstellung gegenüber der Technik ist heute so schwankend und zwiespältig, daß man fast von einer Krise des Technikbewußtseins sprechen kann. Das war nicht immer so. Um auf eine positive Beurteilung der Technik zu stoßen, braucht man nicht bis zum Vernunftoptimismus und Nützlichkeitsdenken der Aufklärung oder der Fortschrittserwartung des 19. Jahrhunderts zurückzugehen. Noch vor 30 Jahren, in der Zeit des Wiederaufbaus nach dem Zweiten Weltkrieg, wurde der technische Fortschritt als Mittel zur Steigerung des Wohlstandes praktisch vorbehaltlos begrüßt. Heute ist dagegen eine bis zu Extrempositionen aufgefächerte und vielfach ausgesprochen kritische Einstellung zur Technik festzustellen. Einerseits werden zur Belebung der Wirtschaft technische Innovationen gefordert und von staatlicher Seite auch gefördert, während andererseits Umweltschützer und politische Alternativbewegungen grundsätzliche Bedenken gegen technische Neuerungen und den allgemeinen Lebensstil in den modernen Industriegesellschaften geltend machen.[1] Gerade die Kontroversen über technische Projekte (Kernkraftwerke, Startbahnen) machen deutlich, wie sehr die bisher bei allen Unterschieden in der Bewertung und der praktischen Zielsetzung vorhandene Übereinstimmung über die Grundlagen unserer politischen, sozialen und geistigen Existenz heute zum Problem geworden ist.
Man kann sich fragen, welche neuen, vorher nicht gegebenen Umstände diesen Urteilswandel herbeigeführt haben. Bemerkenswerterweise sind jedoch in den letzten Jahren gar keine einzelnen spektakulären negativen Veränderungen eingetreten, die eine Revision des Urteils über die Technik erzwungen hätten. Vielmehr ist in den äußeren Gegebenheiten insgesamt eher eine Verbesserung festzustellen. Der durch den wissenschaftlich-technischen Fortschritt ermöglichte Produktionszuwachs hat in den Industrieländern bis in die jüngste Vergangenheit hinein zu einem beständig steigenden Lebensstandard und vergrößerter Freizeit geführt und eine umfassende Daseinsfürsorge ermöglicht. Auch

hinsichtlich heute so nachdrücklich kritisierter Folgen der Technisierung, wie etwa dem Verbrauch an nichtregenerierbaren Ressourcen oder der Belastung der natürlichen Umwelt, hat es in den letzten Jahrzehnten keine grundsätzliche Änderung gegeben.

Anders steht es dagegen mit den jeweils angelegten Bewertungskriterien. Hier ist offensichtlich eine Veränderung der Erwartungshaltung festzustellen, die in einer erhöhten Sensibilisierung und einem allgemein gesteigerten Anspruchsniveau ihren Ausdruck findet. Hinzu kommt ein weiterer Umstand: Da die moderne, mit wissenschaftlichen Methoden und im industriellen Maßstab betriebene Technik direkt oder indirekt alle Lebensbereiche bestimmt und technische Innovationen weltweit und unabhängig von politischen und ideologischen Systemen globale Verbreitung finden, bildet die Technik den handgreiflichen Ansatzpunkt für eine aus sehr unterschiedlichen geistigen und affektiven Quellen gespeiste Kritik an der modernen Lebenswirklichkeit überhaupt. Daß hier tatsächlich ein Umschwung in der Grundeinstellung stattgefunden hat, der nicht allein durch veränderte äußere Umstände erklärbar ist, wird in der Risikodiskussion deutlich.[2] Während man der großen Zahl von Verkehrsunfällen (etwa in der Frage des Gurtzwangs, der Geschwindigkeitsbeschränkung oder des Alkoholverbots) weitgehend desinteressiert gegenüber steht, werden auch die Folgen geringer technischer Pannen in Kernkraftwerken mit größter Aufmerksamkeit verfolgt. Kontroverse Diskussionen dieser Art machen eine objektivierende, versachlichte Untersuchung der tatsächlichen Gegebenheiten und der unterschiedlichen Bewertungsmaßstäbe erforderlich, die den jeweiligen Aussagen zugrunde liegen.

Rationale Entscheidungen

Man könnte vermuten, daß bei technischen Fragen eigentlich eine Versachlichung überflüssig sein müßte, weil die Erfolge der modernen Technik gerade auf ihrer ausgesprochen nüchternen, sachbezogenen Vorgehensweise beruhen. Da auf technischem Gebiet immer nur die harten, augenfälligen Konsequenzen zählen, ist die Leistungsfähigkeit eines bestimmten Verfahrens unmittelbar einsichtig, so daß sich Gegenargumente gleichsam von selbst erledigen. Ferner werden alle technischen Maßnahmen von ihrem Ansatz her zielstrebig und planmäßig ausgeführt. Die Leistungsfähigkeit der modernen Technik beruht auf der durch Spezialisierung und Arbeitsteilung perfektionierten Anwendung wissenschaftlicher Forschungsergebnisse. Man sollte deshalb erwarten, daß alles, was im Bereich der Technik geschieht, eindeutig faßbar, geplant und vorausbedacht ist, so daß gar kein Raum für kontroverse Deutungen und unerwartete oder unerwünschte Resultate besteht. Die Forderung nach einer objektiven Bewertung und Kontrolle der technischen Entwicklung müßte demnach eigentlich gegenstandslos sein, weil hier immer schon eine Bewertung und Kontrolle stattfindet.

In Wirklichkeit beschränkt sich jedoch die Bewertung, Vorausschau und Kontrolle nur auf die unmittelbare, ingenieurtechnische Aufgabenstellung. So wird etwa in der Verkehrstechnik eine möglichst schnelle, sichere und billige Fortbewegung verlangt oder in der Nachrichtentechnik eine möglichst effiziente Informationsübertragung erstrebt. Die Frage, ob eine möglichst schnelle Fortbewegung oder die Bereitstellung zusätzlicher Informationen tatsächlich in jedem Fall wünschenswert sind und dem wohlverstandenen Interesse des einzelnen oder der Gesellschaft dienen, kommt dabei ebensowenig ins Blickfeld wie die weiterführenden Auswirkungen technischer Maßnahmen auf die biologische Umwelt und die individuelle und soziale Lebenssituation. Im Sinne der instrumentellen Rationalität werden technische Gebilde ohne Rücksicht auf die weiterreichenden Konsequenzen hergestellt und benutzt. Diese beschränkte Perspektive ist an sich natürlich und naheliegend, weil schon die Bewältigung der technischen Aufgabenstellung die volle Konzentration der Kräfte erfordert und niemand alle weiteren Folgen seines Tuns vorhersehen kann. Im Fall der modernen Technik mit ihrer systematischen und großangelegten Umgestaltung der materiellen Welt erweist sich jedoch die Beschränkung auf einen engen Kontext als unangemessen, weil die tatsächlichen Auswirkungen auf die Lebenswelt weit über die intendierten ingenieurwissenschaftlichen Resultate hinausreichen.

In dieser Situation liegt es nahe, auf die Ideale der allgemeingültigen und objektiv gesicherten wissenschaftlichen Erkenntnis und der technischen Machbarkeit und Kontrolle zurückzugreifen. Im Idealfall sollte es möglich sein: (a) die von einer bestimmten technischen Innovation zu erwartenden Folgen anzugeben, (b) ein objektives Urteil über den Wert dieser Folgen zu fällen und (c) aufgrund dieser Vorgaben dann eine sachlich begründete, über bloße Vermutungen und persönliches Dafürhalten hinausgehende, allgemeinverbindliche, rationale Entscheidung darüber zu fällen, ob bzw. auf welche Art und Weise eine zur Diskussion gestellte technische Innovation einzuführen ist. Diese von rein theoretischem Standpunkt aus durchaus plausible und einleuchtende Konzeption liegt den verschiedenen Ansätzen der Technikfolgenabschätzung bzw. der weiterreichenden Technikbewertung (Technology Assessment) zugrunde.[3]

Die Grundgedanken der Technikbewertung wurden seit 1966 in den USA entwickelt. Das 1972 in Washington gegründete Office of Technology Assessment (OTA) sollte als wissenschaftlich fundiertes ›Frühwarnsystem‹ dienen und den Mitgliedern der Legislative Informationen über die bei bloßen Wirtschaftlichkeitsüberlegungen nicht in Betracht gezogenen weiterreichenden Auswirkungen technischer Großprojekte (Überschallflugzeuge, Raketenabwehrsysteme) liefern. Diese als neutrale Informationsquelle zur politischen Entscheidungsfindung gedachte Institution ist jedoch in der Folgezeit von (parteipolitischen) Auseinandersetzungen nicht verschont geblieben und hat die ursprünglich in sie gesetzten Erwartungen kaum erfüllt.[4]

Unabhängig von einzelnen Erfolgen oder Mißerfolgen behält jedoch der Grundgedanke seine Richtigkeit, daß die Einführung weitreichender technischer Neuerungen, etwa auf den Gebieten der Energieversorgung, der Rohstoffgewinnung, des Verkehrs und des Kommunikationswesens, nicht allein auf einer intuitiven Beurteilung oder allenfalls auf kurzfristigen Nützlichkeitserwägungen beruhen sollte. Da neben den beabsichtigten Wirkungen (im Falle der Verkehrstechnik: der Fortbewegung) stets auch weiterreichende Folgen auftreten, besteht die einzig sinnvolle, angemessene und vernünftige Verfahrensweise darin, daß man sich im Rahmen des Möglichen Rechenschaft ablegt über alle zu erwartenden Konsequenzen und daß, gestützt auf eine solche Folgenabschätzung, dann eine Wünschbarkeitsbetrachtung angestellt wird, wobei der Vorteil (Nutzen) der betreffenden Innovation und ihre Nachteile (erforderlicher Aufwand, schädliche Nebenwirkungen) gegeneinander abgewogen werden. Die Einsicht, daß in gewichtigen und folgenschweren Fällen die Bewertung technischer Neuerungen nicht wie bisher gleichsam beiläufig und unterderhand vorgenommen werden sollte, sondern aufgrund ausdrücklich offengelegter, systematischer, wissenschaftlicher Methoden und empirisch abgesicherter Daten, verleiht dem Idealbild der Technikbewertung seinen Rang – trotz praktischer Mißerfolge und der grundsätzlichen Grenzen, die dieser Konzeption gesetzt sind.

Probleme und Varianten

Im Verlauf der (nach wie vor kontroversen) Diskussion sind in Abweichung von dem ursprünglichen Ansatz einer umfassenden neutralen und objektiven Vorhersage und Bewertung aller Folgen, einschließlich der nichtbeabsichtigten Nebenwirkungen und der ›sozialen Kosten‹, bestimmte Änderungen vorgeschlagen worden.[5] Da man bei der interdisziplinären Zusammenarbeit zwischen Sozialwissenschaftlern, Philosophen, Naturwissenschaftlern und Ingenieuren, die eigentlich erforderlich wäre, um das Idealkonzept zu realisieren, auf große Schwierigkeiten gestoßen ist (die finanziellen Mittel sind begrenzt, die Fachgrenzen lassen sich nicht einfach aufheben und eine ad hoc-Synthese der verschiedenen Disziplinen ist nur ansatzweise und mit großen Schwierigkeiten durchführbar), ist man bei konkreten Technikbewertungsstudien doch wieder auf eine mehr oder weniger partielle und eingeschränkte Betrachtungsweise angewiesen.

Neben solchen durch die Praxis erzwungenen Einschränkungen wird auf der anderen Seite aufgrund theoretischer Überlegungen aber auch eine Erweiterung des ursprünglichen Konzepts vorgeschlagen. So erklären engagierte Vertreter einer sozialkritisch orientierten Technikbewertung, daß es nicht damit getan sei, in der Technikbewertung ein neutrales Instrument zur Beantwortung vorgegebener Fragen zu sehen. Vielmehr müßte die Technikbewertung von sich aus bisher nicht beachtete alternative Lösungen (etwa für die Energieversorgung) vorschlagen. Dabei gelte es, die dem Elitedenken verpflichtete Idee der wissenschaftlichen Fachkompetenz aufzugeben und die Mitwirkung der Betroffenen, etwa in Form von Bürgerinitiativen, in den Entscheidungsprozeß mit einzubringen.[6] An diesen unterschiedlichen Akzentsetzungen wird deutlich, daß Entscheidungen über die künftige Technik nicht nur ingenieurwissenschaftliche und wirtschaftliche Fragen betreffen. Da Entscheidungen über die Technikentwicklung immer auch politische Entscheidungen sind, liegt es nahe, daß die Technikbewerter über die Aufgabe des bloß instrumentellen Informierens und Aufklärens hinausgehen und selbst eine Wegweiserfunktion übernehmen. Wegen der wechselseitigen Abhängigkeit zwischen Technikbewertung und Politik ist ein solcher Konflikt fast unvermeidlich. So besteht denn auch immer die Gefahr, daß eine mit wissenschaftlichem Anspruch auftretende Technikbewertung in Wirklichkeit nur eine politische Auftragsarbeit ist und als Alibi für bereits feststehende Entscheidungen dienen soll. Die Maßstäbe des wissenschaftlichen Arbeitens sowie die Kritik und Gegenkritik der Fachleute bieten eine – leider nicht immer unfehlbare – Abhilfe gegenüber einem solchen Mißbrauch. In diesem Zusammenhang ist ferner eine grundsätzliche Besinnung auf die Mechanismen des politischen Interessenausgleichs und auf die demokratische Legitimation der jeweils politisch Handelnden gefordert.

Versteht man die Technikbewertung im Sinne des ursprünglichen Ansatzes als ein analytisches Instrument zur intellektuellen Rechenschaftsablegung ohne eigene Zielsetzungsbefugnis, so liegt ein Vergleich mit der insbesondere in den Wirtschaftswissenschaften entwickelten Theorie der rationalen Entscheidungen nahe.[7] Dort wird davon ausgegangen, daß einem Entscheider in einer vorgegebenen Handlungssituation verschiedene Aktionsmöglichkeiten offenstehen (falls nur eine einzige Handlungsmöglichkeit gegeben ist, stellt sich ja gar kein Entscheidungsproblem), daß er über sicheres oder wahrscheinliches Wissen über die Folgen der verschiedenen Aktionsmöglichkeiten verfügt und aufgrund des von ihm akzeptierten Wertesystems das Gewicht, d. h. den relativen Wert der verschiedenen Teilresultate der einzelnen Alternativen kennt. Im Rahmen dieses Modells rationaler Entscheidungen läßt sich dann ein allgemeiner Kalkül angeben, der es erlaubt, bei (möglichst quantitativ) vorgegebenen Daten (Alternativen, Teilresultate, Gewichtungen) durch ein einfaches Berechnungsverfahren die angesichts der jeweiligen Vorgaben zweckmäßige, folgerichtige und eben deshalb rationale Entscheidung zu ermitteln.

Genau besehen wird also das intuitive und zunächst noch gar nicht vollständig gegebene Verständnis davon, was im Zusammenhang des zweckhaften, zielgerichteten Handelns ›rational‹ ist, durch dieses Modell ausdrücklich formuliert und damit erst eindeutig festgelegt. Dieses Modell ist deskriptiv, insofern es das rationale Entscheidungsverhalten beschreibt, und es hat zugleich eine normative Komponente, indem es vorschreibt, was als vernünftig zu gelten hat. Der hierbei zugrunde gelegte Vernunftbegriff ist von eingeschränkter Art, weil Zielvorstellungen und Bewertungskriterien unbefragt als gegebene Größen hingenommen und nicht mehr auf ihre Berechtigung hin untersucht und kritisch geprüft werden; nur die logische Widerspruchsfreiheit des Zielsystems muß gegeben sein. Hierbei geht es also nur um eine immanente und instrumentelle Rationalität.

Kritik und Zweckrationalität

Gegen dieses Modell und das ihm entsprechende Verständnis der Technikbewertung als eines neutralen Instrumentariums lassen sich zwei Einwände vorbringen: Erstens könnte geltend gemacht werden, daß es gerade nicht darauf ankomme, sich mit dem Bestehenden abzufinden und es durch unbefragtes Hinnehmen der in einer bestimmten Situation gegebenen Handlungsalternativen gleichsam noch zu bestätigen. Dies ist die Stoßrichtung der Technikkritik der Kritischen Theorie der Frankfurter Schule.[8] Unter Berufung auf diese Auffassung wird dann folgerichtig die o. g. Konzeption einer auf Engagement und alternative Techniken abzielenden Technikbewertung vertreten. Dabei ist jedoch zu bedenken, daß innerhalb der Gesellschaft ein breites Spektrum von Zielvorstellungen über die künftige Technikentwicklung anzutreffen ist, wobei die Extreme einander sogar eindeutig ausschließen; und die Überzeugungsarbeit für oder gegen eine bestimmte Form der zukünftigen Technik kann immer nur auf Argumenten beruhen, in denen auf die Konsequenzen der jeweiligen Technik hingewiesen wird, wozu das Instrument einer möglichst fundierten und aussagekräftigen Technikbewertung unerläßlich ist. Wenn die Verhältnisse geändert werden sollen, kann dies nur im Ausgang von den derzeitigen Gegebenheiten geschehen, wobei ggf. ganz unkonventionelle, von den bisherigen Denkformen abweichende Alternativen, Zielvorstellungen und Wertsysteme ins Auge zu fassen sind. All dies ist aber nur möglich, wenn ein methodisch und empirisch fundiertes neutrales Verfahren der

Technikbewertung zur Verfügung steht, das ebenso wie ein von sich aus gegenüber der inhaltlichen Erfüllung völlig indifferenter mathematischer Kalkül für sehr unterschiedliche Zielsetzungen offen ist.

Zweitens ließe sich darauf hinweisen, daß das, was im Bereich der Technik geschieht, gar nicht dem hier unterstellten Modell des zweckrationalen, instrumentellen Handelns genügt. So betrachtet A. Gehlen das technische Handeln primär als ein biologisches, triebbedingtes Phänomen; wegen seiner unzulänglichen biologischen Ausstattung sei der Mensch zwangsläufig und naturhaft auf die Technik angewiesen, so daß hier nicht in erster Linie eine nüchterne instrumentelle Überlegung vorliegt.[9] Dem steht auf der anderen Seite die Deutung der Technik als Resultat eines spielerisch-künstlerischen Schaffensdrangs, als ›Selbsterlösung‹ des Menschen aus seiner Endlichkeit und als Versuch zur Überwindung des Todes gegenüber.[10] In reduzierter Form bildet etwa das durch Werbung und das Streben nach Sozialprestige stimulierte Konsumverhalten ein Beispiel für einen irrationalen, gar nicht durch die technische Funktionserfüllung bestimmten Umgang mit den technischen Möglichkeiten. Auch diese Einwände sind ernst zu nehmen, aber nicht durchschlagend. Ohne Zweifel wird das technische Handeln nicht ausschließlich durch Nützlichkeitserwägungen bestimmt. Doch auch dann, wenn etwa technischer Schaffensdrang oder das Prestigebedürfnis die eigentlichen Triebfedern sind, muß in einer bestimmten Handlungssituation stets eine Abwägung der Vor- und Nachteile und damit im weiteren Sinne eine Technikbewertung stattfinden. Motive, Zielvorstellungen und Wertungen, die nicht auf die rein technische Funktion, wie die Bereitstellung von Energie, die Fortbewegung, die Informationsübermittlung usw. abzielen, sind nicht von vornherein illegitim und verwerflich. Letzten Endes steht alles technische Handeln im Dienste außertechnischer Zielsetzungen; es dient immer einer vergrößerten Lebensqualität oder einem möglichst erfüllten, humanen Dasein. So wird etwa die Energieversorgung nicht um ihrer selbst willen erstrebt, sondern deshalb, weil sie das Leben in einem bestimmten Sinne menschlicher machen soll. Einmal mehr zeigt sich also, daß die Technikbewertung ihrerseits nicht voraussetzungslos ist und deshalb auch nicht von sich aus das letzte Wort über die philosophische Wertung der Technik sprechen kann. Um zu sachlich begründeten und argumentativ stimmigen – und in diesem eingeschränkten Sinne: zu vernünftigen – Urteilen über technische Innovationen zu gelangen, ist jedoch die Aufklärungsleistung der Technikbewertung unerläßlich. Das im Sinne der Theorie der rationalen Entscheidungen verstandene formale – und eben dadurch neutrale – Verfahren der Technikbewertung schließt eine grundsätzliche inhaltliche Kritik der verschiedenen Wertsysteme, die für den Umgang mit der Technik in Frage kommen, keineswegs aus. Mit welcher Begründung auch immer für oder gegen die Beibehaltung oder Veränderung des gegenwärtigen Umgangs mit der Technik argumentiert wird: damit die Argumente stimmig sind, müssen sie auf einer nüchternen Abwägung der Vor- und Nachteile der verschiedenen Alternativen, und damit auf einem methodisch korrekten Verfahren der Technikbewertung, beruhen.

Steuerungsmöglichkeiten

Der Umstand, daß – abgesehen von der eher stillschweigenden und unausgesprochenen Bewertung im Rahmen von Wirtschaftlichkeitsüberlegungen – die Frage nach einer ausdrücklichen Technikbewertung in der Vergangenheit praktisch nicht gestellt wurde, weist auf ein grundsätzliches Problem hin. Einerseits beruht die Konzeption der Technikbewertung auf der Vorstellung, daß es möglich sei, aus einem Bewertungsprozeß auch entsprechende Folgerungen zu ziehen und die Technikentwicklung in die jeweils als besser und wertvoller erkannte Richtung zu lenken; ohne solche praktischen Konsequenzen wäre die Technikbewertung nur ein rein theoretisches und gleichsam ohnmächtiges Unternehmen. Andererseits besteht aber keineswegs Klarheit darüber, welche Stellung die (erstrebte) Technikbewertung innerhalb der verschiedenen Entscheidungsprozesse einnehmen soll, die schließlich zur Einführung technischer Innovationen führen. Da wir den komplexen und unübersichtlichen ›Mechanismus‹ des kollektiven Wahlverhaltens, das im Endresultat zu bestimmten technischen Innovationen führt, nur ansatzweise durchschauen, ist natürlich auch offen, an welcher Stelle und auf welche Weise hier genau eine Steuerung und Kontrolle einsetzen müßte.
Wenn man die technischen Veränderungen der letzten zweihundert Jahre betrachtet, drängt sich der Eindruck auf, daß hier ein

zwangsläufiges Geschehen vorliegt. Technische Neuerungen und wachsende Bedürfnisse schaukeln einander wechselseitig auf, wobei durch eine bestimmte Innovation neue Engpässe geschaffen werden, die dann in einem scheinbar unaufhaltsamen Prozeß zu weiteren Innovationen führen. Der Fundus des technischen Wissens und Könnens wird durch die heute in der Industrie und in den Universitäten organisatorisch verankerte systematische Forschungs- und Entwicklungsarbeit beständig erweitert. Die so gewonnenen Erkenntnisse finden dann in den konkreten technischen Systemen ihren Niederschlag. Die auf neuem theoretischem Wissen und praktischem Können beruhenden technischen Innovationen werden so schnell wie möglich in die Praxis umgesetzt, wobei sich die Zeitspanne zwischen der Erfindung einer technischen Neuerung und ihrer wirtschaftlichen Ausbreitung heute immer mehr verkürzt. Dieser Prozeß, der den Gesetzen des weltweiten ökonomischen Konkurrenzkampfes unterliegt, vollzieht sich global weitgehend unabhängig von historischen Traditionen, sozialen oder kulturellen Besonderheiten und politischen Strukturen. In dieser Sichtweise erscheint also der beschleunigte technische Wandel als ein von unserem Willen unabhängiger naturgesetzlicher Prozeß, dem wir alle auf Gedeih und Verderb ausgeliefert sind.

Versucht man, die für einen Innovationsprozeß maßgeblichen Elemente namhaft zu machen, so zeigt sich, daß u. a. einzelne Stadien (Forschung und Entwicklung, Erfindung bzw. Entdeckung, Einführung, Verbreitung), verschiedene Ebenen (Markt- oder Planungssystem, Managemententscheidungen, Konsumverhalten) und unterschiedliche Institutionen (Wirtschaft, Politik, öffentliche Meinung) im Spiele sind. In allen diesen Bereichen werden die individuellen und kollektiven Verhaltensweisen nicht nur durch eingeschliffene, unreflektierte Handlungsmuster, sondern immer auch durch ganz bestimmte Bewertungen geprägt, die im Rahmen der Technikbewertung offengelegt und kritisiert werden können. Technische Prozesse und Systeme existieren nicht von selbst. Alles, was im Bereich der Technik geschieht, geht direkt oder indirekt auf handelnde Individuen zurück, deren Tun durch bewußte oder unbewußte Absichten und Zielsetzungen bestimmt ist. Nur wenn man diesen elementaren Sachverhalt verkennt und die Technik in den Rang eines selbständig handelnden Subjekts erhebt, kann der Eindruck entstehen, als handele es sich hier um ein ohne menschliches Zutun mit naturgesetzlicher Zwangsläufigkeit ablaufendes Geschehen, das keinerlei Eingriffsmöglichkeiten mehr zuläßt. Diese grundsätzliche Feststellung gilt unbeschadet des kontingenten historischen Sachverhalts, daß seit der Industriellen Revolution ein weltweiter Trend zu einer immer komplexeren und leistungsfähigeren Technik zu beobachten ist. Doch gerade die Diskussion um die Technikbewertung und die aufgrund der Technikkritik veränderte öffentliche Meinung zeigen, daß hier im Prinzip immer auch Änderungen möglich sind. Die beiden genannten Modellvorstellungen, nämlich die einer quasi naturgesetzlichen Technikentwicklung (technologischer Determinismus) bzw. eines ausschließlich auf wohlüberlegten, wertenden Willensentscheidungen beruhenden Prozesses (Wertdeterminismus) stellen stark vereinfachte Extrempositionen dar, die jeweils nur einen Aspekt des realen Geschehens zutreffend erfassen. Solche durch Abstraktion und Idealisierung gewonnenen und möglichst klar ausformulierten Modelle, wie sie in den einzelnen wissenschaftlichen Disziplinen (Entscheidungstheorie, Innovationstheorie, Wirtschaftswissenschaften, Soziologie, politische Ethik) formuliert werden, sind die einzige Alternative zu einem andernfalls nur intuitiv und ohne eindeutige Vorstellung erfaßten Geschehen. Andere Modellvorstellungen, die in diesem Zusammenhang genannt werden können, sind die des Marktmechanismus (wobei technische Innovationen entweder durch die Nachfrage der Konsumenten und/oder durch die wissenschaftliche Grundlagenforschung bedingt sind) oder die Konzeption einer zentralstaatlichen Planung und Lenkung.

Wenn man sich auf die Verhältnisse in den westlichen Industrieländern beschränkt und im Sinne einer zusammenfassenden Beschreibung nach den maßgeblichen Bestimmungsstücken für technische Innovationen fragt, lassen sich insbesondere die wissenschaftliche Forschung und Entwicklung, der Wirtschaftsprozeß, die öffentliche Meinung und staatliche Instanzen namhaft machen. Einen ersten Schritt in die Richtung einer ausdrücklichen Technikbewertung und zugleich eine Sensibilisierung breiter Bevölkerungsschichten bieten öffentliche Anhörungsverfahren und die Offenlegung von (u. a. auch kontroversen) Gutachten. Dabei schließen die Informationspflicht und die Aufgabe einer möglichst objektiven Berichterstattung über das Pro und Kontra durch die Presse und die elektronischen Medien unvermeidbar auch Manipulationsmöglichkeiten ein. Unterstellt man einmal kontrafaktisch, daß es gelungen sei, im Rahmen der Technikbewertung zu klaren und allgemein akzeptierten Ergebnissen zu gelangen, so würden sich insbesondere die Einflußnahme auf die wissenschaftliche Forschung und Entwicklung und Maßnahmen staatlicher Stellen als Mittel zur Durchsetzung derartiger Entscheidungen anbieten. Zu denken wäre hier etwa an die Förderung bestimmter Forschungs- und Entwicklungsvorhaben (und damit an einen Einfluß auf die erste Phase von Innovationen) oder an die finanzielle Be- und Entlastung, die durch staatliche Maßnahmen für einzelne technische Neuerungen auch in einem fortgeschrittenen Stadium erfolgen kann. Diese Hinweise machen deutlich, daß tatsächlich bestimmte Steuerungsmöglichkeiten für die Erforschung und Entwicklung sowie für die Art und Geschwindigkeit der Ausbreitung technischer Innovationen bestehen, wobei aber eine perfekte und vollständige Kontrolle der Technikentwicklung aufgrund theoretischer Überlegungen und praktischer Schwierigkeiten nicht in Betracht kommt.

Prognosen

Die Vorstellung von einer systematischen Steuerung des technischen Wandels stammt aus dem Erfahrungsbereich des technisch-instrumentellen Handelns selbst. Dort geht es in der Tat um die Realisierung eindeutiger Ziele, die unter systematischer Ausschaltung aller störenden Einflüsse durch zweckentsprechende Maßnahmen verwirklicht werden. Unserm zielsetzenden und lenkenden Eingreifen sind genau diejenigen Prozesse zugänglich, die wir selbst unter kontrollierten Bedingungen herbeiführen können. Nach diesem Prinzip wird in Laboratorien, Fabriken und auf Baustellen erfolgreich verfahren. Eine Steuerung des technischen Wandels ist jedoch nur insoweit möglich, wie der Verlauf des historischen Geschehens sich dem Modell des technischen Handelns fügt. Um vollkommen kontrollierbar zu sein, müßte Geschichte in Technik übergeführt werden. So gibt es denn auch Kant auf die Frage, unter welchen Bedingungen der Gang der Geschichte vorhergesagt werden könne, die Antwort: »wenn der Wahrsager die Begebenheiten selber macht und veranstaltet, die er zum voraus verkündigt.«[11]

Das zentrale Problem der Techniksteuerung besteht also in den Grenzen für die Machbarkeit der Geschichte. Einerseits wird für die Technikentwicklung die bewußte, zielgerichtete Herbeiführung eines bestimmten historischen Verlaufs gefordert, und doch ist andererseits evident, daß sich die Geschichte auch auf dem Gebiet der technischen Entwicklung ihrer Natur nach einer solchen Lenkung weitgehend entzieht. Während die Idee der Technikbewertung bezüglich der maßgeblichen Wertvorstellungen bzw. der Konsensfindung auf die philosophische Frage nach einem humanen, erfüllten Dasein bzw. auf die Theorie der politischen Willensbildung geführt hatte, wird nunmehr an dieser Stelle ebenfalls ein übergeordneter Zusammenhang sichtbar: die Vorstellung von einer Steuerung der Technikentwicklung gehört in letzter Konsequenz in den Kontext der Geschichtsmetaphysik, d. h. einer Theorie vom Verlauf und Sinn des historischen Gesamtgeschehens.

Wie eng die Grenzen der Machbarkeit gezogen sind, wird bereits dann deutlich, wenn es darum geht, Vorsagen über die Auswirkungen der für die Zukunft zu erwartenden Technik zu machen. Im Rahmen der Technikbewertung sind mindestens für drei verschiedene Bereiche Prognosen erforderlich: (1) Über die Art der zu erwartenden technischen Neuerungen, (2) über die sozialen und ökologischen Folgen dieser Neuerungen sowie (3) über die Wertsysteme, auf die man sich in Zukunft bei der Beurteilung dieser Neuerungen stützen wird. Der letzte Punkt ist zwar nur bei längerfristigen Prognosen von Bedeutung, denn man kann davon ausgehen, daß ein Wandel in der Auffassung über das, was als wertvoll und erstrebenswert gilt, bzw. was negativ und deshalb zu vermeiden ist, relativ langsam erfolgt. Doch gewisse Formen der gegenwärtigen Kritik am Leistungsprinzip oder die Diskussion über das Eigenrecht der Natur zeigen, daß hier auch in absehbarer Zeit Veränderungen denkbar sind. Genau besehen können wir keineswegs sicher sein, daß auch die nach uns kommenden Generationen tatsächlich die Hierarchie von Werten übernehmen, die für unsere Auffassungen bestimmend sind und die wir dementsprechend bei der Beurteilung der Folgen technischer Innovationen zugrunde legen. Am ehesten sind noch Prognosen über kurzfristig zu erwartende Neuerungen möglich; je weiter die Vorhersagen in die Zukunft reichen, um so unsicherer werden sie. Wie die Rückschau auf früher gemachte Technikprognosen zeigt, sind sich jedoch in vielen Fällen selbst die Fachleute über die tatsächlich eintretende Entwicklung nicht im klaren gewesen; dies gilt für die Kernenergie (die zu optimistisch beurteilt wurde) ebenso wie für die Mikroelektronik (deren breite Anwendungsmöglichkeiten zunächst nicht erkannt wurden). Diese begrenzte Treffsicherheit wird verständlich, wenn man sich klar macht, daß es hier um völlig neue technische Verfahren geht, über die nähere Erkenntnisse noch ausstehen. Ferner liegt es in der Natur der Sache, daß über die technischen Anwendungsmöglichkeiten, die sich aus der reinen Grundlagenforschung der Zukunft ergeben werden, praktisch keine Vorhersagen möglich sind. Auf dem weiten Gebiet der anwendungsbezogenen Grundlagenforschung und erst recht bei der noch stärker festgelegten Entwicklung konkreter Technologien lassen sich dagegen mit einer gewissen Wahrscheinlichkeit kurzfristige Prognosen stellen, so daß in diesen Fällen dann auch mit einiger Aussicht auf Erfolg Steuerungsmaßnahmen vorgenommen werden können.

Unser begrenztes Wissen über das künftige Geschehen läßt sich auch durch noch so verfeinerte methodische Hilfsmittel (Formulierung mathematischer Modelle, Simulationsverfahren, Befragung und Gruppendiskussion von Experten) nicht aufheben. Entscheidend für den Wert einer Prognose ist immer die Gültigkeit der Prämissen, von denen jeweils ausgegangen wird. So lassen sich zwar rein mathematische Kurven, die etwa die Zeitabhängigkeit der bisherigen Entwicklung von Transportsystemen anhand der erzielten Höchstgeschwindigkeit oder der Transportkapazität beschreiben, beliebig genau extrapolieren. Doch das Ergebnis eines solchen Schlusses auf den weiteren Kurvenverlauf hängt ganz davon ab, ob man unterstellt, daß sich der bisherige Trend ungebrochen fortsetzt, oder ob man annimmt, daß eine Sättigung eintritt.

Über die ›weichen‹ sozialen Auswirkungen technischer Neuerungen herrscht naturgemäß noch größere Unsicherheit als über die ›harte‹ Technik der Zukunft (in diesem Zusammenhang wäre auch eine Alternative Technik ›hart‹, einfach deshalb, weil sie, wie jede andere Technik auch, sich konkreter, materieller Systeme bedienen muß). So hat etwa zur Zeit der Einführung des Automobils, des Radios oder des Fernsehens niemand die dann später tatsächlich eingetretenen Folgen vorhersehen können.[12] Ungeachtet dieser Schwierigkeiten und der vergleichsweise geringen

Chancen einer treffsicheren Prognose bildet die Formulierung konkurrierender Szenarios der zukünftigen Verhältnisse und die Diskussion von Wahrscheinlichkeitsannahmen die einzige Chance, um überhaupt zu greifbaren und in sich stimmigen Voraussagen über die Zukunft zu gelangen, auf die man sich dann bei der Technikbewertung stützen kann.

Interessenkonflikte

Wenn man einmal davon ausgeht, daß es möglich sei, für die Probleme der Technikprognose und der Techniksteuerung in der einen oder anderen Form eine praktikable Lösung zu finden, ist immer noch nicht über die zentrale Frage entschieden, in welcher Richtung, in welchem Sinne und aufgrund welcher Interessenlagen und Wertvorstellungen nun die erstrebte Steuerung der Technikentwicklung erfolgen soll. Die Vorhersage technischer Neuerungen und die Abschätzung der sozialen Folgen, die von den verschiedenen Handlungsalternativen zu erwarten sind, haben immer nur hypothetischen Charakter: sie besagen, was eintreten wird, falls man eine bestimmte Alternative wählt. Doch ebenso wie bei allen anderen Gesetzmäßigkeiten, die in den empirischen Wissenschaften – und damit insbesondere in der Soziologie, den Naturwissenschaften und den Ingenieurwissenschaften – formuliert werden, ist die Frage, ob diese Folgen wünschenswert sind oder nicht, gar nicht sinnvoll; sie treten einfach ein. Die empirischen Gesetzmäßigkeiten über die Verknüpfung von Phänomenen der realen Welt sagen uns nur, welche Resultate bei einer bestimmten Vorgehensweise auftreten, aber nicht, ob diese Resultate erstrebenswert sind. Naturwissenschaften und Ingenieurwissenschaften unterrichten uns über das, was wir tun können, aber nicht über das, was wir tun sollen. Wie sehr auch immer der Handlungsspielraum durch die vorgegebene Situation und die allgemein akzeptierten Verhaltensmuster eingeengt sein mag, die tatsächlichen Gegebenheiten liefern für sich allein genommen noch keine Handlungsvorschrift. Welcher Weg jeweils einzuschlagen ist, wird erst durch entsprechende Wert- und Zielvorstellungen festgelegt, und gerade das Verfahren der Technikbewertung zwingt dazu, die oft nur unausgesprochenen, gleichwohl handlungsleitenden Wertvorstellungen offenzulegen.

Die unmittelbar einleuchtende und methodisch fruchtbare Forderung nach einer Trennung von Tatsachenaussagen und Werturteilen ist hier unabdingbar. Bei einer Technikbewertungsstudie, die den Kriterien der Wissenschaftlichkeit genügen soll, müssen die Annahmen und Voraussetzungen dargelegt werden, und es muß klar unterschieden werden zwischen Tatsachenaussagen über gegenwärtige oder zukünftige Sachverhalte und normativen Aussagen über das, was als wertvoll und erstrebenswert gilt. Nur auf diese Weise kann die Klarheit, Durchsichtigkeit und damit auch Überprüfbarkeit der jeweiligen Technikbewertung sichergestellt werden. In der Praxis läßt sich diese Forderung nicht immer einfach verwirklichen, denn zwischen faktischen und normativen Aussagen bestehen mannigfache Wechselbeziehungen: einerseits können in einem bestimmten Diskussionskontext die Wertungen von Handlungs- und Entscheidungsträgern als faktisch vorgegebene Größen auftreten, und andererseits fließen über die Auswahl der Fragestellungen und über das Gewicht, das den einzelnen Gesichtspunkten zugeschrieben wird, in jede Aussage über tatsächliche Sachverhalte immer auch stillschweigende Wertungen mit ein. Diese Zusammenhänge erschweren die begriffliche Trennung, machen sie aber keinesfalls unmöglich oder entbinden gar von der Offenlegungspflicht.[13]

Wer soll nun über die Wert- und Zielvorstellungen entscheiden, nach denen mit technischen Neuerungen zu verfahren ist? Wie sich gezeigt hat, geben Naturwissenschaften und Ingenieurwissenschaften keine Auskunft über das, was geschehen soll. Die Rolle der viel berufenen Experten reduziert sich in diesem Zusammenhang also, genau besehen, auf die einer wichtigen und unerläßlichen Informationsquelle, die aber für Fragen der eigentlichen Bewertung und der Zielsetzung nicht zuständig ist. Es ist nicht einzusehen, warum ein Physiker oder ein Ingenieur besser über das Idealbild eines menschenwürdigen, erfüllten Daseins urteilen kann als etwa ein Briefträger oder eine Hausfrau. Dasselbe gilt für Journalisten, Literaten und Philosophen. Sie können zwar im günstigen Fall gewisse differenzierende Einblicke in dieser Frage haben und deshalb entsprechende Vorschläge unterbreiten, doch die philosophische Idee der Würde und der moralischen Autonomie des Individuums und die politische Konzeption der Selbstbestimmung des mündigen Bürgers verbieten eine Bevormundung. Gewiß üben angesehene Fachleute und im Blickpunkt der Öffentlichkeit stehende Personen eine gewisse Leitfunktion aus. Doch dieser unbestreitbare faktische Sachverhalt darf nicht dazu führen, daß ihnen nun gleichsam offiziell eine Entscheidungskompetenz zugebilligt wird, die auf eine Entmündigung der Bürger hinauslaufen würde.

In konkreten Fragen, wie etwa der nach der Wünschbarkeit von Kernkraftwerken, ist denn auch ein breites Spektrum unterschiedlicher Auffassungen festzustellen. Daß hier verschiedene Wertvorstellungen vorliegen, ist nur natürlich, denn die Individualität eines Menschen beruht ja gerade auf seinen besonderen Charakterzügen. Vorsicht oder Risikobereitschaft, introvertierte Askese oder extravertierter Tatendrang sind innerhalb des sinnvollerweise gegebenen Handlungsspielraums grundsätzlich in gleicher Weise legitime Haltungen. Auch die Zugehörigkeit zu einer bestimmten sozialen Schicht, die Situation im Berufsleben und die politische Überzeugung sind keineswegs einheitliche Größen. Überall, wo Menschen ihre Auffassung frei äußern, sind hier Unterschiede feststellbar. Sie bestanden in der Vergangenheit, sie existieren in der Gegenwart, und wir müssen annehmen, daß sie auch in Zukunft gegeben sein werden. Dabei ist festzuhalten, daß diese grundsätzliche Überlegung unabhängig vom konkreten Inhalt der jeweiligen Wertsysteme gilt, unabhängig von der Art und Weise, wie man diese Wertungen jeweils begrifflich zum Ausdruck bringt. Die Überlegung gilt sowohl für unterschiedliche Wertungen (wie sie in der Ethik diskutiert werden), verschiedenartige Bedürfnisse (mit denen sich die Sozialanthropologie befaßt) oder einander widerstreitende Interessen (die in der Politikwissenschaft behandelt werden).

Diese legitimen Wert- und Interessenkonflikte entbinden aber nicht von dem Zwang, gerade in der Frage technischer Innovationen zu einer einheitlichen Willensbildung zu kommen, die dann auch von denjenigen mitgetragen werden muß, deren Auffassung sich nicht durchsetzen konnte. Die hier auftretenden Probleme sind allgemein bekannt. Der theoretisch denkbare Ausweg, statt des mühsamen demokratischen Willensbildungsprozesses und der Berücksichtigung des Toleranz- und des Pluralismusprinzips zu einer konsequenten, ein für allemal festgelegten einheitlichen Lösung für die zukünftige Technikentwicklung zu gelangen – von wem und aufgrund welcher Wert- und Zielvorstellungen diese Lösung auch immer formuliert werden mag –, erweist sich als indiskutabel. Denn eine solche Lösung ließe sich nur vermittels allgemeiner staatlicher Zwangsmaßnahmen durchsetzen. Eine perfekte Kontrolle der Technik, für die mit dem Preis einer perfekten Kontrolle der Gesellschaft bezahlt wird, wäre zu teuer erkauft. Ja, der eigentliche Gedanke der Technikbewertung und der daraus resultierenden Techniksteuerung würde damit in sein Gegenteil verkehrt, denn es sollte ja gerade das Dasein in einer humanen – und das heißt immer auch in einer freien – Gesellschaft sichergestellt werden.

Realistische Erwartungen

In Wirklichkeit existiert denn auch zwischen der Politik des bloßen Laisser-faire und der vollständigen Kontrolle ein weiter Bereich von Einfluß- und Steuerungsmöglichkeiten. Der Technikbewertung kommt dabei als einem methodisch abgesicherten Verfahren zur Formulierung der verschiedenen Alternativen und zur Offenlegung der jeweils unterstellten Technikfolgen und Wertpräferenzen eine unverzichtbare Aufgabe zu. Da der Prozeß technischer Innovationen ständig im Fluß ist und auch die Wertauffassungen einem gewissen Wandel unterliegen, müssen Technikbewertungen in sinnvollen Zeitabständen wiederholt werden; sie können also nicht aus einmaligen, definitiv abschließbaren Untersuchungen bestehen. Dabei ist die Aussagekraft einer solchen Untersuchung nicht notwendig proportional zum mathematischen und finanziellen Aufwand. Die Erfolge bzw. Mißerfolge der Vergangenheit und der Umstand, daß verschiedene Technikbewertungsstudien zu unterschiedlichen Ergebnissen gelangen, können als Indiz für die hier erreichbare Zuverlässigkeit gelten. Die in der Sache selbst begründeten Schwierigkeiten schmälern die durch die verschiedenen Modellvorstellungen erzielbare Aufklärungsleistung, heben sie aber keineswegs auf.
Die Erwartungen in eine so verstandene Technikbewertung liegen also auf einer mittleren, realistischen Linie. Die Technikbewertung ist kein Allheilmittel und vermag keine schlechthin vollkommenen Lösungen zu bieten. Sie befreit aber andererseits im Rahmen des Möglichen von dem Bann des undurchschaubaren Geschehens und der Frustration des blinden, undurchdachten Handelns. Die Technikbewertung kann zur Ernüchterung und

Versachlichung der Diskussion beitragen – gerade auch in kontroversen Fragen, bei denen dann im Rahmen eines methodisch stimmigen Verfahrens die Divergenzpunkte deutlich abgegrenzt und damit der wechselseitigen Kritik zugänglich gemacht werden.

Die Annehmlichkeiten der modernen wissenschaftlich-industriellen Technik werden heute in den Industrienationen weithin als selbstverständlich vorausgesetzt und es wird, etwa in Form eines höheren Lebensstandards, sogar ihre Steigerung gefordert. Gerade die Rechenschaftsablegung durch die Technikbewertung ist geeignet, auch die Risiken und Gefahren aufzuweisen, die die Technisierung unvermeidlich mit sich bringt. Niemand ist gegen Verkehrsunfälle, die Wirkung des Smog oder die Gefahr eines Atomkrieges gefeit; selbst die Abhängigkeit von den komplexen Versorgungs-, Transport- und Kommunikationssystemen ist allen gemeinsam. Die Technikbewertung macht ferner deutlich, daß – unabhängig davon, welche Alternative nun im einzelnen gewählt wird – auch über die zukünftigen Risiken keine schlechthin verbindlichen, unangreifbaren Feststellungen, sondern weithin nur geschätzte Wahrscheinlichkeitsaussagen möglich sind. Die Einsicht, daß wir bei noch so großen Unterschieden in konkreten Sachfragen letzten Endes alle in einem Boot sitzen und daß niemand im Besitz der sicheren, alleinseligmachenden Wahrheit ist, könnte mithelfen, auch in Sachen technische Innovationen das Maß an Toleranz und Kompromißbereitschaft wieder herzustellen, ohne das kein demokratisches Gemeinwesen existieren kann.

Anmerkungen

1 Der jeweiligen Diskussionslage entsprechend hat sich – nach den Erklärungen der Bundesforschungsberichte – auch die Zielsetzung der staatlichen Forschungs- und Technologiepolitik geändert: Auf die ursprüngliche Konjunktur- und Wachstumspolitik folgte die Ausrichtung am gesellschaftlichen Bedarf, während heute die soziale Verträglichkeit technischer Innovationen im Vordergrund steht. (H. Paschen, G. Bachmann und B. Wingert, »Funktion und Leistungsfähigkeit des Technology Assessment (TA) im Rahmen der Technologiepolitik«, in: J. V. Kruedener und K. v. Schuberth (Hg.), *Technikfolgen und sozialer Wandel*, Köln 1981, S. 58.)

2 Die unterschiedlichen Akzentsetzungen kommen etwa in den vom Titel her gleichlautenden Beiträgen: »Sicherheit als Wert in Technik und Gesellschaft« von R. Jungk und A. Kuhlmann, in: *Maßstäbe der Technikbewertung,* Hg. G. Ropohl, Düsseldorf 1978, zum Ausdruck.

3 Eine Übersicht und Hinweise auf die inzwischen beachtlich angeschwollene Literatur, die nicht immer eindeutig gegen popularisierende und politisierende Darstellungen abgrenzbar ist, geben: H. Krupp, »Technikfolgen-Abschätzung«, in: *Maßstäbe der Technikbewertung* (s. Anm. 2), A. L. Porter u. a. (Hg.), *A Guidebook for Technology Assessment and Impact Analysis,* New York 1980, sowie die Aufsätze von E. Byrne, S. R. Carpenter, K. Schrader-Frechette und W. Ch. Zimmerli in: F. Rapp und P. T. Durbin (Hg.), *Technikphilosophie in der Diskussion,* Wiesbaden 1982.

4 H. Krupp, a.a.O. (s. Anm. 3), S. 133-135; H. Paschen u. a., a.a.O. (s. Anm. 1), S. 60, 66-70.

5 Vgl. H. Paschen u. a., a.a.O. (s. Anm. 1), S. 63 f.

6 S. R. Carpenter, a.a.O. (s. Anm. 3).

7 Vgl. etwa G. Gäfgen, *Theorie der wirtschaftlichen Entscheidung,* Tübingen 1968, ³1974.

8 Einschlägig sind insbesondere M. Horkheimer, *Zur Kritik der instrumentellen Vernunft,* Frankfurt 1967, H. Marcuse, *Der eindimensionale Mensch,* Neuwied 1967, und J. Habermas, *Technik und Wissenschaft als ›Ideologie‹,* Frankfurt 1968.

9 A. Gehlen, *Die Seele im technischen Zeitalter,* Hamburg 1957, S. 8-19.

10 Vgl. F. Rapp, »Technik als Mythos«, in: *Philosophie und Mythos,* hg. von H. Poser, Berlin 1979, S. 110-129, sowie ders., *Analytische Technikphilosophie,* Freiburg/München 1978, S. 128-134.

11 I. Kant, »Der Streit der Fakultäten«, A 132 (in *Werke,* hg. von W. Weischedel, Bd. 6, Darmstadt 1964, S. 351).

12 So werden z. B. in einer amerikanischen Studie aus dem Jahre 1932 nicht weniger als 150 zunächst nicht vorhergesehene Wirkungen des Radios genannt, die von der Vereinheitlichung der Information über Erziehung und Politik bis zum Privatleben reichen (W. F. Ogden und M. F. Nimkoff, *Sociology,* Boston 1964, S. 698 f.).

13 Nähere Einzelheiten dazu finden sich in: *Werturteilsstreit,* hg. von H. Albert und E. Topitsch, Darmstadt 1979.

Wolfgang König
Zu den theoretischen Grundlagen der Technikbewertungsarbeiten im Verein Deutscher Ingenieure

Die Aufgabe, über die theoretischen Grundlagen der Technikbewertungsarbeiten im Verein Deutscher Ingenieure (VDI) und damit vor allem über den vom VDI eingesetzten Ausschuß »Grundlagen der Technikbewertung« zu berichten, wirft wegen der relativen weltanschaulichen und techniktheoretischen Offenheit bzw. Heterogenität des VDI und der pluralistischen Zusammensetzung des Grundlagenausschusses besondere Probleme auf. Bei den einzelnen Beteiligten kommen unterschiedliche Denkstile, wissenschaftstheoretische Prämissen und politische Einstellungen zur Geltung, sind mit der Mitarbeit in diesem Arbeitskreis unterschiedliche Interessen und Intentionen verbunden, so daß es fast aussichtslos erscheinen muß, so etwas wie eine Opinio communis herauszuarbeiten. Bei diesen Voraussetzungen ist es fast überflüssig zu bemerken, daß die vorgetragenen Analysen und Bewertungen die persönlichen Auffassungen des Autors wiedergeben und nicht den Anspruch erheben, eine quasi offiziöse Interpretation der Arbeiten darzustellen.

Mir scheint es sinnvoll zu sein, eine kurze Darstellung der Entwicklung der Technikdiskussion im VDI sowie der Technikbewertungsdiskussion in den USA und in der Bundesrepublik dem Bericht über die Arbeiten dieses Kreises voranzustellen. Der ungebrochene Fortschrittsoptimismus im 19. Jahrhundert und die Dynamik der technisch-industriellen Entwicklung in der Hochindustrialisierung, in die die Ingenieure eingespannt waren, ließen keine breite systematische Beschäftigung mit technikphilosophischen Fragen aufkommen. So wurde Ernst Kapps 1877 erschienene *Grundlinien einer Philosophie der Technik. Zur Entstehungsgeschichte der Cultur aus neuen Gesichtspunkten* von Ingenieuren kaum zur Kenntnis genommen. Dies änderte sich erst nach der Jahrhundertwende. Eberhard Zschimmers 1914 erschienenes Werk *Philosophie der Technik. Vom Sinn der Technik und Kritik des Unsinns über die Technik* wurde in der VDI-Zeitschrift ausführlich besprochen.[1] Und 1908 wurde z. B. beim Frankfurter Bezirksverein des VDI ein Vortrag über »Die moderne Technik als ethisches Problem« gehalten, in dem der Vortragende vor der Eigendynamik einer vom Menschen losgelösten Technik warnte.[2] Dieser kurze Rückblick soll hier nicht vertieft werden.

Jedenfalls gab es schon Traditionen, an denen sich das nach dem Zweiten Weltkrieg verstärkt einsetzende Nachdenken über die Technik orientieren konnte.[3] Die Schrecken des hochtechnisierten Krieges hatten die negativen Seiten der Technik deutlich gemacht und veranlaßten die Ingenieure, sich Rechenschaft über die möglichen Folgen ihres Tuns und die politische Ausbeutung technischer Entwicklungen abzulegen. Hinzu kam, daß das Leitbild des Spezialisten, das die Ingenieurarbeit maßgeblich bestimmt hatte, verblaßt war und ergänzt wurde durch die Suche nach überfachlichen Orientierungspunkten. Man suchte und fand das Gespräch mit Vertretern anderer Fakultäten, wobei wichtige Impulse von dem Bemühen um eine technikphilosophische Fundierung der Ingenieurarbeit ausgingen. Wichtige Anstöße kamen dabei durch den ersten Kurator des VDI nach dem Krieg, den Karlsruher Ingenieurprofessor Rudolf Plank.

Ein Ergebnis dieses interdisziplinären Nachdenkens war das im VDI erarbeitete und veröffentlichte »Bekenntnis des Ingenieurs«[4], in dem sich die Ingenieure zur »Achtung vor der Würde des menschlichen Lebens« verpflichteten und vor einem Mißbrauch der Technik warnten. Mit vier großen Sondertagungen in der ersten Hälfte der 1950er Jahre

– Über die Verantwortung des Ingenieurs
– Mensch und Arbeit im technischen Zeitalter
– Die Wandlung des Menschen durch die Technik
– Der Mensch im Kraftfeld der Technik

wandte man sich ethischen und gesellschaftlichen Fragen zu.

Einer der Referenten auf der letztgenannten Tagung zum Thema »Formende Kräfte« war Friedrich Dessauer, dessen Werk in den folgenden Jahren die Technikphilosophie im VDI wesentlich beeinflußte. Bei einer Neugliederung des VDI wurde 1956 eine VDI-Hauptgruppe Mensch und Technik unter der Leitung des Braunschweiger Fahrzeugtechnikers Paul Kößler eingerichtet. Bei der ersten Sitzung der Hauptgruppe im Oktober 1956 in Goslar überreichte Friedrich Dessauer die ersten Exemplare seines Werkes *Streit um die Technik*. Neben pädagogischen, linguistischen und soziologischen Ausschüssen wurde auch unter der Leitung des Kölner Philosophen Paul Wilpert ein Ausschuß »Philosophie und Technik« ins Leben gerufen.

So schwierig es ist, die heterogenen Arbeiten dieses Kreises auf kurze Formeln zu bringen, so sollen hier doch einige Stichworte zur Charakterisierung und Strukturierung dieser Arbeiten gegeben werden.[5] Die ersten Jahre dienten vor allem dazu, eine gemeinsame Gesprächsbasis zwischen Philosophen und Ingenieuren zu finden und nach dem Wesen der Technik zu fragen. In dieser Diskussion spielte Friedrich Dessauer und seine Deutung der Technik als »reales Sein aus Ideen«, welche schon im göttlichen Weltschöpfungsplan angelegt seien, eine wichtige Rolle.

Unter der Geschäftsführung von Klaus Tuchel zwischen 1960 und 1968 wurde verstärkt nach der gesellschaftlichen Einbindung der Technik gefragt. Dabei ging es vor allem darum, wie es in einer Besprechungsniederschrift aus dem Jahre 1960 heißt, »das Verhältnis der Technik zur Wirtschaft zu klären, damit nicht viele Vorwürfe an die Technik gerichtet werden, die eigentlich der Wirtschaft gelten«. Neben diesen neuen Fragestellungen wurde älteren wie nach der Begriffsgeschichte von Technik und den Problemen einer philosophischen Anthropologie der Technik weiter nachgegangen. Seit 1968 kam verstärkt die Diskussion wissenschaftstheoretischer Fragen hinzu.

1971 tauchen dann erstmals – als Reaktion auf die zeitgenössischen Diskussionen über Wertwandel, die Wertgebundenheit technischer Entscheidungen und die Verantwortung des Ingenieurs – Pläne auf, sich in den nächsten Jahren mit dem Themenkomplex »Wertpräferenzen und technischer Fortschritt« zu beschäftigen. Die Vorarbeiten hierzu wurden vor allem in einem kleinen Kreis geleistet, dem die Herren Helberg, Holz, Huning, Moser und Ropohl angehörten. Dabei arbeitete man zunächst – gemäß der langjährigen Tradition des Philosophieausschusses – mit Sitzungen im kleinen Kreis, auf denen Vorträge gehalten und diskutiert wurden. Die auf diesen Sitzungen gehaltenen Referate wurden dann 1975 in einem Sammelband *Werte und Wertordnungen in Technik und Gesellschaft* zusammengefaßt.[6] In »Werte und Wertordnungen« geht es um die Entstehung und die Grundlagen wertorientierten Handelns in Rechtsprechung, Religion, Wissenschaft und Technik. In dieser Zeit wurde von Günter Ropohl der Gedanke ins Gespräch gebracht, eine Richtlinie zur

Technikbewertung zu erarbeiten. Bevor auf diese Richtlinie, die den Ausschuß auch heute noch beschäftigt, näher eingegangen wird, soll an dieser Stelle ein kurzer Exkurs zur Diskussion um die Technikbewertung in der damaligen Zeit in den USA und in der Bundesrepublik gegeben werden.

Eine intensive Diskussion um die Idee des Technology Assessment und ihre Konkretisierung begann in der zweiten Hälfte der 1960er Jahre in den USA.[7] Damals initiierte das Komitee für Wissenschaft und Raumfahrt des Repräsentantenhauses Untersuchungen über die negativen Nebenwirkungen technischer Entwicklungen und forderte, dafür ein Frühwarnsystem aufzubauen. Bereits 1967 wurde als Diskussionsanstoß ein entsprechender Gesetzentwurf im Kongreß eingebracht. Nach vorbereitenden Studien und ausführlichen Diskussionen wurde dann ein zweiter, ernster gemeinter Gesetzentwurf im April 1970 eingebracht, der ein TA-Amt für die Legislative vorsah. Die Beratungen dauerten bis 1972; in diesem Jahr wurde dann der »Technology Assessment Act« verabschiedet. Bei dem aufgrund dieses Gesetzes 1973 gegründeten Office of Technology Assessment (OTA) handelt es sich um eine Behörde, die gegenwärtig über 100 Mitarbeiter hat. Das OTA verfolgt zur Zeit die Politik, auf verschiedenen Gebieten unabhängig vom aktuellen politischen Entscheidungsbedarf zu arbeiten und auf diesen, aber auch nur auf diesen Gebieten den Abgeordneten und Senatoren für die gutachtliche Beantwortung von Anfragen zur Verfügung zu stehen. Der VDI und sein Philosophieausschuß waren über diese amerikanischen Diskussionen unter anderem informiert durch einen Vortrag, den Bodo Bartocha auf der 1972 durchgeführten VDI-Tagung »Ingenieurausbildung und soziale Verantwortung« hielt.[8]

Das OTA – wenn auch in verkleinerter Form – war Vorbild für einen Antrag der CDU/CSU-Fraktion beim Deutschen Bundestag vom April 1973, ein »Amt zur Bewertung technologischer Entwicklungen« zu schaffen. Gegen diesen CDU/CSU-Antrag hatte die SPD in der Bundestagsdebatte ein Gremium in der Art des Sachverständigenrats zur Begutachtung der gesamtwirtschaftlichen Entwicklung und die FDP ein in den wissenschaftlichen Dienst des Bundestages eingegliedertes Organisationsbüro zur Verwaltung der an Dritte zu vergebenden Gutachteraufträge ins Gespräch gebracht. Die CDU/CSU-Fraktion hat ähnliche Anträge in die gleiche Richtung, wenn auch institutionell modifiziert und finanziell stark abgemagert, erneut in den Jahren 1977 und 1981 gestellt. 1985 setzte der Deutsche Bundestag schließlich eine Enquete-Kommission zur Technikbewertung ein.

So stellte sich der politische Diskussionsstand dar, als 1975 den zuständigen VDI-Gremien durch die schon erwähnte Planungsgruppe vorgeschlagen wurde, »eine in Richtlinienform abgefaßte Wegweisung zur Technikbewertung unter individual- und sozialethischen Aspekten erarbeiten zu lassen«. Der erste Abschnitt dieser geplanten Richtlinie sollte wichtige Begriffe der Technikbewertung erläutern, der zweite Abschnitt sollte Aussagen über Absolutheit und Relativität von ethischen Weisungen enthalten, während ein dritter Abschnitt einen Katalog von Zielvorstellungen für Ingenieure bieten sollte, der nach Rang und Geltung zu ordnen wäre. Für den sehr breit angelegten zweiten Teil wollte man die Grundlagen durch ein größeres Forschungsprojekt schaffen. Dieser zweite Teil reichte von einer Darstellung der geschichtlichen Bedingungen für Wertsysteme, einer Verdeutlichung der Unterscheidung zwischen sachlogischen und sozialen Determinanten, des Spielraums für freie Wertsetzungen, der Relativität von Werten, anthropologischer Apriorîs, Moralsystemen in Ost und West bis zu einer Darstellung von Moralsystemen in Entwicklungsländern.

Bei dem großangelegten Forschungsprojekt zur Fundierung dieses zweiten Teils ging es um die

- Analyse technischer Normen und Richtlinien hinsichtlich der Berücksichtigung außertechnischer Ziele und Werte. Dieser Teil ist inzwischen abgeschlossen.[9]
- Die Bewertung der Technik in Geschichte und Gesellschaft und
- den Einfluß der Technik auf gesellschaftliche Wertsysteme.

Die beiden letzten Vorhaben werden mittlerweile nicht mehr weiter verfolgt.

Das zuständige VDI-Gremium stimmte dem Beginn der Arbeiten zu, wobei im besonderen die Begriffsklärungen als eine sehr wichtige Arbeit angesehen wurden; die vorgesehene Form der Richtlinie war umstritten. An dieser Stelle sind einige Bemerkungen erforderlich, was solche VDI-Richtlinien eigentlich sind[10], können bei diesem Begriff doch Assoziationen entstehen in Richtung von Gebrauchsanleitungen oder von verbindlichen Verordnungen. VDI-Richtlinien werden seit mehreren Jahrzehnten erstellt. Es handelt sich um Regeln der Technik, die in freiwilliger Selbstverantwortung von ehrenamtlichen Mitarbeitern des VDI erarbeitet werden. Im Unterschied zu den DIN-Normen, die den Stand der Technik darstellen, können VDI-Richtlinien auch zukunftsweisende Empfehlungen aufstellen, Beurteilungs- und Bewertungskriterien geben und Themen behandeln, deren Entwicklung noch nicht beendet ist. VDI-Richtlinien sollen als richtungweisende, aber unverbindliche Arbeitsunterlagen und Entscheidungshilfen dienen. Der Anwender kann die angegebenen Lösungsmöglichkeiten verwerfen oder aus den angebotenen eine für ihn passende wählen.

Das Besondere an diesen Richtlinien ist noch, daß für sie ein normiertes Diskussions- und Verabschiedungsverfahren vorgeschrieben ist, an dem »alle interessierten Kreise« beteiligt werden sollen. In der Begründung des Richtlinienplans »Technikbewertung« ist denn auch darauf hingewiesen, daß mit diesem Medium die Zielgruppe Ingenieure besonders gut zu erreichen sei.

Nun zum im Anhang abgedruckten Richtlinienentwurf »Empfehlungen zur Technikbewertung«, der den Stand der Diskussion wiedergibt, wobei die früheren Planungen inzwischen verändert worden sind. Der Teil 1 »Begriffsbestimmungen« der Richtlinie enthält, wenn ich es richtig sehe, eine normative Aussage, in der die Technik »als Mittel zur Erreichung irgendwelcher Ziele« bezeichnet wird und ihre Benutzung als Selbstzweck inkriminiert wird. Nicht eingegangen wird, da dies Intentionen und Ziele des Papiers verfehlen würde, auf Technik als zweckfreies Tun, als Spiel. In systemtheoretischer Beschreibung – es ist offensichtlich, daß diese Punkte sowohl von den Aussagen als auch von den Beispielen her maßgeblich durch Günter Ropohl beeinflußt worden sind – wird auf Begriffe wie Ziel, Zielsystem, Oberziel, Unterziel, Hierarchie-, Indifferenz-, Konkurrenzbeziehung und Mittel eingegangen. Dabei wird deutlich gemacht, daß zwischen Mittel und Ziel keine grundsätzliche, sondern nur eine relationale Unterscheidung je nach ihrer gegenseitigen Stellung in Ziel-Mittel-Ketten intendiert ist. Damit wird sowohl einer Interpretation der Technik als wertfreies Mittel als auch dem Technokratievorwurf, daß die Mittel die Ziele bestimmen, die Grundlage entzogen. Mit dem Hinweis auf unerwünschte Folgen technischer Handlungen, an die bei der Auswahl von Mitteln zu denken ist, wird ein zentrales Problem des Technology Assessment, das ins

Deutsche schließlich auch als Technologiefolgenabschätzung übersetzt worden ist, benannt. Durch Punkt elf werden Ziele an Werte als die zentralen analytischen Kategorien dieses Papiers angebunden. Dabei gab es in dem Ausschuß eine grundsätzliche Übereinstimmung darüber, daß Werte keine idealen Entitäten darstellen, sondern aus Bewertungsakten hervorgehen und allenfalls eine soziale Existenz aufweisen. Werte werden erst durch die Wertung des Menschen, also durch soziale Handlungen, konstituiert. Da der Begriff der Werte für die Technikbewertung zentral ist und um nicht in einen infiniten Regreß zu geraten, wird die Begründungs- und Bedingungskette an dieser Stelle nicht weiter verfolgt. Wenn trotzdem darüber hinaus noch auf die Begriffe Bedürfnisse und Normen eingegangen wird, dann geschieht dies in erster Linie aus didaktischen Gründen, weil sie in der wissenschaftlichen und politischen Wertdiskussion eine wichtige Rolle spielen. Dabei war die Aufnahme und Explikation des Begriffes Bedürfnisse besonders umstritten, da diese in marxistischer Betrachtungsweise der materielle Grund von Werten sind, die »über einem Grundbestand natürlicher ›Bedürfnisse‹ in ihrer konkreten Ausgestaltung gesellschaftlich bedingt sind und gemäß den Organisationsprozessen des gesellschaftlichen Lebens sich inhaltlich und in ihrer Relation zueinander wandeln«.[11] Mit dieser Explikation werden subjektive willentliche Setzungen ausgeklammert.

In Teil 2 wird auf die Entstehung von Technik und von Wertsystemen sowie auf deren Zusammenhänge eingegangen. Es wird davon ausgegangen, daß technisches Handeln immer natürlichen und gesellschaftlich-kulturellen Bedingungen unterliegt und damit Entscheidungs- und Handlungsspielräume festgelegt werden. Dabei gibt es aber keine unabdingbaren Entscheidungszwänge, die in der öffentlichen Diskussion häufig als Sachzwänge bezeichnet werden, wenn auch davon auszugehen ist, daß realisierte Sachen als Elemente gesellschaftlich-kultureller Bedingungen technisches Handeln beeinflussen. Im weiteren Text wird ausgeführt, aufgrund welcher Einflußfaktoren sich technisches Handeln vollzieht, wobei der Berichterstatter den Eindruck hat, daß hier ein stark individualistisch-reduktionistisch geprägtes Gesellschaftsverständnis zum Ausdruck kommt. Im folgenden wird auf den Stellenwert der Werte, die Geschichtlichkeit der Wertsysteme und der Technik sowie auf Wertwandel eingegangen, wobei dieser letzte Teil besonders Überlegungen von Ernst Oldemeyer verpflichtet ist.[12] Eine Skizze verdeutlicht die Grundstruktur dieses Teils 2, d. h. die Entstehung von Technik unter dem Einfluß bestimmter Bedingungen.

In Teil 3 geht es darum, welche Werte im technischen Handeln eine besondere Rolle spielen und bei der Technikbewertung zu berücksichtigen sind. Dieser Teil ist eher analytisch-deskriptiv als normativ gehalten. Man hat sich darauf geeinigt, statt anderer Darstellungsmöglichkeiten (z. B. in Matrixform) eine analytische Trennung zwischen einzelnen Wertbereichen vorzunehmen und aus didaktischen Gründen von Punkten, die in engem Zusammenhang mit der Ingenieurarbeit stehen, zu Problemkreisen vorzudringen, die dem Ingenieur ferner stehen. Dabei werden folgende Werte behandelt: Funktionsfähigkeit, Wirtschaftlichkeit, Wohlstand, Gesundheit, Sicherheit, Umweltqualität, Persönlichkeitsentfaltung und Gesellschaftsqualität.

Für Teil 4 ist sowohl eine Kurzinformation über die wirtschafts- und sozialwissenschaftlichen Methoden geplant, auf die bei der Technikbewertung zurückgegriffen wird, als auch ein Eingehen auf allgemeine theoretische und methodologische Probleme. Teil 5 behandelt mögliche Formen der Institutionalisierung unter systematischen Aspekten.

Zum Abschluß dieser Vorstellung der Arbeit möchte ich auf einige Problembereiche hinweisen, die sich durch die Aufgabenstellung, die Arbeitsweise und die Zusammensetzung des Richtlinienkreises ergeben haben, ohne daß ich damit den Anspruch erheben möchte, diese Probleme erschöpfend darzustellen. Es läßt sich nicht übersehen, daß mit der Arbeit an der Richtlinie unterschiedliche Intentionen verbunden sind, wobei die im folgenden genannten selten in dieser reinen Form, sondern in unterschiedlicher Gewichtung mit anderen verbunden auftreten.

Zum einen wird die Richtlinienarbeit als Möglichkeit gesehen, unterschiedliche technikphilosophische Positionen darzulegen und zu diskutieren, wobei die Gefahr besteht, daß die Funktion einer solchen Richtlinie und die Zielgruppe aus dem Blick geraten. Abgesehen von der Zeitaufwendigkeit eines solchen Diskussionsprozesses bedeutet dies in der Praxis das Bemühen um einen Kompromiß zwischen verschiedenen theoretischen Ansätzen. Dabei muß natürlich die Substanz theoretischer Positionen auf der Strecke bleiben, und es entsteht bestenfalls eine eklektizistische Zusammenstellung von theoretischen Versatzstücken. Dies führt dazu, daß die diskursive Auseinandersetzung um einzelne Begriffe geht, die Statthalterfunktion für theoretische Positionen erfüllen. Diese Beurteilung mag eher negativ klingen, doch scheinen mir diese Probleme den Kompromißnotwendigkeiten bei einem solchen quasi politischen Unternehmen zu entsprechen.

Der technikphilosophische Hintergrund der Arbeit steht in Konkurrenz mit der Forderung, daß die Arbeitsergebnisse für die Zielgruppen verständlich und handlungsrelevant sein sollen. Dabei gibt es wieder unterschiedliche Auffassungen über die Zusammensetzung und Gewichtung der Zielgruppen. Sind doch durch Überlegungen zur Technikbewertung die Ingenieure, die Wirtschaft, Politik, die fachliche und auch die allgemeine Öffentlichkeit angesprochen. Hinzu kommt, daß sich die Vorstellungen über die Aufgaben der Richtlinie zwischen den Polen Diskussionsbeitrag zur Technikbewertung und konkrete Arbeitshilfe für Industriebetriebe bewegen.

Eine gewisse praktische Wirksamkeit der Arbeiten ist schon dadurch gesichert, daß der VDI-Ausschuß unter dem neuen Namen »Grundlagen der Technikbewertung« seit 1979 in einen übergeordneten Bereich Technikbewertung eingebunden ist. In diesem Bereich werden auch konkrete Studien über bestimmte technische Entwicklungen durchgeführt, für die die Ausschußarbeiten eine Grundlage darstellen. Des weiteren soll noch erwähnt werden, daß die Arbeitsergebnisse in regelmäßigen Abständen in den VDI-Gremien zur Diskussion gestellt und durch Tagungen an die Öffentlichkeit getragen werden.

Mit den vorgestellten Arbeiten zu den Grundlagen der Technikbewertung ist die Technikphilosophie im Verein Deutscher Ingenieure in unmittelbare Nähe zu konkreten Ingenieurproblemen und technikpolitischen Entscheidungsprozessen gerückt. Technikbewertung und Technikfolgenabschätzung, wie sie in der Bundesrepublik betrieben werden, tendieren dazu, komplexe, hoch ausdifferenzierte Modelle für einzelne Probleme zu entwerfen, die der unsichere theoretische Boden, auf dem sie sich befinden, nicht tragen kann. Die VDI-Arbeiten zu den Grundlagen der Technikbewertung dienen dem Zweck, dem entgegenzusteuern.

1 Z. VDI 60 (1916), S. 717 f.

2 Z. VDI 52 (1908), S. 1244-1246.

3 Siehe hierzu Paul Koeßler, *Entstehung und Arbeit der VDI-Haupt-gruppe Mensch und Technik des VDI* (Ms.), o. O., o. J.; Franz-Josef Schlösser, »Der VDI in der Demokratie 1947 bis 1981«, in: Karl-Heinz Ludwig unter Mitarbeit von Wolfgang König (Hg.), *Technik, Ingenieure und Gesellschaft. Geschichte des Vereins Deutscher Ingenieure 1856-1981*, Düsseldorf 1981, S. 513 ff.

4 Abgedruckt in Ludwig/König (Hg.), S. 516.

5 Akten Registratur VDI-Hauptgruppe.

6 Hg. von Simon Moser und Alois Huning.

7 Für die Literatur zum Technology Assessment möchte ich nur pauschal verweisen auf: Volker von Thienen, *Technikfolgen-Abschätzung und sozialwissenschaftliche Technikforschung. Eine Bibliographie*, Berlin 1983.

8 Bodo Bartocha, »Value Analysis and Environmental Problems«: in: Alois Huning (Hg.), S. 101-110.

9 Günter Ropohl, Wilgart Schuchardt und Helmut Lauruschkat, *Technische Regeln und Lebensqualität. Analyse technischer Normen und Richtlinien* (Reihe: Der Ingenieur in Beruf und Gesellschaft), Düsseldorf 1984.

10 Richtlinie VDI 1000. Richtlinienarbeit. Grundsätze und Anleitungen, Oktober 1981.

11 Hans Heinz Holz, »Zur Kritik der bürgerlichen Technik-Philosophie«, in: IMSF (Hg.), *Technik – Umwelt – Zukunft. Eine marxistische Diskussion über Technologie-Entwicklung, Ökologie, Wachstumsgrenzen und die »Grünen«*, Frankfurt am Main 1980, S. 87-109, Zitat S. 104.

12 Vgl. Ernst Oldemeyer, »Zum Problem der Umwertung von Werten«, in: Günter Ropohl (Hg.), *Maßstäbe der Technikbewertung. Vorträge und Diskussionen* (Reihe: Der Ingenieur in Beruf und Gesellschaft), Düsseldorf ²1979, S. 11-63.

Anhang

VDI-Ausschuß »Grundlagen der Technikbewertung«
Richtlinienentwurf »Empfehlungen zur Technikbewertung«

Technikbewertung bedeutet hier das planmäßige, systematische, organisierte Vorgehen, das
- den Stand einer Technik und ihre Entwicklungsmöglichkeiten analysiert;
- unmittelbare und mittelbare technische, wirtschaftliche, gesundheitliche, ökologische, humane, soziale und andere Folgen dieser Technik und möglicher Alternativen abschätzt;
- aufgrund definierter Ziele und Werte diese Folgen beurteilt oder auch weitere wünschenswerte Entwicklungen fordert;
- Handlungs- und Gestaltungsmöglichkeiten daraus herleitet und ausarbeitet;

so daß begründete Entscheidungen ermöglicht und gegebenenfalls durch geeignete Institutionen getroffen und verwirklicht werden können.

Gesellschaftliche Urteile über Techniken und ihre Wirkungen hat es in der öffentlichen Meinung und im Marktverhalten der Wirtschaftsbürger schon immer gegeben. Auch haben Unternehmen und andere Technikproduzenten stets nach technischen und wirtschaftlichen Gesichtspunkten über die Einführung von Innovationen entschieden; inzwischen ist in vielen Unternehmen die Wertanalyse nach DIN 69910 eingeführt, die als Entscheidungskriterium ausdrücklich auch die »Nutzsteigerung (für Hersteller, Anwender, Allgemeinheit)« fordert. Das Neuartige der Technikbewertung im Sinne dieser Richtlinie ist die Breite des Bewertungshorizontes und die gesellschaftliche Organisation der Bewertungsprozesse. Möglichst alle Folgen einer Technik für Umwelt und Gesellschaft werden auch nach außertechnischen und außerwirtschaftlichen Werten beurteilt (vgl. Teil 3), und der Bewertungsprozeß bleibt nicht auf einen einzelnen Entscheidungsträger beschränkt, sondern wird von einem Netzwerk gesellschaftlicher Einrichtungen vorbereitet, unterstützt und begleitet (vgl. Teile 4 und 5).

Technikbewertung hat eine wissenschaftliche und eine politische Seite. Entwicklungsprojektionen, Folgenabschätzungen und Wirkungsanalysen in bezug auf gegebene Zielsysteme können in wissenschaftlichen Studien von Fachleuten erarbeitet werden. Zielsysteme und Entscheidungen dagegen können nur nach politisch-demokratischen Regeln in einem gesellschaftlichen Aushandlungsprozeß zustandekommen.

Teil 1 Begriffsbestimmungen

Technische Gebilde und Verfahren stehen in mannigfachen Systemzusammenhängen mit anderen technischen Gegebenheiten, mit der natürlichen Umwelt, mit einzelnen Menschen, sozialen Gruppen und der Gesellschaft insgesamt. Die Technik darf daher nicht als Selbstzweck, sondern muß immer als Mittel zur Erreichung irgendwelcher Ziele betrachtet werden.

(1) Ein *Ziel* ist ein als möglich vorgestellter Sachverhalt, dessen Verwirklichung erstrebt wird; es wird durch eine Entscheidung gesetzt.

Sachverhalte sind z. B.: Zustände, Gegenstände, Handlungen, Prozesse, Beziehungen. Einen bereits bestehenden Sachverhalt in Zukunft zu erhalten, bedeutet einen Sonderfall der vorstehenden Definition.

Ein Ziel wird in einem Zielsatz formuliert. Ein Zielsatz enthält zwei Bestandteile: (a) die beschreibende Kennzeichnung des Sachverhalts; (b) die Auszeichnung dieses Sachverhalts als erstrebt, erwünscht, gefordert, befürwortet. Wenn der Zielcharakter eines angesprochenen Sachverhaltes aus dem Zusammenhang eindeutig ersichtlich ist, genügt häufig schon die Kennzeichnung des Sachverhaltes.

Beispiel: Das Ziel

(Z 1) »Der Verbrennungsmotor eines Personenkraftwagens soll eine hohe Leistung aufbringen« kann in verkürzter Form heißen: »Hohe Motorleistung«.

(2) Ein Ziel ist häufig Bestandteil eines *Zielsystems*, das mehrere Ziele und Beziehungen zwischen den Zielen umfaßt.

(3) Ist ein bestimmtes Ziel in einem allgemeineren *Oberziel* enthalten, oder enthält es selbst speziellere *Unterziele*, so liegt eine begriffliche *Hierarchiebeziehung* vor.

Durch die Angabe von Unterzielen kann konkretisiert werden, was mit einem Ziel genau gemeint ist.

Beispiel: Zwei weitere Ziele mögen lauten:

(Z 2) »Der Motor soll von hoher Qualität sein.«

(Z 3) »Der Motor soll im Drehzahlbereich um 50/s ein Drehmoment von mehr als 150 Nm aufweisen.«

Gegenüber Z 1 ist Z 2 ein Oberziel, Z 3 ein Unterziel.

(4) Zwischen zwei Zielen liegt eine *Indifferenzbeziehung* vor, wenn jedes der beiden Ziele angestrebt werden kann, ohne daß die Erreichung des anderen dadurch beeinträchtigt wird.
Beispiel: Das Ziel
(Z 4) »Der im Fahrzeug eingebaute Motor soll leicht zugänglich sein« ist gegenüber Z 1 indifferent und umgekehrt.

(5) Zwischen zwei Zielen liegt eine *Konkurrenzbeziehung* vor, wenn die Erreichung des einen Zieles durch die Verfolgung des anderen Zieles beeinträchtigt wird.
Beispiel: In Konkurrenz mit Z 1 steht das Ziel
(Z 5) »Die Versicherungsprämien für den Personenkraftwagen sollen niedrig liegen«
da die Versicherungsprämien mit zunehmender Motorleistung steigen.

(6) Ein *Mittel* dient dazu, ein Ziel zu erreichen; jedes Mittel kann selbst wiederum als Ziel betrachtet werden.
Häufig gilt auch die Umkehrung, daß ein Ziel als Mittel zur Verwirklichung eines anderen Zieles anzusehen ist.
Beispiel: Wählt man, um Z 1 zu erreichen, ein hohes Verdichtungsverhältnis, so ist diese Maßnahme, da sie ursächlich höhere Ausgangsleistung herbeiführt, ein Mittel. Für die einschlägige konstruktive Gestaltung des Motors wird dieses Lösungsprinzip seinerseits zum Ziel.
(Z 6) »Es soll ein hohes Verdichtungsverhältnis vorgesehen werden«.
Umgekehrt erweist sich Z 1 seinerseits als Mittel bezüglich des Zieles.
(Z 7) »Der Personenkraftwagen soll eine große Bergsteigefähigkeit besitzen.«

(7) Die Anwendung eines Mittels hat neben der Verwirklichung des angestrebten Zieles weitere, gegebenenfalls auch unerwünschte *Folgen*. Indem man solche Folgen identifiziert, entdeckt man in der Regel weitere Ziele, die in den Folgen entweder verwirklicht oder verfehlt sind; dadurch erweitert sich das Zielsystem.
Beispiel: Ein hohes Verdichtungsverhältnis bewirkt nicht nur eine hohe Motorleistung, sondern hat auch die Folgen: (a) Die Bauweise ist raumsparend; (b) der Werkstoff wird stark beansprucht; (c) der Motor wird klopfempfindlich.

(8) Eine *Präferenz* bedeutet, daß ein Ziel oder Mittel einem anderen Ziel bzw. Mittel vorgezogen wird.

(9) *Kriterien* sind Auswahlgesichtspunkte für die Bestimmung von Präferenzen bei der Entscheidung über Ziele und Mittel; soweit möglich, werden Kriterien mit Hilfe von *Maßstäben* quantifiziert.

(10) Kriterium für die *Auswahl von Mitteln* ist insbesondere die Tauglichkeit zur Verwirklichung der Ziele; ein Mittel darf jedoch nicht nur hinsichtlich seines Mittelcharakters in bezug auf die erklärten Ziele,

sondern muß auch hinsichtlich aller seiner anderen Folgen beurteilt werden.

Beispiel: Bei der Festlegung eines bestimmten Verdichtungsverhältnisses entscheidet man nicht nur nach dem Kriterium, wie weitgehend das Ziel Z 1 erreicht wird, sondern überprüft auch, in welchem Maße mit anderen Folgen, z. B. (a), (b) und (c) aus Ziffer (7), weitere Ziele Zn verwirklicht oder nicht verwirklicht werden.

Folge (a) etwa dient dem Ziel

(Z 8) »Der Personenkraftwagen soll in kompakter Bauweise ausgeführt sein.«

Folge (b) dagegen widerspricht dem Ziel

(Z 9) »Der Motor soll eine lange Lebensdauer haben«,

wobei Z 9 ebenso wie Z 1 im Oberziel Z 2 enthalten ist. Gleiches gilt auch für das weitere Ziel (Z 10) »Der Motor soll umweltfreundlich arbeiten.«

Diesem Ziel Z 10 widerspricht Folge (c), sofern man den Motor zur Vermeidung des Klopfens mit bleihaltigem Kraftstoff betreiben muß.

(11) Kriterien für die Gewichtung und *Auswahl von Zielen* sowie für die Beurteilung von Mitteln können nur unter bezug auf Werte gewonnen werden.

Beispiel: Eine Präferenz zugunsten des Zieles Z 1 mag sich auf den Wert »Bewegungsfreiheit« beziehen; gibt man dem Ziel Z 9 den Vorzug, steht der Wert »Sparsamkeit« im Hintergrund; präferiert man Z 10, so greift man auf den Wert »Umweltqualität« zurück.

(12) *Werte* kommen in Wertungen zum Ausdruck und sind bestimmend dafür, daß etwas anerkannt, geschätzt, verehrt oder erstrebt wird; sie dienen somit zur Orientierung, Beurteilung oder Begründung bei der Auszeichnung von Handlungs- und Sachverhaltsarten, die es anzustreben, zu befürworten oder vorzuziehen gilt.

Allgemein wird mit Werten ein Anspruch auf Geltung und Zustimmung verbunden.

Werte sind Ergebnisse individueller und sozialer Entwicklungsprozesse, die sich in der Auseinandersetzung mit natürlichen, gesellschaftlichen und kulturellen Bedingungen vollziehen; daher unterliegen Wertsysteme dem historischen Wandel und können in verschiedenen Kulturen und gesellschaftlichen Gruppen voneinander abweichen.

Der Inhalt eines Wertes kann aus Bedürfnissen hervorgehen; er konkretisiert sich insbesondere in Zielen, Kriterien und Normen.

(13) Ein Wert ist häufig Bestandteil eines *Wertsystems,* das mehrere Werte und Beziehungen zwischen den Werten umfaßt.

Für die Beziehungen gelten die Definitionen 3-6 entsprechend.

(14) *Bedürfnisse* sind der Ausdruck für das, was zur Lebenserhaltung und Lebensentfaltung eines Menschen notwendig ist.

Im Gegensatz zur Beliebigkeit des Wunsches hebt das Bedürfnis auf die Notwendigkeit der Befriedigung ab. Was allerdings als unerläßlich gilt, hängt vom jeweiligen Entwicklungsstand von Kultur und Gesellschaft ab; in der Industriegesellschaft konkretisieren sich die Bedürfnisse anders als in einem Naturvolk.

Oft wird ein nicht befriedigtes Bedürfnis subjektiv als Gefühl eines Mangels erlebt; es gibt aber auch Bedürfnisse, die mit keinem Mangelerlebnis verbunden sind, weil sie entweder regelmäßig und dauerhaft befriedigt werden oder aus anderen Gründen dem Individuum nicht zu Bewußtsein kommen.

(15) *Normen* sind auf soziale Verbindlichkeit und Vereinheitlichung angelegte Verhaltensregeln, die unter bezug auf Werte in einer gesellschaftlichen Gruppe oder in der Gesamtgesellschaft Verhaltenserwartungen und Handlungsanweisungen bestimmen; Verstöße gegen Normen ziehen Sanktionen nach sich, die von der Mißbilligung bis zur Bestrafung reichen können.

Oft sind Normen schriftlich oder gar gesetzlich festgelegt. Auch technische Normen fallen unter diesen allgemeinen Normbegriff, indem sie auf die Vereinheitlichung technischer Lösungen hinwirken.

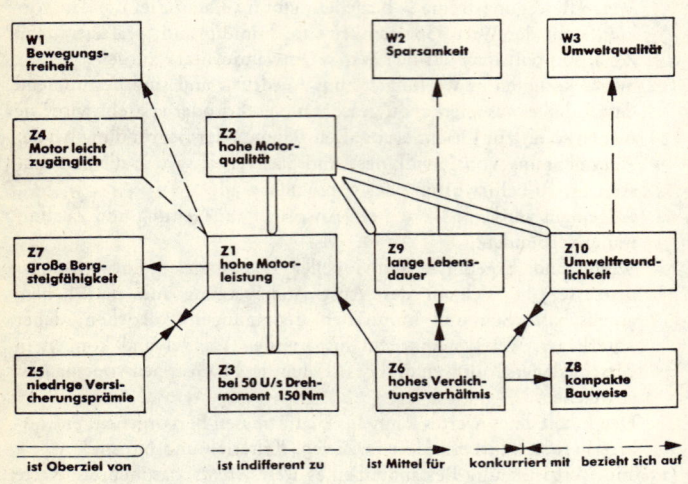

Beziehungen zwischen Zielen und Werten
(dargestellt am Beispiel des Pkw-Verbrennungsmotors)

Die Existenz und die Beschaffenheit der technischen Mittel gehen auf menschliche Entscheidungen und Handlungen zurück, in denen Werte zum Ausdruck kommen.

Beispiel: Die weitgehende Verbreitung des Automobils im Laufe eines Jahrhunderts hängt u. a. damit zusammen, daß das Auto bei relativ großer Bequemlichkeit die Bewegungsfreiheit der Benutzer erheblich vergrößert.

Der Entscheidungs- und Handlungsspielraum wird durch folgende *allgemeine Rahmenbedingungen* begrenzt:

– natürliche Bedingungen: Gegebenheiten und Gesetzlichkeiten der Natur, denen auch der Mensch als Naturwesen unterliegt (Rohstoffe, Energie, biologische Grundausstattung des Menschen und seiner Umwelt, elementare Bedürfnisse, physikalische Prinzipien usw.)

Beispiel: Die Hauptsätze der Thermodynamik schließen ein Perpetuum mobile oder Kraftmaschinen mit dem Wirkungsgrad 1 aus, auch wenn immer wieder Erfinder davon geträumt haben. – Kraftstoff- und Materialeigenschaften setzen einer beliebigen Steigerung des Verdichtungsverhältnisses von Otto-Motoren Grenzen. – Pflanzen, Tiere und Menschen werden gefährdet, wenn durch die massenhafte Verwendung von Verbrennungsmotoren die Schadstoffkonzentration in der Umwelt kritische Grenzen überschreitet.

– gesellschaftlich-kulturelle Bedingungen: Ergebnisse menschlicher Tätigkeit und Strukturen des menschlichen Zusammenlebens (wissenschaftlicher Erkenntnisstand, Stand des technischen Wissens und Könnens, technische Sachbestände, Wirtschaftsformen, politische Verfassungen, Rechtsordnungen, gesellschaftliche Werte und Normen, Weltanschauungen, Religionen usw.)

Beispiel: Das erforderliche Wissen und Können für einen theoretisch möglichen nuklear-elektrischen Kraftfahrzeugantrieb fehlt zur Zeit. Wegen rechtlicher Sicherheitsvorschriften und verbreiteter gesellschaftlicher Vorbehalte gegenüber der Kernenergie käme die Einführung dieser technischen Lösung vorläufig kaum in Betracht, selbst wenn das technische Wissen und Können vorhanden wäre. Die gegenwärtige Produktionsmittel-Ausstattung der Hersteller, die hohen Entwicklungskosten und Rentabilitätsüberlegungen stehen darüber hinaus der Einführung alternativer Kraftfahrzeugantriebe entgegen.

Die Rahmenbedingungen reduzieren die Menge der denkbaren auf die Menge der jeweils machbaren Möglichkeiten; damit begrenzen sie den Freiheitsspielraum für technisches Entscheiden und Handeln. Durch Änderung der gesellschaftlich-kulturellen Rahmenbedingungen werden jedoch neue Freiheitsspielräume eröffnet oder natürliche Bedingungen erst verfügbar gemacht.

Beispiel: Die Entwicklung des Kraftfahrzeugs fiel in eine Zeit, in der die neue Forderung nach Mobilität und Fortschritt die Wertschätzung der Muße als ein Kennzeichen einer stationären Gesellschaft weitgehend verdrängt hatte. Der Übergang von der handwerklichen Einzelfertigung zur Massenfertigung an Fließbändern in den Fabriken von Henry Ford in den Vereinigten Staaten im ersten Jahrzehnt des 20. Jahrhunderts ließ die Zahl der Kraftwagen in die Höhe schnellen und machte damit das Kraftfahrzeug zu einem gesellschaftlichen Problem. Der Siegeszug des Kraftfahrzeugs vollzog sich unter marktwirtschaftlichen Bedingungen von Angebot und Nachfrage, konnte allerdings aber auch nur erfolgen, weil ihm durch den staatlichen Straßenbau und die städtische Planung die nötige Infrastruktur zur Verfügung gestellt wurde. In den Vereinigten Staaten wurde auch das Konzept der autogerechten Stadt teilweise realisiert. Dabei schnitt man nahezu den gesamten Dienstleistungsbereich (wie z. B. Kinos, Restaurants, Banken) auf das Auto zu.

Bei den gesellschaftlich-kulturellen Rahmenbedingungen entsteht vielfach der Eindruck von unabdingbaren Entscheidungszwängen, weil bestimmte früher getroffene Vorentscheidungen als selbstverständlich oder »natürlich« vorausgesetzt und ungeprüft als sogenannte Sachzwänge hingenommen werden. Tatsächlich können sie jedoch ausdrücklich bewußt gemacht, in Frage gestellt und gegebenenfalls verändert werden.

Beispiel: Der Individualverkehr mit Motorfahrzeugen ist aufgrund der Verbreitung der Kraftfahrzeuge und der zugeordneten Infrastruktur-Einrichtungen (Straßen, Garagen, Tankstellen usw.) so selbstverständlich geworden, daß man allenfalls an Detailveränderungen, keinesfalls aber an radikale Eingriffe denkt. Trotzdem gibt es keinen unabweisbaren Zwang zum motorisierten Individualverkehr. So sehen heute viele die Umweltbelastung durch Abgase und Lärm und den Landschaftsverbrauch als so schwerwiegend an, daß sie eine Erweiterung des Infrastrukturangebots für den Individualverkehr ablehnen. Sofern man die damit verbundenen Einschränkungen und Aufwendungen in Kauf nimmt, ist der Ausbau alternativer Lösungen traditioneller (Bahn, Bus usw.) oder neuer Art (Kabinentaxis, Hochleistungs-Schnellbahnen usw.) für den öffentlichen Personenverkehr jederzeit möglich.

Unter den machbaren technischen Möglichkeiten wird aufgrund von *Präferenzen* entschieden; auch diese lassen sich grundsätzlich offenlegen. Die Präferenzen sind keine rein willkürlichen Setzungen der Entscheidungsträger, sondern sind von relativ stabilen *individuellen Dispositionen** abhängig. Bei deren Herausbildung wirken zusammen:

– spezifische Ausprägungen allgemeiner menschlicher Bedürfnisse der Lebenserhaltung und Lebensentfaltung

Beispiel: Sowohl von Land zu Land als auch von Person zu Person kann

---

* Unter »Disposition« wird hier die Bereitschaft verstanden, angesichts bestimmter Bedingungen mit bestimmten Formen und Inhalten des Verhaltens und Erlebens zu handeln und zu reagieren (Dietrich/Walter 1970).

das allgemeine Bedürfnis nach Schutz des menschlichen Lebens zu sehr unterschiedlichen Sicherheitsforderungen an das Kraftfahrzeug, an den Verkehrsablauf und an die individuelle Fahrweise führen.

– Sinnperspektiven und Lebenshaltungen als Verinnerlichung der Vorgaben von Kulturkreisen, Weltanschauungsgemeinschaften, Schichten und Gruppen (diesseits- oder jenseitsbezogene Lebensdeutungen, Leistungsstreben oder Kontemplation, Individualismus oder Kollektivismus, Anpassungs- oder Protesthaltung usw.)

Beispiel: In Gesellschaften, die individualistische Prinzipien gegenüber kollektivistischen in den Vordergrund stellen, stößt die Benutzung öffentlicher Verkehrsmittel eher auf emotionale Hemmschwellen. Das zufällige Zusammensein mit völlig fremden Personen auf engem Raum wird häufig als lästig empfunden. Dagegen stellt die Fahrgastzelle des eigenen Kraftfahrzeugs einen privaten Bereich dar, über den weitgehend frei verfügt werden kann.

– persönliche Lebenserfahrungen und Lebensvorstellungen (persönliche Wissensschwerpunkte, Neigungen, Interessen, Verhaltensmuster usw.)

Beispiel: Wer viele Berufsjahre mit der Entwicklung von Otto-Motoren beschäftigt war und außerdem an einer Vergaserfabrik finanziell beteiligt ist, wird kaum dazu neigen, sich für den Einsatz von Elektroantrieben in Kraftfahrzeugen zu engagieren. – Wer sich einem »alternativen Leben« verschrieben hat und außerdem mit geringen finanziellen Mitteln auskommen muß, wird eher einem Verzicht auf technisch aufwendige und leistungsstarke Kraftwagen und einem Ausbau des öffentlichen Personenverkehrs zustimmen.

Werte kommen bei technischen Entscheidungen mithin in zweifacher Weise zur Geltung:

– innerhalb der allgemeinen gesellschaftlich-kulturellen Rahmenbedingungen

– als individuelle Orientierungsgesichtspunkte für Präferenzen.

Die allgemeinen Rahmenbedingungen und die individuellen Dispositionen hängen miteinander zusammen und stehen in Wechselwirkung; großenteils unterliegen sie *geschichtlichem Wandel*. Dementsprechend können sich auch die Werte ändern. Zwar finden sich in den geschichtlichen Gesellschaften in gewissem Umfang gleiche, langfristig stabile und allgemein anerkannte Werte, aber diese sind jeweils eingebettet in unterschiedliche *Wertsysteme* mit verschiedenen Präferenzenordnungen.

Eine über längere Zeiträume feststellbare *Umwertung von Werten* (Wandel der Wertauffassungen, Wertwandel) im gesamtgesellschaftlichen Maßstab erfolgt durch

– Änderung der Präferenzordnung im Wertsystem (Betonung früher weniger beachteter und Zurücksetzung früher stärker beachteter Werte)

Beispiel: Seit der Erfindung des Kraftfahrzeuges spielen bei der Auslegung der Motoren die Werte Bewegungsfreiheit und Sparsamkeit eine Rolle.

Während jedoch früher das größere Gewicht meist der Bewegungsfreiheit beigemessen wurde (was in fortgesetzten Leistungssteigerungen zum Ausdruck kam), gewinnt gegenwärtig angesichts steigender Kraftstoffpreise die Sparsamkeit immer mehr Beachtung. Die Präferenz verlagert sich also von dem einen auf einen anderen Wert.

– Änderung der Interpretation von Werten (z. B. Konkretisierung eines bestehenden Wertes in neuen Zielen und Präferenzen).

Beispiel: Solange die Kraftstoffpreise niedrig waren, konkretisierte sich der Wert Sparsamkeit besonders in dem Ziel, die Herstellungskosten des Motors niedrig zu halten. Heute dagegen wird Sparsamkeit zunehmend im Sinne niedrigen Kraftstoffverbrauchs interpretiert, wobei höhere Herstellungskosten eher in Kauf genommen werden. Ein und derselbe Wert hat also eine veränderte Deutung erfahren.

Solche Umwertungen werden häufig von Minderheiten eingeleitet, deren Angehörige ein Mißverhältnis zwischen den allgemeinen Rahmenbedingungen und ihren individuellen Orientierungsgesichtspunkten erfahren. Ein derartiges Mißverhältnis kann durch Änderung von Rahmenbedingungen oder durch Änderung individueller Dispositionen entstehen. Die Änderungen können durch früher getroffene technische Entscheidungen und deren Folgen verursacht sein. So bestimmen im historischen Prozeß Wertsysteme die technische Entwicklung und werden umgekehrt von ihr und ihren Folgen selbst beeinflußt.

Beispiel: Die Rohölverknappung als wichtige Rahmenbedingung für den Verkehr führt zu Benzinpreiserhöhungen und damit auch zu erhöhten Kosten für die Nutzung eines Kraftfahrzeugs. Dies kann dazu führen, daß im Interesse der Sicherung sonstiger Lebensgewohnheiten die Art und

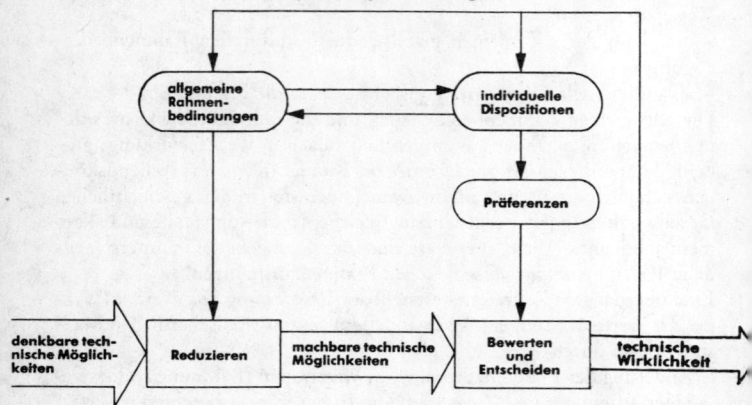

Auswahl aus technischen Möglichkeiten unter dem Einfluß
einschränkender Bedingungen

Weise der individuellen Teilnahme am Verkehr überprüft wird. Das in Erfahrung der Umweltbelastungen deutlicher ausgeprägte Umweltbewußtsein könnte die Präferenzordnung der Werte Bewegungsfreiheit und Umweltschutz verschieben.

Teil 3 Werte im technischen Handeln

Einleitung

Das Ziel allen technischen Handelns ist die Sicherung und Verbesserung menschlicher Lebensmöglichkeiten durch Entwicklung und sinnvolle Anwendung technischer Mittel.

Die fachliche Aufgabe des Ingenieurs besteht zunächst darin, hierfür geeignete technische Systeme zu entwickeln und ihre *Funktionsfähigkeit* sicherzustellen. Darüber hinaus gilt es, einen möglichst sinnvollen Gebrauch von den stets nur in begrenztem Umfang vorhandenen Ressourcen (Rohstoffe, Energie, Arbeit, Zeit, Kapital usw.) zu machen, so daß die technische Funktion auf möglichst sparsame und damit wirtschaftliche Weise erreicht wird. Die Auswahl unter den verschiedenen technischen Möglichkeiten erfolgt deshalb nach Kriterien der *Wirtschaftlichkeit*.

Funktionsfähigkeit und Wirtschaftlichkeit werden jedoch nicht um ihrer selbst willen erstrebt. Technische Systeme werden hergestellt und benutzt, um menschliche Handlungsspielräume zu erweitern. Sie stehen im Dienste außertechnischer und außerwirtschaftlicher Ziele. Werte, an denen sich solche Ziele orientieren, sind insbesondere *Wohlstand, Gesundheit, Sicherheit, Umweltqualität, Persönlichkeitsentfaltung* und *Gesellschaftsqualität*. Zwischen diesen Zielen und Werten bestehen häufig Konkurrenzbeziehungen.

Neben den erwünschten Wirkungen für die Verbesserung der Lebensqualität haben technische Systeme auch unerwünschte Folgen für den Menschen und seine natürliche, soziale und kulturelle Umwelt. Es gehört zu den Aufgaben der Technikbewertung, zu diskutieren, welche Argumente für und gegen bestimmte technische Entwicklungen sprechen, und dabei auftretende Zielkonflikte zu verdeutlichen. Dazu müssen negative Auswirkungen vorsorglich abgeschätzt und gegen den erstrebten Nutzen abgewogen werden.

Funktionsfähigkeit

Die Funktionsfähigkeit eines technischen Systems besteht darin, unter bestimmten Bedingungen bestimmte erstrebte Wirkungen herbeiführen zu können; sie beruht auf dem strukurellen Aufbau des Systems. In ihrer Beschaffenheit sollen die Wirkungen den menschlichen Nutzungsbedürfnissen entsprechen *(Brauchbarkeit)*.

Zunächst geht es darum, bestimmte Wirkungen überhaupt mit technischen Mitteln herbeizuführen *(Machbarkeit)*. Diese Wirkungen sollen, gemessen in Outputparametern wie Geschwindigkeit, Leistung, Kapazität usw., möglichst groß sein *(Wirksamkeit)*. Ein gut funktionierendes technisches System zeichnet sich in seinem strukturellen Aufbau und seiner Wirkungsweise durch möglichst große Einfachheit, Robustheit, Genauigkeit, Zuverlässigkeit, Lebensdauer usw. aus *(Perfektion)*; diese Eigenschaften müssen aufeinander abgestimmt sein.

Schließlich ist es ein Prinzip des technischen Gestaltens, das Verhältnis von Output zu Input, z. B. den energetischen Wirkungsgrad, die Stoffausnutzung oder die mengenmäßige Produktivität, zu maximieren *(technische Effizienz)*.

Machbarkeit ist manchmal so verstanden worden, daß man alles machen soll, was man machen kann. Auch der Wert der Wirksamkeit hat sich gelegentlich verselbständigt und zu einem schrankenlosen »Stärker«, »Schneller« und »Größer« geführt. Grundsätzlich jedoch müssen Machbarkeit, Wirksamkeit, Perfektion und technische Effizienz nicht nur durch wirtschaftliche, sondern auch durch außerwirtschaftliche Werte relativiert werden.

Wirtschaftlichkeit

Technische Entscheidungen unterliegen wegen der unaufhebbaren Knappheit der Ressourcen, die für Herstellung und Gebrauch technischer Systeme erforderlich sind (Material, Energie, Arbeitskraft, Produktionsmittel usw.), dem Gebot der Sparsamkeit. Dies kommt im Wert der Wirtschaftlichkeit im weiteren Sinne, im ökonomischen Rationalprinzip, zum Ausdruck.

In seiner allgemeinsten Form verlangt dieses Prinzip, das Verhältnis von Nutzen zu Aufwand zu maximieren, das heißt einen bestimmten Nutzen mit möglichst geringem Aufwand oder mit einem bestimmten Aufwand einen möglichst hohen Nutzen herbeizuführen. Das Rationalprinzip läßt mehrere Deutungen zu. Neben der bereits erwähnten technischen Effizienz gehören dazu: die Wirtschaftlichkeit im engeren Sinne und die Rentabilität. Unter *Wirtschaftlichkeit* im engeren Sinne versteht man das Verhältnis von Güterertrag (Nutzen) zu Produktionskosten (Aufwand). Die Wirtschaftlichkeit wird verbessert durch *Kostenminimierung* oder durch Steigerung des Produktionsergebnisses, z. B. über Qualitätsverbesserungen oder höhere Mengen. Dieser Wert der Wirtschaftlichkeit gilt in allen Wirtschaftssystemen. Unter *Rentabilität* versteht man das Verhältnis von Unternehmensgewinnen zu eingesetztem Eigenkapital; das Rentabilitätsprinzip kommt insbesondere in der Forderung nach Gewinnerzielung bzw. Gewinnmaximierung zum Ausdruck.

Während für die bloße *Selbsterhaltung* einer Wirtschaftseinheit Kostendeckung ausreicht, sind Überschüsse immer dann erforderlich, wenn ein Unternehmen eigenfinanziertes *Wachstum* (der Produktionskapazität, des Umsatzes usw.) anstrebt. Selbsterhaltung und Wachstum können nicht nur der Rentabilitätssicherung, sondern auch anderen Zielen wie der Sicherung von Arbeitsplätzen, dem Bild des Unternehmens in der Öffentlichkeit usw. dienen.

Auch wenn Wirtschaftlichkeit und Rentabilität oft isoliert gesehen werden, sollen sie doch letzten Endes den gesamtwirtschaftlichen Wohlstand fördern. Wohlstand meint in diesem Zusammenhang das materielle Wohlergehen der Bevölkerung und bedeutet möglichst weitgehende Befriedigung menschlicher Bedürfnisse durch Güter und Dienstleistungen *(Bedarfsdeckung).*

Ständige individuelle und kollektive Bedarfssteigerungen lassen sich nur durch *quantitatives Wachstum* des Bruttosozialprodukts erfüllen. Wenn Güter und Dienstleistungen vermehrt oder verbessert werden, ohne daß sich das durch steigende Kosten und Preise im Bruttosozialprodukt niederschlägt, ergibt sich eine Steigerung des Wohlstands durch *qualitatives Wachstum.*

Unter dem Bruttosozialprodukt versteht man die in Preisen ausgedrückte Summe aller Güter und Dienstleistungen. Die Problematik einer ausschließlichen Orientierung am Bruttosozialprodukt zeigt sich z. B. darin, daß Autounfälle und geplanter Verschleiß über höheren Güterumsatz das Bruttosozialprodukt erhöhen. Dagegen werden sozial nützliche Handlungen wie Nachbarschaftshilfe beim Hausbau, Hausarbeit und Mitwirkung in der freiwilligen Feuerwehr im Bruttosozialprodukt nicht berücksichtigt.

Bei konstanter Bevölkerung und bei gleichbleibendem Kapital- und Arbeitseinsatz kann Wachstum nur durch organisatorische und technische Verbesserungen zustandekommen. Ein Ende jeglichen Wachstums bedeutet, daß zusätzlicher Bedarf nicht mehr gedeckt werden kann.

Im Zusammenhang mit der Sicherung und Förderung des Wohlstands werden ferner vor allem die folgenden gesamtwirtschaftlichen Ziele genannt: *Internationale Konkurrenzfähigkeit* ist erforderlich, damit Güter, die es im Inland nicht gibt, in ausreichender Menge aus dem Ausland beschafft werden können. Eine Volkswirtschaft mit hohem Preis- und Lohnniveau ist gezwungen, sich durch hochentwickelte Technik einen Vorsprung vor billiger produzierenden Konkurrenten zu sichern. Zu diesem Zweck vorgenommene Rationalisierungsmaßnahmen stehen jedoch in Konkurrenz zu dem Ziel der Vollbeschäftigung. *Vollbeschäftigung* besagt, daß alle, die arbeiten können und wollen, einen Arbeitsplatz und ein Arbeitseinkommen erhalten. Eine wesentliche Aufgabe technischer Neuerungen besteht darin, den Aufwand an menschlicher Arbeitskraft zu reduzieren. Die Anzahl der zu besetzenden Arbeitsplätze ergibt sich aus dem gesamtwirtschaftlich erforderlichen Arbeitsvolumen und der durchschnittlichen Arbeitszeit der Arbeitnehmer. Vollbeschäftigung kann also durch Vergrößerung des Arbeitsvolumens (z. B. Produktionswachstum, technische Innovationen für neue Bedarfe usw.) wie auch durch Arbeitszeitverkürzung wiederhergestellt werden. Die arbeitssparenden Auswirkungen der technischen Entwicklung eröffnen aber auch die Möglichkeit,

einer Tätigkeit außerhalb des organisierten Wirtschaftsprozesses nachzu-
gehen.

Schließlich besteht *Verteilungsgerechtigkeit* darin, daß alle in angemessenem Umfang am Wohlstand teilhaben. Verteilungsgerechtigkeit kann je
nach Standpunkt als Gleichverteilung, als Bedürfnisgerechtigkeit und als
Leistungsgerechtigkeit definiert werden; praktisch strebt man eine Verbindung von Bedürfnis- und Leistungsgerechtigkeit an.

Sicherheit

Sicherheit bei der Entwicklung und Nutzung von technischen Systemen
bedeutet hier die Abwesenheit von Gefahren für Leib und Leben. Die
Sicherheitsanforderung bezieht sich auf *körperliche Unversehrtheit,
Überleben des einzelnen Menschen* sowie das auch langfristige *Überleben
der ganzen Menschheit;* unter wirtschaftlichen Gesichtspunkten ist auch
das Vermeiden von Sachschäden wichtig.

Wegen der Fehlbarkeit der Menschen, der Möglichkeit technischen Ver-
sagens und der begrenzten Beherrschbarkeit von Naturvorgängen gibt es
grundsätzlich keine absolute Sicherheit. Stets ist mit einer, wenn auch
häufig geringen, Eintrittswahrscheinlichkeit eines Schadens zu rechnen.
Daher ist es für die Diskussion der Sicherheitsanforderungen, denen wir
die Technik unterwerfen, zweckmäßig, Sicherheit als den reziproken
Wert des Risikos zu quantifizieren, das mit technischem Handeln verbunden ist. *Risiko* wird definiert durch das Produkt aus *Schadensumfang*
(bzw. *Gefahrenpotential*) und *Eintrittshäufigkeit* (bzw. *Eintrittswahrscheinlichkeit*). Sicherheit ist begrifflich von der Zuverlässigkeit eines
technischen Systems zu unterscheiden, da einerseits Gefahren auch beim
Normalbetrieb des Systems vorhanden sind und andererseits eine Störung
der Funktionsfähigkeit nicht unbedingt zu einer Schädigung von Leib und
Leben führen muß.

Es können drei Arten von Risiko unterschieden werden. Das *Betriebsri-
siko* betrifft Schäden, die bei störungsfreiem Betrieb und bestimmungsge-
mäßer Verwendung des technischen Systems entstehen können. Das *Ver-
sagensrisiko* bezieht sich auf Schäden, die bei einem Störfall eintreten
können. Das *Mißbrauchsrisiko* betrifft Schäden, die aus einer nicht be-
stimmungsgemäßen Verwendung des technischen Systems erwachsen
können. So ergibt sich neben der Minimierung des Betriebs- und des
Versagensrisikos die zusätzliche Sicherheitsforderung, die Möglichkeit
mißbräuchlicher Verwendung mit technischen und anderen Mitteln weitgehend auszuschließen.

Die Entwicklung der Technik hat immer auch dem Zweck gedient, die
Menschen vor den Gefahren der übermächtigen Natur zu schützen. Die
Technik gab und gibt den Menschen größere Sicherheit bei Naturkatastrophen wie Überschwemmungen und Stürmen und trägt zum Ausgleich
von naturbedingten Unregelmäßigkeiten des Wetters, der Nahrungsmit-

telproduktion usw. bei. Indem die Lebensbedingungen der Menschen durch Technisierung und Industrialisierung verbessert worden sind, haben sich aber auch durch die Technik neue Gefahren eingestellt, die oft auffälliger sind als die Gefährdung durch Naturkatastrophen.

Wegen eines zu erwartenden Nutzens nimmt man jedoch unter Umständen neue Risiken in Kauf. Daher sagt das Risiko einer bestimmten Technik allein noch wenig über deren Wünschbarkeit aus; vielmehr muß es mit dem erwarteten Nutzen in Beziehung gebracht werden. Da bei der Gegenüberstellung von Nutzen und Risiko ein objektiver, einheitlicher Bewertungsmaßstab aber nicht zu finden ist, empfiehlt es sich, nur die Risiken solcher Techniken miteinander zu vergleichen, die auch einen vergleichbaren Nutzen haben. So kann man die Risiken von Kern- und von Kohlekraftwerken miteinander vergleichen, da beide der Stromerzeugung dienen. Dagegen sind Risikovergleiche zwischen Techniken, die unterschiedlichen Zwecken dienen (z. B. zwischen Kernenergietechnik und Individualverkehr mit Kraftfahrzeugen), sowie zwischen bestimmten Techniken und unaufhebbaren Naturereignissen (z. B. zwischen Kernkraftwerken und Meteoriteneinschlägen) problematisch; solche Vergleiche geben zwar einen Eindruck von der Größenordnung der Risiken, sind aber von geringerer Aussagekraft für politische und gesellschaftliche Entscheidungsprozesse.

Man kann technische Systeme sukzessiv sicherer machen, indem man Lehren aus eingetretenen Schadensfällen in die weitere Entwicklung einbezieht. Bei der Planung technischer Großprojekte muß man heute wegen ihres erheblichen Gefahrenpotentials die Risiken in stärkerem Maße vorausschauend erfassen, um durch geeignete Maßnahmen die Eintrittswahrscheinlichkeit gering zu halten. In DIN 31 000 wird gefordert: »Bei der sicherheitsgerechten Gestaltung ist derjenigen Lösung der Vorzug zu geben, durch die das Schutzziel technisch sinnvoll und wirtschaftlich am besten erreicht wird. Dabei haben sicherheitstechnische Erfordernisse den Vorrang vor wirtschaftlichen Überlegungen.« Auch werden heute Forderungen vorgetragen, daß das Gesamtrisiko durch die technische Entwicklung nicht wachsen soll und daß späteren Generationen keine Risiken vererbt werden sollen, die die Menschen heute nicht zu tragen bereit sind.

Nun entspricht das tatsächliche Risikoverhalten nicht solchen rechnerisch ermittelten Risiken. Bei individuellem Handeln (wie z. B. dem Autofahren) ist die Risikobereitschaft wesentlich höher als bei Risiken, die dem einzelnen von anderer Seite auferlegt werden (z. B. beim Bau großer technischer Anlagen). Vertraute Risiken werden eher akzeptiert als neue, selbst wenn die ersteren größer sind. Erhöhte Risikobereitschaft, Risikogewöhnung und Selbstüberschätzung bergen damit Gefahren in sich, denen durch Aufklärung entgegengewirkt werden kann.

In einer demokratischen Gesellschaft ist die – auch durch emotionale und irrationale Faktoren mitbedingte – Bereitschaft der Betroffenen, Risiken hinzunehmen, für die Bestimmung des zu tolerierenden Risikos maßgeblich. Grenzwerte für Risiken müssen in einem gesellschaftlichen und politischen Bewertungsprozeß festgelegt werden, wobei auch eine getrennte Betrachtung von Gefahrenpotential und Eintrittswahrscheinlichkeit vorgenommen werden kann. Eine mit Hilfe wissenschaftlicher Methoden durchgeführte quantitative Abschätzung von Risiken, die auch menschliches Fehlverhalten berücksichtigen muß, kann für diesen Prozeß Argumente liefern, ihn aber nicht ersetzen.

Gesundheit

Gesundheit bedeutet hier den Zustand des *psychischen und körperlichen Wohlbefindens* des Menschen. Sie kommt nicht nur in objektiv feststellbaren Faktoren zum Ausdruck, sondern auch in der Wahrnehmung, die jeder von sich selbst hat. Gesundheit zeigt sich in psychophysischer Widerstandskraft, d. h. in der Fähigkeit, auf innere und äußere Belastungen angemessen zu reagieren. Das individuelle und allgemeine Empfinden von Gesundheit und Krankheit ist relativ, an unterschiedliche Zeiten, Umwelten und Kulturen gebunden. Beispielsweise haben Leistungen der Technik für die Gesundheit zu höheren Ansprüchen an das Wohlbefinden geführt.

Die Gesundheit kann durch natürliche und gesellschaftliche Faktoren – häufig vermittelt über Technik – beeinflußt werden. Die Technik vermindert natürliche Gesundheitsgefährdungen und hilft durch Anwendung in der Medizin die Gesundheit zu sichern; andererseits kann sie die menschliche Gesundheit auch gefährden. Die technische, wissenschaftliche und medizinische Entwicklung hat vor allem in den letzten beiden Jahrhunderten dazu geführt, daß Seuchen eingedämmt, die *Kindersterblichkeit vermindert* und die mittlere *Lebenserwartung* beträchtlich erhöht wurden; in hochtechnisierten Ländern ist die Gesundheit besser geschützt als in geringer technisierten. Allerdings hat der Anstieg der mittleren Lebenserwartung zur globalen Bevölkerungsexplosion beigetragen und damit das Problem aufgeworfen, wie die Bevölkerungszahl in Grenzen gehalten werden kann.

Technische Produkte und Verfahren können aber auch die Gesundheit gefährden, sowohl bei Herstellung und Gebrauch technischer Systeme als auch durch die dabei auftretenden allgemeinen Umweltbelastungen.

Bei Produktionsprozessen gilt es, neben den Unfallgefahren (siehe Abschnitt »Sicherheit«) die *durch Berufsarbeit bedingten Krankheiten* zu minimieren. Die anerkannten Berufskrankheiten, wie z. B. Lärmschwerhörigkeit oder Zahnerkrankungen als Folge des Umgangs mit Säuren, zeigen, daß es Herstellungsprozesse und gefährliche Arbeitsstoffe gibt, die die Gesundheit belasten können, während das Endprodukt zum Wohlbefinden beiträgt. Auch durch die Organisation der Arbeit kann die

Gesundheit beeinträchtigt werden; so kann z. B. Schichtarbeit zu Schlafstörungen führen, und allgemeine Überforderung kann Streßsymptome hervorrufen.

Im Alltag kann die Gesundheit durch unzureichend gestaltete technische Produkte gefährdet werden, z. B. Sitze, die zu Rückenbeschwerden führen. Die Technisierung kann auch zur ungesunden *Lebensführung* verleiten: Bewegungsmangel hängt auch mit der Verkehrsinfrastruktur, übermäßige und falsche Ernährung mit der industriellen Lebensmittelproduktion und Schlafmangel mit einem großen Medienangebot zusammen.

Gesundheitsgefährdungen ergeben sich auch durch *umweltbelastende Produkte und Produktionsprozesse,* denen sich kaum jemand entziehen kann. So können bei manchen Produktionsprozessen emittierte Schwermetalle über die Nahrungskette in den menschlichen Körper gelangen und bei Überschreitung bestimmter Konzentrationen die Gesundheit schädigen. Ein weiteres gravierendes Problem ist auch die Belastung durch den Verkehrslärm. Und schließlich haben die durch Technik mitbeeinflußten Ausprägungen sozialer Beziehungen Auswirkungen auch im psychosomatischen Bereich.

Umweltqualität

Der Begriff der Umwelt bezeichnet allgemein die für eine Lebenseinheit (Individuum, Kollektiv, Gattung) jeweils bedeutsamen, zusammenhängenden Teile und Aspekte der umgebenden Welt. Sie umfassen neben den natürlichen auch kulturelle Komponenten, zu denen u. a. die Technik gehört. Im folgenden soll unter Umweltqualität die Beschaffenheit der natürlichen Umgebung verstanden werden, auch wenn es heute auf der Erdoberfläche kaum noch unberührte Natur gibt. Es geht hier also um die Qualität der durch Technik mehr oder weniger umgestalteten Natur.

Angesichts der Folgen technischer Eingriffe in die natürliche Umwelt sind vor allem zwei grundsätzliche Wertstandpunkte zum Umweltschutz entwickelt worden.

– Für den einen (anthropozentrischen) Standpunkt ist die Natur letztlich Mittel zum Zweck für den Menschen: Nur das Eigeninteresse des Menschen sei maßgebend dafür, in welchem Umfang Natur verändert oder bewahrt wird.

– Für den anderen (physiozentrischen) Standpunkt ist die Natur Selbstzweck und besitzt einen Eigenwert: Daher müsse ihr prinzipiell ein Eigenrecht zuerkannt werden, das dem Bearbeitungsrecht des Menschen gleichrangig, wenn nicht gar übergeordnet ist.

Unabhängig von der grundsätzlichen Einstellung zu diesen Positionen lassen sich praxisbezogene Einsichten und Forderungen zum Verhältnis von Technik und natürlicher Umwelt formulieren, die mit beiden Standpunkten vereinbar sind: Menschliches Leben ist auf Technik angewiesen, und jede Art von Technik greift in Naturgegebenheiten ein. In der Vergangenheit hat der Mensch Technik auch deswegen entwickelt, um sich vor Gefährdungen durch die unbelebte und belebte Natur zu schützen. Mit der Technikentwicklung haben sich diese Gefährdungen vermindert, während die menschlichen Eingriffe in die Natur zugenommen haben. Der Mensch verändert und gestaltet die Erdoberfläche durch Städte-, Straßen- und Landbau, durch Stauseen, Abbau von Bodenschätzen usw. Aufgrund der Bevölkerungsexplosion und der Ausbreitung von Industrie und Technik kommt es zu einer zunehmenden Zerstörung von Naturlandschaften sowie zur Vernichtung von Tier- und Pflanzenarten. Darüber hinaus ist der Mensch mit seiner Technik zu einem die Evolution mitbestimmenden Faktor geworden. Heute ist daher die Natur weit mehr durch den Menschen gefährdet als der Mensch durch die Natur. Aus dieser Situation heraus ergibt sich eine neue und besondere Verantwortung des Menschen für *Landschafts- und Artenschutz*, wobei er auch auf bestimmte technische Mittel zurückgreifen kann.

Geboten ist ferner ein *sparsamer Umgang mit den natürlichen Ressourcen* (Energiesparen, rohstoffsparendes Konstruieren und Fertigen, Recycling, Verlängerung der Lebensdauer von Produkten usw.) sowie die *Minimierung von Immissionen und Deponaten* (Abwasser- und Abgasreinigung, Abfallverwertung usw.). Verstöße gegen diese Forderungen schränken die Lebensbedingungen späterer Generationen ein, daher sollten vor allem keine irreversiblen Umweltschäden hinterlassen werden.

Persönlichkeitsentfaltung und Gesellschaftsqualität

Persönlichkeitsentfaltung bedeutet, daß der Mensch seine Anlagen, Fähigkeiten und Neigungen im Wechselspiel mit seiner Umgebung so weit wie möglich verwirklicht; als soziales Wesen kann er dies nur im Zusammenleben und Zusammenwirken mit anderen Menschen. Die Persönlichkeitsentfaltung des einzelnen findet da ihre Grenze, wo Entfaltungsmöglichkeiten für andere über Gebühr eingeschränkt werden. Die Beschaffenheit der zwischenmenschlichen Beziehungen sowie der überpersönlichen Verhältnisse und Einrichtungen, die aus diesem Zusammenwirken von Individuen und Gruppen entstehen, bezeichnet man als Gesellschaftsqualität. Die arbeitsteilig eingesetzte Technik hat großen Einfluß auf diese Gesellschaftsqualität.

Die menschliche Gemeinschaft und die gesellschaftlichen Organisationsformen vermitteln dem einzelnen *Geborgenheit, soziale Sicherheit* und *Solidarität;* das Subsidiaritäts- oder Sozialstaatlichkeitsprinzip trägt dem Rechnung. Nur in *Sozialkontakten* kann der einzelne die *Wertschätzung* seiner persönlichen Eigenart und seiner persönlichen Leistungen erfahren. Deshalb ist es gefährlich, wenn bestimmte Formen der Automatisierung und der neuen Medien Menschen am Arbeitsplatz oder im privaten Bereich übermäßig isolieren.

Eine Vorbedingung für Persönlichkeitsentfaltung ist *Handlungsfreiheit;*

sie besteht darin, daß man zwischen mehreren Möglichkeiten wählen kann. In der Arbeitswelt bedeutet dies z. B. eine möglichst große Freiheit bei der Gestaltung der Arbeitszeit und bei der Durchführung von anvertrauten Arbeiten. Nur so kann sich *Kreativität* entfalten, d. h. die menschliche Fähigkeit, neue Vorstellungen zu entwickeln und neue Dinge hervorzubringen. Kreativität ist nicht nur eine wichtige Bedingung technischen Handelns, sondern kann umgekehrt auch durch technische Systeme behindert oder gefördert werden.

Die Emanzipation des Individuums seit der Aufklärung und die durch Technik gewachsenen Handlungs- und Erlebnismöglichkeiten der einzelnen haben aber auch zur Auflösung allgemeinverbindlicher Wertsysteme beigetragen. Früher hat man nicht nur in gemeinsamen Grundüberzeugungen, sondern auch in den Ergebnissen künstlerischen und handwerklichen Gestaltens die *kulturelle Identität* einer Gesellschaft gefunden, die jeweils geschichtliche und regionale Besonderheiten aufwies. Inzwischen hat die Technisierung in ihrer weltweiten Gleichartigkeit solche kulturellen Unterschiede vermindert und an deren Stelle Elemente einer einheitlichen Weltkultur gesetzt, die aber keine eindeutigen Sinnorientierungen vermittelt.

Es besteht die schwierige Aufgabe, das soziale Zusammenleben in einer durch Technik geprägten Gesellschaft so zu organisieren, daß die Handlungsfreiheit der einzelnen möglichst wenig eingeschränkt, andererseits aber auch ein notwendiges Maß an *Ordnung, Stabilität* und *Regelhaftigkeit* gewährleistet wird. Dies ist nur erreichbar, wenn es in der Gesellschaft eine *Mindestübereinstimmung* über allgemeine Werte gibt; dazu gehört z. B. die *Gerechtigkeit*, die auch bei der Verteilung und Nutzung technischer Güter zu beachten ist. Bei aller Auslegungsbedürftigkeit spielen dafür die Grundsätze der Verfassung eine wichtige Rolle.

Technikpolitische Entscheidungen sind nicht nur Sache der »Experten«; allen Bürgern kommt daran eine *Beteiligung* zu, allerdings eingeschränkt durch die wirtschaftliche und gesellschaftliche Arbeitsteilung und durch die Delegation politischer Verantwortung. Technikpolitische Maßnahmen müssen dem Ziel der *Beherrschbarkeit* der Technik verpflichtet sein, das heißt, Technik darf sich nicht unkontrolliert und quasi eigengesetzlich entwickeln. Kontrolle der Technik, was häufig heißt: ihrer Hersteller, Betreiber und Anwender, kann aber in einer hoch differenzierten und arbeitsteiligen Gesellschaft nur bis zu einem gewissen Grad ausgeübt werden; ebenso wichtig wie die Kontrolle ist die komplementäre Forderung nach Vertrauen in technisch, wirtschaftlich und politisch Handelnde und Entscheidende.

Bei einer weit getriebenen Arbeitsteilung und der Kompliziertheit der Technik geht häufig die *Überschaubarkeit, Verstehbarkeit und Erlebbarkeit* technischer Prozesse verloren. In stark arbeitsteilig organisierten Bereichen wie in der Verwaltung können aber heute durch die elektronische

Datenverarbeitung Arbeitsvorgänge, die in der Vergangenheit aufgeteilt wurden, wieder zusammengeführt und damit abwechslungsreicher und weniger monoton gestaltet werden. Weitere Faktoren für die Beurteilung der Beherrschbarkeit und Überschaubarkeit der Technik sind die Größe der Einheiten und ihr Zentralisierungsgrad, was nicht bedeutet, daß kleine und dezentrale Einheiten immer beherrschbarer und überschaubarer wären als große und zentrale. Zum Beispiel können regionale oder nationale Eisenbahnnetze mit unterschiedlichen Spurweiten und nicht abgestimmten Fahrplänen Fernreisen mit der Eisenbahn aufs äußerste erschweren.

Eine Spezifizierung von Handlungsfreiheit stellen *Informations-* und *Meinungsfreiheit* dar. Kommunikations- und Informationsmöglichkeiten als wichtige Voraussetzungen des menschlichen Zusammenlebens und der Persönlichkeitsentfaltung sind durch die technische Entwicklung, z. B. durch Telefon, Fernsehen, Rundfunk und den Ausbau der Verkehrssysteme, erweitert worden.

Diese Entwicklung bringt aber auch Gefahren und negative Wirkungen mit sich, die sich nicht unbedingt aus der zur Verfügung stehenden Technik ergeben, sondern aus ihrer gesellschaftlichen Ausgestaltung und der Art ihrer Nutzung. Das Fernsehen erweitert zwar die Informationsmöglichkeiten; es kann aber auch manipulativ mißbraucht werden. Auch kann es zur Verringerung zwischenmenschlicher Beziehungen in der Familie oder zur Vereinsamung Alleinstehender führen. Aufgrund der vergrößerten *Bewegungsfreiheit* können zwar mehr Kontakte stattfinden, aber intensivere Begegnungen können sich vermindern.

Eine demokratische Öffentlichkeit bedarf der *Transparenz* gesellschaftlich bedeutsamer Vorgänge. So werden als Grundlagen für Planungen und Regelungen in einem komplexen Gesellschaftssystem auch Daten über die Bürger benötigt. Der technische Fortschritt hat dabei Möglichkeiten der Datensammlung und -auswertung eröffnet, deren volle Ausnutzung *Privatheit* weitgehend einschränken würde. Der Schutz der Privatheit, als eines relativ abgeschlossenen Bereichs persönlicher Lebensführung, erfordert auch *informationelle Selbstbestimmung*, d. h. die Entscheidung darüber, welche persönlichen Daten an andere gelangen dürfen.

Teil 5 Institutionen der Technikbewertung

Gesellschaftliche Bereiche der Technikeinschätzung und Technikbewertung

Neben der in dieser Richtlinie behandelten planmäßigen, systematischen, organisierten Technikbewertung gibt es eine Einschätzung der Technik, die durch Einzelpersonen und in verschiedenartigen gesellschaftlichen Einrichtungen eher intuitiv und unsystematisch erfolgt. Häufig werden die Prioritäten und Wertungen, auf denen solche Einschätzungen beruhen, nicht thematisiert; sie können jedoch durch entsprechende Analysen

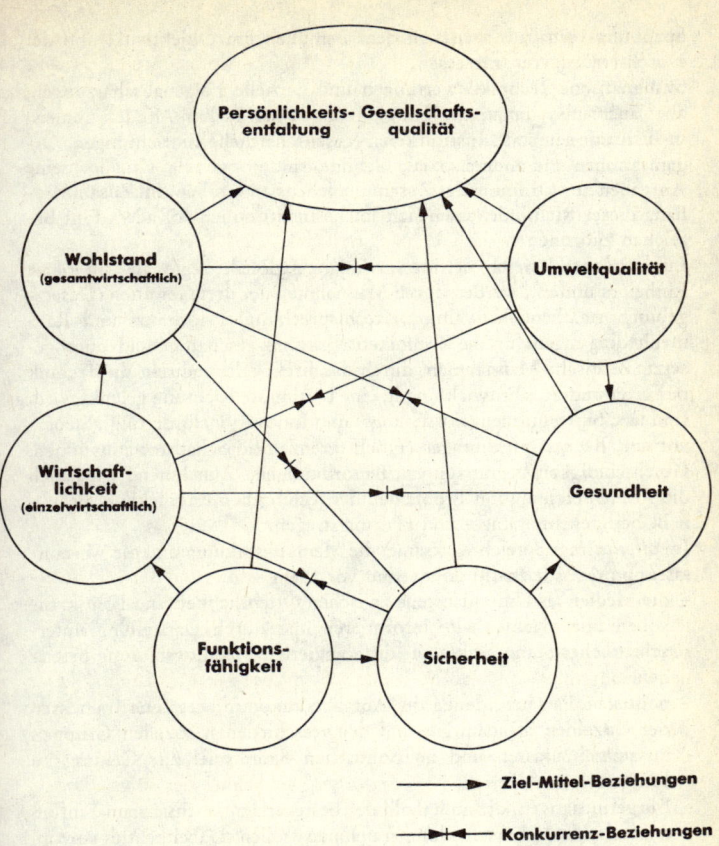

Werte im technischen Handeln

Zwischen allen in Teil 3 dargestellten Wertbereichen bestehen mittelbare oder unmittelbare Beziehungen; hier werden – ohne Anspruch auf Vollständigkeit – wichtige Ziel-Mittel- und Konkurrenzbeziehungen zwischen diesen Wertbereichen dargestellt.

deutlich gemacht werden (vgl. Teil 2 und 3). Zwischen intuitiver Einschätzung und systematischer Bewertung gibt es vielfältige Übergangsformen; sie reichen von öffentlichen Diskussionen bis zu wirtschaftlichen und politischen Entscheidungen, die oft im Hinblick auf spezielle Sachzusammenhänge und Wertgesichtspunkte erfolgen. Dabei besteht häufig ein

Spannungsverhältnis zwischen dem Bemühen um Objektivität und der Durchsetzung von Interessen.

Systematische Technikbewertungen und partielle Folgenabschätzungen, aber auch unsystematische Einschätzungen der Technik, finden zumeist in Institutionen statt. Institutionen (gesellschaftliche Einrichtungen, Organisationen und andere soziale Gebilde) sind notwendig, um allgemeine Aufgaben zur Ordnung des Zusammenlebens zu erfüllen. Im Zusammenhang dieser Richtlinie lassen sich solche Institutionen vor allem fünf Bereichen zuordnen:

Im *staatlichen* Bereich, der internationale, nationale, regionale und lokale Einheiten umfaßt, werden durch Maßnahmen der drei Gewalten (Gesetzgebung, staatliche Verwaltung, Rechtsprechung) Prioritäten und Rahmenbedingungen für die Technikentwicklung geschaffen und durchgesetzt. Politische Maßnahmen, durch die direkt oder indirekt die Technik bewertet und ihre Entwicklung in eine bestimmte Richtung gelenkt wird, sind u. a. Subventionen (Forschungs- und Innovationsförderung), Steuervorteile, Rechtsverordnungen (Höchstgrenzen für Schadstoffemissionen, Geschwindigkeitsbegrenzungen, Bauordnungen). Zunehmend wird auch die Rechtsprechung mit Problemen der technischen Entwicklung befaßt, z. B. bei Genehmigungs- und Haftungsfragen.

Im *öffentlichen* Bereich wirksame, die Meinungsbildung und die Wertauffassung prägende Institutionen sind vor allem:

– die Medien als Umschlagstelle zwischen Öffentlichkeit und Politik. Sie sollen über Sachverhalte informieren und durch Darstellung unterschiedlicher Standpunkte zur differenzierten Meinungsbildung beitragen.

– politische Parteien, denen die Aufgabe zukommt, legitime Interessen der einzelnen Staatsbürger und der verschiedenen sozialen Gruppen zusammenzufassen und im politischen Kräftespiel zur Geltung zu bringen.

– Bürgerinitiativen, die außerhalb der bestehenden Institutionen Einfluß auf anstehende Entscheidungen nehmen wollen. Dabei geht es sowohl um projektorientierte Fragen (wie Standortentscheidungen) als auch um grundsätzliche, technologieorientierte Entscheidungen (z. B. für oder gegen Kernenergie).

– Verbände und Vereinigungen (auch aus dem technischen, wirtschaftlichen und wissenschaftlichen Bereich), die ebenfalls zur öffentlichen Meinungsbildung beitragen, z. B. Verbraucherverbände, Institutionen des vergleichenden Warentests, Natur- und Umweltschutzverbände.

Im *technischen* Bereich wirken Berufsverbände sowie die Technik regulierende überwachende Institutionen (DIN, TÜV, VDI) an der Einschätzung und Bewertung der Technik mit.

Im *wissenschaftlichen* Bereich (Hochschulen, Großforschungseinrichtungen, sonstige außeruniversitäre Forschungsinstitute) werden vor allem in den Natur- und Ingenieurwissenschaften schon durch die Auswahl der Forschungsgegenstände Weichen für die Technikentwicklung gestellt.

Im *wirtschaftlichen* Bereich resultieren aus dem vom Konkurrenzprinzip und durch Angebot und Nachfrage bestimmten Marktgeschehen u. a. Produktion, Verteilung und Verbrauch technischer Güter und Dienstleistungen und damit eine praktische Technikeinschätzung. Die wichtigsten Handlungsträger sind Unternehmen, private Haushalte und der als Anbieter und Abnehmer auftretende Staat. Bei der Schaffung von wirtschaftlichen Rahmenbedingungen wirken außer dem Staat auch Arbeitgeber- und Arbeitnehmerorganisationen sowie öffentlich-rechtliche Einrichtungen mit (Industrie- und Handelskammern, Berufsgenossenschaften usw.).

Empfehlungen zur Institutionalisierung der Technikbewertung
Die in den genannten institutionellen Bereich stattfindenden Aktivitäten und Arbeiten stellen wichtige Voraussetzungen und Beiträge für systematische Technikbewertung dar; dennoch bedarf es der Schaffung neuer bzw. des Ausbaus bestehender Institutionen, die ausschließlich oder vorwiegend einer planmäßigen, systematisch organisierten Technikbewertung dienen. Welche zusätzlichen Kompetenzen den vorhandenen Institutionen zu übertragen und in welchen Bereichen neue Institutionen zu schaffen sind, kann nur in einem gesellschaftlich-politischen Lernprozeß entschieden werden; dabei sind Institutionen im staatlichen Bereich nur dann erforderlich, wenn Institutionen in den anderen Bereichen die anstehenden Aufgaben nicht zu bewältigen vermögen.

Da die Bedingungen und Folgen einzelner technischer Neuerungen sowie der Technisierung im Ganzen bislang nicht ausreichend analysiert werden, bedarf es, um der Technikbewertung inhaltlich und methodisch wissenschaftliche Grundlagen an die Hand zu geben, *wissenschaftlicher Arbeitsgruppen und Einrichtungen für interdisziplinäre Technikforschung.* Wie auch in anderen Problemfeldern hat eine qualifizierte Grundlagenforschung für zuverlässige Wissensvorräte und bewährte Methodenstandards zu sorgen, auf welche die angewandte Forschung und die wissenschaftliche Politikberatung von Fall zu Fall zurückgreifen können.

Als *Institute für Technikbewertung,* die systematische Studien durchführen, kommen vor allem wissenschaftliche Hochschulen und außeruniversitäre, private und staatliche Forschungseinrichtungen in Frage. Bei konkreten, fall- und problembezogenen Projekten fließen unvermeidbar auch spezifische Wert- und Interessenorientierungen in die Problemdefinition, die Datengewinnung und die Methodenwahl mit ein. Um die Erkenntnisbreite und Ausgewogenheit der Technikbewertung zu sichern, sollten jeweils konkurrierende wissenschaftliche Institute mit der Anfertigung einer Studie beauftragt werden.

Weil die meisten technischen Innovationen in der Industrie erfolgen, empfehlen sich *industrielle Stabsabteilungen* zur vorausschauenden Technikbewertung. Unternehmen, die technische Neuerungen bereits vor der Markteinführung im Hinblick auf alle wichtigen Wertbereiche optimieren, können dadurch möglicher öffentlicher Kritik zuvorkommen und Fehlinvestitionen vermeiden.

Da auch die einzelnen Ingenieure in ihrer Entwicklungsarbeit immer wieder Bewertungsprobleme und Wert- und Verantwortungskonflikte zu bewältigen haben, wird diskutiert, ob zur Schärfung und Absicherung ihres Verantwortungsbewußtseins *Kommissionen für Ingenieurethik* (z. B. bei Ingenieurvereinigungen und anderen Berufsverbänden) gebildet werden sollen. Die öffentliche Diskussion über exemplarische Fälle könnte zur verantwortungsbewußten Technikbewertung beitragen.

Bei konkreten, lokalen technischen Projekten beanspruchen betroffene Bürger mehr Mitsprache, womit sie oft in Konflikt zu bestehenden Institutionen geraten. Die geforderte *partizipatorische Technikbewertung* steht vor der besonderen Schwierigkeit, die Betroffenen so sachkundig zu machen, daß sie begründete Urteile abgeben können. Als eine mögliche Form partizipatorischer Technikbewertung wurden Planungszellen vorgeschlagen, in denen Vertreter von Politik und Verwaltung, Fachleute und Bürger zusammenarbeiten.

In repräsentativen Demokratien sind es vor allem die Parlamente, die durch Gesetzgebung und Budgetbeschlüsse Prioritäten für die staatliche und gesellschaftliche Entwicklung setzen. Da stets politische Entscheidungen über die Technik zu fällen sind, bedarf es ständiger *parlamentarischer Beratungskapazitäten für Technikbewertung*. Die Organisationskonzepte reichen von personalstarken Ämtern mit eigener Forschungskapazität bis zu kleinen Kommissionen, Beratungsstäben mit reiner Vermittlungs- und Aufbereitungsfunktion sowie Enquête-Kommissionen und Parlamentsausschüssen.

Auch der Exekutive stellen sich im Zusammenhang mit der Technikbewertung neue Aufgaben, die in den Zuständigkeitsbereich mehrerer Ressorts fallen; daher empfehlen sich *ressortübergreifende Koordinationsformen in der Verwaltung*.

Mit dem Vordringen der Technik in alle Lebensbereiche, dem Bewußtseinswandel gegenüber der Technik und Umwelt und mit der dadurch bedingten zunehmenden politisch-rechtlichen Gestaltung der technischen Entwicklung mehren sich auch die juristischen Konfliktfälle. Dadurch stellt sich die Aufgabe, über neue Formen der Vermittlung zwischen technischem Sachverstand und *Rechtsprechung* nachzudenken; als extreme Forderung ist hierzu die Schaffung von Technikgerichten vorgeschlagen worden.

Zwischen den beiden Extremfällen einer monopolartigen Zentralisierung der Technikbewertung und einer völligen Dezentralisierung von isoliert nebeneinanderstehenden Einheiten sind vielfältige Übergangsformen denkbar. Es dürfte zweckmäßig sein, den mittleren Weg einer pluralistischen Lösung mit konkurrierenden Institutionen einzuschlagen, wobei allerdings die sachlich erforderlichen Vernetzungen durch geeignete Koordinierungsinstitutionen gewährleistet sein müssen.

Informations- und Dokumentationszentren sollten sicherstellen, daß die Resultate der systematischen Technikbewertungsstudien allgemein zugänglich sind. Um möglichst weitgehende Neutralität zu gewährleisten, dürften solche Zentren keine eigenen Technikbewertungsstudien durchführen.

Eine besonders schwierige, aber unerläßliche Aufgabe ist schließlich die vergleichende Gegenüberstellung und auswertende Diskussion konkurrierender Technikbewertungsstudien. Soweit es dabei vorrangig um widersprüchliche Expertenäußerungen zu Sachfragen geht, könnten *wissenschaftlich-technische Anhörungs- und Beurteilungsverfahren* (Hearing, Science Court usw.) klärend wirken, weitergehende Untersuchungen anregen und gegebenenfalls einen bedingten Konsens der Experten zustandebringen. Soweit divergierenden Beurteilungen Interessensgegensätze und Wertkonflikte zugrundeliegen, können sie auf diese Weise lediglich transparent gemacht werden. Die eigentliche Entscheidung muß den Institutionen der gesellschaftlich-politischen Willensbildung vorbehalten bleiben.

Organisiert man die Technikbewertung in derartigen Formen, würden vielfältige Institutionen mit unterschiedlichem gesellschaftlichem und theoretischem Hintergrund und verschiedenartigen Ansätzen nebeneinander bestehen und einander ergänzen. Wenn der Zwang besteht, sich mit andersartigen Argumenten ernsthaft auseinanderzusetzen, wird am ehesten eine angemessene Information, Bewertung und Entscheidungsfindung erreicht. Ein solches *Netzwerk von Institutionen* bleibt grundsätzlich offen für neue organisatorische Formen.

Da technische Entwicklungen heute die gesamte Geosphäre beeinflussen, müßte die Technikbewertung in Zukunft auch zwischenstaatlich und in *internationalen Institutionen* durchgeführt werden.

Auflistung der im Text genannten Werte

Funktionsfähigkeit
Brauchbarkeit
Machbarkeit
Wirksamkeit
Perfektion
– Einfachheit
– Robustheit
– Genauigkeit
– Zuverlässigkeit

– Lebensdauer
technische Effizienz
...

Wirtschaftlichkeit (einzelwirtschaftlich)
Kostenminimierung
Rentabilität
Unternehmenssicherung
Unternehmenswachstum
...

Wohlstand (gesamtwirtschaftlich)
Bedarfsdeckung
Quantitatives bzw. qualitatives Wachstum
Internationale Konkurrenzfähigkeit
Vollbeschäftigung
Verteilungsgerechtigkeit
...

Sicherheit
Körperliche Unversehrtheit
Lebenserhaltung des einzelnen Menschen
Lebenserhaltung der Menschheit
Minimierung des Risikos (Schadensumfang und Eintrittswahrscheinlichkeit)
– des Betriebsrisikos
– des Versagensrisikos
– des Mißbrauchsrisikos
...

Gesundheit
Körperliches Wohlbefinden
Psychisches Wohlbefinden
Steigerung der Lebenserwartung
Minimierung von unmittelbaren und mittelbaren gesundheitlichen Belastungen
– in der Berufsarbeit
– in der privaten Lebensführung
– durch umweltbelastende Produkte und Produktionsprozesse
...

Umweltqualität
Landschaftsschutz
Artenschutz

Ressourcenschonung
Minimierung von Immissionen und Deponaten
...

Persönlichkeitsentfaltung und Gesellschaftsqualität
Handlungsfreiheit
Informations- und Meinungsfreiheit
Kreativität
Privatheit
Beteiligungschancen
Soziale Kontakte und soziale Anerkennung
Solidarität und soziale Sicherheit
Kulturelle Identität
Minimalkonsens
Ordnung, Stabilität und Regelhaftigkeit
Transparenz und Öffentlichkeit
Gerechtigkeit
...

II Psychologische Perspektiven

Walter Bungard/Jürgen Schultz-Gambard
Technikbewertung: Versäumnisse und Möglichkeiten der Psychologie

1. Einleitung

Die Fähigkeit, sich der Umwelt anzupassen, ist eine Grundvoraussetzung jeglicher Existenz lebender Organismen. Je höher der Entwicklungsstand der jeweiligen Spezies, desto mehr wird die passive Anpassung an vorgefundene Umweltbedingungen ergänzt bzw. abgelöst durch Versuche, die Umwelt entsprechend den eigenen Bedürfnisse und Lebensnotwendigkeiten aktiv zu verändern. Technik – vom griechischen Wort *techne* als Benennung künstlerisch-handwerklichen Hervorbringens – stellt das Gesamt der Bemühungen der am weitesten entwickelten Spezies Mensch dar, mit Hilfe materieller Gestaltung diesen Anpassungsprozeß zu optimieren. Insofern ist Technik per definitionem ausgerichtet auf Veränderung, Innovation und Optimierung.

Eine Bewertung *von* Technik setzt voraus, daß überhaupt eine Auseinandersetzung *mit* Technik stattgefunden hat; d. h. daß Hintergründe, Vorbedingungen, Abläufe und Konsequenzen technischer Veränderungen und Innovationen in irgendeiner Form und auf irgendwelche Sachverhalte hin beschrieben und erklärt worden sein müssen. Bei einer Auseinandersetzung der Psychologie mit Technik wären dies die Relationen von Technik zu menschlichem Erleben und Verhalten. Eine derartige Auseinandersetzung aber hat unserer Meinung nach nur partiell und auch nur in sehr reduzierter Form stattgefunden. So wird hier im folgenden eher von Defiziten statt von Ergebnissen zu reden sein.

2. Psychologie und Technik: Versäumnisse

In der Tat wird bei einer Durchsicht der Literatur relativ rasch deutlich, daß zwar in der Angewandten Psychologie technische Sachverhalte öfter den Problemhintergrund der Forschung bil-

den, daß aber eine »Psychologie der Technik« (analog z. B. zu einer Psychologie des Verkehrs) nicht existiert – zumindest, daß sie in der gängigen psychologischen Literatur nicht stattfindet. So finden sich in den Standardlehrbüchern derjenigen psychologischen Teildisziplinen, von denen man am ehesten erwarten würde, daß sie u. a. Technik zum Forschungsgegenstand haben – nämlich die Arbeits- und Organisationspsychologie –, nur kursorische Anmerkungen zu Technik und Technologie; bzw. beschäftigen sie sich unter dem Stichwort »Technologie« nicht mit Technik, sondern bestimmten Spielarten sozialwissenschaftlicher Theoriebildung – nämlich »technologischen« Theorien (vgl. Gebert und v. Rosenstiel 1981, Schmale 1983, Weinert 1981). Man ist bei der Suche nach genuin psychologischen Arbeiten zur Technik in starkem Maße auf vereinzelte Forschungsberichte, Kongreßreferate oder die Lektüre einer breitgefächerten »grauen Literatur« (angesiedelt zwischen Journalismus und Wissenschaft) angewiesen. Anscheinend besitzen Psychologen eine gewisse Berührungsscheu gegenüber der wissenschaftlichen Auseinandersetzung mit Technik. Sogar in Forschungsprojekten, in denen u. a. untersucht werden soll, wie weitgreifende technische Veränderungen das Zusammenleben der Menschen, ihr Lebensgefühl und ihren Lebensstil beeinflussen werden – alles Fragen, von denen man annehmen kann, daß eigentlich die Psychologie hierzu Entscheidendes beizutragen hätte –, ist der Anteil der Psychologie vom Ausmaß her vernachlässigenswert. Beispiele hierfür sind die Großforschungsprojekte zur »Sozialverträglichkeit von Energiesystemen« (Meyer-Abich, Schefold und v. Weizsäcker 1981, Roßnagel 1983) oder die Modellprojekte zu den Auswirkungen des Kabelfernsehens (zusammenfassend Winterhoff-Spurk 1986).
Fazit: Zwar werden z. B. in der ergonomischen und der arbeitspsychologischen Forschung technikbezogene Fragestellungen behandelt, jedoch findet eine *umfassende* Auseinandersetzung mit Technik in der Psychologie nicht statt.

2.1 Wissenschaftshistorische Hintergründe

Das hier beschriebene Defizit ist kein Zufallsprodukt. Es gibt gute Gründe für die Zurückhaltung von Psychologen bei der Auseinandersetzung mit Technik. Diese Gründe sind im Selbstverständnis der Psychologie als Wissenschaft in ihrer heutigen Erscheinungsform zu suchen.

Im folgenden sollen diese Gründe erörtert werden und es soll skizzenhaft eine Entwicklung in der Psychologie aufgezeigt werden, die hoffen läßt, daß in Zukunft doch noch eine umfassende wissenschaftliche Auseinandersetzung mit Technik innerhalb der Psychologie möglich wird.

Um das Defizit in der Auseinandersetzung der Psychologie mit Technik erörtern zu können, das wie gesagt im wissenschaftlichen Selbstverständnis der Psychologie begründet ist, erscheint es deshalb sinnvoll, sich mit der geschichtlichen Entwicklung dieses Selbstverständnisses zu beschäftigen, d. h. dem Prozeß der Loslösung der Psychologie von der Philosophie in Richtung einer Institutionalisierung und Akademisierung als anerkannte eigenständige wissenschaftliche Disziplin. Diese Verselbständigung war auf das engste verknüpft mit der damals dominierenden naturwissenschaftlichen Denkweise. Die Forschung der ersten Phase der Psychologie wurde eindeutig bestimmt durch neurophysiologische oder psychophysikalische Probleme. Leitfigur war Wundt, der 1879 in Leipzig den ersten Lehrstuhl für Psychologie erhielt und dort ein psychologisches Laboratorium einrichtete, in dem sinnesphysiologische Fragestellungen, Ausdrucksbewegungen und motorische Reaktionen experimentell untersucht wurden. Insofern stellt die Etablierung der Psychologie als Wissenschaft sich partiell als Adaption naturwissenschaftlicher Methodik dar. Auch in der Folgezeit blieben im Grundlagenbereich die experimentelle Laborforschung und im Anwendungsbereich die Testdiagnostik die präferierten Techniken wissenschaftlicher Erkenntnisgewinnung. Natürlich gibt es sehr unterschiedliche Forschungsparadigmen bzw. »Psychologie-Schulen«; aber zumindest im Bereich der akademischen Psychologie hat sich eine dem Wissenschaftsverständnis des kritischen Rationalismus nahestehene Denkrichtung eindeutig durchgesetzt und dürfte auch heute noch ihre dominierende Stellung innehaben. Auf diesem wissenschaftshistorischen und wissenschaftstheoretischen Hintergrund läßt sich zeigen, daß den Methoden in der Psychologie ein ganz besonderer Stellenwert zukam. Sie besaßen quasi eine Doppelfunktion: einerseits dienten sie natürlich zur Erhebung der für die Überprüfung von Theorien benötigten empirischen Daten; andererseits verkörperte zugleich die (naturwissenschaftliche) Methodik das akademische Selbstverständnis und garantierte den wissenschaftlichen Status. Diese Doppelfunktion impliziert verschiedene wissenschaftspsychologische Konsequenzen, von denen einige hier deswegen interessant sind, weil sie unserer Meinung nach u. a. das Verhältnis von Psychologie und Technik entscheidend geprägt haben.

2.2 Wissenschaftsstrukturelle Hintergründe

Da nomologische Theorien auf rein tautologischen Wegen in anwendungsorientierte Aussagensysteme umwandelbar sind, unterliegen Technologien (auch die von Psychologen praktizierten Sozialtechnologien) dem gleichen logischen Grundmuster wie wissenschaftliche Erklärung bzw. Prognose (Prim und Tilmann 1973). Man kann davon ausgehen, daß ein am naturwissenschaftlichen Paradigma orientierter Psychologe in Grundlagenforschung und Anwendung ähnliche Heuristiken und Wertvorstellungen benutzt wie sonstige Natur- und Technikwissenschaftler. Die Affinität der Mehrzahl von Psychologen zum naturwissenschaftlichen Paradigma beinhaltet dergestalt bereits eine Affinität zur Technik und dürfte entsprechend zu einer eher positiveren Bewertung der »Technik« ganz allgemein führen bzw. eine negative Bewertung zum eigenen wissenschaftlichen Selbstverständnis eher dissonant erscheinen lassen. Von daher scheint eine Selektivität mit einem positiven »Bias« bezüglich psychologischer Forschungsaktivitäten zum Thema Technik bereits vorprogrammiert.

Die Affinität des Psychologen zur Technik ergibt sich aber nicht nur auf einer derartigen wissenschaftspsychologischen Ebene, sondern manifestiert sich auch ganz konkret-pragmatisch in seiner Forschungstätigkeit. Seit jeher werden in der psychologischen Forschung technische Apparaturen eingesetzt; z. T. wohl auch mit der Funktion, mögliche Zweifel von Laien an der Wissenschaftlichkeit der Psychologie zu zerstreuen. Lehrstühle und Institute schmücken sich mit gewaltigen Ansammlungen technischer Geräte, neuerdings bevorzugt im Rahmen elektronischer Datenverarbeitung. Besonders hier wird deutlich, wie sich die Methode gegenüber der inhaltlichen Fragestellung verselbständigt hat; wie häufig die Magie der Zahlenreihen auf dem Bildschirm über konzeptuelle Schwächen der Untersuchungen hinwegtäuschen kann.

Techniken, wie z. B. die elektronische Datenverarbeitung, haben nicht nur eine Signalwirkung nach außen, sondern auch nach innen; d. h. ihr Einsatz hilft Psychologen wahrscheinlich oft über inhaltliche Verunsicherungen und wissenschaftliche Selbstzweifel hinweg, indem er per se »Wissenschaftlichkeit« suggeriert. Dadurch ist eine stark positive Bewertung dieser Technologie fast zwangsläufig gegeben; oder umgekehrt ausgedrückt geht so eine kritische Distanz zu ihr u. U. verloren.

Neben der beschriebenen Affinität von Psychologen zur Technik wird die Psychologie bei der wissenschaftlichen Auseinandersetzung mit Technik auch durch einige in der eigenen Methodologie liegende Begrenzungen behindert. Traditionell reduziert die Psychologie die von ihr untersuchte Realität auf wenige einzelne Ursache-Wirkungs-Zusammenhänge. Für psychologische Untersuchungen werden daher nur solche Aspekte der Technik interessant, bei denen sich eine begrenzte Anzahl von Einzelvariablen isolieren läßt. Die akademische Psychologie hat in ihrer Grundlagenforschung konkrete Alltagsprobleme aufgrund methodischer Prämissen immer weitgehend ausgeklammert, um statt dessen nach zwar hoch reduzierten, aber situationsunabhängigen nomologischen Gesetzmäßigkeiten (im Labor) zu suchen. In dieser »umweltlosen Psychologie« kann Technik als übergreifende kontextuelle Bedingung menschlichen Lebens nicht als erfolgversprechender Forschungsgegenstand psychologischer Grundlagenforschung erscheinen. Technik im Kontext eignet sich nicht für ein klassisches Design mit der Manipulation weniger fester Variablen. Auch die Konstruktion von Kontrollgruppen ließe sich nur schwer realisieren. Daher hat die Auseinandersetzung mit Technik primär in der Angewandten Psychologie, z. B. schwerpunktmäßig in der Arbeits- und Organisationspsychologie, stattgefunden. Typischerweise taucht Technik in diesen psychologischen Untersuchungen entweder (1) als unabhängige Variable auf, was dann auf die sogenannte »Wirkungsforschung« bezüglich einzelner Technologien hindeutet; oder (2) als Bezugsrahmen verschiedener abhängiger Variablen, was dann »Akzeptanzforschung« – auch wieder einzelner Technikbereiche – bedeutet.

Ad 1: Die »Wirkung« einer technischen Innovation am Arbeitsplatz kann im Idealfall auch im Labor untersucht werden, wobei

dann in der Regel sogenannte »harte« – weil quantifizierbare –
Variablen wie z. B. physiologische Indikatoren die unabhängigen
Variablen bilden. Klassische Beispiele hierfür sind die sogenann-
ten psychotechnischen Untersuchungen von Stern (1900) oder die
Untersuchung zur Anpassung des Menschen an die Maschine von
Giese (1928). Ein typisches Beispiel aus der gegenwärtigen For-
schung wäre die Analyse des Einflusses von Kurzpausen auf die
Streßwirkung bei Bildschirmarbeit von Boucsein u. a. (1984).
Ad 2: Für die Akzeptanzforschung boten sich die Vorerfahrungen und Vorarbeiten der insbesondere nach der kognitiven
Wende in der Psychologie etablierten sozialpsychologischen
Einstellungsforschung an. Man konnte mit diesen Mitteln Akzeptanzforschung betreiben, solange man Akzeptanz als ein
bestimmtes kognitives Konstrukt betrachtete, das es mit Hilfe
traditioneller itemanalysierter Skalen zu messen galt (vgl. hierzu
insbesondere die Akzeptanzforschung bezüglich der neuen Medien, wie Stachelsky 1983). Problematisch ist bei dieser Art von
Akzeptanzforschung natürlich die Tatsache, daß – alle in der
Grundlagenforschung vorherrschende Skepsis bezüglich der Entsprechung von Einstellungen und Verhalten über Bord werfend –
von den gemessenen Einstellungen häufig vorschnell auf der Basis
ungeprüfter Plausibilitätsüberlegungen auf einstellungskonfor-
mes zukünftiges Verhalten der Betroffenen geschlossen wurde.
Bei einer solchen Forschungsstrategie fallen zwangsläufig mögliche Alternativmöglichkeiten der psychologischen Analyse der
Wirkung oder Akzeptanz von Technik unter den Tisch. Technik
wird auf spezifische Einzelaspekte reduziert. Auswirkungen oder
auch Voraussetzungen bei der Implementierung von Technik
werden nicht im Rahmen übergeordneter komplexer Wechsel-
wirkungsmodelle gesehen. Aktuelles Beispiel dieses Defizits wäre
eine Analyse von Bildschirmarbeitsplätzen, die den Einfluß der
gesamten Arbeitssituation außer acht läßt und lediglich ergonomische Betrachtungsweisen beinhaltet (vgl. Chakir 1983).

2.3 Wissenschaftspolitische Hintergründe

Deutlich wird, daß aufgrund der geschilderten Charakteristiken
psychologischer Forschung bei der Auseinandersetzung mit
Technik Psychologie vornehmlich sehr gut zur Lösung von De-

tailfragen einsetzbar ist. Dadurch entsteht auf dem Hintergrund wissenschaftshistorischer und wissenschaftstheoretischer Vorbedingungen eine wissenschaftspolitische Situation, die folgende Selektivität bei den im Zusammenhang mit Technik bearbeiteten Fragestellungen vorzeichnet:
– Wirkungsforschung kann (und wurde auch oft so eingesetzt) Anhaltspunkte für Maßnahmen liefern, mit denen schädigende Nebeneffekte bei der Einführung neuer Technologien beseitigt werden können, oder sie kann nachträglich zu einer bereits vollzogenen Einführung die untersuchten Technologien als objektiv »unschädlich« akademisch sanktionieren;
– Akzeptanzforschung kann (und wurde auch oft so eingesetzt) den Beweis liefern, daß eine »Akzeptanzverweigerung« innovativer Technologie bestenfalls irrational und schlimmstenfalls pathologisch ist (vgl. hierzu die Diskussion in der BRD zur Einführung neuer Kommunikationsmedien, Winterhoff-Spurk 1986). Zielsetzung muß z. B. nach Miegel (1984 im *Industriemagazin,* S. 34 ff.) sein, die bewußten wie die unbewußten Widerstände gegenüber neuen Technologien durch rationaleres Verhalten abzubauen. Dabei soll die Psychologie behilflich sein, notfalls durch quasi therapeutische Interventionen in Form spezieller Trainingsseminare, wie sie zunehmend zum Thema »Büro der Zukunft« angeboten werden.
Der Begriff der Akzeptanz stammt interessanterweise aus der Organisationstheorie und betrifft dort das Problem des Akzeptierens von Entscheidungen in Autoritätsbeziehungen.
Bei dieser Art wissenschaftlicher Tätigkeit ist die Gefahr sehr groß, daß von der Forschung Interessen direkter oder mittelbarer Auftraggeber unter Hintanstellung wissenschaftlicher Zielsetzungen übernommen werden. Besonders dort, wo Forschung privatwirtschaftlich organisiert und damit Marktgesetzen unterworfen ist, kann sie unter den Forderungen der gegebenen situativen Bedingungen zu einem »Zulieferanten für Korrekturwissen zur Modernisierung« (Beck 1982) schrumpfen, »Folgenmilderungstechnologie« bereitstellen oder je nach Umständen »Dramatisierungs- oder Beschwichtigungsforschung« betreiben. Wenn die Psychologie in der Auseinandersetzung mit Technik nicht mehr zu bieten hat, könnte Technik in der Tat eine Art psychologisch begleiteter Selbstläufer werden. Weiterhin muß berücksichtigt werden, daß psychologische Forschung ohne öffentliche finan-

zielle Fundierung bei der Analyse von Problemen der Praxis sehr schnell unverhofft in den Sog sozialer Konflikte geraten kann und sich unvorbereitet mit gravierenden Interessengegensätzen konfrontiert sieht. Von der einen oder anderen Seite wird die Psychologie dann leicht in die Rolle des primär ideologischen Kritikers gedrängt und es werden Möglichkeiten für zukünftige Forschung versperrt. In derartigen Konflikten steht auch wieder die »Wissenschaftlichkeit« der psychologischen Methoden zur Disposition, d. h. die Psychologie kommt u. U. gegenüber etablierten Naturwissenschaften in Legitimierungszwänge. Oft wird versucht, Psychologen zu desavouieren als »Hofnarren der Modernisierung« (Beck 1982), welche Aufklärung und Fortschritt verhindern wollen. Eine derartige aufgezwungene Politisierung ihrer Forschung dürfte Psychologen (aber auch inzwischen zunehmend Naturwissenschaftler), die auf derartige persönlich traumatische Kampagnen nicht vorbereitet sind, von ähnlichen zukünftigen Forschungsaktivitäten abhalten (vgl. in diesem Zusammenhang den wachsenden Einfluß der Unternehmer auf die Begleitforschung im Rahmen der Projekte zur Humanisierung des Arbeitslebens, der auf der Grundlage von Rationalisierungsabsichten auf eine Trennung von technologischer Innovation und Humanisierungspolitik abzielt).

In Verbindung mit den vorher dargelegten wissenschaftstheoretischen Überlegungen könnte man von einer ähnlichen strukturellen Affinität zwischen naturwissenschaftlich ausgerichteten Psychologen, Technologieproduzenten, Technologieanbietern und der Wirtschaft in ihrer Doppelrolle als Implementierer von Technologie und Auftraggeber von Begleitforschung sprechen.

Zu den genannten wissenschaftsimmanenten Gründen, die die Psychologie bei der Auseinandersetzung mit Technik behindern, kommen noch einige methodologisch pragmatische Zwänge, die allgemein für diejenige angewandte Forschung, die über konventionelle Untersuchungsstrategien hinauszugehen beabsichtigt, zutreffen, wie

– daß gezielte Variationen wichtiger Bedingungen häufig an Bedenken des Betriebsrates oder der Betriebsleitung scheitern,
– daß die Untersuchungen selbst den Arbeitsablauf in der Organisation stören,
– daß Untersuchungen juristische Probleme (z. B. des Daten- und Persönlichkeitsschutzes) entstehen lassen und

– daß die Tätigkeit von Psychologen häufig Reaktivitätseffekte bei den Betroffenen bewirkt (vgl. zu diesen Punkten Gniech 1982 und Mündelein und Schönpflug 1984).

Fazit der bisherigen Ausführungen:
– spezielle Probleme der Forschungspraxis im Anwendungsbereich Technik,
– forschungspolitisch erklärbare Einseitigkeiten bei der Förderung bestimmter Forschung,
– die methodologisch begründete Selektivität bei der Auswahl von Fragestellungen und nicht zuletzt
– die wissenschaftspsychologisch angenommene subjektive bzw. wissenschaftshistorisch begründbare strukturelle Affinität zur zu untersuchenden Thematik haben dazu geführt, daß die Psychologie sich mit Technik insgesamt wenig und wenn, vornehmlich nur mit partikularisierten Einzelproblemen auseinandergesetzt hat.

3. Psychologie und Technik: Erfordernisse

Dieses Forschungsdefizit ist um so erstaunlicher, als die Psychologie durchaus ein starkes Eigeninteresse haben könnte, sich mit Technik auseinanderzusetzen. Immerhin wird der Hauptanteil alltäglichen menschlichen Lebens irgendwie durch Technik bestimmt, und Technik stellt damit eine der wichtigsten Bedingungen für menschliches Erleben und Verhalten dar. Es dürfte wohl kaum eine einzige Bindestrich-Psychologie geben, bei der Technik-bezogene Fragestellungen nicht einen zentralen Problembereich darstellen würden. Technik wird zumeist gedanklich mit dem Arbeitsbereich verbunden und hat hier erklärtermaßen auch ihren Einflußschwerpunkt. Technik umfaßt aber genauso andere Grundformen menschlicher Lebensäußerung, wie z. B. Spiel- und Lerntätigkeiten. Veränderungen all dieser Tätigkeitsbereiche durch z. B. technische Innovationen führen zu Veränderungen des menschlichen Lebens überhaupt und *müssen* von daher im Interesse psychologischer Forschung liegen.

Hiermit zusammenhängend muß wieder das Problem der gesellschaftlichen Legitimation von Psychologie gesehen werden. Sicherlich sollte der Wert einer Wissenschaft nicht primär an ihrer

Verwertbarkeit, ihrer unmittelbaren praktischen Nützlichkeit oder ihrer sozialpolitischen Relevanz gemessen werden (vgl. dazu die Ausführungen in Schultz-Gambard 1987 zur Angewandten Sozialpsychologie). Wenn aber eine Wissenschaft als Eigenanspruch definiert, das *gesamte* menschliche Erleben und Verhalten zu behandeln und dann aus Gründen zweiter Ordnung (wie der geschilderten methodologischen Orientierung, forschungspolitischen Situation und selbstgewähltem Forschungsdefizit bzw. Theoriedefizit) eine der wichtigsten Bedingungen menschlichen Lebens aus ihrem Forschungsrepertoire weitgehend ausklammert, muß sie sich nach der Rechtfertigung dieses Defizites fragen lassen. Dies erscheint als ein eher grundsätzliches Problem, unabhängig von pragmatischen Überlegungen zur Förderung wissenschaftlicher Forschung in Zeiten allgemein knapper werdender Ressourcen.

Eine Auseinandersetzung mit Technik könnte auch eine augenfällige Polarisierung aufheben, die sich im Verhältnis der Psychologie zur Technik ergeben hat: die etablierte Psychologie hat, wie wir gezeigt haben, eher technikunterstützende Forschungsbefunde erbracht; daneben gibt es natürlich auch eine kritische Richtung, die sich vornehmlich außerhalb der konventionellen Institutionen etabliert hat. Korrespondierend mit der laut demoskopischen Umfragen rapide zunehmenden Technikfeindlichkeit in unserer Gesellschaft (vgl. von Klipstein und Strümpel 1984, von Rosenstiel u. a. 1985) wird hier Technik im Zuge eines globalen Zivilisationspessimismus – oft im Zusammenhang mit einer Art »Anti-Science-Bewegung« – grundsätzlich eine systemstabilisierende Funktion unterstellt, und sie wird daraufhin undifferenziert abgelehnt. Derart bildet die Psychologie häufig nur gesellschaftliche Standpunkte gegenüber Technik in ihren eigenen Aktivitäten ab, anstatt sich auf wissenschaftliche Art und Weise mit dem Phänomen Technik selbst, zu dem auch öffentliche Meinungen und kollektive Bewertungen der Technik gehören, in umfassender Weise auseinanderzusetzen.

Eine eigene Standortfindung der Psychologie zur Technik wird um so dringlicher, als Wissenschaft allgemein – und so auch die Psychologie – gegenwärtig immer stärker an die gesellschaftliche und politische Praxis angebunden wird und sich die Trennungslinie zwischen Wissenschaft und Wirtschaft zunehmend verwischt: »Die Grundlagenforschung wird zunehmend kommerzialisiert und auf politisch gesetzte Ziele hin orientiert« (Weingart 1983).

Singer (1987) konstatiert und führt Belege dafür an, daß gesellschaftliche Bedürfnisse und Ziele schon immer wissenschaftliche Praxis entscheidend mitbestimmt haben. Die Psychologie beruft sich bei der Behandlung von Forschungsthemen, die irgendwie gesellschaftlich relevant sind, auf das Prinzip der Wertneutralität als einen Eckpfeiler ihrer Legitimität. De facto war aber psychologische Forschung von je her in gesellschaftliche Interessenkonflikte so oder so eingebettet. Die Tatsache, daß einerseits politische Wertdiskussionen in der Psychologie und andererseits Diskussionen um psychologische Erkenntnisse in der politischen Meinungsbildung kaum stattfinden, kann nur bei sehr großer Naivität als Bestätigung erfolgreicher Wertneutralität der Psychologie gedeutet werden. Vielmehr scheint uns dieser Sachverhalt ein Zeichen für die fehlende gesellschaftspolitische Relevanz psychologischer Forschung zu sein. Trivialitäten führen eben nicht zu politischem Dissens und damit auch zu keiner öffentlichen Diskussion. Insofern kann die Angst von Psychologen über die zu große Nähe zu gesellschaftlich brisanten Themen – wie z.B. Probleme technischer Innovation – ihre wissenschaftlich »jungfräuliche Reinheit« (vgl. Singer und Glass 1975: »Some reflections upon losing our social psychological purity«) zu verlieren, leicht zerstreut werden. Zu verlieren gibt es nichts, weil eine derartige Reinheit nicht gegeben ist. Es gilt lediglich, gesellschaftliche Bedeutung für die Psychologie zu gewinnen.

Auch hier muß wieder das Problem der gesellschaftlichen Legitimation von Psychologie gesehen werden. Singer (1987) zeigt auf, daß, wenn auch der Wert einer Wissenschaft – und so auch der Psychologie – nicht an ihrer Nützlichkeit gemessen werden kann, Verwertbarkeitsüberlegungen aber die Qualität wissenschaftlicher Arbeit und Arbeitsbedingungen über deren Förderung und Finanzierung entscheidend mitbestimmen. Insofern werden solche Wissenschaftsbereiche, die sich – aus welchen Gründen auch immer – an der Diskussion zentraler gesellschaftlicher Fragen oder der Lösung der wichtigen gesellschaftlichen Probleme entweder nicht beteiligen können oder beteiligen wollen, Einbußen zu verzeichnen haben, z.B. können Forschungsförderungsmittel ausbleiben, der wissenschaftliche Apparat nicht ausgebaut werden, spezielle Forschungszentren nicht gegründet werden usw.

Wendet man die Überlegungen Singers auf das Verhältnis von Psychologie zu Fragen technischen Wandels und technischer Innovation an, könnte prognostiziert werden, daß, wenn die Psychologie sich nicht zu einer umfassenden wissenschaftlichen Auseinandersetzung mit Technik bereit findet und daher auch zu den gesellschaftspolitischen Diskussionen über die Veränderungen unseres Lebens durch Technik nicht Entscheidendes beitragen kann, dies sicherlich ernsthafte Konsequenzen hinsichtlich des Forschungsbetriebes, wie wir ihn heute kennen, möglicherweise hinsichtlich der Existenz der Wissenschaft Psychologie überhaupt haben wird. Bereits jetzt befindet sich die Psychologie hierbei im gesellschaftspolitischen Abseits.

4. Psychologie und Technik: Möglichkeiten

Dabei hätte die Psychologie durchaus wichtige eigenständige Beiträge in die Technikdiskussion einzubringen. Zu Beginn ist gesagt worden, daß die Geschichte der Technik die Geschichte der Versuche des Menschen ist, sich möglichst optimal an seine Umwelt anzupassen. Insofern stellen Bemühungen aus Wirtschaftlichkeitserwägungen oder aufgrund sogenannter technischer Sachzwänge den Menschen an technische Routinen zu adaptieren, immer grundsätzlich eine Umkehrung des ursprünglichen Zieles dar. Aufgabe der Psychologie kann es von daher auch nicht sein, nur Auswirkungen von Technik auf den Menschen mit dem Ziel der Optimierung der Mensch-Maschine-Interaktion zu untersuchen. Es ist aufgezeigt worden, wie bestimmte Charakteristika der wissenschaftstheoretischen Ausrichtung und der geschichtlichen Entwicklung der Psychologie sie für die Behandlung bestimmter Fragestellungen – z. B. ergonomische Fragestellungen – prädisponieren und wie diese Prädisposition von externen Auftraggebern für psychologische Forschung entsprechend aufgegriffen worden ist. Sicherlich ist diese Forschung wichtig und sinnvoll – nicht zuletzt sind von ihr viele methodologische und auch theoretische Voraussetzungen für eine mögliche zukünftige umfassende Auseinandersetzung mit Technik überhaupt geschaffen worden. Nur ist in ihr auch die Gefahr des Hervorbringens problemverkürzender Lösungen wie auch die Gefahr der Um-

kehr des Problemzusammenhanges »Technik für den Menschen«
angelegt. Aufgabe der Psychologie müßte es ergänzend sein, an
menschlichen Entwicklungsprozessen orientierte Zielvorgaben
für Technik zu liefern und folgeabschätzend zu analysieren, ob
die technische Realisation den Zielen entspricht, und gegebenenfalls auf Diskrepanzen und zu erwartende Konsequenzen aufmerksam zu machen. Psychologie hätte also grundsätzlich eigentlich mehr anzubieten als die Beantwortung hochpartialisierter
Fragestellungen. Eine allgemeine, sämtliche psychologische
(Grundlagen) Forschung umfassende Auseinandersetzung mit
Technik könnte die Angewandte Psychologie dann auch aus den
bestehenden engen Verwertungszusammenhängen und damit aus
gewissen politischen Abhängigkeiten lösen.

An dieser Stelle stellt sich nach der vorher geäußerten Kritik an
der bisherigen psychologischen Forschungspraxis die Frage, ob
und wie denn die Psychologie überhaupt die eben aufgezeigten
Möglichkeiten einlösen kann, d. h. die Frage, wo denn die Psychologie ein methodologisches und theoretisches Entwicklungspotential für eine umfassende Behandlung des Mensch-Technik-
Verhältnisses besitzt.

Das meiste Entwicklungspotential für eine adäquate Behandlung
des Verhältnisses von Technik zu menschlichem Erleben und
Verhalten liegt unserer Meinung nach in einem der neueren Ansätze psychologischer Forschungspraxis: in der Ökologischen
Psychologie und in Teilbereichen der Arbeits- und Organisationspsychologie, in denen reale Settings Ort der wissenschaftlichen Analyse sind.

4.1 Der Beitrag der Ökologischen Psychologie

Ökologie befaßt sich ganz allgemein mit dem Verhältnis von Lebewesen zu der sie umgebenden Außenwelt. »Ökologie ist ein
Wort, das trotz einer hundertjährigen Geschichte in der Biologie,
einer über fünfzigjährigen in der Soziologie erst in den letzten
Jahren in das Bewußtsein einer breiteren Öffentlichkeit einge-
drungen ist, vornehmlich als Attribut einer Krise... Historisch
gesehen hat die Psychologie als letzte der Humanwissenschaften
die ökologische Fragestellung aufgegriffen« (Graumann 1978,
S. 7). Ökologische Psychologie befaßt sich mit der systematischen

Analyse des Verhältnisses von menschlichem Erleben und Verhalten und den Bedingungen der soziomateriellen Umwelt. Nun hat es in der Psychologie seit jeher ein Interesse an Umwelt gegeben, und dieses Interesse war nicht beschränkt auf Ökopsychologen. Auch läßt sich keine Untergruppe psychischer Prozesse wie Wahrnehmung oder Kognition und auch kein Feld psychologischer Praxis wie Betrieb oder Schule von der Ökologischen Psychologie ausgrenzen. Vielmehr scheint die Ökologische Psychologie eine besondere Perspektive hinsichtlich aller psychischen Prozesse und aller potentiellen Anwendungsgebiete zu bieten (vgl. Graumann 1978), speziell eben auch im Bereich der Arbeits- und Organisationspsychologie.

Das rasche Wachstum ökologisch-psychologischer Forschung seit den sechziger Jahren fällt zeitlich zusammen mit der oben angesprochenen öffentlichen Wahrnehmung einer umfassenden ökologischen Krise. So sehen denn auch einige Autoren die ökologische Psychologie primär als Antwort der Psychologie auf gesellschaftliche Sorgen und Befürchtungen hinsichtlich vieler Probleme wie z. B. der Bevölkerungsexplosion, der Zerstörung der natürlichen Umwelt, der Erschöpfung von Bodenschätzen und der Bedrohung durch die Nukleartechnologie (z. B. Darley und Gilbert 1985, Singer und Baum 1981). Dagegen weist Stokols (1987) darauf hin, daß die eigenständigen theoretischen und methodischen Leistungen der Ökologischen Psychologie vermutlich mehr durch die Auseinandersetzung mit grundsätzlichen theoretischen und methodischen Defiziten traditioneller psychologischer Forschung als durch das Aufgreifen aktueller gesellschaftlicher Probleme bewirkt wurden (Bungard 1984). Die dabei angesprochenen Defizite sind größtenteils deckungsgleich mit den von uns diskutierten Defiziten psychologischer Forschung und insofern werden für unsere weitere Erörterung auch die genannten eigenständigen Leistungen der Ökologischen Psychologie von Interesse sein.

Charakteristisch für sämtliche ökopsychologischen Forschungsansätze ist die Erfassung komplexer und übergreifender Umwelt-, Erlebens- und Verhaltenszusammenhänge im natürlich-alltäglichen Gesamtkontext mit vorwiegend naturalistischen Methoden, entsprechend eine eher eklektische Methodenauffassung, eine Betonung des Systemcharakters von Mensch-Umwelt-Zusammenhängen, eine verstärkte Berücksichtigung der Einflüsse materieller Umweltbedingungen und schließlich eine oft interdis-ziplinäre Praxisorientierung. Dabei erscheint eine Trennung zwi-schen materiellen und sozialen Bedingungen zwar möglich, aber nicht sinnvoll, da der materiellen Umwelt immer soziale Entste-hungsbedingungen zugrunde liegen, die sie reflektiert; und da sie selbst auch immer bestimmte Muster sozialer Aktivitäten vor-zeichnet.

Einen aktuellen Überblick über die Entwicklung der ökopsycho-logischen Forschung geben Russel und Ward (1982) und Stokols und Altmann (1986).

Wir wollen im folgenden die sich aus der Ökologischen Psycho-logie ergebenden Möglichkeiten für eine wissenschaftliche Aus-einandersetzung der Psychologie mit Technik an drei Perspekti-ven diskutieren, die uns in diesem Zusammenhang von Bedeu-tung zu sein scheinen: die systemwissenschaftliche Perspektive, die kontrolltheoretische Perspektive und die kontextuelle Per-spektive in der Ökologischen Psychologie.

4.1.1 Die systemwissenschaftliche Perspektive

Unter einem System wird nach Klaus (1968) eine Menge von Elementen und eine Menge von Relationen, die zwischen diesen Elementen bestehen, verstanden. Vergegenwärtigt man sich die Fragestellung der Ökologischen Psychologie als systematische Analyse der Zusammenhänge (Relationen) zwischen Umwelt- und Verhaltensvariablen, wird der systemwissenschaftliche Cha-rakter dieses Ansatzes unmittelbar deutlich. Ohne allgemein das Problem der wissenschaftlichen Bedeutung und der Anwen-dungsmöglichkeiten der Systemtheorie für die Psychologie dis-kutieren zu wollen (zur Systemtheorie in der Ökopsychologie siehe Stapf 1978) läßt sich jedenfalls festhalten, daß es sich bei systemaren Zusammenhängen von Mensch und Technik u. a. um *komplexe, dynamische* und *offene* Zusammenhänge handelt. Eine derartige Charakterisierung impliziert folgende Erfordernisse an die psychologische Forschung zur Technik: in *komplexen* Syste-men ziehen Eingriffe in das System mit Veränderungen einzelner Elemente sehr viele Effekte an sehr unterschiedlichen Stellen des Systems nach sich. Statt also wie in der traditionellen Psychologie zu versuchen, die vorliegende Komplexität des untersuchten Phä-nomens auf möglichst einfache Variablenstrukturen zu reduzieren, wird durch eine systemwissenschaftliche Betrachtungsweise nahegelegt, nach multiplen Nebenwirkungen zu fahnden und Methoden bereitzustellen, die diese abzubilden in der Lage sind.

Dynamische Systeme durchlaufen über die Zeit zahlreiche Veränderungen. Dies bedeutet, daß neben Ursache-Wirkungs-Zusammenhängen auch nach Ursache-Wirkungs-Verzögerungen, nach Spätfolgen und Zusammenhangsänderungen gesucht werden muß. Hierzu sind Verlaufsanalysen unabdingbar.

Offene Systeme lassen sich sowohl theoretisch als auch praktisch-methodisch schlechter handhaben als geschlossene Systeme. Man kann sogar sagen, daß gegenwärtig in der Psychologie kaum Möglichkeiten vorhanden sind, überhaupt offene Systeme zu analysieren. Von daher war es und ist es nötig, zu Zwecken psychologischer Analyse offene Systeme künstlich zu schließen. Eine systemwissenschaftliche Betrachtungsweise von Mensch-Technik-Zusammenhängen verweist darauf, daß das Ausmaß einer solchen Schließung prinzipiell beliebig ist. So ist beispielsweise zur Hypothesengenerierung eine frühzeitige Schließung unsinnig, zur Hypothesentestung aber u. U. notwendig (siehe dazu auch Stapf 1978). Da das Ausmaß der Schließung disponibel ist, gibt es auch keine wissenschaftliche Notwendigkeit, eine frühe Schließung wie in der traditionellen Psychologie und auch in der psychologischen Ergonomie als für psychologische Forschung allgemein verbindlich zu betrachten. Vielmehr sollte je nach Fragestellung das Ausmaß der Schließung diskutiert werden. Wir kommen bei der kontextuellen Perspektive auf diese Argumentation zurück.

4.1.2 Die kontrolltheoretische Perspektive

Kontrolle – verstanden als Verhältnis zwischen dem Ausmaß der Anforderungen der Umwelt an den Menschen und den Möglichkeiten, diesen Anforderungen zu entsprechen – ist in den beiden letzten Jahrzehnten zu einem zentralen Forschungsthema im Schnittbereich von Ökopsychologie und Sozialpsychologie geworden. Die Kontrollforschung besitzt eine hohe Anwendungsrelevanz dadurch, daß sich die Wahrung von Kontrollmöglichkeiten in den verschiedensten Umweltbereichen als wichtiger Indikator für das physische und psychische Wohlbefinden von

Menschen erwiesen hat. Einen umfassenden Überblick über die psychologische Kontrollforschung geben Osnabrügge, Stahlberg und Frey (1985).

Zugrunde liegt dem Kontrollkonzept die Annahme einer allgemeinen menschlichen Motivation, sich als Ursache von Ereignissen und Veränderungen in der Umwelt zu erleben (vgl. White, 1959, de Charms 1968, Lefcourt 1973). Derartige Kontrollerfahrungen resultieren in Gefühlen eigener Kompetenz und Wertigkeit, bzw. hat das Ausbleiben und der Verlust von Kontrollerleben negative Auswirkungen bezüglich des psychischen und physischen Wohlbefindens der betroffenen Person zur Folge. Kontrolle wird dabei als psychologisches Konstrukt weiter gefaßt, als seine umgangssprachliche Bedeutung impliziert. Am eindeutigsten ist Kontrolle gegeben, wenn objektive Kontingenzen zwischen Handlung und Handlungskonsequenzen bestehen, d. h. wenn eine Person sie betreffende Ereignisse aktiv durch eigenes Handeln beeinflussen kann (dieser Aspekt entspricht auch dem alltäglichen Verständnis von Kontrolle). Viele Ereignisse in der Umwelt entziehen sich aber der direkten Beeinflußbarkeit, ohne daß man ihnen gegenüber das Erleben von Kontrollverlust wahrnimmt, da man weiß, wie und wann sie sich ereignen, man sie antizipieren, sich auf sie einstellen oder sich ihnen auch entziehen kann. Entsprechend sind Erklärbarkeit und Vorhersagbarkeit weitere Dimensionen des psychologischen Kontrollkonzeptes. Als besonders bedrohlich und aversiv werden daher auch Ereignisse erlebt, die weder beeinflußbar noch vorhersagbar sind, wie z. B. Naturkatastrophen oder technische Katastrophen. Hier bietet eine nachträgliche Erklärbarkeit nur eine schwache Kompensation. Weiter haben wir gegenüber zahlreichen Ereignissen – gerade in unserer technischen Umwelt –, die wir weder selbst erklären noch beeinflussen können, dennoch ein Kontrollerleben, weil sie von signifikanten anderen – z. B. technischen Experten, deren Kompetenz wir vertrauen – kontrolliert werden (»secondary control« vgl. Rothbaum, Weisz und Snyder 1982). Nur sind wir bei den bisherigen Überlegungen davon ausgegangen, daß objektiv gegebene Kontrollmöglichkeiten (Beeinflußbarkeit, Vorhersagbarkeit, Erklärbarkeit, Sekundärkontrolle) auch von den Betroffenen subjektiv wahrgenommen werden. Dies muß nicht notwendigerweise so sein. Die psychologische Forschung hat zeigen können, daß auch sowohl subjektiv nicht wahrgenommene aber objektiv gegebene Kontrolle wie auch subjektiv wahrgenommene Kontrolle ohne objektive Entsprechung (»illusion of control«, Langer 1975) Auswirkungen auf das menschliche Erleben und Verhalten haben. Langer nimmt sogar an, daß ein gewisses Ausmaß an illusionärer Kontrolle eine notwendige Vorbedingung für normales psychisches Funktionieren ist.

Für das Thema Technikbewertung scheinen uns besonders die Überlegungen und Befunde zur sekundären Kontrolle und zur subjektiven Kontrollwahrnehmung von Bedeutung zu sein. Technische Innovationen und Veränderungen entziehen sich heutzutage weitgehend aktiver Einflußnahme, Erklärbarkeit und partiell auch der Vorhersagbarkeit ihrer Folgen und Nebenwirkungen. Dadurch und durch ihre breit gefächerten Auswirkungen auf eine Vielzahl von Lebensbereichen können z. T. weitgehende Kontrollverlusterlebnisse auftreten. So läßt sich auch der in Umfragen aufgezeigte schon erwähnte Trend zu negativen Einstellungen gegenüber Technik und technischer Entwicklung erklären auf dem Hintergrund einer umfassenden kollektiven Antizipation von Kontrollverlust durch technischen Fortschritt. Angst und Befürchtung werden dabei besonders gegenüber unüberschaubaren und in ihren Folgen schwer kalkulierbaren Großtechnologien geäußert. Gewünscht wird nicht nur eine umweltfreundliche, sondern auch eine überschaubare und kontrollierbare Technik (vgl. Klipstein und Strümpel 1984). Wenn hierdurch Kontrollierbarkeit zu einem Kriteriumswert für die Akzeptanz von Technik wird, müssen die Determinanten kognizierter Kontrolle für die Planer, Hersteller und Anbieter von Technik bedeutungsvoll werden. Wenn daher die Psychologie erst bei der Implementierung von Technik zur Erstellung von Einführungsstrategien und Methoden der Akzeptanzerleichterung herangezogen wird, erscheint uns dies zu spät. Hier sollten Kriterien kognizierter Kontrolle als quasi normative Vorgaben in die Planung und Gestaltung von Technik mit einbezogen werden.

Für die Psychologie andererseits würde die Beschäftigung mit dem Problem kognizierter Kontrolle gegenüber Technik eine Vielzahl neuer, interessanter Forschungsfragen aufwerfen. Um die Rolle und soziale Funktion technischer Experten besser verstehen zu können, müßten z. B. die Determinanten sekundärer Kontrolle genauer eruiert werden. Einer Abklärung bedarf auch die Frage, unter welchen Voraussetzungen und inwieweit Beeinflußbarkeit durch Vorhersagbarkeit, Erklärbarkeit, sekundäre Kontrolle oder Kombinationsformen dieser Kontrollmöglichkeiten kompensierbar ist. Auch ist in der Psychologie bisher nicht hinreichend zwischen der Kontrolle über Ereignisse und Kontrolle über die Folgen von Ereignissen unterschieden worden – ein Problem, das gerade hinsichtlich der Akzeptanz einiger Großtechnologien, bei denen sich zwar die ablaufenden technischen Prozesse, aber nicht ihre sämtlichen Folgen hinreichend kontrollieren lassen, von Bedeutung zu sein scheint.

Welche politische Kraft und Brisanz in der kollektiven Wahrnehmung eines Kontrollverlustes liegen kann, vermitteln die Untersuchungen zu den Auswirkungen eines technologischen Fehlschlags, des Unfalls im Kernkraftwerk von Three Miles Island in den USA. Dieser Unfall wurde zum Katalysator einer über den spezifischen lokalen Rahmen weit hinausgehenden sozialen Bewegung gegen eine Nutzung von Kernenergie überhaupt (vgl. Baum, Fleming und Davidson 1983). Erfahrungen aus der jüngsten Vergangenheit mit den Reaktionen der Bevölkerung in der BRD auf den Reaktorunfall in Tschernobyl scheinen in dieselbe Richtung zu deuten.

4.1.3 Die kontextuelle Perspektive

In der Entwicklung und Ausformulierung dieser Perspektive ist wohl der eigenständigste Beitrag der Ökologischen Psychologie und zugleich der größte Unterschied zu der bisherigen psychologischen Forschung zu sehen. Während in der traditionellen psychologischen Forschung (auch in der psychologischen Ergonomie) das Verhältnis zwischen Umwelt einerseits und Erleben und Verhalten andererseits – wie vorab kritisiert – lediglich als Einfachbeziehung zwischen abhängigen und unabhängigen Einzelvariablen analysiert wurde (z. B. finanzielle Anreize führen zu erhöhter Leistung, oder intensivere Beschallung führt zu Streßreaktionen), bemüht sich die Ökologische Psychologie um Analyseeinheiten, die in sich die wechselseitigen Abhängigkeiten der personalen, sozialen und materiellen Bedingungen von Mensch-Umwelt-Transaktionen innerhalb eines gemeinsamen Verhaltensschauplatzes oder ökobehavioralen Systems abbilden (Stokols 1983). Umwelt wird dergestalt nicht nur konzeptualisiert als einzelner Einflußfaktor für oder als Produkt von menschlichem

Handeln, sondern als Kontext, in dem unzählige psychologische, soziale und kulturelle Phänomene auftreten und dabei das menschliche Handeln beeinflussen und zugleich von ihm beeinflußt werden. Eine derartige Analyse beinhaltet nach Stokols (1987) eine Reihe von theoretischen und methodischen Abweichungen von herkömmlicher Forschung und impliziert ihr gegenüber zusätzlich Möglichkeiten. Insgesamt läuft dies auf eine Erweiterung des Erklärungsrahmens psychologischer Forschung hinaus. So werden die materiellen und sozialen Umweltdimensionen nicht mehr getrennt, sondern in soziomaterielle Einheiten integriert. Dergestalt kann auch die symbolische Bedeutung materieller Umweltbedingungen erfaßt und für die Erklärung sozialen Verhaltens berücksichtigt werden. Materielle Manifestationen sozialer Handlungen können ja zu »sozialen Tatsachen« (vgl. Durkheim 1976) werden und als solche einen (kontextuellen) Einfluß auf zukünftiges soziales Handeln ausüben.

Hiermit zusammen hängt das Bemühen, objektivistische und subjektivistische Betrachtungsweisen der Umwelt zu integrieren. So kann z. B. auch der Grad, in dem ein technisches Produkt aus einer bloßen Ansammlung materieller Elemente von seinen Nutzern in ein Objekt mit Symbolgehalt und sozialer Bedeutung transformiert wird, als Kriteriumsvariable unterschiedlicher Akzeptanz von Technik dienen.

Weitere Möglichkeiten bieten der Vergleich von individueller und kollektiver Umweltwahrnehmung innerhalb derselben Analyse (vgl. Jacobi und Stokols 1983, Stokols und Shumaker 1981), über den z. B. die Verbundenheit mit oder die Diskrepanz zu bestehenden Traditionen bezüglich bestimmter Umweltgegebenheiten aufgezeigt werden kann.

Ein weiterer Akzent liegt auf der Nutzung von Mehrebenenanalysen statt Analysen auf einer Einzelebene. Umweltbereiche können hinsichtlich ihrer Komplexität unterschieden werden, z. B. ob eine spezifische Einzelsituation oder ein ganzer Lebensbereich, der aus vielschichtigen Settings und Situationen zusammengesetzt ist, analysiert wird. Je komplexer der Kontext, desto größer ist die räumliche und zeitliche Reichweite der untersuchten psychologischen, sozialen, materiellen und kulturellen Faktoren. Ihren höheren Erklärungswert haben Mehrebenenanalysen in der Ökopsychologie bereits bei Untersuchungen der Auswirkungen von Verkehrsbelastungen auf Streßerleben und Gesundheit (Stokols und Novaco, 1981) und von Fluglärm auf soziales Verhalten und kognitive Leistung (Cohen u.a. 1986) unter Beweis gestellt.

Bezüglich der Auseinandersetzung mit Technik enthält die kontextuelle Perspektive einige interessante Aspekte. Einmal bedeutet Technik Veränderung. Die Veränderungen vollziehen sich in spezifischen gesellschaftlich-historischen Kontexten; das heißt, Bewertungen von Technik sind abhängig von den allgemeinen kollektiven Werthaltungen und sozialen Normen gegenüber allen Sachverhalten, die irgendwie mit der untersuchten Technik zusammenhängen, sowie vom historischen Entstehungsprozeß dieser Werte. So kann man ziemlich sicher sagen, daß die Auswirkungen der Veränderungen von bestimmten Arbeitsroutinen durch Mikroprozessoren u.a. auch davon abhängig sein werden, wie Computer in unserer Gesellschaft allgemein bewertet werden und wie die kollektiven Vorerfahrungen mit ihnen sind; ob Computer beispielsweise eher als manipulierbare Spielobjekte oder als von anonymen Bürokraten eingesetzte Überwachungswerkzeuge erfahren worden sind.

Zweitens lassen sich Veränderungen durch Technik nicht auf isolierte Bereiche beschränken, sondern Veränderungen in einem Bereich haben Auswirkungen auch in anderen Bereichen und ändern derart oft den gesamten Lebenskontext der betroffenen Personen. »Durch Miniaturisierung, Automatisierung, Computerisierung und Roboterisierung wird die Mikroelektronik unser Leben grundlegend verändern und sich in nahezu allen Lebensbereichen auswirken: am Arbeitsplatz, im Privatbereich, in Politik und Wissenschaft, im Krieg und Frieden« (Bericht des Club of Rome, Friedrichs und Schaff 1982). So wird z.B. die Einführung von Industrierobotern in der industriellen Fertigung nicht nur Folgen für die Fertigungsabläufe haben, sondern darüber hinaus für die Kommunikations- und Interaktionsstrukturen der Mitarbeiter: für das soziale Leben im Betrieb, aber auch – wenn aus Rentabilitätsgründen drei statt zwei Schichten gefahren werden müssen – für das Freizeitverhalten, für das Familienleben und für allgemeine Interessen wie z.B. politische Aktivitäten; über sich ändernde Qualifikationsanforderungen schließlich auch für die Ausbildung, die Tarifpolitik und damit für den sozialen Status der Beschäftigten usw. (vgl. Ulich 1983).

Bedingt durch die neuen Technologien allgemein werden auch

ganz neue Formen »elektronischer Heimarbeit« und freier Mitarbeit möglich (vgl. Huber 1984; Ulich 1983), die bestehende Beschäftigungs- und allgemeine Lebensstrukturen erheblich verändern werden.

Analysen, die nicht in der Lage sind, die vielfältigen Auswirkungen solcher sozialen Veränderungen durch technische Innovation in einer vielschichtigen Ebenenstruktur zu erfassen, werden zu der gesellschaftlichen Diskussion um die neuen Technologien nicht viel Entscheidendes beizutragen haben.

Ein grundlegendes methodologisches Problem (für kontextuelle Forschung) ergibt sich daraus, daß für jede Analyse prinzipiell eine nahezu unendliche Anzahl kontextueller Einflußfaktoren, die potentiell zu berücksichtigen wären, denkbar ist. Nötig wird damit eine Art metatheoretischer Rahmen, aus dem Kriterien zur Bestimmung des »effektiven Kontextes« für die jeweilige Fragestellung abgeleitet werden können (vgl. Stokols 1987).

Noch finden sich nur wenige derartige Arbeiten zur Technik innerhalb der Ökopsychologie – wie insgesamt in der Psychologie. Erste Annäherungen an das Thema Technik können in der Entwicklung von Skalen zur Erfassung der Arbeitsumwelt durch Moos (1979) oder der Ausweitung des Behaviorsettingkonzeptes auf organisationstheoretische Fragestellungen durch Wicker (1986) gesehen werden. Andererseits besitzt aber die Ökopsychologie eine Vielzahl theoretischer Konzepte und methodischer Entwicklung, die u. U. sehr gut auf Fragestellungen zur Beziehung Mensch-Technik anwendbar wären, wie z. B. das Synomorphiekonzept und das Behaviorsettingkonzept (Barker 1968) und seine Weiterentwicklung durch Wicker (1979, 1986), den Person-Environment-Fit-Ansatz (Caplan 1983), das Konzept des ambienten Stresses (Campbell 1983), die Entwicklung von Modellen makroräumlicher Kognition (Moore und Golledge 1976), umweltbezogene Dispositionen als Ergänzung zum Trait-Ansatz in der Persönlichkeitsforschung (Craik 1976), Methoden der Simulation von Makroumweltbereichen (Appleyard und Craik 1978) und vor allem Methoden zur Aufzeichnung ausgedehnter Verhaltensmuster in natürlichen Umweltbedingungen (Little 1983; Michelson 1985).

5. Ausblick

Eine Auseinandersetzung mit Technik könnte ihrerseits die theoretische und methodische Diskussion innerhalb der Psychologie in doppelter Weise beleben: Einmal stellen Folgeabschätzungen von Technik gewiß neue und herausfordernde Anforderungen an die theoretischen und methodischen Möglichkeiten der Psychologie und könnten damit insbesondere die Bemühungen zur Überwindung des noch weitverbreiteten Reduktionismus in der Psychologie beleben. Die notwendigerweise geforderte interdisziplinäre Zusammenarbeit könnte dabei die Übernahme alternativer methodischer und theoretischer Ansätze aus anderen Wissenschaftsbereichen erleichtern.

Zum anderen würde – rein forschungspragmatisch gesehen – durch das ungeheure politische Moment der öffentlichen Diskussion um die neuen Technologien der kontextuellen Forschung in der Psychologie durch neue Personen, neue Meinungen, Forschungsschwerpunkte, Tagungen, Workshops usw. die lebenswichtige Infrastruktur gegeben werden können. Vor diesem Hintergrund scheint moderater Optimismus bezüglich einer zukünftigen umfassenderen Auseinandersetzung mit Technik und Technikbewertung innerhalb der Psychologie nicht unangebracht.

Literatur

Appleyard, D. und Craik, V. H. (1978), »The Berkeley environmental simulation laboratory and its research programme«, *International Review of Applied Psychology* 27, S. 53-55.

Barker, R. G. (1968), *Ecological Psychology: Concepts and Methods for Studying the Environment of Human Behavior,* Stanford, Calif.: Stanford University Press.

Baum, A., Fleming, R. und Davidson, L. M. (1983), »Natural disaster and technological catastrophe«, *Environment and Behavior* 15, S. 333-354.

Beck, U. (1982), »Folgeprobleme der Modernisierung und die Stellung der Soziologie in der Praxis«, in: Beck, U. (Hg.), *Soziologie und Praxis,* Göttingen: Otto Schwarz & Co., S. 3-23.

Boucsein, W., Greif, S. und Wittekaup, J. (1984), »Systemresponsezeiten als Belastungsfaktor bei Bildschirm-Dialogtätigkeiten«, *Wuppertaler Psychologie Berichte.* Nr. 1, Psychologie im Fachbereich 3.

Bungard, W. (1984), *Sozialpsychologische Forschung im Labor*, Göttingen: Hofgrefe.

Campbell, J. M. (1983), »Ambient stressors«, in: *Environment and Behavior* 15, S. 355-380.

Caplan, R. D. (1983), »Post, present and future«, in: Cooper, C. C. (Hg.), *Stress Research: Issues for the Eighties*, New York: John Wiley.

Chakir, A. (1983), *Bildschirmarbeit – Konfliktfelder – Lösungen*, Berlin: Springer Verlag.

Cohen, S., Evans, G. W., Stokols, D. und Krantz, D. S. (1986), *Behavior, Health and Environmental Stress*, New York: Plenum.

Craik, V. H. (1976), »The personality research paradigm in environmental psychology«, in: Wagner, S. B. und Kaplan, B. (Hg.), *Experiencing the Environment*, New York.

Darley, J. M. und Gilbert, D. T. (³1985), »Social psychological aspects of environmental psychology«, in: Lindzey, G. und Aronson, E. (Hg.), *The Handbook of Social Psychology*, Reading: Addison Wesley.

De Charms, R. (1968), *Personal Causation*, New York Academic Press.

Durkheim, E. (⁵1976), *Die Regeln der soziologischen Methode*, Darmstadt: Luchterhand.

Friedrichs, G. und Schaff, A. (1982), *Bericht des Club of Rome. Auf Gedeih und Verderb. Mikroelektronik und Gesellschaft*, München, Wien, Zürich.

Gebert, D. und Rosenstiel, L. (1981), *Organisationspsychologie*, Stuttgart: Kohlhammer.

Giese, F. (1928), *Psychotechnik*, Breslau.

Gniech, G. (1982), »Störeffekte bei psychologischen Untersuchungen im Feld«, in: Patry, I. L. (Hg.), *Feldforschung*, Bern: Huber, S. 259-275.

Graumann, C. F. (1978), *Ökologische Perspektiven in der Psychologie*, Bern, Stuttgart, Wien: Huber.

Huber, M. (1984), »Schöne neue Welt der elektronischen Heimarbeit?«, in: *Psychologie heute*, Mai, S. 61-67.

Jacobi, M. und Stokols, D. (1983), »The role of tradition in group-environment relations«, in: Feimer, N. R. und Geller, E. S. (Hg.), *Environmental Psychology: Directions and Perspektives*, New York: Praeger Press, S. 157-179.

Klaus, G. (1968), *Wörterbuch der Kybernetik*, Berlin: Dietz.

Klipstein, M. und Strümpel, B. (1984), *Der Überdruß am Überfluß*, München, Wien.

Langer, E. J. (1975), »The illusion of control«, in: *Journal of Personality and Social Psychology* 32, S. 311-328.

Lefcourt, H. M. (1973), »The function of the illusions of freedom and control«, in: *American Psychologist* 28, S. 417-425.

Little, B. (1983), »Personal projects: A rationale and method for investigation«, in: *Environment and Behavior* 15, S. 273-310.

Meyer-Abich, K. M., Schefold, B. und v. Weizsäcker, C. F. (1981), *Zwischenbericht über den Stand der Arbeiten im Forschungsprogramm: Die Sozialverträglichkeit verschiedener Energiesysteme in der industriegesellschaftlichen Entwicklung*, Essen, Frankfurt, Starnberg.

Michelson, W. (1985), *From Sun to Sun: Daily Obligations and Community Structure in the Lives of Employed Women and their Families*, New York: Rowan & Allanheld.

Miegel, M. (1984), »Die Angst der Deutschen. Reagieren Deutsche auf neue Technologien zu träge, zu irrational?«, in: *Industriemagazin*. Februar, S. 34 ff.

Moore, G. I. und Goolledge, R. G. (1976), *Environmental Knowing*, Stroudsberg, Pa.: Dowden, Hutchins & Ross.

Moos, R. (1979), *The Human Context: Environmental Determinants of Behavior*, New York: John Wiley.

Mündelein, H. und Schönpflug, W. (o. J.), »Ökologische Validierung eines im Laboratorium nachgebildeten Büroarbeitsplatzes mit Hilfe des Fragebogens zur Arbeitsanalyse (FAA)«, in: *Psychologie + Praxis* 28, S. 2-10.

Osnabrügge, G., Stahlberg, D. und Frey, D. (1985), »Die Theorie der kognizierten Kontrolle«, in: Frey, D., Irle, M. (Hg.), *Theorien der Sozialpsychologie*, Bd. III: *Motivations- und Informationsverarbeitungstheorien*, Bern, Stuttgart, Toronto: Huber.

Prim, R. und Tillmann, H. (1973), *Grundlagen einer kritisch-rationalen Sozialwissenschaft*, Heidelberg: UTB.

Roßnagel, A. (1983), *Bedroht die Kernenergie unsere Freiheit?*, München.

Rosenstiel, L. v. (1984), »Aufgabe der Arbeits- und Betriebspsychologie bei sich wandelnden Technologien. Organisationsstrukturen und Werthaltungen.« Referat auf der Fachtagung für Arbeits- und Betriebspsychologie des BDP in Lübeck.

Rothbaum, F., Weisz, J. R. und Snyder, S. S. (1982), »Changing the world and changing the self: A two-procress model of perceived control«, in: *Journal of Personality and Social Psychology*, 42, S. 5-37.

Russel, J. A. und Ward, L. M. (1982), »Environmental psychology«, in: *Annual Review of Psychology* 33, S. 651-688.

Schmale, H. (1983), *Psychologie der Arbeit*, Stuttgart: Klett-Cotta.

Schultz-Gambard, J. (Hg.) (1987), *Angewandte Sozialpsychologie, Konzepte, Ergebnisse, Perspektiven*, Weinheim: Psychologie Verlags Union-Beltz.

Singer, J. E. (1987), »Es ist sehr interessant, aber warum ist es Sozialpsychologie?«, in: Schultz-Gambard (Hg.), *Angewandte Sozialpsychologie, Konzepte, Ergebnisse, Perspektiven*, Weinheim: Psychologie Verlags Union-Beltz, S. 3-16.

Singer, J. E. und Baum, A. (1981), »Environmental psychology is applied social psychology«. Vortragsmanuskript für das Symposium »Toward a Social Psychology of the Environment«, Paris: Maison des Sciences de l'Homme.

Singer, J. E. und Glass, E. C. (1975), »Some reflections on loosing our social psychology purity«, in: Deutsch, M. und Horstein, H. A. (Hg.), *Applying Social Psychology*, Hillsdale, N. Y.: Erlbaum.

Stachelsky, F. v. (1983), »Typologie und Methodik von Akzeptanzforschungen zu neuen Medien«, in: *Publizistik*, Heft 1. Jan.-März, S. 46 ff.

Stapf, K. (1978), »Ökopsychologie und Systemwissenschaft«, in: Graumann, C. F. (Hg.), *Ökologische Perspektiven in der Psychologie*, Bern, Stuttgart, Wien: Huber.

Stern, W. (1900), »Über Psychologie der industriellen Differenzen. Ideen zu einer differentiellen Psychologie«, Schrift der deutschen Gesellschaft für psychologische Forschung 12.

Stokols, D. (1983), »Environmental psychology. A coming of age«, in: Kraut, A. G., *The Stanley Hall Lecture Series*.

Stokols, D. (1987), »Theoretische Beiträge der »Umweltpsychologie zur Analyse von sozialem Verhalten«, in: Schultz-Gambard (Hg.), *Angewandte Sozialpsychologie*, Weinheim: Psychologie Verlags Union-Beltz, S. 235-250.

Stokols, D. und Altmann, I. (Hg.) (1986), *Handbook of Environmental Psychology*, N. Y.: Wiley.

Stokols, D. und Novaco, R. W. (1981), »Transportation and well-being: An ecological perspektive«, in: Wohlwill, F., Everett, P. B. und Altman (Hg.), *Human Behavior and Environment-advances in Theory and Research*, Bd. 5, *Transportation Environments*, N. Y.: Plenum.

Stokols, D. und Shumaker, S. A. (1981), »People in places: A transactional view of settings«, in: Harvey, J. (Hg.), *Cognition Social Behavior and the Environment*, Erlbaum: Hillsdale.

Ulich, E. (1983), »Industrieroboter: Chance oder Gefahr«, in: *Psychosozial* 18. Technologie und Kultur, Hamburg.

White, P. W. (1959), »Motivation reconsidered: The concept of competence«, in: *Psychological Review* 66, S. 297-333.

Weinert, A. B. (1981), *Lehrbuch der Organisationspsychologie*, München, Wien, Baltimore: Urban und Schwarzenberg.

Weingart, P. (1983), »Verwissenschaftlichung der Gesellschaft. Politisierung der Wissenschaft«, in: *Zeitschrift für Soziologie* 12, Heft 3, S. 225-241.

Wicker, A. W. (1979), *An Introduction to Ecological Psychology*, Monterey, Calif.: Brooks/Cole.

Wicker, A. W. (1986), »Behavior settings reconsidered: Temporal stages resources, internal dynamics context«, in: Stokols, D. und Altmann (Hg.), *Handbook of Environmental Psychology*, N. Y.: Wiley.

Winterhoff-Spurk, P. (1986), *Fernsehen. Psychologische Befunde zur Medienwirkung*, Bern, Stuttgart, Wien: Huber.

Carl Graf Hoyos
Psychologische Aspekte der Technikbewertung unter der Perspektive der Sicherheitsproblematik

1. Technikbewertung –
Technologiefolgenabschätzung (TA)

Vor einigen Jahren hat der Direktor des Technischen Überwachungsvereins Rheinland, A. Kuhlmann, ein Buch mit dem Titel *Alptraum Technik?* veröffentlicht. Er fordert:

»Über den Wert der Technik nachzudenken ist heute mehr denn je eine der großen Verpflichtungen, denen man sich nicht entziehen darf.« Er schreibt dann weiter: »Grundsätzlich sind wir der Auffassung, daß der Wert der Technik sich in erster Linie an den Lebensnotwendigkeiten im Sinne der Schaffung und Erhaltung menschlicher Lebensqualität orientieren muß. Technik ist nach moderner Auffassung zunächst ein Instrument zum wirtschaftlichen Arbeiten. Sie ist darüber hinaus die Voraussetzung, um körperliche Anstrengung zu vermindern und unsere Lebensbedürfnisse zu befriedigen. Damit ist sie zugleich eine wichtige Grundlage zur Bewahrung unserer Gesundheit. Immer ist die Technik Mittel zum Zweck und als solches kann sie auch mißbraucht werden. Neben aufbauender Technik hat es immer auch zerstörerische Technik gegeben. Die Grenzziehung zwischen beiden Arten der Nutzung technischer Möglichkeiten ist oft nicht einfach, weil die Übergänge fließend sein können. Inwieweit beispielsweise verschwenderischer Konsum mit Hilfe der Technik positiv zu bewerten ist, mag angesichts schwindender Ressourcen fraglich sein, auch wenn der Konsum rein ökonomisch gesehen durchaus positive Aspekte hat« (Kuhlmann 1977, S. 9).

Der Begriff »Technikbewertung« ist nun auch in der ingenieurwissenschaftlichen Diskussion teilweise bereits mit einer bestimmten Bedeutung belegt, abgeleitet aus dem US-amerikanischen Begriff des *technology assessment*. Dabei handelt es sich nicht nur um einen Begriff, sondern auch um ein bestimmtes Vorgehen, um bestimmte Verfahren, mit denen politische Entscheidungen im weiteren Sinne vorbereitet und fundiert werden können. Mit TA will man »die systematische Analyse der ökologischen, sozialen und wirtschaftlichen Auswirkungen neuer Technologien und alternativer Lösungsmöglichkeiten auf die zentralen Bereiche der Gesellschaft erzwingen, wobei mögliche unerwünschte Folgen und Nebenwirkungen besonders beachtet werden. *Technology assessment* soll gleichsam ein Frühwarnsystem darstellen. Es soll aufmerksam machen auf mögliche Fehlentwicklungen oder negative Konsequenzen industrieller Entwicklungen, insbesondere wenn sie durch legislative Entscheidungen initiiert werden. Damit ergeben sich Möglichkeiten zur rechtzeitigen Einleitung von Gegenmaßnahmen« (Kuhlmann 1977, S. 10). Nach Kuhlmann hat sich für TA auch die Formulierung »Technologiefolgenabschätzung« eingebürgert. TA verfolgt, wie ihr Name sagt, die Aufgabe, »wirtschaftliche, politische, soziale Auswirkungen technischer Entwicklungen im vorhinein abzuschätzen und durch geeignete Maßnahmen in die gewünschte Richtung zu lenken« (Kuhlmann 1981, S. 403).

2. Psychologie und TA

Gibt es für die Psychologie einen Platz innerhalb dieser Bemühungen? Falls überhaupt, ist die Psychologie am TA-Prozeß bisher nur marginal beteiligt. Jedoch ist TA auch aus psychologischer Sicht eine Aufgabe allerersten Ranges und sollte von den Fachvertretern in Angriff genommen werden, denn:

– Technologische Veränderungen haben direkte und kurzfristige Auswirkungen auf das Verhalten, wie z. B. Fehlbeanspruchung durch hohe Informationsdichte.
– Technische Veränderungen haben direkte, aber langfristige Wirkungen auf das Verhalten, wie z. B. Einstellungsänderungen, Veränderungen von Denkformen durch langjährigen Umgang mit Computern; Krankheit und Invalidität.
– Technische Veränderungen haben indirekte Auswirkungen auf das Verhalten, wie z. B. die Folgen von Arbeitslosigkeit.

Es soll hier hauptsächlich von direkten, kurzfristigen Folgen, in gewissem Umfange auch von längerfristigen Folgen, nicht aber von indirekten Folgen die Rede sein.

Für die Psychologie, insbesondere für die Arbeitspsychologie, Ingenieurpsychologie und Organisationspsychologie bestehen für den Einstieg in TA einige Prämissen, die ich in 5 Punkten zusammenfasse:

1. TA ist, wie schon gesagt, zukunftsbezogen und versucht, mögliche Entwicklungen im voraus zu schätzen. Die Psychologie bringt dazu insofern Erfahrungen mit, als Voraussagen über künftiges Verhalten, z. B. bei Personalentscheidungen, zu ihren wichtigen Aufgaben gehören. Diese Erfahrungen sind aber angesichts von Unsicherheiten über mögliche Wirkbeziehungen und angesichts von Mißerfolgen in der praktischen Arbeit nicht immer positiv. Wie aber andererseits zahlreiche Studien gezeigt haben (Einhorn und Hogarth 1981; Kahneman u. a. 1982; Dörner u. a. 1983), sind die Voraussagen von Laien wie von Experten mit typischen Fehlern und Beschränkungen behaftet. Psychologen können sich durch Verminderung solcher Fehler indirekt am TA-Prozeß beteiligen.

2. Die Psychologen können im TA-Prozeß nur ein Rädchen im Getriebe vielfältiger Bemühungen sein. Wollen sie ihren Beitrag leisten, so müssen sie dies in Kooperation mit verschiedenen anderen Disziplinen tun. Obwohl häufig die interdisziplinäre Zusammenarbeit beschworen wird, ist sie jedoch bislang selten und auch selten mit Erfolg praktiziert worden.

3. TA folgt meistens einer Systembetrachtung, die eine Differenzierung der Komponenten, eine Einsicht in deren Wechselwirkung und in die Wirkungen bestimmter Eingaben erlaubt. Das Denken in Systemen hat auch in die Psychologie Eingang gefunden, z. B. in der Beschreibung von Mensch-Maschine-Systemen. In dieser Hinsicht verfügen die Psychologen über gute Voraussetzungen. Insbesondere gilt es zu erkennen, daß es sich bei Mensch-Maschine-Systemen um geregelte Systeme handelt, in denen der Mensch als Regler agiert. Zu ihrem Verständnis bringt die Psychologie zweifellos gute Voraussetzungen mit, ja im Aufdecken der regelnden Prozesse, soweit sie vom Menschen ausgehen, liegt die eigentliche Stärke des Psychologen.

4. Wie Kuhlmann in seinem erwähnten Buch betont, ist die Datenbasis für eine adäquate TA oft zu schmal und muß daher dringend erweitert werden. Wer die Praxis von Bewertungen aller Art kennt, weiß, mit welchen groben Schätzungen, ja irrigen Annahmen Verhaltensdaten eingebracht werden. Auch hier eröffnet sich dem Psychologen ein weites Feld, indem er die Unmenge von Befunden sinnvoll aggregiert, die er in der Literatur vorfindet, und soweit erforderlich neue Daten gewinnt.

5. Schließlich benötigt ein System Soll-Werte, auf die hin es ge-

steuert werden muß. Diese Soll-Werte oder Kriterien sind auch die Vorgaben für TA, denn Folgen sind ja nicht nur Folgen von etwas, sondern auch Folgen auf etwas hin. Auf die Punkte 4 und 5 möchte ich jetzt noch etwas ausführlicher eingehen. Dabei geht es – wie schon zu erkennen war – um die Abschätzung der Folgen ganz bestimmter Technologien. Woran ist dabei zu denken?
– immer noch mit hoher Priorität: Großtechnologie, insbesondere Kernkraftwerke, moderne Verkehrssysteme;
– Mikroelektronik
– Robotertechnologie
– Büroautomatisation und Textverarbeitung.

3. Datenbasis für TA

TA muß auf eine breitere Datenbasis gestellt werden. Auf welche Daten soll sich TA aus psychologischer Sicht stützen? Wie kann man Daten über Zustände gewinnen, die noch nicht bestehen? Aus der konventionellen Erforschung des Erlebens und Verhaltens, die sich auf aktuelle und retrospektive Daten stützen, kommt uns wenig Hilfe, da gewöhnlich – je nach Fragestellung – ausgewählte Daten erhoben werden – ausgewählt anhand bestimmter Hypothesen im günstigeren Falle, ausgewählt anhand vordergründiger Opportunitäten im ungünstigeren Fall. Benötigt werden aber repräsentative und systematisch geordnete Daten zum – vermuteten – Verhalten des Menschen in einer neuen Situation. Dieses Vorgehen sei am Beispiel des Systemziels »Sicherheit« erläutert. Von anderen »Systemzielen« wird nachher noch die Rede sein.
Der Mensch ist dem Systemziel »Sicherheit« in mannigfacher Weise unterworfen. Er hat Vorschriften zu befolgen, z. B. Unfallverhütungsvorschriften; er wird für fahrlässiges Verhalten mit Strafen bedroht; seine Wege sind mit Warnsignalen bestückt, usw. Sollwerte dieser Art haben psychologische Seiten mannigfacher Art. Ich möchte aber auf einen anderen Aspekt hinweisen: Sicherheit fordert vom Menschen eine bestimmte Form angepaßten Verhaltens, d. h. Sicherheit manifestiert sich dem Menschen gegenüber in einer bestimmten Anzahl von Verhaltensanforderungen. Sie können für bestehende Einrichtungen, aber auch für neue Technologien festgestellt werden.

Wir haben solche Anforderungen in einem »Fragebogen zur Sicherheitsdiagnose« (FSD) zusammengestellt (Bernhardt u.a. 1984). Es ging uns um die Entwicklung eines praxisnahen Diagnoseinstrumentes für betriebliche Sicherheitsfachkräfte. Durch Einbeziehung vor allem verhaltenswissenschaftlicher Grundsätze, durch Hinterfragen der verhaltensauslösenden Bedingungen und verhaltensbestimmenden Faktoren entstand ein arbeitspsychologisch gestütztes Verfahren, das auf mehreren Ebenen zu einer systemorientierten, präventiven Sicherheitsdiagnose in Mensch-Umwelt-Systemen ermutigen soll.

Der FSD will u.a. folgende Themen ansprechen:
- Aufbau und Praxis des Arbeitsschutzes
- Gefährdungs- und Schutzmöglichkeiten im Arbeitssystem
- Arbeitsstrukturierung
- Informationsangebot und -verarbeitung
- Handeln in sicherheitskritischen Situationen.

Eine vorläufige Fassung des FSD mit rund 250 Sicherheitselementen ist fertiggestellt und wird gegenwärtig in einigen Forschungsprojekten eingesetzt.

Schon die ziemlich große Zahl von Fragen, die man mit Hilfe dieses Verfahrens an ein System richten kann, demonstriert ein systematisches Vorgehen. Und darauf kommt es tatsächlich an: Verhaltenswissenschaftliche Kenntnisse müssen systematisch einem Anwendungsbereich, hier Sicherheit, zugeordnet werden. Ähnliches ist für Beanspruchung, Qualifikation usw. notwendig und wurde z.T. schon getan.

Ein solches Verfahren ist auch zur TA unter verhaltenswissenschaftlichen Aspekten geeignet. Um dies zu zeigen, haben wir einige Daten an einer Technologie erhoben, die – wie man umgangssprachlich sagen kann – »gewaltig im Kommen ist«: die Robotertechnologie (Hoyos und Strobel 1985). Es gibt sie schon, wie jeder weiß, aber sie befindet sich noch im Anfangsstadium ihrer Entwicklung. Es ist also noch an der Zeit, prospektive TA in Bezug auf diese Technologie zu treiben. Von ingenieurwissenschaftlicher Seite wird das Gefährdungspotential von Handhabungsautomaten betont. Wie ist das Bild aus arbeitspsychologischer Sicht?

Der Einsatz des IR liegt besonders im Bereich manuell durchzuführender Arbeitsaufgaben, die große Gefährdungspotentiale enthalten und eine starke körperliche Belastung bei gleichzeitiger geistiger Unterforderung darstellen (Punkt- oder Bahnschwei-ßen, Automontage, Lackieren etc.). Die Handhabung von IR bringt jedoch auch neue Sicherheitsprobleme mit sich, denen in letzter Zeit große Aufmerksamkeit gewidmet wird. Unfälle an Industrieroboterarbeitsplätzen sind zwar im Vergleich zu ande-ren Arbeitsplätzen der maschinellen Produktion ihrer Anzahl nach eher gering, nicht jedoch im Hinblick auf ihre Schwere. Unfallgefahren bei der Arbeit an Robotern entstehen aufgrund

– der energiereichen Bewegungen (hohe Verfahrgeschwindigkeit, Bewegung großer Massen),
– der gleichzeitigen Bewegung in mehreren (bis zu 8) Achsen,
– der freien Programmierbarkeit der Geschwindigkeit und Be-wegungsrichtung jeder einzelnen Achse. Dies bedingt für den Beschäftigten die Schwierigkeit, den nächsten Bewegungs-schritt und die Richtung des Roboters abzusehen,
– eines im Verhältnis zum Gerätevolumen sehr großen Bewe-gungsraumes, der sich häufig mit dem Standraum anderer Ma-schinen überschneidet.

Der mögliche Einwand, der Wirkungsbereich von IR sei durch Schutzvorkehrungen, in der Regel durch einen Schutzzaun, von anderen Arbeitsplätzen abgegrenzt und somit nicht als gefährlich anzusehen, ist nur zum Teil berechtigt. Erstens gibt es Anlagen, bei denen eine derartige Schutzmaßnahme aus räumlichen oder arbeitsablaufbedingten Gründen nicht eingesetzt werden kann. Zweitens erfordert die Handhabung von Manipulatoren Arbeits-aufgaben, die *innerhalb* der Schutzzäune verrichtet werden müs-sen. Hierzu gehören vor allem *Programmier- und Wartungsar-beiten*. Diese Tätigkeiten, die in unmittelbarer Nähe der Roboter ausgeführt werden müssen, erfordern von den Beschäftigten eine Auseinandersetzung mit einer Vielzahl von Gefährdungen. Eine kompetente Kontrolle dieser sicherheitskritischen Arbeitssitua-tionen stellt somit hohe Anforderungen an deren Verhalten.

Wir haben den Arbeitsplatz des Programmierers von Robotern mit dem FSD untersucht. Aufgabe des Programmierers ist es, den Robotern, die in der Abteilung Karosseriebau eines Automobil-werks beim Blechschweißen eingesetzt werden, die Schweiß-punkte, die sie setzen sollen, einzugeben. Diese Justiertätigkeit erfolgt über eine manuell bediente Fernsteuerung, mit der die verschiedenen »Arme« des Roboters auf die erforderlichen Punkte geführt werden. Auf diese Weise wird dem Roboter der genaue Bewegungsablauf eingegeben, der anschließend anhand eines Testlaufs überprüft wird. Während des Programmierens – bei komplizierten Bewegungen bzw. Autoteilen auch während des Probelaufs – befindet sich der Beschäftigte innerhalb des Schutzzaunes in unmittelbarer Nähe des Roboters. Nur dann ist eine genaue Justierung bzw. deren Überprüfung möglich.

Folgende Gefährdungsmöglichkeiten während dieser Arbeitsaufgabe wurden festgestellt:

– Der Programmierer gibt dem Roboter eine falsche Bewegungsrichtung ein, so daß dieser sich auf den Beschäftigten zu bewegt.
– Der Programmierer gibt dem Roboter eine zu hohe Fahrgeschwindigkeit ein.
– Der Programmierer schätzt die Geschwindigkeit und/oder Bewegungsrichtung der einzelnen Roboterachsen falsch ein.

Folgende *Sicherheitsvorkehrungen* sind im Arbeitssystem vorhanden:

– Ist die Anlage auf Hand, d.h. auf Programmieren geschaltet, so kann sie nur vom Programmierer über die Steuerungstastatur bedient werden.
– Der Roboter *kann* während der Programmiertätigkeit nur mit verminderter Geschwindigkeit fahren.
– Der Roboter »fährt« nur dann, wenn die Programmiertaste gedrückt wird. Läßt der Programmierer sie los, so kommt die Anlage sofort zum Stillstand.

Durch diese Sicherheitseinrichtungen ist es jedoch nicht gelungen, eine Kollision Mensch-Roboter gänzlich *auszuschließen.*

An den Programmierer sind daher hohe Anforderungen gestellt, um diese Gefahren kontrollieren zu können. Hohe Anforderungen sind aber immer auch ein Sicherheitsrisiko.

Die von uns ermittelten Anforderungen haben sich besonders auf vier Anforderungsbereiche konzentriert:

1. Anforderungen an Informationsverarbeitung
2. Anforderungen an die Arbeitsausführung
3. Anforderungen an Kommunikation und Kooperation
4. Anforderungen an das Handeln in sicherheitskritischen Situationen.

Was bedeuten Daten dieser Art für die Technologie-Entwicklung? Zunächst kann gesagt werden: wir haben ein bestehendes System analysiert. Prinzipiell könnten auch noch nicht real existierende Systeme anhand von Entwürfen, Prototypen, Beschreibungen analysiert werden. Können aber diese Daten auch in Maßnahmen umgesetzt werden, die Umfang und Richtung des Einsatzes einer Technologie beeinflussen?

Gewiß, aber mit dem Hinweis, ein System sei nicht genügend sicher, es beanspruche die Beschäftigten in unzumutbarer Weise, allein ist es nicht getan. Vielmehr müssen aus den Analysedaten konkrete Maßnahmen abgeleitet werden. Wir haben dem FSD Maßnahmen zugeordnet, die es erlauben sollen, ein System auf das Ziel »Sicherheit« hin zu optimieren.

Maßnahmen können sich beziehen
- auf die Motivation und Einstellung des Beschäftigten,
- auf die Ausbildung von Beschäftigten und
- auf die Gestaltung der Geräte und Aggregate und ihrer Umgebung selbst.

Wenn wir neue Technologien betrachten, so wird (1) besonders im Zusammenhang mit der sog. Akzeptanz akut, (2) betrifft die in Zukunft benötigten Qualifikationen, die damit verbundenen Begabungen und die Investitionen für Ausbildung und Training, (3) soll ermöglichen, frühzeitig Entwurfs- und Gestaltungsaspekte zu beeinflussen und auf die Optimierung der Systemkriterien hin zu lenken.

4. Kriterien für TA

Wenn sich TA »mit den Wechselwirkungen in Mensch-Maschine-Umweltsystemen und ihren zeitlichen Verkettungen« (Kuhlmann 1981, S. 412) und dabei natürlich mit den Auswirkungen auf das »System Mensch« befaßt, so bedarf es sorgfältiger Überlegungen über die Kriterien positiver oder negativer Auswirkungen einer neuen Technologie. Zunächst könnte man meinen, nahezu jeder Aspekt des Erlebens und Verhaltens könnte auch ein wichtiges Kriterium für TA liefern. Ein solches Vorgehen wäre aber gänzlich unübersichtlich und damit auch unpraktikabel. In der Analyse von Mensch-Maschine-Systemen und besonders bei deren Gestaltung haben sich *bestimmte* Kriterien als besonders relevant herausgestellt. Sie wurden bevorzugt für korrigierende Arbeitsgestaltung herangezogen, z. B. bei Projekten zur Humanisierung des Arbeitslebens (HDA). Mit der Anregung einer prospektiven

Arbeitsgestaltung (Ulich u. a. 1980) kam aber bereits die Voraus-schau auf künftige Verhältnisse ins Blickfeld. Auch wenn TA nicht mit HDA gleichzusetzen ist, die Zielvorstellungen sind weitgehend identisch. Es kann also auf die Humanisierungsdebatte der letzten Jahre verwiesen werden. An dieser Stelle müssen einige Hinweise genügen.

Die wohl größte Beachtung und Verbreitung haben die Kriterien gefunden, die Rohmert (1973) zur Bewertung von Arbeitssyste-men aufgestellt hat: Arbeit müsse ausführbar, erträglich, zumut-bar sein und Zufriedenheit schaffen. Ulich (1983) stellte eine et-was modifizierte Bewertungsliste auf: 1. Schädigungsfreiheit, 2. Beeinträchtigungslosigkeit, 3. Persönlichkeitsförderlichkeit, 4. Zumutbarkeit. Das vorhin schon genannte Systemziel »Sicher-heit« kann dem Kriterium der Schädigungsfreiheit zugeordnet werden. Während die Kriterien Rohmerts und die Kriterien 1, 2 und 4 nach Ulich die direkten, kurzfristigen Wirkungen von Ar-beit oder Technologie betreffen, weist Kriterium 3 nach Ulich bereits auf eine langfristige Wirkung hin: »Ziel persönlichkeits-förderlicher Arbeitsgestaltung ist... die Vermittlung von Hand-lungskompetenz durch Schaffung von Möglichkeiten des Er-werbs generalisierbarer und innovatorischer Qualifikationen. Da-mit sollen Individuen und Kollektive in die Lage versetzt werden, ihre Subjektstellung zu erkennen und unter Anwendung ihrer kognitiven und sozialen Kompetenz Arbeit wo immer und soweit wie möglich autonom zu gestalten« (Ulich 1980). Die Anwen-dung der Computer-Technologie im allgemeinen und der Robo-tertechnik im besonderen fordert in der Tat mehr und höhere Qualifikationen, Fähigkeiten zur Lösung komplexer Probleme und anderes mehr. Ob damit dem Kriterium der Persönlichkeits-förderlichkeit entsprochen werden kann, sei dahingestellt. Die meines Wissens bisher umfassendste Liste von Humanisierungs-zielen mit insgesamt fünfzehn Kriterien hat Neuberger (1980) aufgestellt. Im innerpsychologischen Diskurs muß eine Anzahl von Problemen geklärt werden, auf die Neuberger hingewiesen hat:

– Ist eine gegebene Kriterienliste erschöpfend?
– Stehen Kriterien in Widerspruch oder Konkurrenz, z. B. Ent-faltung und Sicherheit?
– Lassen sich Mängel in einem Kriterium durch andere positive Folgen ausgleichen?

– Wie steht es mit den vielfältigen Meßproblemen in diesem Bereich?

Diese Kriteriendiskussion greift offenkundig weit über die Psychologie hinaus. Schon die Frage der Verantwortlichkeiten und Zuständigkeiten für TA-Kriterien ist ziemlich offen. Handelt es sich hier um Schlußfolgerungen aus Expertenkommissionen oder um eine demokratische Willensbildung? Ist Konsensbildung in diesem Bereich möglich oder bleiben Entscheidungen über Kriterien wie Autonomie, Privatheit u. a. bestimmten Gruppen oder gar dem einzelnen vorbehalten? Fallen sie in die Zuständigkeit der Tarifpartner oder gar des Gesetzgebers?

Literatur

Bernhardt, U., Hauke, G., Hoyos, C. Graf und Wenninger, G. (1984), »Entwicklung eines Verfahrens zur Diagnose von Mensch-Umwelt-Systemen. Teil 1: Entwicklung und Erprobung des Fragebogens zur Sicherheitsdiagnose (FSD)«, Bericht Nr. 12 aus dem Lehrstuhl für Psychologie der Technischen Universität München.

Dörner, D., Kreuzig, H. W., Reither, F. und Ständel, Th. (Hg.) (1983), *Lohhausen. Vom Umgang mit Unbestimmtheit und Komplexität,* Bern: Huber.

Einhorn, H. J. und Hogarth, R. M. (1981), »Behavioral decision theory: processes of judgment and choice«, in: *Annual Review of Psychology* 32, S. 53-88.

Hoyos, C. Graf und Strobel, G. (1985), *Das Gefährdungspotential des Programmierers von Industrierobotern (IR),* BG, April, S. 194-198.

Kahneman, D., Slovic, P. und Tversky, A. (Hg.) (1982), *Judgment under Uncertainty: Heuristics and Biases,* Cambridge: Cambridge University Press.

Kuhlmann, A. (1977), *Alptraum Technik?,* Darmstadt: Hoppenstedt und Köln: Verlag TÜV Rheinland.

Kuhlmann, A. (1981), Einführung in die Sicherheitswissenschaft, Wiesbaden: Vieweg und Köln: Verlag TÜV Rheinland.

Neuberger, O. (1980), »Woran wird Humanisierung gemessen – wann gilt sie als eingelöst?«, in: L. v. Rosenstiel und M. Weinkamm (Hg.), *Humanisierung der Arbeitswelt – Vergessene Verpflichtung?,* Stuttgart: Poeschel, S. 81-93.

Rohmert, W. (1973), *Psycho-physische Belastung und Beanspruchung von Fluglotsen,* Berlin: Beuth-Vertrieb.

Ulich, E. (1980), »Veränderungen in der Arbeitswelt – Eine Herausforderung für die Psychologie«, Vortrag Bundeskongreß '80 der Sektion Arbeits- und Betriebspsychologie im BDP, Düsseldorf.

Ulich, E. (1983), »Industrieroboter. Chance oder Gefahr für die Humanisierung der Arbeit«, in: *Psychosozial* 18, S. 109-124.

Ulich, E., Frei, F. und Baitsch, Ch. (1980), »Zum Begriff der persönlichkeitsförderlichen Arbeitsgestaltung«, in: *Zeitschrift für Arbeitswissenschaft* 34 (6 NF), S. 210-213.

Helmut von Benda
Probleme und Bewertung
von Bildschirm-Arbeitsplätzen
aus arbeitspsychologischer Sicht

1. Einleitung

Zunächst soll versucht werden, einen Überblick über die wichtigsten arbeitspsychologisch-arbeitswissenschaftlichen Kriterien und Bewertungsebenen zu geben, danach wird eine Reihe von Problemen angesprochen, die sich aus der raschen Entwicklung der Informationstechnik und ihrem Einzug in die Arbeitswelt ergeben.

Der Ausdruck ›Bildschirm-Arbeitsplatz‹ ist recht unscharf und bedarf einer Präzisierung. Es gibt eine Vielfalt von rechnergestützten Tätigkeiten wie CAD, Dialog-Sachbearbeitung, Textverarbeitung, Auskunftsplatz, Datenerfassung, von denen in erster Linie diejenigen von Interesse sind, denen in Zukunft quantitativ und qualitativ die größte Bedeutung zukommen wird. Dies sind vor allem die Tätigkeiten, bei denen auf Sachbearbeiterebene der nicht speziell in EDV ausgebildete Arbeitnehmer zur Lösung seiner Arbeitsaufgabe mit dem Rechner in Interaktion treten muß. Die Textverarbeitung spielt dabei eher eine untergeordnete Rolle, da nur ca. 6% der im Büro und Verwaltung Beschäftigten Sekretariats-Aufgaben wahrnehmen und im Mittel nur etwa in 30% der Arbeitszeit Texte schreiben und bearbeiten. Die Hochleistungs-Datenerfassung wird voraussichtlich im Zuge neuer organisatorischer Lösungen, die durch die Informationstechnik möglich geworden sind, weitgehend verschwinden; gewiß kein Schaden, denn Arbeitsplätze dieser Art sind nach den im Anschluß zu besprechenden arbeitswissenschaftlichen Kriterien in mehrfacher Hinsicht fragwürdig.

2. Bewertungsmaßstäbe

Seit den Anfängen ist es ein Ziel der Arbeitswissenschaft, die Arbeit an die physische und psychische Funktionsweise des Menschen anzupassen. Dies setzt voraus, daß die Arbeitswissenschaft einerseits über Methoden verfügt, die die Arbeitstätigkeit bestimmenden Bedingungen und Belastungen beschreiben und analysieren, und zum anderen, daß vernünftige und, soweit möglich, wissenschaftlich abgesicherte Bewertungsmaßstäbe entwickelt werden. Diese normativen Vorgaben können sich inhaltlich auf verschiedene Ebenen beziehen, z. B. auf die Arbeitsorganisation, den Arbeitsinhalt, die Arbeitsmittel und die Arbeitsumgebung. Sie können sehr detailliert sein, z. B. in der Festlegung der Größe einer Schrift auf dem Bildschirm, aber auch relativ abstrakt, wie z. B. die Forderung nach Handlungsspielraum für den Arbeitnehmer. Viele der hier angesprochenen arbeitswissenschaftlichen Kriterien haben Eingang in Normen (DIN), Sicherheitsregeln und Verordnungen gefunden und haben damit einen gewissen Grad an Verbindlichkeit im Sinne ›gesicherter arbeitswissenschaftlicher Erkenntnisse‹ (§ 90/91 des Betriebsverfassungsgesetzes) erlangt.
Es ist hier nicht der Raum, im einzelnen auf die zahllosen Kriterien einzugehen, statt dessen sollen an Hand einer Reihe übergeordneter und allgemein akzeptierter Kriterien exemplarisch einige aktuelle Probleme der Arbeit am Bildschirm aufgezeigt werden. Wir orientieren uns hier an der Aufstellung von Ulich (1980), die in ähnlicher Form auch von anderen Arbeitswissenschaftlern angegeben wurde (Rohmert 1972; Hacker 1980).

a) Schädigungsfreiheit
Diese selbstverständliche Forderung beinhaltet, daß die Arbeitstätigkeit nicht die psychophysische Gesundheit schädigen darf, auch nicht über die Dauer eines Arbeitslebens. Im Zusammenhang mit der Arbeit am Bildschirm wurden z. B. die möglichen Gefahren durch Röntgen- und UV-Strahlen diskutiert. So hat man überlegt, ob Schwangere wegen des – wie wir heute wissen: vernachlässigbaren – Risikos dieser Art an Bildschirm-Geräten eingesetzt werden dürfen. Ein anderes Problem sind die häufig genannten Beschwerden über Augen-, Kopf- und Rückenschmerzen, die sicherlich zum Teil auf die für die Wahrnehmung noch

unbefriedigende Darstellung und die durch die Geräte-Konfiguration erforderliche Zwangshaltung zurückzuführen sind (Smith u. a. 1981). Es ist anzunehmen, daß in diesem Punkt vor allem die verbesserte Hardware Fortschritte bringen wird.

b) Beeinträchtigungsfreiheit

Hier ist gemeint, daß keine dauerhaften negativen Folgen im Sinne von erhöhter Beanspruchung durch die Arbeit auftreten sollen.

Als Beispiel sei genannt die Antwortzeit eines Systems. Durch Überlastung können bei vielen Systemen Wartezeiten im Bereich von mehreren Sekunden entstehen, die belastend wirken, da der Arbeitsablauf unterbrochen wird mit dem Zwang zur Daueraufmerksamkeit, der Notwendigkeit, im Kurzzeitgedächtnis gespeicherte Inhalte durch Memorieren, Aufschreiben etc. zu ›retten‹. Ein anderes Beispiel ist die Intoleranz vieler Systeme für ›Fehler‹ der Benutzer. Wird z. B. bei der Eingabe des Geburtstages »8. 1. 37« statt des geforderten »080137« eingegeben, besitzt also die führende Null keine Bedeutung (anders bei der Telefon-Vorwahl), wird der Benutzer nicht ohne weiteres einsehen, einen ›Fehler‹ begangen zu haben. Viele dieser Fragen der Informationsdarstellung und Mensch-System-Interaktion sind im Rahmen der Software- bzw. kognitiven Ergonomie (Dzida 1980) und der Hardware-Ergonomie bearbeitet worden, dies hat seinen Niederschlag in z. T. verbindlichen Regeln und Normen gefunden (DIN 66233, DIN 66234; Verwaltungsberufsgenossenschaft 1980).

Auch für den Bereich des Mensch-Maschine-›Dialogs‹ beginnt sich ein Konsens abzuzeichnen (DIN 66234, Teil 8, 1983). Zudem sind die ersten Checklisten und Leitfäden erschienen (z. B. Spinas u. a. 1983; Benz u. a. 1981).

c) Zumutbarkeit

Dieser Begriff ist in unserem Zusammenhang als sozialwissenschaftliche Kategorie aufzufassen. In der Gesellschaft haben sich Auffassungen von zumutbarer Arbeit herausgebildet, die einem Wandel unterworfen sind. So hat der allgemeine Anstieg des Lebensstandards, verbunden mit der verbesserten Ausbildung und einer bei einem Teil der Jugend sichtbaren anderen Einstellung zur Technik, zur Leistung und zur Freizeit eine Lücke entstehen lassen zwischen der gewünschten und der angebotenen Art der Arbeitsplätze. Im Bereich Datenverarbeitung dürfte z. B. die Arbeit der Hochleistungs-Datenerfassung (früher Locherin) für gut ausgebildete Personen unzumutbar sein, obwohl diese Tätigkeit im Hinblick auf Schädigungs- und Beeinträchtigungsfreiheit akzeptabel sein kann.

d) Förderung der Persönlichkeit
Dieser Forderung liegt die Einsicht zugrunde, daß ein ganz entscheidender Teil der Entwicklung des erwachsenen Menschen, sowohl in kognitiver als auch in sozialer Hinsicht, in Auseinandersetzung mit der den größten Teil seines Lebens bestimmenden Arbeitstätigkeit geschieht.
Es ist nicht einfach, diesen Begriff, der ja einem bestimmten Menschenbild entspricht, zu konkretisieren. In der Fassung von Ulich (1980) bedeutet er, daß die Arbeitstätigkeit folgende Merkmale aufweisen soll:
– Sie soll abwechslungsreich und ganzheitlich sein. Ein Sachbearbeiter sollte z. B. einen Vorgang komplett bearbeiten.
– Sie sollte ein Mindestmaß an Autonomie gewährleisten. Der Benutzer eines Systems sollte z. B. selbst bestimmen können, wann er mit einem Arbeitsvorgang beginnt, ihn beendet und welche Teilschritte er dazu unternimmt. Als Bedrohung ihrer Autonomie empfinden viele Arbeitnehmer eine – durch den Computer auch im Büro- und Verwaltungsbereich möglich gewordene – minutiöse Erfassung und Kontrolle ihrer Leistung.
– Sie soll den Erhalt und die Erweiterung der beruflichen Qualifikation ermöglichen. In den Anwenderprogrammen steckt ein guter Teil des beruflichen Wissens. Werden z. B. Routinefälle vom Programm erledigt und Sonderfälle von einer übergeordneten Stelle erledigt, liegt die Gefahr einer Dequalifikation nahe. Es wurde z. B. beobachtet, daß Bauingenieure, die einige Jahre mit Hilfe des Computers (CAD) konstruiert haben, danach normale Architektenaufgaben nicht mehr bewältigen können. Analog sollen Sachbearbeiter, die jahrelang nur Nummern für Textbausteine anzugeben hatten, nicht mehr in der Lage sein, Briefe zu formulieren – weder dienstlich noch privat.
– Sie soll die Kommunikation mit anderen Menschen erlauben. Arbeit ist mehr als die Erfüllung der Arbeitsaufgabe. Im Um-

gang mit Kollegen, Kunden, anderen Dienststellen etc. erwirbt der Einzelne soziale Kompetenz, erfährt Anerkennung seiner Person, wird unterstützt – wichtig vor allem in belastenden Situationen. Es ist unverkennbar, daß in vielen organisatorischen Lösungen beim Einsatz der EDV der Umfang der formellen und informellen Kooperationsbeziehungen drastisch zurückgegangen ist, meist als unbeabsichtigter Nebeneffekt einer an anderen Gesichtspunkten ausgerichteten Planung. Um einem Mißverständnis vorzubeugen: derartige Folgen sind keineswegs etwa dem Einsatz von Computern anzulasten, sondern ihrer arbeitsorganisatorischen Einbettung. In der Praxis ist – aus einer verkürzten betriebswirtschaftlichen Perspektive heraus – Rationalisieren oft mit arbeitsteiligem Vorgehen assoziiert worden. Diese tayloristische Trennung von Denken, Tun und Kontrolle hat sich in der Produktion als Sackgasse erwiesen (Hacker und Richter 1980), leider scheinen die gleichen Fehler im Bereich der Büro-Automatisierung nicht selten wiederholt zu werden (Gaugler u. a. 1980), ein Fehler, der neben dem nicht befriedigenden Arbeitsleben für den einzelnen auch eine Vergeudung menschlicher Ressourcen bedeutet. Immerhin gibt es erste Ansätze, das Kriterium der Persönlichkeitsförderlichkeit in Betriebsvereinbarungen zu verankern.

Zusammenfassend läßt sich sagen, daß innerhalb der Arbeitswissenschaft ein Konsens darüber besteht, welche Kriterien anzuwenden sind. Es gibt inzwischen eine ganze Reihe von z. T. standardisierten Verfahren der Arbeitsanalyse, mit denen sich die Qualität eines Arbeitsplatzes auch quantitativ einschätzen läßt (Frieling und Hoyos 1978; Rohmert und Landau 1979; Volpert u. a. 1983; Frieling u. a. 1984). Im Einzelfall ist allerdings die Gewichtung und die Lösung von Zielkonflikten nicht leicht vorzunehmen (Maguire 1982).

3. Problembereiche

Nun zu den Problembereichen, die sich aus der Einführung der neuen Informationstechnik ergeben.

a) Gestaltungsspielraum
Die computergestützten Arbeitsverfahren eröffnen dem Organi-

sator einen Gestaltungsspielraum, der in diesem Umfang bisher nicht gegeben war. Sollen die Optionen im Sinne der angesprochenen Kriterien genutzt werden, müssen sie als prospektive Arbeitsgestaltung (Ulich 1980) schon in der Planungsphase, in der die wichtigsten Vorentscheidungen fallen, berücksichtigt werden, nicht nur auf der Ebene des einzelnen Arbeitsplatzes, sondern auch auf höherer Ebene wie Abteilung, Betrieb. Da hier das Organisationsrecht des Unternehmens berührt wird, sind die Mitwirkungsrechte der Arbeitnehmer sehr begrenzt. Das Bundesarbeitsgericht z. B. hat den Gewerkschaften kein generelles Mitbestimmungsrecht bei der Einführung neuer Technologien zugesprochen.

b) Tätigkeitsformen

Es sind Tätigkeitsformen entstanden, die es in dieser ausgeprägten Form bisher nicht gegeben hat. So der fast ausschließliche Umgang mit abstrakten Symbolen, treffend auch als ›Entsinnlichung der Arbeit‹ bezeichnet. Oder der Zwang der Daueraufmerksamkeit, verbunden mit einer im Vergleich zur konventionellen Arbeit höheren Entscheidungsdichte (Arbeitsverdichtung durch Eliminierung von Routineaspekten). Weiterhin zwingen viele Systeme den Benutzer zu einer restriktiven und starren Interaktionsform, die – das viel verwendete Wort ›Dialog‹ darf darüber nicht hinwegtäuschen – nur wenige Merkmale mit zwischenmenschlicher Kommunikation gemeinsam hat (Chapanis 1981). Auch sei an die erhöhte Belastung des Gedächtnisses bei einigen Systemen erinnert, sicherlich ein Grund, warum viele ältere Arbeitnehmer frühzeitig kapitulieren. Schließlich sei auf den verstärkten Trend zu einer an einem Ort gebundenen, sitzenden Arbeitsweise mit ihrer negativen gesundheitlichen Auswirkung verwiesen. Es ist heute noch nicht abzusehen, wie sich diese Faktoren langfristig auswirken. Immerhin gibt es erste Überlegungen und empirische Studien, die sich mit dem Einfluß derartiger Arbeitsformen auf das Denken und Verhalten insbesondere auch in der Freizeit befassen (Volpert 1983; v. Rosenstiel 1984; Weltz 1982; Kubicek 1983; Rose und Jansen 1981).

c) Entwicklungstempo

Das rasche Entwicklungstempo der neuen Informationstechniken – erkennbar ist der Trend zu dezentralen, multifunktionalen Datenzentralen und zur Verknüpfung von Systemen – stellt die Forschung vor große Probleme. Die Laufzeit der meisten Projekte von drei bis fünf Jahren von den Vorarbeiten bis zum Abschluß ist daran gemessen vielfach zu lang. Es bleibt abzuwarten, ob durch Simulationsverfahren (*rapid prototyping*) dieses Dilemma beseitigt werden kann.

Darüber hinaus stehen qualitativ neuartige Systeme der künstlichen ›Intelligenz‹ (Expertensysteme, Sprachein- und -ausgabe) vor der Tür, deren Einsatz neue Fragen aufwirft.

d) Lernen

Die aus der Sicht der Anwender und Systementwickler ungewöhnlich langen Einarbeitungszeiten bis zur Beherrschung des Systems – die z. B. bei Textsystemen ein halbes und beim computerunterstützten Konstruieren (CAD) auf ein Jahr veranschlagt werden, haben die Aufmerksamkeit auf die Schulung und Übung gelenkt. Es stellte sich heraus, daß die Variabilität zwischen den Benutzern in Bezug auf Lerntempo und Leistungsstand außerordentlich groß ist und daß die Rückmeldungen und Schulungsunterlagen dem explorativen Lernstil der meisten Anfänger nicht angemessen sind. Auch fehlt bisher weitgehend eine aufgaben- und übungsabhängige Adaptivität der Systeme. Die hier angesprochenen Probleme sind bisher stark unterschätzt worden und müssen im Sinne einer differentielleren Arbeitsgestaltung (Ulich 1978) unter Nutzung denk- und lernpsychologischen Wissens gelöst werden.

e) Auflösung der Arbeitsstrukturen

Die neuen Informationstechniken machen es möglich, die traditionellen Strukturen von Arbeitszeit und -ort aufzuweichen bzw. aufzulösen. Unter den Stichworten Telearbeit, elektronische Heimarbeit, Satellitenbüro wird dieses Thema derzeit intensiv diskutiert. Da die gesamte rechtliche und organisatorische Infrastruktur auf die zentralisierte Arbeit ausgerichtet ist, besteht die Gefahr, daß hier eine wirtschaftlich, rechtlich und sozial unzureichend abgesicherte Kategorie von vorwiegend Arbeitnehmerinnen bzw. ›Unternehmerinnen‹ entsteht, deren Arbeitssituation durch Isolierung, Selbstüberforderung und fehlende Aufstiegs- und Weiterbildungschancen gekennzeichnet ist.

4. Abschließende Bemerkungen

Die Rationalisierung ist zweifellos das Hauptmotiv bei der Einführung neuer Technologien – auch bei Vorhaben, die unter dem Stichwort ›Humanisierung des Arbeitslebens‹ laufen. Die Chance, arbeitswissenschaftlichen Anforderungen Gehör zu verschaffen, besteht neben dem Drängen der Gewerkschaften und Arbeitnehmer auf frühzeitige Mitbestimmung in der durch ›teure‹ Erfahrungen gewonnenen Erkenntnis, daß Systeme, bei denen die Kriterien nicht beachtet wurden, von den Benutzern nicht akzeptiert werden und so zu einem wirtschaftlichen Mißerfolg führen.

Die Arbeitswissenschaft mit ihren empirisch abgesicherten und durch Konsens der Sozialpartner verbindlich gewordenen Normen hat schon immer Technikbewertung betrieben, allerdings beschränkt auf einzelne Arbeitsplätze und kleinere Betriebseinheiten. Sie kann für den Bereich der Erlebens- und Verhaltensverträglichkeit neuer Technologie als eine notwendige, aber nicht hinreichende Bedingung für eine umfassende Technikbewertung aufgefaßt werden, bei der größere soziotechnische Systeme betrachtet werden.

Literatur

Benz, C., Grob, R. und Haubner, P. (1981), *Gestaltung von Bildschirmarbeitsplätzen*, Köln: Verlag TÜV Rheinland.

Chapanis, A. (1981), »Interactive human communication: some lessons learned from laboratory experiments«, in: Shackel, B. (Hg.), *Man-Computer Interaction. Human Factor Aspects of Computers and People*, Alphen aan den Rijn: Sijthoff & Nordhoff.

DIN 66233; Bildschirmarbeitsplätze, Begriffe.

DIN 66234, Teil 8; Bildschirmarbeitsplätze – Grundsätze der Dialoggestaltung.

Dzida, W. (1980), »Kognitive Ergonomie für Bildschirmarbeitsplätze«, in: *Humane Produktion – Humane Arbeitsplätze* 10, S. 18-19.

Frieling, E. und Hoyos, C. Graf (Hg.) (1978), *Fragebogen zur Arbeitsanalyse* (FAA). *Handbuch und Frageheft*, Bern: Huber.

Frieling, E., Facaoaru, C. und Kannheiser, W. (1984), *Tätigkeits-Analyse-Inventar* (TAI), Entwurf.

Gaugler, E., Althauser, U., Kolb, M. und Mallach, A. (1980), *Rationalisierung und Humanisierung von Büroarbeiten*, Ludwigshafen: Kiehl.

Hacker, W. (1980³), *Allgemeine Arbeits- und Ingenieurpsychologie – Psychische Struktur und Regulation von Arbeitstätigkeiten*, Bern: Huber.

Hacker, W. und Richter, W. (Hg.) (1980), *Spezielle Arbeits- und Ingenieurpsychologie. Lehrtext 1: Psychologische Bewertung von Arbeitsgestaltungsmaßnahmen – Ziele und Bewertungsmaßstäbe*, Berlin: Verlag der Wissenschaften.

Kubicek, H. (1983), »Glasfasernetze als Autobahnen zum elektronischen Büro und zum elektronischen Heim«, in: DGB Landesbezirk Rheinland-Pfalz (Hg.), *Medientag 1982*, Mainz.

Maguire, M. (1982), »An evaluation of published recommendations on the design of man-computer dialogues«, in: *International Journal of Man-Machine Studies* 16, S. 237-261.

Rohmert, W. (1972), »Aufgaben und Inhalt der Arbeitswissenschaft«, in: *Die berufsbildende Schule* 24, S. 3-14.

Rohmert, W. und Landau, K. (1979), *Das arbeitswissenschaftliche Erhebungsverfahren zur Tätigkeitsanalyse (AET). Handbuch*, Bern: Huber.

Rose, H. und Jansen, H. (1981), »Behinderung statt Entwicklung der Arbeitnehmerpersönlichkeit durch Computertechnologien«, in: *Zeitschrift für Arbeitswissenschaft* 35, S. 247-253.

Rosenstiel, L. v. (1984), »Aufgaben der Arbeits- und Betriebspsychologie bei sich wandelnden Technologien, Organisationsstrukturen und Werthaltungen«. Vortrag auf der 26. Fachtagung der Sektion Arbeits- und Betriebspsychologie im Berufsverband Deutscher Psychologen vom 21.-24. Mai 1984 in Lübeck.

Spinas, P., Troy, N. und Ulich, E. (1983), *Leitfaden zur Einführung und Gestaltung von Arbeit mit Bildschirm-Systemen*, Zürich: Verlag Industrielle Organisation.

Smith, M. J., Cohen, B., Stammerjohn, L. und Harp, A. (1981), »An investigation of health complaints and job stress in video display operations«, in: *Human Factors* 23, S. 387-400.

Ulich, E. (1978), »Über das Prinzip der differentiellen Arbeitsgestaltung«, in: *Industrielle Organisation* 47, S. 566-568.

Ulich, E. (1980), »Psychologische Aspekte der Arbeit mit elektronischen Datenverarbeitungssystemen«, in: *Schweizerische Technische Zeitschrift* 75, S. 66-68.

Ulich, E. (1983), »Industrieroboter: Chance oder Gefahr«, in: *Psychosozial* 18, *Technologie und Kultur*, Hamburg: Rowohlt.

Verwaltungsgenossenschaften (Hg.) (1980), *Sicherheitsregeln für Bildschirmarbeitsplätze im Bürobereich*, Hamburg.

Volpert, W. (1983), »Denkmaschine und Maschinendenken: Computer programmieren Menschen«, in: *Psychosozial* 18, Hamburg: Rowohlt, S. 10-29.

Volpert, W., Oestereich, R., Gablenz-Kolakovic, S., Krogoll, T. und Resch, M. (1983), *Verfahren zur Ermittlung von Regulationserfordernissen in der Arbeitstätigkeit* (VERA), Köln: TÜV Rheinland.

Weltz, F. (1982), »Arbeitsgestaltung an Bildschirmarbeitsplätzen aus soziologischer Sicht«, in: AFA-*Informationen* 32, S. 15-20.

Friedrich Fleischer/Gerhard Winter
Möglichkeiten und Grenzen eines Beitrags der Ökopsychologie zum Social Impact Assessment

1. Was ist »Social Impact Assessment«?

Der Begriff »Social Impact Assessment« stammt aus den USA und wird heute im angloamerikanischen Sprachraum allgemein verwendet. Er bezeichnet einen bestimmten Typ von Untersuchungen, in denen es darum geht, die möglichen sozialen und psychischen Folgewirkungen technischer Planungsmaßnahmen prospektiv abzuschätzen und zu bewerten. Planern, Politikern und Bürgern soll wissenschaftlich fundierte Information darüber zur Verfügung gestellt werden, welche Konsequenzen sich für verschiedene Personen und Personengruppen aus den zur Diskussion stehenden Handlungsoptionen ergeben können und wie sie bewertet werden. Diese Information soll gewonnen werden, noch bevor die Entscheidung über das Projekt gefallen ist und seine Folgen spürbar werden. Das Social Impact Assessment ist vom Anspruch her also prognostische Wirkungsforschung. Es ergänzt die sogenannte »Evaluationsforschung«, die sich mit den Wirkungen bereits angelaufener oder abgeschlossener Planungsprojekte beschäftigt.

Für den Begriff »Social Impact Assessment« gibt es im Deutschen noch kein gutes Synonym. Die Problemstellung der »Technikfolgenabschätzung und -bewertung« ist jedoch auch in der Bundesrepublik nicht neu und wurde in den letzten Jahren intensiv diskutiert. So führten im Auftrag der Enquête-Kommission »Zukünftige Kernenergiepolitik« des Deutschen Bundestags zwei Forschungsteams Analysen zur »Sozialverträglichkeit« der Brutreaktortechnologie und anderer Energieversorgungssysteme durch. Eine dieser Gruppen untersuchte, inwieweit diese Techniken im Hinblick auf verfassungsrechtliche Normen der gesellschaftlichen Ordnung und Entwicklung akzeptabel sind (Meyer-Abich und Schefold 1986). Die andere Gruppe prüfte auf empirischem Weg die derzeitige Akzeptanz der verschiedenen energiepolitischen Optionen (Renn, Albrecht, Kotte, Peters und Stegelmann 1985). In beiden Fällen ging es um eine sehr grundsätzliche Beurteilung der betreffenden Großtechnologien im Hinblick auf ihre gesamtgesellschaftlichen Folgen. Demgegenüber gelten Social Impact Assessments zumeist technischen Planungsprojekten von regionalem Charakter: z. B. Straßenbauprojekten, geplanten Staudämmen und Pipelines, Kraftwerkansiedlungen oder Freizeitparks und deren Konsequenzen für die Anwohner oder unmittelbar Betroffenen. Die Social Impact Assessments in den USA und Kanada unterscheiden sich noch in einem weiteren Gesichtspunkt von den bei uns bekannten Technikfolgenabschätzungen und Sozialverträglichkeitsanalysen: ihre Durchführung ist rechtlich verankert. So ist das Social Impact Assessment in bestimmten Fällen Teil der gesetzlich vorgeschriebenen »Umweltverträglichkeitsprüfung« nach dem amerikanischen »National Environmental Policy Act« bzw. dem kanadischen »Federal Environmental Assessment Review Process«. In der Bundesrepublik wird die Einführung der Umweltverträglichkeitsprüfung dagegen noch diskutiert. Das Social Impact Assessment hat also auch in rechtlicher Hinsicht bei uns noch keine Entsprechung. Wir behalten deshalb im folgenden die englische Bezeichnung »Social Impact Assessment«, abgekürzt »SIA«, bei.

Anfang der siebziger Jahre gab es in den USA geradezu einen Boom privater Firmen und universitärer Arbeitsgruppen mit sozialwissenschaftlich – darunter auch psychologisch – ausgebildeten Mitarbeitern, die im Rahmen der Umweltverträglichkeitsprüfung beratend mitgewirkt und Social Impact Assessments durchgeführt haben. Das Spektrum der untersuchten Wirkungen ist groß (vgl. Finsterbusch 1980): So wurden bestimmte Streßfaktoren analysiert, wie z. B. die zu erwartenden Lärmbelästigungen durch geplante Straßen (wobei sich enge Berührungspunkte zur naturwissenschaftlichen »Agentienforschung« ergeben); zum anderen wurden im individualpsychologischen Bereich der Einstellungs- und Wertwandel (meist im Sinne der Akzeptanz bzw. Ablehnung geplanter Bauvorhaben) oder Änderungen im ästhetischen Empfinden (etwa eines Landschaftsbildes, das durch die Errichtung von Kühltürmen für ein Kraftwerk verändert werden soll) untersucht. Ferner beschäftigte man sich mit den voraussichtlichen Änderungen des »Nachbarschaftscharakters« von Stadtvierteln (die z. B. von einer geplanten Straßentrasse durchschnitten werden), Urbanisierungseffekten (z. B. der plötzlichen Änderung der Raum- und Sozialstruktur ländlicher Gemeinden, die die Bauarbeiter eines großen Pipeline-Projekts aufnehmen müssen – »Boom-town«-Problematik) oder Folgen, die durch die Umsiedlung der Bewohner eines Dorfes wegen eines Staudamm-Projekts zu erwarten sind. Zu solchen Problemen und ihrer Bearbeitung in entsprechenden SIAS existiert eine umfangreiche Literatur (siehe Carley und Bustelo 1984).

Das Social Impact Assessment wird heute von seinen Vertretern nüchterner gesehen als in der euphorischen Anfangsphase zu Beginn der siebziger Jahre. In der Praxis hat sich gezeigt, daß vor allem der prognostische Anspruch des SIA kaum zu erfüllen ist. Während es für höhere Aggregationsstufen (Beispiel: Bevölkerungswanderung) vielfach noch eine Datenbasis gibt, von der aus z. B. Trendextrapolationen vorgenommen werden können, muß man sich bei Vorhersagen im mikrosozialen und individual-psychologischen Bereich meist mit Expertenschätzungen und mehr oder minder plausiblen »Szenarios« begnügen. Aber nicht nur methodische Probleme zwangen zu mehr Nüchternheit. Auch die institutionellen und politischen Rahmenbedingungen des SIA haben sich geändert. So wurde in den USA der ursprünglich weit gefaßte »soziale« Umweltbegriff des National Environmental Policy Act in den letzten Jahren durch neue Verordnungen sukzessive auf die klassischen »natürlichen« Umweltmedien (d. h. Luft, Wasser, Boden etc.) eingeengt. Dadurch wurde die Durchführung von Social Impact Assessments erschwert. Von großer Bedeutung ist in diesem Zusammenhang ein Grundsatzurteil des Obersten Gerichtshofs von 1983. Die Anlieger des Kernkraftwerks Three Mile Island, die in der Folge des Reaktorunfalls auch einer erhöhten Streßbelastung ausgesetzt waren, hatten gegen die geplante Inbetriebnahme des zweiten Kraftwerkblocks geklagt. Sie führten dabei den zu erwartenden »psychischen Streß« ins Feld. Das Gericht wies in der obersten Instanz die Klage ab. Das Urteil wurde damit begründet, daß die befürchtete Streßbelastung sich nicht aus einer objektiven Veränderung der physikalischen Umwelt ergebe, sondern ihren Ursprung in der subjektiven Wahrnehmung unterstellter Risiken habe. Das Gericht wies jedoch darauf hin, daß in anderen Fällen »psychologische Folgen« als Klagegesichtspunkte zulässig sein können, wenn es sich um a) »erhebliche«, »gesundheitsgefährdende« Folgen handelt, die

b) »quantifizier- und meßbar« sind, sowie c) »mit objektiv feststellbaren Veränderungen der physikalischen Umwelt verbunden« sind. Damit verlieh das Gericht psychologischen Auswirkungen den Rang von »Sekundärfolgen«, deren Berücksichtigung
erst im Zusammenhang mit Veränderungen der räumlich-mate-
riellen Umwelt als primären Folgen der Implementation einer
Planungsmaßnahme klagewürdig ist (vgl. Hartsough und Savitsky 1984).

2. Konzept und Verfahrenslogik des SIA

Der programmatische Anspruch des Social Impact Assessment
läßt sich gut anhand der Verfahrenslogik verdeutlichen, wie sie in
den Handanweisungen verschiedener amerikanischer Behörden
enthalten ist (vgl. Office of the Chief of Engineers 1972; Finsterbusch und Wolf 1981). Als illustrative und stark vereinfachte
Beispiele für SIA-geprüfte Vorhaben mögen der Bau einer City-
Tangente, die Einrichtung einer verkehrsberuhigten Zone und die
Errichtung eines Staudamms dienen. Bei der Durchführung von
Social Impact Assessment lassen sich 8 Phasen unterscheiden:
(1) Das Assessment hat eine als »Scoping« bezeichnete Vorphase.
Darin werden Festlegungen bezüglich der Organisation und des
Umfangs der Studie getroffen: Wie sollte das Wirkungsfeld geo-
graphisch begrenzt werden? Sollten z. B. im Fall der City-Tangente nur die unmittelbar angrenzenden Gebiete, der ganze Stadt-
teil oder gar die ganze Stadt einbezogen werden? Welcher Zeithorizont sollte gewählt werden? Interessieren nur die unmittelbaren
und mittelfristigen oder auch die langfristigen Wirkungen? Sollten im Fall des Stausees die Wirkungen in den nächsten 20, 50
oder 100 Jahren bedacht werden? Welche Wirkungen sollten
überhaupt inhaltlich berücksichtigt werden? Sollten im Fall einer
geplanten Fußgängerzone auch symbolisch vermittelte Wirkungen wie die Änderung des »Image« der betroffenen Innenstadt
eine Rolle spielen? In dieser Phase werden also viele Entscheidungen getroffen, die das weitere Vorgehen und das Ergebnis einer
SIA-Studie beeinflussen. Die Problematik der Scoping-Phase liegt
darin, daß derartige Entscheidungen Informationen erfordern,
die eigentlich erst durch die Studie selbst erbracht werden können. So wird häufig gefordert, nur die »erheblichen« Folgen zu

berücksichtigen. Welche der zu erwartenden Wirkungen als erheblich einzustufen sind, läßt sich jedoch ohne gründliche Folgenabschätzung nur schwer oder gar nicht bestimmen.

(2) Das eigentliche Assessment beginnt mit der Strukturierung des zu bearbeitenden Problems. So müssen zunächst die relevanten Planungsziele bestimmt werden. Typischerweise sind eine Vielzahl von Interessengruppen mit teilweise konfligierenden Zielen zu berücksichtigen. Der geplante Stausee ist zum Beispiel für die einen ein benötigter Kühlwasserspeicher für ihr benachbartes Kraftwerk, für andere Personen eröffnet er neue Freizeitaktivitäten, während er für eine dritte Gruppe die Zerstörung eines landschaftlich reizvollen Tales und ruhigen Erholungsgebiets bedeutet. Ebenfalls definiert und beschrieben werden müssen die Planungsalternativen. Nach den SIA-Handanweisungen ist es üblich, die »Null-Option«, d. h. den Verzicht auf das Projekt, miteinzubeziehen. Zu prüfen wären also im Fall der City-Tangente nicht nur verschiedene Trassierungen, sondern auch der Verzicht auf die Tangente beim gleichzeitigen Ausbau bereits bestehender Verkehrswege oder der verfügbaren öffentlichen Verkehrsmittel. Die Güte des Assessments hängt wesentlich davon ab, ob in dieser Strukturierungsphase die Problemstellung richtig gewählt wird. Ist die Problemdefinition zu eng und werden wichtige Belange ausgeklammert, so wird das Assessment angreifbar und verliert seinen Wert als konsensstiftendes Element in der politischen Auseinandersetzung.

(3) Als nächster Schritt erfolgt das sogenannte »Profiling« – die Erstellung eines deskriptiven Profils des Wirkungsfeldes. Wer wird vom Projekt betroffen sein? Im Fall der Fußgängerzone könnten verschiedene Gruppen von Anwohnern, Geschäftsleuten und Passanten berücksichtigt werden. In welcher Weise und wie stark sind diese Gruppen betroffen? Für die Bewohner eines Altenheims an der Trasse der geplanten City-Tangente könnten z. B. starke Schallimmissionen zu erwarten sein; die Bürger eines kleinen Dorfes im Tal des geplanten Stausees könnten durch Umsiedlung betroffen sein. Für solche Deskriptionen in der Profiling-Phase werden in der Regel objektive und subjektive (Sozial-) Indikatoren herangezogen. Sie können zum Beispiel Auskunft geben über die zur Zeit gegebene Lärmbelastung der Altenheimbewohner und ihre subjektive Zufriedenheit mit ihrer Wohnumgebung, den aktuellen Lebensstandard der Dorfbewohner, ihre

Mortalitätsrate und ähnliche Bedingungen vor der Implementation des geplanten Projekts.

(4) An die Profiling-Phase schließt sich die des »Projecting« an. Es folgt darin eine Abschätzung der möglichen zukünftigen Veränderungen in den Werten der Deskriptoren des betreffenden Wirkungsfeldes. So wird zum Beispiel gefragt, ob die Lärmbelästigung der Altenheimbewohner mit dem Bau der geplanten City-Tangente zunehmen wird; ob im Falle der Umsiedlung der Bürger aus dem zukünftigen Stauseetal mit einer Erhöhung der Mortalitätsrate bei den älteren Dorfbewohnern zu rechnen wäre oder nicht. Wie stark und in welche Richtung vollziehen sich solche zukünftigen Veränderungen? Mit welcher Wahrscheinlichkeit sind sie zu erwarten? Die Wirkungsschätzungen werden getrennt für die einzelnen Projektalternativen, inklusive der »Null-Option«, durchgeführt. Es soll bei der Wirkungsermittlung also nicht einfach der *gegenwärtige* Milieuzustand ohne das Projekt mit dem *zukünftigen* Milieuzustand verglichen werden, der sich ergäbe, wenn das Projekt verwirklicht würde. Es wird vielmehr eine Differenz gebildet zwischen der *zukünftigen* Situation ohne das Projekt und der *zukünftigen* Situation mit dem implementierten Projekt. Man will so auch Veränderungen berücksichtigen, die sich möglicherweise auch ohne die Implementierung des Projekts einstellen würden. So könnte zum Beispiel das erwähnte Dorf im Stauseetal aufgrund seiner überalterten Bevölkerungsstruktur in 50 Jahren ohnehin verschwunden sein.

Die Projecting-Phase wirft erhebliche methodische Probleme auf: Für gängige Verfahren, wie zum Beispiel Trendberechnungen, fehlt häufig die Datenbasis. Modell-Simulationen sind nur in seltenen Fällen möglich. Beim gegenwärtigen Wissensstand der Sozialwissenschaften ist meist der in solchen Modellen abzubildende Bereich in seinen Variablen und Relationen nur ungenügend bestimmt. Hinzu kommen die zeitlichen und finanziellen Restriktionen, denen SIAS unterworfen sind. Sie verbieten in den meisten Fällen die Anwendung aufwendiger Verfahren. Favorisiert werden dagegen zeit- und kostengünstige Verfahren, wie z. B. Expertenschätzungen nach der »Delphi-« und »Szenario«-Methode, die jedoch theoretisch und methodisch oft unzureichend fundiert sind.

(5) In einem weiteren Assessment-Schritt wird ein Vergleich der Projektvarianten auf dem Hintergrund der verschiedenen Annah-

men über ihre zukünftigen Wirkungen durchgeführt. Insbesondere wird auf die gegenseitige Abhängigkeit der verschiedenen Folgen geachtet. Gibt es kumulative Folgen für einzelne Betroffenengruppen? Gibt es »synergetische« Wirkungen, also Effekte, die durch das Zusammenwirken von Einzelfolgen entstehen, aber ein Vielfaches der Potenz der Einzelfolgen haben? Sind Folgen zu erwarten, die bislang nicht bedacht wurden? So könnte man darauf kommen, daß die erwähnten Altenheimbewohner an der geplanten City-Tangente einer Streßbelastung ausgesetzt wären, die durch das Zusammenwirken von Lärm- und Geruchsimmissionen und das Abschneiden gewohnter Spazierwege durch die neue Trasse entstünde. Auch könnte man bemerken, daß die Einrichtung einer verkehrsberuhigten Zone neue schallerzeugende Möglichkeiten mit sich brächte, z. B. durch hinzukommende Straßencafés und laute Straßenmusik.

(6) Das eigentliche Assessment kulminiert in der Bewertungsphase, in der unter Zugrundelegung der Ziele und Folgen die optimale Projektvariante bzw. Handlungsoption gewählt werden soll. Sie ist neben der Projecting-Phase der umstrittenste Bestandteil des Assessment-Prozesses. Unter den SIA-Praktikern lassen sich zwei Lager ausmachen: Die einen versuchen, quasi »dezisionistisch« Bewertungen aus dem Assessmentprozeß herauszuhalten und der politischen Auseinandersetzung zu überlassen; die anderen suchen nach Wegen, auch die Bewertungen als integrativen Teil des Assessment einzubeziehen. Es ist jedoch umstritten, von wem und wie die für eine Bewertung erforderlichen Gewichtungs- und Trade-Off-Prozesse durchgeführt werden sollen. Ein prozedural weit entwickelter Ansatz zur Lösung der Bewertungsprobleme ist die sogenannte »Entscheidungsanalyse« (*decision analysis*). Sie ist ein axiomatisch begründetes Verfahren, mit dessen Hilfe ein »Entscheider« unter den verschiedenen Optionen eines Entscheidungsproblems die jeweils günstigste Alternative bestimmen kann. Die Verfechter der Entscheidungsanalyse betonen die Systematik und die Nachvollziehbarkeit dieses Verfahrens, dessen Kalkül auf der Wahrscheinlichkeitstheorie und multiattributiven Nutzentheorie basiert: Die Attraktion einer Option bemißt sich an der Wahrscheinlichkeit ihrer möglichen Folgen und den erfaßten Präferenzen für diese Konsequenzen. Es werden zu den verschiedenen Folgen Wahrscheinlichkeits- und Nutzenurteile erhoben, quantifiziert und nach einem mathemati-

schen Modell zu einem numerischen Erwartungswert zusammengefaßt. Anhand der Werte für die verschiedenen Projektalternativen läßt sich die beste Option, d.h. die Alternative mit dem höchsten erwarteten Nutzenwert, ermitteln (vgl. Keeney 1980).

(7) Den siebten Schritt bildet die »Mitigation«-Phase. Dabei werden, wenn sich mit der gewählten Alternative nicht alle negativen Effekte vermeiden lassen, dämpfende oder kompensatorische Maßnahmen entwickelt. Solche Maßnahmen könnten zum Beispiel im Falle der City-Tangente schallschluckende Dämmwände zur Verminderung der Schallimmissionen sein. Bei der Einrichtung einer Fußgängerzone könnte man in günstiger Lage eine »Musikecke« für Straßenmusikanten mitplanen, um die Lärmbelästigung der Anwohner zu minimieren. Den von der Umsiedlung aus dem Staudammbecken betroffenen Bürgern könnte man soziale und finanzielle Unterstützungen zugestehen, wenn sich der Bau des Staudamms tatsächlich als beste Option erwiesen haben sollte.

(8) In den Handanweisungen zum Social Impact Assessment ist meist als zusätzliche Komponente eine »Monitoring«-Phase vorgesehen. In dieser Phase werden während und nach der Implementierung des Projekts – im Sinne einer »formativen« bzw. »summativen« Evaluation (vgl. Levine, Solomon, Hellstern und Wollmann 1981) – die erwarteten mit den tatsächlichen Folgen verglichen. Da dieser Schritt zwar einen erheblichen Aufwand erfordert, aber für den politischen Entscheidungsprozeß nicht mehr unmittelbar relevant ist, weil die Entscheidung über die Projektdurchführung ja bereits gefallen ist, sind SIA-Untersuchungen, die solche Evaluationen enthalten, sehr selten.

Die Verfahrenslogik des Social Impact Assessment ist deutlich am normativen Modell der rationalen Entscheidung orientiert. Die Planer bzw. Politiker sollen unter den verschiedenen Optionen eines Projekts die Alternative wählen, welche nach der verfügbaren Information über die relevanten Ziele und die wahrscheinlichen Folgen dem »Allgemeinwohl« und »öffentlichen Interesse« am besten entspricht. Das Social Impact Assessment dient der Entscheidungsvorbereitung durch die Bereitstellung bzw. die Erhebung des benötigten Fakten- und Wertwissens. Das Faktenwissen bezieht sich vor allem auf die Feststellbarkeit und Voraussagbarkeit der Projektfolgen; das Wertwissen auf die Bedürfnisse,

Wünsche und Bewertungen der durch die Projektimplementation betroffenen Bürger sowie der beauftragten Experten und Politiker.

3. Beiträge der Ökopsychologie

Die Ökopsychologie ist ein relativ junges und noch wenig strukturiertes Feld von Forschungsansätzen und praktisch-psychologischen Fragestellungen, welche die Beziehung von Personen zu ihrer alltäglichen Umwelt zum Gegenstand haben. Sie interessiert sich dafür, wie das alltägliche Verhalten und Erleben von Menschen durch Merkmale ihrer »natürlichen« Umgebung beeinflußt wird, und untersucht, wie Menschen ihrerseits intentional und zielorientiert mit ihrer Umwelt umgehen und neue »Umwelten« schaffen. Dabei bemüht sich die Ökopsychologie sowohl um theoretisch angemessene Konzeptualisierungen der Mensch-Umwelt-Interaktion als auch um praktische Beiträge zur Bewältigung problematischer Mensch-Umwelt-Bezüge (Kaminski 1976; Kruse, Graumann und Lantermann 1987). Die Ökopsychologie greift nicht selten Fragestellungen auf, die auch bereits in den traditionellen Teilgebieten der Psychologie thematisiert sind. Sie unterscheidet sich jedoch von diesen Disziplinen durch eine Reihe von Akzenten (vgl. Kaminski und Bellows 1982):

– Für die Ökopsychologie ist eine »naturalistische« Methodik kennzeichnend. Alltägliches Verhaltensgeschehen soll möglichst unbeeinflußt und in seiner »natürlichen Einbettung« erfaßt und analysiert werden. Die Ökopsychologie löst sich vom Laborexperiment und bevorzugt dazu komplementäre Feldforschung, zum Beispiel in Form von Beobachtungsstudien, quasi-experimentellen Designs und Längsschnittstudien.

– Die Ökopsychologie drängt auf die systematische Mitberücksichtigung objektiv feststellbarer, »natürlicher« Umgebungsbedingungen in der psychologischen Theorienbildung. Dadurch ergeben sich Erweiterungen traditioneller Modelle und neue fundamentaltheoretische Perspektiven (vgl. Graumann 1978).

– Die Ökopsychologie thematisiert Mensch-Umwelt-Beziehungen, die zuvor in der Psychologie nur geringe Beachtung erfahren haben: Beziehungen von Personen zur gebauten Umwelt (Beispiel: Zufriedenheit mit Wohnbauten), den Einfluß von

ambienten Umweltmerkmalen (Beispiel: Lärm oder Luftver-
schmutzungen) auf den Menschen, Aspekte des Umgangs mit
natürlichen Ressourcen (Beispiel: Energiesparen, Umweltbewußtsein) und ähnliche Themen (vgl. Kruse, Graumann und
Lantermann 1987).
– Die Ökopsychologie versucht, die Verbindung zu benachbar-
ten Sozial- und Umweltwissenschaften herzustellen. Dazu entwickelt sie Konzepte, an die benachbarte Disziplinen anknüp-
fen können (vgl. das Beispiel des »Behavior-Setting«-Kon-
zepts; Barker 1978; Kaminski 1986).
In welcher Hinsicht könnte nun die Ökopsychologie für die Erarbeitung von Social Impact Assessments nutzbar gemacht werden? Im folgenden skizzieren wir drei mögliche Perspektiven
(vgl. Kaminski und Fleischer 1984).

3.1 Der Rückgriff auf allgemeines ökopsychologisches Wissen und ökopsychologische Methodik

Obwohl Psychologen an der Erarbeitung von Social Impact Assessments mitgearbeitet haben, ist ihre Einbeziehung eher die
Ausnahme. In der Regel werden SIAs von Vertretern anderer Dis-
ziplinen, z. B. Soziologen, Geographen, Straßenbauingenieuren,
Landschaftsarchitekten, Stadtökologen und Anthropologen,
durchgeführt, die dabei spezifisch psychologische Fragen mitun-
tersuchen. Diese Berufsgruppen könnten erwarten, daß die
Ökopsychologie aus ihrer Beschäftigung mit vielfältigen Mensch-
Umwelt-Beziehungen einen Vorrat an professionellem Allgemeinwissen anzubieten hat, auf das sie bei der Bearbeitung eines
Social Impact Assessment zurückgreifen können.
So mag man zum Beispiel erwarten, daß die Psychologie aus ihrer
Beschäftigung mit der Persönlichkeit älterer Menschen Hinweise
geben kann, ob und unter welchen Umständen die Umsiedlung
älterer Dorfbewohner im Rahmen eines Staudammprojekts zu
psychischen oder physischen Gesundheitsschäden führen könnte.
Tatsächlich gibt es eine Reihe von Studien, die sich mit den Folgen erzwungenen Ortwechsels befassen. Sie zeigen, daß auch unter alten Menschen eine erstaunliche Breite der Reaktionen auf
Umsiedlungsmaßnahmen zu finden ist. Diese werden keinesfalls
nur negativ beurteilt. Probleme sind jedoch wahrscheinlicher, je

stärker die subjektive Bindung der Person an die alte Heimat – die sogenannte »Ortsidentität« – ausgeprägt ist. Eine Rolle spielt auch, inwieweit die Betroffenen in finanzieller, sozialer und gesundheitlicher Hinsicht in der Lage sind, mit der Umstellung fertig zu werden. Hier wie in anderen Fällen (Beispiel: Lärmbewältigung) kann ökopsychologisches Wissen also herangezogen werden, um unter den Projektbetroffenen »Risikogruppen« zu identifizieren, für die die Projektimplementation eine erhebliche Belastung bedeuten könnte. Um jedoch allzu hohe Erwartungen an die Verfügbarkeit und Dignität solchen ökopsychologischen Wissens zu dämpfen, muß darauf hingewiesen werden, daß zu vielen Problembereichen erst vorläufige und kaum zu generalisierende Befunde vorliegen. So fehlen zum Beispiel Erkenntnisse über die Langzeitfolgen von Umsiedlungsmaßnahmen. Auch ist die Entwicklung komplexer Wirkungsmodelle und Identifizierung von Prädikatoren für problematische Wirkungen erst am Anfang (vgl. zum Lärm: Rohrmann 1984; zum Ortswechsel alter Menschen: Saup 1984).

Prinzipiell kann nicht nur auf den allgemeinen Wissensfundus der Ökopsychologie über Wirkungsbeziehungen zurückgegriffen werden, sondern auch auf methodische Innovationen aus diesem Forschungsfeld. Ein Beispiel dafür ist die »K-21-Methode« Roger Barkers. Sie dient der Auffindung, Abgrenzung und Beschreibung sogenannter »Behavior Settings«. Ein Behavior-Setting ist eine Analyseeinheit von beobachtbarem Verhalten in seiner unmittelbaren Bezogenheit auf das umgebende Milieu. Wir können hier weder das Behavior-Setting-Konzept noch die Methode seiner Operationalisierung nach einem Satz von Kriterien (»K-21«) angemessen erläutern (siehe dazu Barker 1978). Hervorzuheben ist die praktische Bedeutung von Barkers Methodik: So haben Barker und seine Mitarbeiter durch die 10jährige Analyse der Anzahl und Art solcher Behavior-Settings ein Maß für die »Lebensqualität« von Kleinstädten entwickelt und ihre Veränderung durch stadtplanerische Maßnahmen untersucht (Barker und Schoggen 1973). An der Barkerschen Methode wird jedoch auch ein Nachteil vieler spezifisch ökopsychologischer Verfahren deutlich: Der Versuch, sich nicht nur mit Kognitionen und verbalen Äußerungen von Personen zufrieden zu geben, sondern ihr tatsächliches Verhalten im Alltag zu beobachten, macht diese Verfahren sehr aufwendig und zeitraubend. Sie werden daher in

SIAS nur selten oder nur in modifizierter Art angewendet werden können.

3.2 Die Beschaffung von Spezialwissen durch den Ökopsychologen im Rahmen eines SIA

Der Beitrag der Ökopsychologie unter der ersten Perspektive ist eher indirekt, d.h. ohne die unmittelbare Mitwirkung eines Ökopsychologen. Es gibt aber auch Fälle, in denen Psychologen direkt an SIAS mitgewirkt haben. Die Heranziehung des Psychologen dürfte in Zukunft in dem Maß zunehmen, in dem sich die Erkenntnis durchsetzt, daß auch die Wirkung scheinbar in der Zuständigkeit von Technik- und Naturwissenschaften liegender Umweltaspekte erst bei Berücksichtigung psychologischer Befunde angemessen verstanden werden kann. Hierfür sind der Lärm und das Lärmempfinden ein Beispiel: Untersuchungen zeigen, daß die individuelle Streuung der Reaktionen auf Lärm nur zu etwa 20% durch die Stärke der objektiven Geräuschbelastung bestimmt wird. Für die Erklärung und Vorhersage von Lärmbelästigung sind psychologische »Moderator-Variablen« offenbar wichtiger (Rohrmann 1984). Es empfiehlt sich daher, neben den traditionellen Lärmforschern (Akustikern, Medizinern, Ingenieuren) Psychologen stärker als bisher an den entsprechenden SIAS zu beteiligen.

Eine direkte Mitarbeit von Psychologen an SIAS gab es bislang vor allem bei der Fernstraßenplanung und der Standortwahl von Kraftwerken (vgl. Llewellyn, Goodman und Hare 1981). Ihre Mitwirkung bezog sich dabei vor allem auf die Beschaffung von Spezialwissen für die Phasen 2 und 3 des Assessment-Prozesses, d.h. für die Problemdefinition und die Deskription des Wirkungsfeldes vor der Implementation des Projekts.

Für die Problemdefinitionsphase sehen viele Ökopsychologen ihre Hauptaufgabe darin, die Ausarbeitung und soziale Abstimmung planerischer Ziele zu unterstützen. Dazu erheben sie die Vorstellungen, Bedürfnisse und Bedenken der verschiedenen Betroffenengruppen und bringen sie den verantwortlichen Stellen zur Kenntnis. Auf diese Weise können empirische Kriterien für die Entscheidung zwischen den Projektalternativen herangezogen werden, welche die nach den gesetzlichen Bestimmungen abzuwägenden Ziele spezifizieren oder ergänzen. Neben Interviews und Analysen von Sekundärmaterial setzen Ökopsychologen dabei auch Verfahren ein, mit denen Personen kognitiv nicht klar repräsentierte Ziele zum Ausdruck bringen können. So wurden von einem Bauvorhaben betroffene Bürger veranlaßt, sogenannte »kognitive Landkarten« ihres Stadtteils zu zeichnen. Sie trugen darin ihnen wichtige Wege und Zielpunkte ein und führten Tagebuch über Einkäufe, Spaziergänge oder soziale Treffen in ihrer Umgebung. Dadurch erhielten sie eine Vorstellung, in welcher Weise das Bauprojekt ihren Alltag beeinflussen könnte und was daran wünschens- bzw. vermeidenswert wäre (Heder und Francis 1977).

Solche Zielanalysen sind unmittelbar relevant für die Phase des »Profiling«, in der die zu prüfenden Wirkungskategorien genauer bestimmt werden. »Wirkungen« bedeuten ja letztlich immer Zielerreichungen bzw. Zielverfehlungen für bestimmte Personen. Das Ausmaß dieser Zielerreichungen bzw. -verfehlungen kann anhand von Indikatoren bestimmt werden. Nach dem Vorbild der Sozialindikator-Modelle versucht man deshalb üblicherweise, subjektive Indikatorsysteme zu konstruieren. Beispiele dafür sind die Indikatoren zur Messung der subjektiven Umweltqualität von Deane und Mumpower (1977) oder Craik und Zube (1976). Neben solchen Meßinstrumenten, die kognitive Daten liefern, werden aber auch Beobachtungsverfahren wie die »Verhaltenskartographie« eingesetzt. Mit dieser Methode können zum Beispiel Fußgängerströme beschrieben und damit Trennwirkungen einer geplanten Straßentrasse abgeleitet werden. Die Entwicklung geeigneter Indikatoren zur Messung von Wirkungen ist ein wichtiger Beitrag der Ökopsychologie zum SIA. Die Quantifizierung von Aussagen über »psychologische Folgen« erhöht die Chance, daß diese in umweltpolitischen Entscheidungen berücksichtigt werden.

Vereinzelt gibt es auch Beiträge von Psychologen zur Phase des Projecting, vornehmlich in Form von – methodisch angreifbaren – Simulationen. So hat man beispielsweise versucht, den ästhetischen Eindruck eines geplanten Kraftwerkgebäudes über die Beurteilung verschiedener Photomontagen zu ermitteln. Herausgefunden werden sollte die Eingliederung in das bestehende Landschaftsbild. Im Fall des bekannten »Berkeley-Simulators« ließ man Personen mit Hilfe einer Spezialkamera durch das maßstabgetreue Modell ihres sanierten Wohnbezirks »spazieren«, um so die optische Wirkung der geplanten Sanierung abzuschätzen. Nicht nur methodisch, sondern auch ethisch fragwürdig war ein Versuch, bei dem die zukünftigen Anlieger einer geplanten Straße während mehrerer Tage über Lautsprecher mit Verkehrslärm beschallt wurden, um die Lärmimmissionen des Projekts zu simulieren (Ward und Suedfeld 1973).

3.3 Die psychologische Analyse des Assessment-Prozesses und der dabei verwendeten Methoden

Noch unter einer dritten Perspektive sind Beiträge der Ökopsychologie zum Social Impact Assessment denkbar. Während ökopsychologisches Wissen und die Mitarbeit des Ökopsychologen in den ersten beiden Fällen vor allem auf die vom Planungsprojekt Betroffenen bezogen war, werden unter der dritten Perspektive die am Assessment unmittelbar beteiligten Experten, Politiker und Administratoren in ihren Meinungsbildungs-, Planungs- und Entscheidungsprozessen zum Gegenstand psychologischer Analysen.

Jedes SIA verlangt von den Verantwortlichen eine große Zahl von Urteilen. Die Definition und Strukturierung des Assessment-Problems erfordert zum Beispiel Urteile über die Projektziele und relevanten Wirkungskategorien. Die Projecting-Phase verlangt Urteile über die zukünftigen Folgen des Projekts und ihre Wahrscheinlichkeit. In der Bewertungsphase sind Urteile hinsichtlich der Präferenzen für die einzelnen Projektkonsequenzen zu treffen. Damit wird psychologisch interessant, auf welcher Basis die beteiligten Experten und Planer solche Urteile treffen, welche Fehler sie dabei begehen und wie diese korrigiert werden können.

So belegen zum Beispiel Studien über die prognostischen Urteile von Experten, daß diese selbst im Vergleich zu einfachen quantitativen Prognose-Modellen schlecht abschneiden. Darüber hinaus sind sich die Experten oft ihres Urteils ganz ungerechtfertigt sicher – sie verhalten sich »overconfident« (Hogarth und Makridakis 1981). Eine Methode, mit der die Validität subjektiver Urteile zu erhöhen ist, ist das sogenannte »bootstrapping«: Dabei muß der betreffende Experte Urteile zu einer Reihe von hypothetischen Fällen machen. Wenn es zum Beispiel um die Vorhersage der Sicherheit einer geplanten Straße geht, muß der verantwortliche Ingenieur die Sicherheit einer Serie von hypothetischen Straßen abschätzen, die hinsichtlich der Zahl der Fahrspuren, Breite, zulässigen Geschwindigkeit u. ä. variieren. Mit Hilfe statistischer Techniken kann nun ein Modell entwickelt werden, das beschreibt, wie dieser Experte zu seinen Urteilen kommt. Da dieses statistische Modell den Durchschnitt aller Urteilsfälle repräsentiert, kann mit ihm ein großer Teil der individuellen Fehlervarianz ausgeschlossen werden. Das Urteil wird besser, wenn man statt des Experten »sein« Modell für die Abschätzung benutzt (zu dieser und anderen Methoden der Validitätserhöhung siehe Mumpower und Anderson 1981).

In ähnlich methodenkritischer Weise kann sich der Psychologe auch mit anderen Verfahren des Social Impact Assessment beschäftigen. So kann er feststellen, daß viele dieser Methoden von zu naiven, alltagspsychologischen Voraussetzungen ausgehen und entsprechende Forschungen anregen oder durchführen (vgl. zur Zielanalyse: Fleischer und Jungermann 1985; zur Szenario-Methode: Jungermann, Fleischer, Hobohm, Schöppe und Thüring 1986).

4. Zusammenfassung und Ausblick

Die Abschätzung und Bewertung der sozialen und psychologischen Folgen technischer Planungsmaßnahmen in SIAS ist eine Herausforderung für die sozialwissenschaftliche Umweltforschung. Im Mittelpunkt des vorliegenden Beitrags standen potentielle Beiträge der Ökopsychologie zum Social Impact Assessment. Es wurden drei Perspektiven skizziert, unter denen Ökopsychologie nutzbar gemacht werden kann: a) Der Rückgriff auf allgemeines ökopsychologisches Wissen und ökopsychologische Methodik bei der Analyse von Wirkungsbeziehungen durch Nicht-Psychologen; b) die direkte Beteiligung von Ökopsychologen zur Beschaffung von Spezialwissen für einzelne Assessment-Schritte und schließlich c) die psychologische Analyse des Assessment-Prozesses selbst. Der Nutzbarmachung der Ökopsychologie sind freilich Grenzen gesetzt. So steht die Ökopsychologie theoretisch wie methodisch erst am Anfang ihrer Entwicklung. Zu vielen assessment-relevanten Problembereichen gibt es erst sehr vorläufige Erkenntnisse. Insbesondere fehlt es an ausgearbeiteten Wirkungsmodellen, aus denen heraus valide Voraussagen gemacht werden könnten. Damit ist jedoch keineswegs zu rechtfertigen, daß auf die Mitarbeit von Psychologen bei SIAS zugunsten der traditionellen technik- und naturwissenschaftlichen Disziplinen verzichtet wird. Wie das Beispiel Lärm zeigt, ist die Erklärungskraft der Modelle dieser Disziplinen oft noch geringer (Rohrmann 1984).

Eine häufigere Beteiligung von Ökopsychologen an SIAS böte vielerlei Chancen für die Ökopsychologie selbst. Zumindest langfristig könnte das auch ihre praktische Nutzbarmachung erhöhen. Erst in der Praxis zeigt sich zum Beispiel, welchen Informationsbedarf Planer und Politiker wirklich haben und wo damit psychologisches Wissen gezielt eingebracht werden könnte. Die Ökopsychologie würde angeregt, ihre Befunde im Hinblick auf konkrete Anwendungen zu systematisieren und ihre Theorien kritisch zu reflektieren. In der konkreten Mitarbeit könnten Ökopsychologen lernen, ihre Erkenntnisse auch für Nicht-Wissenschaftler verständlich zu machen. Aus den praktischen Anforderungen des SIA und der dafür notwendigen interdisziplinären Kooperation ergäben sich aber auch neue Fragestellungen und methodische Anstöße. Nicht zuletzt stellen die in SIAS erhobenen Daten eine Basis dar, aus der Schlüsse für ähnliche Projekte gezogen werden können. Dafür wäre es wichtig, daß Planungsprojekte häufiger als bisher einer evaluativen Monitoring-Phase unterworfen werden, wie sie die Verfahrenslogik des SIA vorsieht. Für die Realisierung der skizzierten Chancen wäre es von großem Vorteil, wenn auch in der Bundesrepublik Umwelt- und Sozialverträglichkeits-Prüfungen in der Art des Social Impact Assessment gesetzlich vorgeschrieben würden.

Literatur

Barker, R. G. (1978), »Theory of Behavior Settings«, in: R. G. Barker und Associates, *Habitats, Environments, and Human Behavior. Studies in Ecological Psychology and Eco-Behavioral Science from the Midwest Psychological Field Station, 1947-1972*, San Francisco, CA : Jossey-Bass.

Barker, R. G. und Schoggen, P. (1973), *Qualities of Community Life*, San Francisco, CA: Jossey-Bass.

Carley, M. J. und Bustelo, E. S. (1984), *Social Impact Assessment and Monitoring: A Guide to the Literature*, Boulder, CO: Westview Press.

Craik, K. H. und Zube, E. H. (1976), *Perceiving Environmental Quality. Research and Applications*, New York: Plenum Press.

Deane, D. H. und Mumpower, J. L. (1981), »The Social Psychological Level of Analysis in Social Impact Assessment: Individual Well-Being, Psychosocial Climates, and the Environmental Assessment Scale«, in: K. Finsterbusch und C. P. Wolf (Hg.), *Methodology of Social Impact Assessment*. Stroudsburg, PA: Dowden, Hutchinson & Ross.

Finsterbusch, K. (1980), *Understanding Social Impacts: Assessing the Effects of Public Projekts*, Beverly Hills, CA: Sage Publications.

Finsterbusch, K. und Wolf, C. P. (1981) (Hg.), *Methodology of Social Impact Assessment*, Stroudsburg, PA: Hutchinson & Ross.

Fleischer, F. und Jungermann, H. (1985), »Entscheidungshilfen für die umweltgestalterische Praxis: Zur Methode und Problematik der Zielanalyse«, in: P. Day, U. Fuhrer und U. Laucken (Hg.), *Umwelt und Handeln. Ökologische Anforderungen und Handeln im Alltag*, Tübingen: Attempto.

Graumann, C. F. (Hg.) (1978), *Ökologische Perspektiven in der Psychologie*, Bern: Huber.

Hartsough, D. M. und Savitsky, J. C. (1984), »Three Mile Island: Psychology and Evironmental Policy at a Crossroads«, in: *American Psychologist* 39, 10, 1113-1122.

Heder, L. und Francis, M. (1981), »Quality of Life Assessments: The Harvard Square Planning Workshops«, in: K. Finsterbusch und C. P. Wolf. (Hg.), *Methodology of Social Impact Assessment*, Stroudsburg, PA: Howden, Hutchinson & Ross.

Hogarth, R. M. und Makridakis, S. (1981), »Forecasting and Planning: An Evaluation«, in: *Management Science* 27, S. 115-189.

Jungermann, H., Fleischer, F., Hobohm, K., Schöppe, A. und Thüring, M. (1986), *Die Arbeit mit Szenarien bei der Abschätzung von Technologiefolgen. Projektbericht*, Berlin: Institut für Psychologie der Technischen Universität.

Kaminski, G. (Hg.) (1976), *Umweltpsychologie. Perspektiven – Probleme – Praxis*, Stuttgart: Klett.

Kaminski, G. (Hg.) (1986), *Ordnung und Variabilität im Alltagsgeschehen*, Göttingen: Hogrefe.

Kaminski, G. und Bellows, S. (1982), »Feldforschung in der Ökologischen Psychologie«, in: J.-L. Patry (Hg.), *Feldforschung. Methoden und Probleme sozialwissenschaftlicher Forschung unter natürlichen Bedingungen*, Bern: Huber.

Kaminski, G. und Fleischer, F. (1984), »Ökologische Psychologie: Ökopsychologische Untersuchung und Beratung«, in: H. A. Hartmann und R. Haubl (Hg.), *Psychologische Begutachtung*, München: Urban & Schwarzenberg.

Keeney, R. (1980), *Siting Energy Facilities*, New York: Academic Press.

Kruse, L., Graumann, C. F. und Lantermann, E.-D. (Hg.) (1987), *Ökopsychologie. Ein Handbuch in Schlüsselbegriffen*, München: Urban & Schwarzenberg.

Levine, R. A., Solomon, M. A., Hellstern, G. M. und Wollmann, H. (Hg.) (1981), *Evaluation Research and Practice: Comparative and International Perspectives*, Beverly Hills, CA: Sage Publications.

Llewellyn, L. G., Goodman, C. und Hare, G. (Hg.) (1981), *Social Impact Assessment: A Sourcebook for Highway Planners*, 8 Bde., Washington, DC: Federal Highway Administration.

Meyer-Abich, K.-M. und Schefold, B. (1986), *Die Grenzen der Atomwirtschaft*, Reihe »Die Sozialverträglichkeit von Energiesystemen«, Band 8, München: Beck.

Mumpower, J. und Anderson B. F. (1983), »Causes and Correctives for Errors of Judgement«, in: K. Finsterbusch, L. G. Llewellyn und C. P. Wolf (Hg.), *Social Impact Assessment Methods*, Beverly Hills, CA: Sage Publications.

Office of the Chief of Engineers (1972), *Guidelines for Assessment of Economic, Social and Environmental Effects of Civil Works Projects. ER 1105-2-105*, Washington, DC: U.S. Army Corps of Engineers.

Renn, O., Albrecht, G., Kotte, U., Peters, H. P. und Stegelmann, H.-U. (1985), *Sozialverträgliche Energiepolitik. Ein Gutachten für die Bundesregierung*, München: High Tech Verlag.

Rohrmann, B. (1984), *Psychologische Forschung und umweltpolitische Entscheidungen: das Beispiel Lärm*, Opladen: Westdeutscher Verlag.

Saup, W. (1984), *Übersiedlung ins Altenheim*, Weinheim: Beltz.

Ward, L. M. und Suedfeld, P. (1973), »Human Response to Highway Noise«, in: *Environmental Research* 6, S. 306-326.

Hans Werbik/Walter Zitterbarth
Technikbewertung als Problem der Konsensbildung

Das Planungsinstrument der *technology assessment*, in den USA während der späten sechziger Jahre entstanden und entwickelt, hat seit Mitte der siebziger Jahre unter dem Titel »Technikbewertung« oder ausführlicher »Technikfolgen-Abschätzung und -Bewertung«[1] auch in die deutschsprachige Diskussion Eingang gefunden. Es handelt sich dabei um den Versuch, auch mittelbare und insbesondere unerwünschte Aus- und Nebenwirkungen technischer Neuerungen auf Ökosphäre, soziale Systeme und soziale Lebenswelten zu erfassen, zu analysieren und zu bewerten. Hierin liegt auch ein[2] wichtiger Unterschied zu traditionellen Marktanalysen, wie sie in der Regel von großen Firmen unternommen werden, ehe ein neues Produkt auf den Markt gebracht wird. In diesem Fall wird davon ausgegangen, daß das Produkt jedenfalls gewissen Wünschen des Kunden entgegenkommt, unklar ist jedoch, wieviel er zu bezahlen dafür bereit ist und wie die Akzeptanz des Produktes erhöht werden könnte. Bei der Technikbewertung dagegen wird von vornherein veranschlagt, daß mit einer neuen oder wesentlich veränderten Technik auch als negativ eingeschätzte Auswirkungen verbunden sind. Es ist dann die Aufgabe der Technikbewertung, zum einen alle gesellschaftlichen wie natürlichen Bereiche zu benennen, in denen Nebenfolgen der in Frage stehenden Innovationen zu erwarten sind (Wirtschaft, Politik, Familie, Sozialstruktur, Recht, Ökologie, Wissenschaft usw.), sowie danach die Nebenwirkungen innerhalb dieser Bereiche möglichst genau aufzuweisen.

Wir haben es hier also zunächst mit der sogenannten *Wirkungsanalyse*[3] *(impact analysis)* zu tun, die vornehmlich beschäftigt ist mit dem Problem der Erstellung von Prognosen über die Wirkungen, die in den ausgewiesenen gesellschaftlichen und natürlichen Einzelbereichen eintreten werden, falls die neue Technik zum Einsatz gelangt. Um solche Prognosen aufstellen zu können, bedarf es im Rahmen der Wirkungsanalyse einer genauen Kenntnis der wissenschaftlichen Prinzipien und Gesetzmäßigkeiten, die in die neue Technik einfließen und die mit ihrer Benutzung verbunden sind. Solches Wissen von Ursache-Wirkungs-Zusammenhängen findet sich – so wird unterstellt – in den nomothetisch ausgerichteten Natur-, Ingenieurs- und Sozialwissenschaften.

Der Wirkungsanalyse auf dem Fuße folgt sodann die sogenannte *Politikanalyse*[3] *(policy analysis)*, in der die prognostizierten Wirkungen als mehr oder weniger nützlich oder schädlich, als erwünscht oder unerwünscht bzw. als »Nutzen« oder »Kosten« eingestuft werden. Weiter gehört zur Politikanalyse die Formulierung von Handlungsoptionen und Politikalternativen, mit denen die als positiv eingeschätzten Wirkungen verstärkt und die als negativ eingeschätzten abgemildert werden können. Um nun nicht in den Verdacht zu geraten, politischen Handlungs- und Entscheidungsspielraum von seiten nicht gewählter und auch nicht wählbarer Experten unzulässigerweise einzuschränken, wird in der Regel von Empfehlungen für die zuständigen Entscheidungträger abgesehen und statt dessen versucht, eine umfassende und möglichst erschöpfende Liste von Politikalternativen zu erstellen, die Resultate in der gewünschten Richtung versprechen.

Das Verfahren in seiner Gesamtheit wird dabei herkömmlicherweise verstanden als ein Anwendungsfeld nomothetischer Wissenschaft, das heißt, sowohl bei der Wirkungsanalyse wie bei der Politikanalyse wird versucht, auf deduktivem Wege unter Zugrundelegung nomologischer Theorien zu definitiven Lösungen der jeweils gestellten Aufgabe zu gelangen. Sieht man von einigen wenigen konventionalistischen Einschüben ab, wie etwa der Festlegung der gesellschaftlichen Bereiche, in denen relativ zu einer bestimmten Aufgabenstellung mit Auswirkungen zu rechnen ist, so soll der gesamte Bewertungsvorgang in völlig monologisierender und möglichst schematischer Weise prinzipiell auch von einer Person vorgenommen werden können, soweit sie über alles benötigte Gesetzeswissen verfügt.

Dieses mehr oder weniger explizit formulierte Ideal der Technikbewertung soll hier in Frage gestellt und statt dessen die Überlegung angestellt werden, ob wir nicht besser fahren würden, wenn wir den Vorgang gleichsam auf den Kopf stellen: In einer an dem Ideal einer nomothetischen Wissenschaft ausgerichteten Methode der Technikfolgenabschätzung werden Entscheidungen, die an den verschiedenen Stellen des Bewertungsprozesses notwendig sind, als Konventionen behandelt und damit einer argumentativen Auseinandersetzung entzogen (z. B. Festlegung von Kriterien, Festlegung von Konzepten rationalen Handelns, Festlegung von Bereichen »homogener« Wirkungen, Festlegung von »austauschbaren« Fällen, usw.). Was zur Ermöglichung von Verrechnung so dargestellt wird, als sei es eine konventionelle Regelung, erweist sich jedoch bei unvoreingenommener Nachprüfung eher als eine Aufgabe für die Konsensbildung. Somit ließe sich der gesamte Prozeß der Technikbewertung als eine prinzipiell dialogförmig strukturierte gemeinsame Bemühung um Konsensfindung verstehen, in der gelegentlich gewisse nomologische Wissensbestände Hilfsfunktion besitzen können.

Es soll damit begonnen werden, auf einige grundsätzliche Schwierigkeiten hinzuweisen, die mit der herkömmlichen nomothetischen Auffassung von Technikbewertung verbunden sind, um danach auf einige allgemeine Fragen zu kommen, die grundsätzlich nicht beantwortbar erscheinen, solange man im nomothetischen Rahmen verbleibt. Schließlich soll der Prozeß der Konsensfindung in seinen allgemeinen Grundzügen vorgestellt werden.

Eine Reihe von Schwierigkeiten ergeben sich aus dem Versuch, bezüglich eines konkreten Problems eine vorausschauende Bilanzierung mit Hilfe des nomothetischen Wissenschaftsansatzes zu erreichen. Fragt man nach den zu erwartenden Auswirkungen einer konkreten technischen Neuerung, so ist man mit dem Holismus-Problem konfrontiert, das heißt, man hat es mit komplexen Interdependenzverhältnissen zu tun, die in der vorliegenden Struktur für eine mit linearen Kausalmodellen arbeitende Wissenschaftskonzeption nicht angegangen werden können. Will man reproduzierbare und zuverlässige Aussagen treffen, so wird es nötig, das Problem elementaristisch in einzelne Kausalzusammenhänge aufzulösen, die anschließend dann in additiver Weise wieder zusammengefügt werden können. Ein solches Vorgehen muß aber letztlich den Beweis schuldig bleiben, daß es zureichende Voraussagen für das Ausgangsproblem treffen kann.

Ist ein Schaden schon eingetreten und soll nachträglich auf seine Ursachen hin untersucht werden, so erfolgt diese Untersuchung im Rahmen des nomothetischen Ansatzes auf der Grundlage von Kausalzuschreibungen, die dann einer empirischen Überprüfung unter möglichst reproduzierbaren und daher zu standardisierenden Bedingungen unterzogen werden. Die Logik des nomothetischen Ansatzes führt also zu der Forderung, im möglichst wirklichkeitsnahen (Feld-)Experiment Kausalzusammenhänge zu erzeugen, von denen vermutet wird, daß sie den Schaden, dessen weiteres Eintreten verhindert werden soll, erzeugen. Das heißt, Behauptungen über das Auftreten einer Schadwirkung können in diesem wissenschaftskonzeptionellen Rahmen nur durch die partielle Herstellung eben dieses Schadens überprüft werden.

Ist also ein an deduktiven Ableitungen orientiertes Vorgehen bereits im Bereich der Wirkungsanalyse nur mit erheblichen Abstrichen an den programmatischen Leistungsversprechen dieser Verfahrensweise durchführbar, so verstärken sich dementsprechende Problemaspekte noch weiter im Bereich der Politikanalyse. Dem Verständnis des nomothetischen Ansatzes nach stellen Wertungen letztlich eine Sphäre willkürlichen Dezisionismus dar. Um den ungeliebten, aber an dieser Stelle unvermeidlichen Konventionalismus nicht stärker ins Kraut schießen zu lassen als unbedingt nötig, versucht man sich hinsichtlich der Bewertungskriterien weitgehend auf solche zu beschränken, die quantifizierbar und hinsichtlich ihrer Wertausprägung unumstritten sind, wie z. B. das Bewertungskriterium »kostengünstig«. Es tritt somit eine doppelte Beschränkung der Reichweite von Technikbewertung ein, die nicht gerechtfertigt werden kann. Einmal kann nicht von einer Priorität quantitativer gegenüber qualitativen Bewertungskriterien ausgegangen werden und zweitens kann die Bewertung nicht anhand einer a priori erstellten und als abgeschlossen angesehenen Bewertungsliste erfolgen – dies käme der Auszeichnung einer singulären Perspektive gleich –, da die Liste möglicher Bewertungskriterien unabschließbar ist und nur durch Einigung aller Betroffenen und ihrer unterschiedlichen Perspektiven im Dialog erzielt werden kann. Im Endergebnis schlägt sich eine solche Beschränktheit der Technikbewertung auf vornehmlich quantitativ operationalisierbare Bewertungskriterien auch in den vorgeschlagenen Maßnahmen nieder, die kaum je auf den Verzicht bestimmter technischer Mittel und Zwecke hinauslaufen, sondern überwiegend dem wohlfahrtsökonomischen Prinzip verpflichtet sind, denjenigen, die von einer neuen oder erweiterten Technik besonders hart betroffen werden, einen ebenfalls quantitativ bemeßbaren (zumeist finanziellen[4]) Ausgleich zukommen zu lassen.[5]

Neben diesen mit dem Bewertungsprozeß selbst unmittelbar verknüpften Schwierigkeiten eines nomothetischen Ansatzes der Technikbewertung lassen sich weitere Probleme und offene Fragen im Bereich der begrifflichen Grundlagen für diesen Prozeß benennen, die durch das naturwissenschaftliche Verständnis des Ansatzes nur schwer einer Lösung zugeführt werden können.

Als erstes soll hier die Unterscheidung zwischen Bedürfnissen und Interessen und ihre Relevanz für Probleme der Technikbewertung thematisiert werden. Bezüglich der Interessen von Betroffenen, d. h. aller ihrer faktisch vorkommenden situationsübergreifenden Ziele der Erhaltung, Vermeidung, Herstellung oder Beseitigung gewisser Zustände, die im Prozeß der Bewertung zu berücksichtigen sind, läßt sich lediglich die Maxime formulieren: Versuche den vorliegenden Interessen, so weit es geht, gerecht zu werden. Damit ist über das absolute Maß der Interessenberücksichtigung nichts gesagt, auch ein geringes Maß an Befriedigung kann mit der Maxime übereinstimmen. Wir haben es hier also mit einem Optimierungsproblem zu tun. Anders liegt der Fall im Hinblick auf Bedürfnisse. Wir haben es hier mit im Sinne der – mindestens langfristigen – Lebenserhaltung als gerechtfertigt ausgezeichneten, mehr oder minder subjektiv repräsentierten Interessen zu tun. Während unterstellt werden kann, daß jeder seine Interessen kennt und subjektive Berichte als eine ausreichende Basis für die Handlungsdeutung angesehen werden können, ist bei Bedürfnissen ein kollektiver Prozeß der Zuerkennung nötig. Für die so ermittelten Bedürfnisse gilt dann die Maxime: Versuche die festgestellten Bedürfnisse ohne Abstriche zu realisieren. Da hier ein absolutes Maß an Befriedigung gefordert wird, haben wir es mit einem Maximierungsproblem zu tun. Die Schwierigkeit liegt nun genau darin, ein solches absolutes Maß bezüglich der Bedürfnisbefriedigung für einzelne Bedürfnisse anzugeben. Es kann nämlich nicht davon ausgegangen werden, daß die Bedürfnisfeststellung auf rein naturalistisch-biologischer Grundlage erfolgen kann, da die Bedürfnisse immer schon kultureller Interpretation unterliegen. (Dies wußte bereits Karl Marx, der hinsichtlich der Festlegung des Mindestlohnes durch die Kapitalistenklasse die Feststellung traf, daß dieser Lohn nicht das Überleben an sich, sondern das Überleben auf einer gewissen Kulturstufe garantieren müsse.) Es bedarf also bereits eines Konsensbildungsverfahrens, um die Bedürfnisse inhaltlich gehaltvoll formulieren zu können. Der mögliche Verzicht auf die Unterscheidung zwischen Interessen und Bedürfnissen bietet hier auch keinen Ausweg, da es dann nicht mehr möglich wäre, im Falle von Interessenkollisionen und -konflikten irgendwelche Interessen vor anderen auszuzeichnen und den Konflikt somit auf nichtwillkürliche Weise aufzulösen.

Hinzu kommt, daß bei Technikbewertungsprozessen auch sogenannte »Gemeingüter« berücksichtigt werden sollten, denen nicht notwendigerweise gewisse Interessen oder Bedürfnisse von Individuen entsprechen. Aus der Kollektivgütertheorie von Olson[6] ergibt sich, daß zweckrational handelnde Individuen kaum zur Herstellung bzw. Wahrung von Kollektivgütern beitragen. Auch der kollektive Zuschreibungsprozeß von »Bedürfnissen« muß nicht so weit fortgeschritten sein, daß alle »Gemeingüter« auch als »Bedürfnisse« von Individuen berücksichtigt sind.

Einen weiteren Problemkreis stellen die Rationalitätsannahmen[7] dar, die in der Technikbewertung benützt werden. Mit dem nomothetischen Denkansatz verträglich ist einzig das klassische Webersche Konzept der Zweckrationalität. Dieses umfaßt sowohl eine technisch-instrumentelle Rationalität wie auch die sogenannte Rationalität der Wahlhandlung im Sinne der Entscheidungstheorie. Verlagert man dieses Handlungs- bzw. Rationalitätskonzept von der Ebene des einsamen Aktors auf diejenige des sozialen Handelns, so gelangt man zu einer Reziprozität der instrumentellen Einstellung im Sinne einer strategischen Rationalität. Hier bleibt die technisch-instrumentelle Rationalität jedes einzelnen Handelnden bestehen, wobei aber jeder versucht, die Handlungen und Intentionen des anderen für die eigenen Zwecke zu instrumentalisieren. Das Ungenügen dieses Rationalitätskonzeptes zeigt sich nun in seiner Anwendung auf den Prozeß der Technikbewertung selbst. Sofern es in diesem Prozeß nicht schlicht um Überredung gehen soll, was den Prozeß tendenziell überflüssig machen würde, kann nicht einfach der rhetorisch beeindruckendste Vorschlag angenommen werden, sondern der argumentativ überzeugendste. Schon diese Unterscheidung aber zwischen der faktischen Wirkung und der argumentativen Geltung eines Redebeitrages macht Gebrauch von einer höherstufigen Rationalität, der sogenannten kommunikativen Rationalität[8], die zweckrational nicht mehr einholbar und darstellbar ist. Will man also die Wahrheitsansprüche, die mit der Technikbewertung verbunden sein sollen, nicht aufgeben, so muß man den begrifflichen und wissenschaftskonzeptionellen Rahmen dahingehend erweitern, daß solche Ansprüche auch in ihm explizierbar werden. Hat man diese Erweiterung aber für den Technikbewertungsprozeß selbst vorgenommen, so gibt es keinen Grund, sie nicht auch auf die lebensweltlichen Verhältnisse auszudehnen, die das Objekt der Bewertung sein sollen: die Wünsche und Handlungen der Aktoren sind nicht durchweg in einem ökonomischen Nutzenkalkül spiel- und entscheidungstheoretisch abbildbar.

Wollte man »wertrationale« Gesichtspunkte im Prozeß der traditionellen Technikbewertung berücksichtigen, dann müßte man alle Arten von Werturteilen auf *Normen* reduzieren. Damit würde jedoch der Gesichtspunkt, daß die Normsetzung inadäquat sein kann, völlig außer acht gelassen. Bekanntlich werden ethische *Prinzipien* in unterschiedlichen Zeiten aufgrund unterschiedlicher Erfahrung in unterschiedlicher Weise in Form von Normen konkretisiert. Es soll nicht eine zeitgebundene Konkretisierung »verabsolutiert« werden. Dieses Problem kann durch Vermeidung willkürlicher Setzungen von Normen und die argumentative Auseinandersetzung über Normen nicht völlig beseitigt werden; immerhin kann man aber mit einer »Abmilderung« dieser grundsätzlichen Schwierigkeit rechnen.

Schließlich wird in nomothetischen Ansätzen der Technikbewertung in statistischen Hypothesenformulierungen häufig von der »Wahrscheinlichkeit« gewisser Ereignisse im Sinne der Häufigkeitstheorie der Wahrscheinlichkeit gesprochen. Dabei wird selten reflektiert, daß von einer derartigen Wahrscheinlichkeit begründetermaßen nur gesprochen werden kann, wenn sich Behauptungen über die Homogenität, die Austauschbarkeit von Ereignissen, die »Invarianz« bzw. »Unempfindlichkeit« von Charakterisierungen von Ereignisfolgen gegenüber »Aussonderungen« einlösen lassen. Dies aber ist nur dann der Fall, wenn die Reproduzierbarkeit dieser Ereignisse unproblematisch vorausgesetzt werden kann und sie sich insgesamt so interpretieren lassen, als handele es sich um die Ergebnisse eines Zufallsgenerators. Eine solche Annahme nun muß insbesondere überall dort in Frage gestellt werden, wo die für diese Betrachtungsweise notwendigen Voraussetzungen der Herstellbarkeit und Kontrollierbarkeit nicht gegeben sind. Handelt es sich bei den Ereignissen, über deren Auftretungswahrscheinlichkeit etwas ausgesagt werden soll, gar um menschliche Handlungen, so muß gefragt werden, ob nicht hier der auf instrumenteller Erfahrung beruhende neuzeitliche bernouillische Wahrscheinlichkeitsbegriff durch den auf phänomenaler Erfahrung beruhenden aristotelischen Wahrscheinlichkeitsbegriff ersetzt werden sollte. In diesem Falle wäre das Wahrscheinliche dann das aufgrund der Kenntnis von familienähnlichen typischen Fällen Erwartbare.

Betrachtet man die Technikbewertung als einen argumentativen Prozeß der Konsensbildung und nicht als einen Anwendungsfall deduktiver Ableitungen aus nomologischen Hypothesen, so verlagert sich die Aufmerksamkeit weg von der Beschaffenheit und Eigenart bestimmter Sätze und Satzzusammenhänge hin auf die »Beschaffenheit« der beteiligten Personen und Rahmensituationen, in denen sie sich befinden. Analytisch läßt sich demnach jeder Konsensbildungsvorgang in die folgenden drei Teile aufspalten:

a) Ausgangssituation: Hier geht es um die Feststellung der ursprünglichen Positionen der beteiligten Parteien sowie um die dabei auftretenden Unvereinbarkeiten. Gleichzeitig müssen die Handlungsspielräume der Beteiligten einschließlich der wahrgenommenen Grenzen aufgezeigt werden und es muß eine vorläufige Bewertung der Konsequenzen der möglichen Handlungen vorgenommen werden. Soweit von dem zu bildenden Konsens Dritte, nicht an der Beratung teilnehmende Parteien betroffen sind, bedarf es auch der Berücksichtigung ihrer Positionen und Handlungsspielräume.

b) Prozeßverlauf: Dieser bedarf gewisser Rahmenbedingungen für die Beratung (z. B. existenzielle Voraussetzungen, zeitliche Beschränkungen) als auch regulativer Prinzipien, die gemeinsam anerkannt werden (z. B. Orientierung an Unvoreingenommenheit). Von Bedeutung ist schließlich auch die Art des Kommunikationsprozesses (stillschweigender Informationsaustausch, Gespräche) und die Regeln oder Normen, welche für den Kommunikationsprozeß zur Anwendung kommen (unterschiedlich bei formalisierter Verhandlung versus vertraulichem Gespräch). Von »echter« Konsensbildung kann nur dann gesprochen werden, wenn alle am Beratungsprozeß Beteiligten ihre ursprünglichen Positionen (Ziele, Interessen, Meinungen, Überzeugungen) zur Disposition stellen und aufgrund eines gemeinsamen »Willens zur Einigung« verzichtbare Positionen aufgeben.

c) Ergebnis der Konsensbildung: Da »echte« Konsensbildung

normalerweise eine Wandlung von ursprünglich eingenommenen Positionen der Ausgangssituation erfordert, muß sich also mindestens für einen – evtl. aber auch für alle – der folgenden Bereiche schließlich eine Veränderung konstatieren lassen: Positionen der Beteiligten, Einschätzung ihrer Handlungsspielräume und -grenzen, Bewertung der Konsequenzen der wahrgenommenen Handlungsalternativen. Die erzielten Veränderungen sollten schließlich auch von den schon unter a) genannten Drittparteien bewertet werden.

Das Fazit unserer Überlegungen läßt sich nunmehr folgendermaßen festhalten: Eine Bilanzierung im Sinne einer Verrechnung von Bewertungsergebnissen ist mit Sicherheit unmöglich. Eine Bilanzierung in einem »holistischen« Verfahren »auf Grundlage aller vorgebrachten Argumente« ist nicht unmöglich, aber recht schwierig, weil diese immer die absichtliche Ausblendung oder Vernachlässigung gewisser, in das Gesamtbild nicht integrierbarer Bewertungen voraussetzt, diese Ausblendungen aber wenigstens argumentativ vertretbar sein müssen.

In engem Zusammenhang damit steht eine zweite Konsequenz: Betrachtet man, wie wir es hier vorgeschlagen haben, den gesamten Prozeß der Technikfolgen-Abschätzung als ein prinzipiell argumentatives statt deduktives Verfahren, das grundsätzlich nicht durch einen Algorithmus ersetzt werden kann, so muß freilich auch der Tatsache ins Auge gesehen werden, daß damit die vorgenommenen Bewertungen zu gruppenrelativen werden, die sich nicht losgelöst vom jeweiligen Personenkreis, dem sie entstammen, betrachten lassen. Zwar sollten solche Bewertungen in ihrer Substanz wie ihrer Genese für jedermann mit hinreichender Sachkunde nachvollziehbar sein, gleichwohl bedeutet dies aber keinerlei Garantie dafür, daß sie in einem veränderten Personenkreis auch reproduzierbar wären.

Dieses Problem der unvermeidlichen Relativität argumentativ zustandegekommener Technikbewertung läßt sich aber auffangen und abmildern durch ein Verfahren der Doppelbegutachtung, bei dem nicht eine, sondern zwei unabhängig voneinander arbeitende Gruppen einen bestimmten Technikbewertungsauftrag durchführen. Für die Erstellung solcher Gruppen lassen sich ohne Berücksichtigung des besonderen Gegenstandes der Bewertung und ohne Anspruch auf Vollständigkeit einige notwendige Bedingungen für erfolgversprechendes Arbeiten benennen:

- Prinzip der Sachkompetenz: Diese kann beim einzelnen Teilnehmer etwa über den Besitz eines akademischen Grades in einer für die Begutachtung relevanten Fachdisziplin nachgewiesen werden oder über ein Äquivalent dafür.
- Prinzip der Unabhängigkeit: Diese ist natürlich für den einzelnen Teilnehmer nur sehr schwer bis gar nicht positiv nachzuweisen. Zur Gewährleistung der Einhaltung des Prinzips bedarf es vielmehr umgekehrt der glaubhaften Zurückweisung von vorgetragenen Abhängigkeitsvermutungen, etwa hinsichtlich einschlägiger Großindustrieaufträge.
- Prinzip der Selbstorganisation: Dieses Prinzip betrifft nicht so sehr den einzelnen Teilnehmer, sondern die Gruppe als Ganzes. Sie muß souverän sein hinsichtlich dessen, was von ihr als problematische Auswirkung einer zu begutachtenden Technikanwendung ausgezeichnet wird. Vor allem darf sie sich nicht einseitig das kognitive Selektionssystem des politisch-administrativen Bereichs zu eigen machen, da dieses nur unter äußerst restringierten Bedingungen einen »Handlungsbedarf« anzuerkennen bereit ist. Von der Bewertungsgruppe dagegen muß »Handlungsbedarf« auch unter wissenschaftlichen, lebensweltlichen und allgemein ethischen Bedingungen in Betracht gezogen werden.
- Prinzip der ausgewogenen Zusammensetzung der Gruppe: Wie beim Unabhängigkeitsprinzip geht es auch hier nicht um den positiven Nachweis, sondern darum, die behauptete Verletzung des Prinzips (durch Hinweis auf problemrelevante Positionen, die bei gegebener Zusammensetzung nicht berücksichtigt sind) entweder mit Gründen zurückzuweisen oder aber anzuerkennen und damit die Gruppenzusammensetzung zu verändern.

Schließlich sollten die Ergebnisse der Doppelbegutachtung einer Sekundärauswertung unterzogen werden, die nicht mehr primär unter dem Gesichtspunkt der Sachkompetenz bezüglich des Bewertungsproblems steht, sondern unter dem der Kompetenz für allgemeine Argumentationstheorie und gruppendynamische Prozesse. Hier wird dann versucht, den Argumentationsgang in beiden Gutachtergruppen nachzuvollziehen, erreichten Konsens auf seine Qualität hin zu beurteilen und bei unterschiedlichen Bewertungsresultaten zwischen beiden Gruppen die Argumente für die Unterschiede präzise herauszuarbeiten.

1 Helmar Krupp schreibt diese Übersetzung ins Deutsche E. Jochem zu, allerdings ohne genauere bibliographische Angaben: Helmar Krupp, »Technikfolgen-Abschätzung – Grundprobleme und Fallbeispiele«, in: G. Ropohl (Hg.), *Maßstäbe der Technikbewertung*, Düsseldorf 1979, S. 133-148.

2 Eine weitere Differenz liegt in der unterschiedlichen *Perspektivität* von Technikbewertung und Marktanalyse. Die Marktanalyse wird *immer* aus der Perspektive des Herstellers vorgenommen, der sich bereits entschieden hat, als Anbieter eines Spektrums von Produkten am Markt zu sein. Das Spektrum der Produktion wird nicht grundsätzlich in Frage gestellt, allenfalls können Modifizierungen des Angebots vorgenommen werden. Die Technikfolgenabschätzung dagegen kann grundsätzlich aus verschiedenen Perspektiven (Hersteller, Nutzer, Mitbetroffener, Gesetzgeber) vorgenommen werden. Die Gefahr dabei ist nun, daß die Technikfolgenabschätzung im wesentlichen aus der Perspektive des Produzenten vorgenommen wird und der Gesetzgeber diese Perspektive übernimmt. Dabei leisten die traditionellen – an der nomothetischen Wissenschaft ausgerichteten – Begriffe und Methoden der Technikfolgenabschätzung der impliziten Übernahme solch einseitiger Perspektiven dadurch Vorschub, daß mit ihrer Hilfe eine zusammenfassende Verrechnung von Bewertungsergebnissen nach gewissen Rationalitätskonzepten (z. B. SEU-Modell) angestrebt wird.

3 Mit der deutschen Übersetzung folgen wir einem Vorschlag von S. R. Carpenter, »Technikaxiologie: angemessene Normen für die Technikbewertung«, in: F. Rapp und P. T. Durbin (Hg.), *Technikphilosophie in der Diskussion*, Braunschweig/Wiesbaden 1982, S. 93-101.

4 So auch S. R. Carpenter, »Technikaxiologie«, a.a.O., S. 99.

5 Die Grenzen einer solchen Betrachtungsweise werden recht schnell deutlich, wenn man sich einmal überlegt, wie etwa die Tatsache veranschlagt werden soll, daß der Boden auf dem manche Kulturen leben, ihnen als »heilig« und »Mutter« gilt. Der Schaden, der für eine solche Kultur etwa durch intensiven Abbau von Bodenschätzen entstünde, ist in einem utilitaristischen Kosten-Nutzen-Kalkül überhaupt nicht bezifferbar. Für diese Kultur würde ihre eigene Konzeption von »gutem Leben« durch die Abbaumaßnahme in kaum reparabler Weise beeinträchtigt. Zwischen einem religiösen »Sakrileg« und ökonomischen »Kosten« besteht eine unaufhebbare kategoriale Differenz.

6 Mancur Olson, *The logic of Collective Action*, Cambridge, Mass. 1965.

7 Eine Liste unterschiedlicher Bedeutungen des Begriffes »Rationalität« findet sich bei Hans Lenk, »Wissenschaft gegen Irrationalismus«, in: Schweizerische Geisteswissenschaftliche Gesellschaft (Hg.), *Wissenschaft gegen Irrationalismus?*, 1985, S. 15-30.

8 Dieser Begriff wird näher ausgeführt in K.-O. Apel, »The Question of the Rationality of Social Interaction« (Ms. 1982), und J. Habermas, *Theorie des kommunikativen Handelns*, 2 Bde., Frankfurt 1981.

Hans-Jürgen Seel
Technik und soziale Handlungsorganisation
Anmerkungen eines Psychologen

1. Vorbemerkung zu den Aufgaben
der Handlungswissenschaften

Der Psychologe und Sozialwissenschaftler hat – ungeachtet einer genaueren Bestimmung seines Aufgabengebietes – jedenfalls mit menschlichem Erleben, Verhalten und Handeln zu tun.

Beschäftigt er sich mit Fragen der Technik und der Technikbewertung, so sollte er dies infolgedessen ebenfalls unter dem Gesichtspunkt des Erlebens, Verhaltens und Handelns tun.

Dabei könnte er so vorgehen, daß er fragt (und empirisch untersucht), wie Technik erlebt wird, wie mit ihr handelnd umgegangen werden kann und wie sie so bewältigt werden kann, daß die mit Technik konfrontierten Menschen möglichst wenig psychische oder soziale Schwierigkeiten bekommen. Dieser Zugang liegt im wesentlichen der mit »Technikfolgenabschätzung« (*technolgy assessment*) bezeichneten Forschungsrichtung zugrunde. Technik wird dabei gewissermaßen als äußere Rahmenbedingung für menschliches Erleben und Handeln verstanden, auf die der Mensch irgendwie zu reagieren hat, mit der er irgendwie fertig werden muß.

Technischen Entwicklungen und technischem Fortschritt wird so vorgängig eine Eigendynamik unterstellt, die über den Menschen kommt, ähnlich wie beispielsweise eine Naturkatastrophe oder auch eine Verbesserung der natürlichen Lebensbedingungen des Menschen durch Klimaverbesserung o. ä. über den Menschen kommt. Diese Betrachtungsweise vernachlässigt, daß Technik selbst menschliches Handeln bzw. das Ergebnis menschlichen Handelns ist und daß technische Entwicklungen und technischer Fortschritt ebenfalls vom Menschen »gemacht« sind.

Psychologische und sozialwissenschaftliche Auseinandersetzungen mit der Technik sollten daher schon bei der Technik selbst ansetzen und sie nicht als bloße Rahmenbedingungen für menschliches Handeln und Erleben auffassen; sie sollten dabei gleichzeitig eine Antwort auf die Frage zu finden versuchen, warum wir dazu neigen, technische Entwicklungen als etwas aufzufassen, das eine vom menschlichen Handeln, Wünschen und Werten weitgehend unabhängige Eigendynamik aufweist. Die Psychologie als Teildisziplin der Handlungswissenschaften ist damit gefordert, über die traditionellen Grenzen ihrer Fachdisziplin hinaus zu schauen und dabei auch Risiken einzugehen. Dennoch soll hier ein solcher Versuch einmal unternommen werden, der am besten von einer kurzen Darstellung der zugrunde liegenden Begrifflichkeit ausgeht.

2. Kurzer Exkurs zur begrifflichen Grundlage

Aus Gründen, die mit dem Menschenbild und den wünschbaren Formen des Umgangs zwischen Menschen zu tun haben, soll den folgenden Überlegungen ein bestimmter Handlungsbegriff zugrunde gelegt werden (vgl. Seel 1981). Er ist an anderer Stelle ausführlich erläutert worden (Kaiser und Seel 1981, Seel 1981); deshalb genügt hier eine kurze Skizze. Ausgangspunkt ist ein Zitat von G. H. v. Wright (1977, S. 149):

»Jedwede Handlung irgendeines Menschen schafft und zerstört situative Handlungsmöglichkeiten, dies gilt für den Handelnden ebenso wie für andere Handelnde.«

Allein auf der Grundlage dieses Zitats kann Technik schon ausreichend handlungstheoretisch gefaßt werden, und zwar in den beiden voneinander unterscheidbaren Bedeutungen, auf die z. B. Sachsse (1979, S. 1 f.) mit mehreren Beispielen hingewiesen hat: Wir sprechen von Technik sowohl im Sinne eines (rational geplanten) Handlungsvollzugs, wie z. B. der Technik des Schwimmens, als auch im Sinne eines Gegenstandes, eines »technischen Artefakts« wie z. B. einer Brücke.
Anhand dieser beiden Beispiele möchte ich versuchen, den Technikbegriff handlungstheoretisch zu fassen:
Mit der Technik des Schwimmens schaffe ich, indem ich die Beine anwinkle, die Voraussetzungen dafür (situative Handlungsmöglichkeit), daß ich sie wieder nach hinten ausstoßen kann, um so den für das Schwimmen notwendigen Vortrieb zu erzeugen. Indem ich diese beiden (Teil-)Handlungen immer wieder wieder-

hole (und durch andere ergänze), kann ich einen See überqueren, um am anderen Ufer etwas zu erledigen, wofür ich zunächst die situative Möglichkeit schaffen muß (nämlich am anderen Ufer zu sein). Freilich kann ich auch schwimmen, um mich ›fit‹ zu halten, aber auch damit schaffe ich für mich andere Handlungsmöglichkeiten.

Wenn ich vorhabe, mich ans andere Ufer zu begeben, kann ich auch zunächst eine Brücke bauen. Ich schaffe damit die situative Handlungsmöglichkeit, zu Fuß oder mit einem Wagen (mit dem ich beispielsweise größere Lasten mitnehmen kann), das andere Ufer zu erreichen.

In beiden Beispielen wird deutlich, daß Technik etwas mit der *Auseinandersetzung des Menschen mit der Natur* zu tun hat. So ist es auch möglich, Technik als »Mittler« zwischen Mensch und Natur zu betrachten, wie es in vielen Beiträgen zur Technikphilosophie getan wird.

Beide Beispiele demonstrieren auch, daß Technik aus einer (möglichst) sinnvollen *Organisation von Handlungen* unter einer Zielvorstellung besteht.

Der wesentliche Unterschied zwischen den beiden Beispielen liegt darin, daß ich mit dem Bau einer Brücke eine überdauernde materielle Veränderung von Handlungsmöglichkeiten geschaffen habe, weil ich die Brücke immer wieder zum Überqueren des Sees zu Fuß oder mit einem Wagen benutzen kann, während ich im anderen Falle immer wieder schwimmen müßte. Ich kann die Brücke auch dann benutzen, wenn ich nicht mehr schwimmen kann, weil z. B. das Wasser zu kalt ist o. ä. Außerdem habe ich mit dem Bau der Brücke auch die Handlungsmöglichkeiten für andere Personen verändert, denn sie können diese Brücke ebenfalls benutzen. (Im Falle des Schwimmens verändere ich die Handlungsmöglichkeiten für andere Personen, wenn ich ihnen meine erfolgreiche Technik des Schwimmens vermittle.) Technische Artefakte können deshalb auch als *Materialisationen menschlicher Handlungsorganisation* (= Materialisation menschlichen Geistes, vgl. Bamme u. a. 1983, Mumford 1977) verstanden werden.

Man könnte an dieser Stelle noch weitere Unterschiede und andere Aspekte diskutieren, aber ich möchte nur einen, sehr wesentlichen Aspekt herausgreifen und betonen:

Ich kann auch meine Handlungsmöglichkeiten verändern, indem

ich eine andere Person veranlasse, eine Brücke zu bauen, die ich benutzen kann und will. Ich veranlasse diese andere Person dazu, (für mich) eine Brücke zu bauen, indem ich ihre Handlungsmöglichkeiten so verändere, daß es für sie sinnvoll, zweckmäßig oder notwendig wird, diese Brücke zu bauen. Ob und wie ich diese Person dazu veranlassen kann, ist ebenfalls eine Frage der Organisation von Handlungsmöglichkeiten, jetzt aber eine Frage der *sozialen Organisation von Handlungsmöglichkeiten*, also eine Frage danach, wie die Zusammenarbeit der Menschen zur Auseinandersetzung mit der Natur sozial und gesellschaftlich organisiert ist. Die Auseinandersetzung des Menschen mit der Natur ist grundsätzlich sozial organisiert, und zwar ganz einfach deshalb, weil der Mensch als Einzelwesen nicht (über-)lebensfähig ist. Dies ist eine »anthropologische Konstante«, die kaum eigens begründet werden muß.

Auf welche Weise allerdings Menschen ihre Auseinandersetzung mit der Natur sozial organisieren, ist eine weitere Frage; daß diesbezüglich für den Menschen im Unterschied zu rein instinktgesteuerten anderen Lebewesen ein großer Spielraum besteht, zeigt ein Blick auf die Verschiedenartigkeit menschlicher Kulturen und Gesellschaften und auf historische Entwicklungen auch innerhalb der gleichen Kultur.

Verschiedene Kulturen und Gesellschaften können daher miteinander verglichen und voneinander unterschieden werden, indem untersucht wird, welches Selbstverständnis des Menschen dort in seiner Beziehung zur Natur dominiert und wie dieses Verhältnis zur Natur in der gesellschaftlichen und sozialen Handlungsorganisation konkret-praktisch realisiert wird. Dies hat ersichtlich mit allgemeinen Handlungsorientierungen und mit *Sinnfragen* zu tun. Eine Auseinandersetzung mit der Technik sollte deshalb auch in diesem Sinnzusammenhang erfolgen. Oldemeyer (1983) hat etwa versucht, als Grundlage für eine Technikbewertung eine Typologie des menschlichen Verhältnisses zur Natur zu entwerfen. Er bleibt dabei zunächst auf der (kulturellen) Ebene der Selbstbestimmung des Menschen und geht nicht auf die gesellschaftlich-praktische Handlungsorganisation zur Auseinandersetzung mit der Natur ein. Dieser zweite Weg soll hier einmal versucht werden.

3. Technik und Wirtschaft

Die Art und Weise, wie in verschiedenen Gesellschaften die ko-operativ-handelnde Auseinandersetzung des Menschen mit der Natur unmittelbar (in der Produktion) und mittelbar (in Dienstleistungen etc.) organisiert ist, wird allgemein als die Wirtschaftsordnung dieser Gesellschaft bezeichnet. Dementsprechend wird auch in Einführungsveranstaltungen in die Betriebs- und Volkswirtschaftslehre die Wirtschaft als der Mittler zwischen Mensch und Natur bezeichnet, genauso, wie in der Technikphilosophie oft die Technik als Mittler zwischen Mensch und Natur betrachtet wird. Dennoch werden Technik und Wirtschaftsordnung verbreitet vollkommen getrennt voneinander diskutiert. Der eingangs skizzierte Handlungsbegriff ermöglicht es, diese Trennung zu überwinden. Durch die soziale Organisation von Handlungsmöglichkeiten in der Wirtschaftsordnung ist gesellschaftlich festgelegt und geregelt, wie verschiedene Menschen bei der Herstellung und Verteilung von Produkten, die in der Auseinandersetzung mit der Natur gewonnen werden, miteinander zusammenarbeiten. In diesem (ökonomischen) Zusammenhang wird eine Bewertung von Technik faktisch immer schon praktiziert: sie erfolgt nach den Grundsätzen, nach denen die Auseinandersetzung des Menschen mit der Natur sozial organisiert ist, mithin nach der Rationalität der Wirtschaftsordnung in einer Gesellschaft.

Um diese Behauptung einzulösen, braucht man gar keinen großen intellektuellen Aufwand zu betreiben, es genügt der Hinweis darauf, wie in Industrieunternehmen Entscheidungen über die Einführung einer neuen Technik – sei es bezogen auf das Produkt, sei es bezogen auf die Produktionsweise – getroffen werden. Hier spielen Kriterien der Wirtschaftsrationalität – oft einfach als »Wirtschaftlichkeit« bezeichnet – letztlich die ausschlaggebende Rolle. Der Zusammenhang zwischen unserer Wirtschaftsrationalität und einer Bewertung unserer Handlungen, etwa nach ethischen Gesichtspunkten, wie sie im Zusammenhang der Technikbewertung vorgenommen werden soll, ist uns aber weitgehend abhanden gekommen; die Wirtschaftsrationalität hat sich als Rationalität mit nahezu Ausschließlichkeitsanspruch verselbständigt. Nur so kann es passieren, daß Dozenten der Wirtschaftswissenschaft wörtlich sagen: »Wirtschaft hat mit Moral nichts zu tun.« Nur vereinzelt und recht zaghaft bemüht man sich – wie beispielsweise die Arbeitsgruppe um Prof. Steinmann in Nürnberg –, Ethik wieder mit der Wirtschaftswissenschaft zu verbinden und damit an eine Tradition anzuknüpfen, die sich z. B. darin äußerte, daß Adam Smith, einer der Begründer der modernen Wirtschaftswissenschaft, einen Lehrstuhl für Moralphilosophie innehatte.

Auch wenn damals im 18. Jahrhundert unter Moralphilosophie etwas anderes verstanden wurde als heute, bleibt bemerkenswert, daß der Teil der Schriften von Adam Smith, in denen er sich mit Problemen der sozialen Gerechtigkeit auseinandersetzte, weitgehend in Vergessenheit geraten ist.

So wurde es möglich, seine Ausführungen als Reflexionen über ewige und eherne »Gesetze« der Wirtschaft zu verstehen, die keinem kulturellen und gesellschaftlichen Wandel unterliegen und bloß früher noch nicht »entdeckt« waren (anders z. B. Boulding 1973). Mit seiner berühmten *Protestantischen Ethik* hat dagegen Max Weber (1904) einen direkten Bezug zwischen Religion, Ethik und wirtschaftlichem Handeln hergestellt.

Wenn man sich also mit Technikbewertung befaßt und davon ausgeht, daß sie im praktischen Vollzug des wirtschaftlichen Handelns immer schon realisiert wird, kann man nicht umhin, sich auch mit der »Rationalität« der wirtschaftlichen und damit der gesellschaftlichen Handlungsorganisation zu befassen. Nur so kann die Erkenntnis Früchte tragen, daß technische Entwicklungen und technischer Fortschritt nicht wie Naturgesetze wirken, sondern erst im Rahmen unserer Wirtschaftsordnung realisiert werden und deshalb Konsequenzen der Gesetze sind, die wir uns zur Regelung unserer kooperativen Auseinandersetzung mit der Natur in Gestalt unserer Wirtschaftsordnung gegeben, d. h. »gesetzt« haben, und die wir – wenn wir es nur wollen – auch ändern können (vgl. dazu Herbig 1978, S. 15; Fischl 1986, S. 66 ff.).

Angesichts des Umstands, daß nach Ansicht vieler ernst zu nehmender Autoren und Untersuchungen (z. B. Global 2000, Zinn 1980, Club of Rome etc.) die Nebenfolgen bestimmter technischer Entwicklungen deren angestrebte Hauptfolgen bald überschreiten dürften, aber auch angesichts der Erwartung, daß durch die notwendig werdende Institutionalisierung von Gegenkräften gegen negative Auswirkungen der wirtschaftlich-technischen Rationalität unsere Gesellschaft ein unüberschaubares Ausmaß an

Komplexität erreicht hat, scheint eine rechtzeitige und grundsätzliche Auseinandersetzung mit der Technik und ihrer Bewertung im Rahmen der Wirtschaftsrationalität angebracht zu sein. Dazu gehört auch, daß man nach den »Hauptfolgen« technischer Entwicklungen fragt: Warum haben wir unser Wirtschaftssystem so und nicht anders organisiert, und warum werden bei der Anwendung unserer Wirtschaftsrationalität Entscheidungen getroffen, die ganz eindeutig eine bestimmte Form des technischen Fortschritts fördern und vorantreiben zu Lasten anderer Werte?

4. Angst vor der Natur und Hoffnung auf Überwindung der Natur

Die Frage ist, welches Verhältnis des Menschen zur Natur unserer Wirtschaftsordnung und damit auch unserer praktizierten Technikbewertung zugrunde liegt.

Zur Annäherung frage ich zunächst einmal, was die Rationalität unseres wirtschaftlichen Handelns leitet und wodurch unsere Wirtschaftsordnung legitimiert wird.

Die Antwort darauf klingt für unsere Ohren selbstverständlich, aber sie ist es nicht: Der wichtigste Maßstab für das wirtschaftliche Handeln als Auseinandersetzung mit der Natur ist bei uns das Produkt, das Ergebnis dieses Handelns. An ihm – genauer gesagt: in unserer marktwirtschaftlichen Ordnung an seinem Marktwert – ist das ganze wirtschaftliche Handeln primär orientiert. Wir legitimieren unsere Wirtschaftsordnung in der Regel mit dem Hinweis auf ihre »Effizienz« und messen diese Effizienz daran, daß sie uns Produkte zur Verfügung stellt, die uns einen hohen materiellen Lebensstandard ermöglichen. Karl Georg Zinn, ein renommierter Wirtschaftswissenschaftler, formuliert dies so: »Die Effizienz des kapitalistischen Wirtschaftssystems beschränkt sich auf die Produktion von Waren.« (1980, S. 20). In den nächsten Sätzen weist er darauf hin, daß dies in den Ländern des »real existierenden Sozialismus« im wesentlichen genau so ist. Ich nehme dies als Hinweis darauf, daß das zugrunde liegende Verhältnis zur Natur trotz des ideologischen Getöses um die Unterschiede weitgehend gleich ist.

Man kann also sagen, daß unsere wirtschaftliche Handlungsrationalität *auf das Produkt fixiert* ist. Wir glauben, Natur nahezu ausschließlich durch Produkte bewältigen zu können und zu müssen (vgl. dazu auch die Ausführungen von Fromm 1979 zum Modus des »Habens«).

Damit ist die im Rahmen der wirtschaftlichen Rationalität praktizierte Technikbewertung ebenfalls auf das Produkt fixiert. Dies bedeutet eine konsequente Nachordnung aller anderen möglichen Entscheidungskriterien und eine konsequente Unterordnung anderer Folgen als eben produktbezogene bei der Einführung neuer Techniken. Insbesondere werden die Folgen systematisch zweitrangig, die im Zusammenhang des Produktionsprozesses selbst entstehen, und auch die Folgen, die bei und nach der Verwendung des Produkts auftreten. Alles das, was zur Herstellung von Produkten gebraucht wird, hat bloßen Mittelcharakter im Hinblick auf das Produkt, gleichgültig, ob es sich dabei um die auf die bloße Arbeitskraft reduzierte menschliche Natur handelt oder um die natürlichen Ressourcen unserer Welt. Beides wird im Produktionsprozeß unter der Fixierung auf das Produkt gleichermaßen »verbraucht«.

Mit dem Typus des »zweckrationalen Handelns« (Habermas 1968, S. 62 ff.) wird ein Handeln beschrieben und gleichzeitig kritisiert, bei dem die Handlungsbegründung und -legitimierung fast ausschließlich von »hinten« her erfolgt, von der Effizienz des Handlungsergebnisses, und das ist im Falle des wirtschaftlichen Handelns eben das Produkt. In der betriebswirtschaftlichen Rechnung tauchen »Leistungen der Natur« entweder überhaupt nicht auf (z. B. Luft, Wasser etc.), oder sie werden als bloße Kosten behandelt, die möglichst zu vermeiden oder gering zu halten sind (z. B. Rohstoffe oder die menschliche Arbeitskraft).

Das ist gemeint, wenn ich sage, daß unsere Wirtschaftsrationalität auf das *Ergebnis* der Auseinandersetzung mit der Natur und nicht auf den *Prozeß* der Auseinandersetzung mit der Natur ausgerichtet ist. Es wären auch Formen der organisierten Auseinandersetzung mit der Natur denkbar, bei denen es weniger auf das Produkt ankommt und mehr auf eine menschengerechte, gesunde Gestaltung der Arbeit und auf eine Erhaltung der Natur. Ich glaube, Ivan Illich meint wenigstens ungefähr dasselbe, wenn er schreibt (1983, S. 52): »In keinem der ökonomischen Modelle, die als Richtlinien nationaler Politik dienen, gibt es eine Variable, welche die nicht marktbaren Gebrauchswerte erfaßt; wie es auch keine Variable für den kontinuierlichen Beitrag der Natur gibt.«

Bezogen auf den eingangs skizzierten Vergleich zwischen dem Schwimmen und dem Bau einer Brücke würde eine Wirtschaftsordnung, die mehr auf den Prozeß der Auseinandersetzung mit der Natur abstellt, in ihrer Entscheidungsrationalität dem Umstand, daß Schwimmen gesund ist, ein unmittelbares Erlebnis der handelnden Auseinandersetzung des Menschen mit der Natur darstellt und keinen so großen Eingriff in die natürliche Ökologie wie der Bau einer Brücke bedeutet, eine weitaus größere Bedeutung beimessen.

Wir sollten uns daher weiter fragen: Warum haben wir uns eine Wirtschaftsrationalität geschaffen, die auf das Produkt fixiert ist, welche Rolle spielt für uns das Produkt in unserer Beziehung zur Natur? Meine Antwort ist, wie bei meiner wissenschaftlichen Fachausbildung nicht anders zu erwarten, psychologisch geprägt: In jüngster Zeit wird zunehmend deutlich, daß für uns das Produkt neben seinem reinen Gebrauchswert auch einen großen symbolischen Wert hat, der seinen Marktwert zum großen Teil mitbestimmt. Wir unternehmen große Anstrengungen, um uns Dinge zu leisten, die eigentlich weit über das hinausgehen, was wir wirklich brauchen, z. B. aus Prestige- und Statusgründen. Wenn wir uns den symbolischen Gehalt dieser Dinge anschauen, so fällt auf, daß sie uns in den verschiedensten Formen eine Befreiung, Überwindung und Beherrschung der Natur signalisieren. Ich denke hier beispielsweise an Pelzmäntel, Deodorants, Waschmittel, Autos, Stereoanlagen, Reisen in ferne Länder etc. Dies gilt nicht nur für Konsumgüter, sondern auch für Investitionsgüter, insbesondere für technische Artefakte: Die Wirtschaftsrationalität favorisiert solche Technik, die uns im Produktionsprozeß von der menschlichen Natur unabhängig macht oder machen soll, indem sie menschliche Arbeitskraft durch Maschinen ersetzt; sie will den Menschen von der Auseinandersetzung mit der Natur entlasten und setzt damit menschliche Arbeitskraft »frei«, die dann entweder für etwas anderes verwendet werden kann oder »frei« bleibt (Arbeitslosigkeit durch Rationalisierung).

Kurz: Die Wirtschaftsrationalität bevorzugt einen technischen Fortschritt, der eine zunehmende Beherrschung der Natur durch technische Produkte beinhaltet. Dies korrespondiert auf der psychologischen Ebene mit der Faszination und mit dem Stolz, den viele von uns empfinden angesichts technischer Großleistungen und naturwissenschaftlicher Erkenntnisse, die wir oft genug auch als Sieg im Kampf mit der Natur oder ähnlich bezeichnen. (Karl Marx betrachtet Gesellschaft als Bündnis des Menschen gegen die Natur, und Hannah Arendt ist der Meinung, daß hinter unserem Glauben an die Technik die Hoffnung auf Befreiung von den natürlichen Lebensbedingungen des Menschen steckt.)

Komplementär gehört zur Hoffnung auf Überwindung der Natur die Angst vor den Ansprüchen der Natur. Von einem Sieg und einer Überwindung der Natur zu sprechen ist nämlich nur dann sinnvoll, wenn man Natur als etwas Bedrohendes auffaßt, also als etwas, das Angst macht.

Meine These ist, daß unsere Kultur, unsere Gesellschaft und Wirtschaft auf Angst vor der Natur und Hoffnung auf Überwindung der Natur beruht. Damit meine ich nicht, daß uns bei jedem Anblick von etwas Natürlichem die Empfindung panischer Angst überfällt (obwohl so etwas durchaus auch vorkommt), ich spreche hier von einer sublimen oder sublimierten Angst.

Mit diesem Versuch, unser Verhältnis zur Natur durch Angst und Hoffnung zu charakterisieren, scheint es, als würde ich es als »emotional« und nicht als »rational« beschreiben. Dies wäre indes irreführend, wie mir der in unserer Kultur verbreitete und sie kennzeichnende Gegensatz zwischen »Rationalität« und »Emotionalität« insgesamt irreführend erscheint. Es gibt kein bloß rationales Handeln, denn ein solches Handeln wäre motiv- und ziellos und damit letztlich auch sinnlos; es gibt auch kein bloß emotionales Handeln (oder Tun oder Verhalten), denn sonst könnte man es nicht verstehen und beispielsweise keine Psychotherapie betreiben, die letztendlich auf einer »Logik der Gefühle« beruht.

Wenn man sich mit dem technischen Fortschritt und seiner Problematik befassen will, muß man ihn zunächst einmal als menschliches Handeln zu verstehen versuchen und infolgedessen auch nach den ihm zugrundeliegenden menschlichen Emotionen und Motiven fragen. Obwohl Handlungstheorie zunächst als etwas »Rationales« erscheint, benötigt man deshalb dennoch eine handlungstheoretische Rede über Gefühle. Daher habe ich vorgeschlagen (Seel 1981, S. 214), handlungstheoretisch in bestimmter Weise von »Angst« zu sprechen. Demnach beinhaltet Angst eine Aktivitätsbereitschaft (das heißt sie ist ein Motiv), die Kräfte zur Vermeidung einer erwarteten Reduzierung von Handlungsmöglichkeiten bereitstellt.

Komplementär dazu wäre Hoffnung zu bestimmen ebenfalls als Erhöhung des Aktivierungsniveaus, aber angesichts der Erwartung einer Erweiterung von Handlungsmöglichkeiten.

Wichtig ist, daß »Reduzierung von Handlungsmöglichkeiten« bzw. »Erweiterung von Handlungsmöglichkeiten« relationale Begriffe sind, das heißt, sie beziehen sich immer auf ein aktuelles Niveau von Handlungsmöglichkeiten. Von Angst kann also auch dann gesprochen werden, wenn ein aktuelles Niveau von Handlungsmöglichkeiten gefährdet erscheint, ohne daß aber eine existenzielle Bedrohung vorliegt. So kann der Multimillionär Angst haben, eine seiner vielen Millionen DM zu verlieren (weshalb er Anstrengungen unternimmt, dies zu verhindern), obwohl ihm dies unter dem Gesichtspunkt der Befriedigung seiner natürlichen Bedürfnisse »objektiv« völlig gleichgültig sein kann. In diesem Sinne möchte ich auch meine Rede von der Angst vor der Natur verstanden wissen. Sie tritt auch dann auf, wenn das gegenwärtige Niveau der Naturbeherrschung gefährdet erscheint, obwohl auch dann noch nicht von einer Bedrohung durch die Natur die Rede sein kann. Die Angst vor der Natur und die Hoffnung auf Überwindung der Natur ist als solche meistens auch nicht konkret und persönlich erlebbar, sondern sie begegnet uns als rationalisiertes kollektiv-kulturelles Handlungsgrundmuster, das sich zudem auf bestimmte Lebensbereiche (z. B. die »Arbeit«) beschränkt. Deshalb können wir uns auch in unserer Freizeit durchaus »der Natur nahe« fühlen.

Konkret wird diese Angst etwa als Konkurrenzangst, d. h. als Angst im Wettbewerb, in dem der einen Vorsprung hat, der in der Beherrschung der Natur »fortgeschritten« ist, sei es, weil er durch eine »technisch bessere« Handlungsorganisation mit dem Einsatz von Maschinen ein Produkt effektiver herstellen kann, sei es dadurch, daß er die natürlichen Ressourcen besser nutzen kann, oder sei es, daß er die menschliche Natur als Arbeitskraft durch eine effizientere Arbeitsorganisation »besser« einsetzen kann.

Die Konkurrenzangst ist deshalb eine aus der Angst vor der Natur gewissermaßen abgeleitete Angst, weil das Konkurrenzprinzip begründet ist als ein Mittel, das den Fortschritt im Sinne einer zunehmenden Beherrschung der Natur und einer Hoffnung auf Befreiung von der Natur immer weiter vorantreibt (ob die Menschen dies nun wollen oder nicht). Es heißt oft genug: »Ohne

Konkurrenz hätten wir auch keinen Fortschritt mehr.« Im Grund bleibt also die Konkurrenzangst eine Folge der Angst vor der Natur.

»Die spezifische Angst, die das kapitalistische Wirtschaftssystem erzeugt, wollen wir als ›Reproduktionsangst‹ bezeichnen; in der primitivsten Form ist es die Angst vor dem Verhungern – in einem allgemein reicher werdenden Wirtschaftssystem. Polanyi hat in seiner tiefschürfenden Analyse der Marktgesellschaft deutlich werden lassen, daß gerade als notwendige Bedingung der vollständigen Entfaltung des Marktmechanismus die Peitsche des drohenden Verhungerns über dem Arbeiter geschwungen werden muß, um ihn dazu zu bewegen, sich als Ware zu veräußern« (Zinn 1980, S. 25).

Die unmittelbare Angst vor dem Verhungern ist allerdings mittlerweile durch eine davon abgeleitete Angst vor dem Ausschluß von anderen gesellschaftlichen Ressourcen, also durch die Angst vor dem Verlust der Reproduktionsmöglichkeiten als gesellschaftliches Subjekt abgelöst worden. Wer einmal arbeitslos geworden ist, kann diese Angst deutlich verspüren. Auch wenn es dort eine Arbeitslosigkeit in unserem Sinne nicht gibt, so gilt dieser Zusammenhang auch für die sich selbst als sozialistisch bezeichnenden Staaten.

Worauf bezieht sich aber nun die Hoffnung? Während uns die Angst gewissermaßen weg von der Natur »schiebt«, »zieht« uns die Hoffnung auf einen Zustand der Befreiung von den Ansprüchen der Natur. Ernst Bloch (1959) nennt diesen Zustand die »Heimat«. Sie ist das »Noch-nicht-Gewordene«, das aber in unserer Vergangenheit und unserer Gegenwart (d.h. in unserer Geschichte) zum »Vor-Schein« kommt. Was da zum Vorschein kommt, wird als Gegensatz zur Natur begriffen, als Verwirklichung des Geistes. Wir verwenden den Begriff des Geistes in aller Regel als Gegenbegriff zur Natur und ordnen uns in unserem kulturellen Selbstverständnis als Menschen zwischen die antagonistischen Begriffe der Materie bzw. der Natur einerseits und des Geistes andererseits ein, wobei wir als Menschen bemüht sind bzw. sein sollen, uns von der Natur zu lösen und uns dem Geist zu nähern.

In verschiedenen Lebensbereichen und unter verschiedenen Gesichtspunkten wird der Gegensatz zwischen Natur und Geist auch anders benannt; in religiösen Vorstellungen beispielsweise als »Hölle – Erde – Himmel«, in der Sozialphilosophie oft als

Gegensatz zwischen Individuum und Staat, in der Psychologie bei Freud als »Es–Ich–Über-Ich« oder als Leib-Seele-Problem, in der Moralphilosophie als Gegensatz zwischen Neigung und Pflicht; von dem Gegensatz zwischen Verstand (*ratio*) und Gefühl (*emotio*) habe ich bereits gesprochen. Im Bereich der Literatur scheint mir besonders charakteristisch das berühmte Zitat aus Goethes *Faust*: »Wer immer strebend sich bemüht, den können wir erlösen« (erlösen wovon? Ich kann diese Belege hier im einzelnen nicht aufführen; vgl. dazu etwa den Beitrag von Langenheder in diesem Band).

Auf der Grundlage der Behauptung, daß sich in unserer Kultur der Mensch zwischen die Gegensätze »Geist« und »Natur« einordnet, läßt sich die eigentümliche Zerrissenheit des Menschen unserer Kultur erklären, die sich auch in Alltagsbeobachtungen zeigt (von den praktischen Erfahrungen eines Therapeuten ganz zu schweigen), etwa in der Körperfeindlichkeit oder in der traditionellen Beziehung zwischen den Geschlechtern. Dabei wird dem Mann eine größere Nähe zum Geist unterstellt (der Mann handelt »rational«) und der Frau eine größere Nähe zur Natur (die Frau handelt »emotional«), woraus ein Herrschaftsanspruch des Mannes über die Frau abgeleitet wird etc.

Dieses Selbstverständnis des Menschen unserer Kultur hat eine lange Tradition, in der mehrere Phasen unterschieden werden können. Betrachtet man beispielsweise einmal verschiedene Mythen, so ist interessant, daß noch in der minoischen Kultur (übrigens auch in der chinesischen) der Drache oder die Schlange als Symbol für die Erde und die Natur sehr positiv bewertet wurde (von daher stammt auch noch der Äskulap-Stab als Symbol für die medizinische Heilkunst). Schlange und Drachen blieben zwar auch weiterhin noch Symbol für die Natur, aber einer Natur, die als Bedrohung empfunden wurde und die es zu bekämpfen gilt. Siegfried wird z. B. durch seinen Sieg über den Drachen unverwundbar (oder besser: er bildet sich dies ein) und kann die Sprache der Tiere verstehen, d. h. er beherrscht die Natur, indem er sie erkennt. Ein ähnliches Motiv findet sich zuvor auch in der biblischen Beschreibung der Vertreibung des Menschen aus dem Paradies. In der damit eingeleiteten Phase, die man die religiöse oder theistische nennen könnte, ordnete sich der Mensch zwischen die Natur und den Geist, personifiziert als allmächtiger Gott, ein. Seine soziale Handlungsorganisation war bestimmt durch göttliche Gebote, deren Befolgung eine mit Leiden verbundene Beherrschung und Unterdrückung der eigenen Natur verlangte und dafür ein ewiges Leben verhieß, d. h. eine Befreiung und Erlösung von den Niederungen der Natur und des »Fleisches«.

In der nächsten Phase, beginnend mit der Aufklärung und der Säkularisierung, wurde der Geist in mechanisch-deterministischen »objektiven« Naturgesetzen gesehen, denen der Mensch einerseits ausgeliefert ist (was sich u. a. in Vorstellungen von der Gesellschaft als einer deterministischen Maschine oder in der Suche nach Gesetzmäßigkeiten in der geschichtlichen Entwicklung von Gesellschaftsformen äußerte), die er andererseits aber auch zur effektiven Auseinandersetzung mit der Natur benutzen kann. In der nationalsozialistischen Ideologie fand diese Phase der Angst vor der Natur und der Hoffnung auf Überwindung der Natur ihren Höhepunkt in Form eines sado-masochistischen Heroismus (vgl. dazu z. B. Sloterdijk 1983, S. 791 ff.).

Schließlich setzt sich heute zunehmend und, wie ich meine, durchaus den faktischen gesellschaftlichen Verhältnissen entsprechend eine systemtheoretische Betrachtungsweise durch, die aber immer noch der Tradition der Einordnung des Menschen im Konflikt zwischen Natur und Geist verpflichtet ist und deshalb auch Ausdruck der Angst des Menschen vor der Natur und der Hoffnung auf Überwindung der Natur ist. Sie verspricht deshalb keine Überwindung unserer gegenwärtigen Antinomien.

5. Die Organisation sozialen Handelns als System

In den Schriften von Niklas Luhmann (z. B. 1971a, 1971b, 1973) wird eine systemtheoretische Betrachtungsweise der sozialen Handlungsorganisation wohl am konsequentesten formuliert. Demnach zeichnet sich ein soziales System dadurch aus, daß es Grenzen gegenüber einer Umwelt hat. Innerhalb dieser Grenzen ist ein Regelungsmechanismus wirksam, durch den die Komplexität der Umwelt – mit der das System in einer Austauschbeziehung steht – so reduziert wird, daß sie systemintern bewältigbar wird. In sozialen Systemen bestehen die Regelungsmechanismen aus den Prinzipien der faktisch gültigen und praktizierten Handlungsrationalität.

Was bei Luhmann nicht steht, ist, daß Komplexität Angst erzeugt, und zwar die Angst, die aus Verhaltensunsicherheit resultiert. Dies gehört zum Grundwissen praktischer und auch weiter Bereiche der theoretischen Psychologie.

Indem die Systemrationalität die Komplexität der Umwelt reduziert, reduziert sie auch die Angst vor der Natur, die für das gesellschaftliche System die Umwelt darstellt und zu der auch die (»irrationale«, »emotionale« etc.) Natur des Menschen gehört. Sie stellt »objektive« Handlungsregulative bereit, die Handlungsunsicherheiten beheben sollen und die Umwelt (Natur) grundsätzlich beherrschbar erscheinen lassen. Die Reduzierung der Umweltkomplexität durch die Systemrationalität bringt Ordnung in das »Chaos« der Natur.

Die Handlungsregulative äußern sich in der Regel weniger als Handlungsangebote, die das einzelne Subjekt nutzen oder verwerfen kann, sondern in der Form der vielzitierten *Sachzwänge*. Sachzwänge sind die Konsequenz einer verobjektivierten Handlungsrationalität, mithin die Konsequenz eines »objektiven« Geistes.

Ihr Zwangscharakter ist im wesentlichen durch die »emotionale« Dimension der Angst und der Hoffnung bestimmt (*emotionale Eindimensionalität der Systemrationalität*). Es besteht zwar immer die grundsätzliche Handlungsalternative, sich dem Zwang zu entziehen und eine andere Handlungsalternative zu wählen; die grundsätzlich andere Handlungsalternative bedeutet aber den Ausschluß von der Hoffnung auf Gesichertheit und die Auslieferung an die Angst vor der Unwägbarkeit der Natur. Konkret geschieht dies, indem derjenige, der sich den Sachzwängen nicht beugt, praktisch aus dem System ausgeschlossen wird. Beispielsweise wird ein Unternehmer, der sein Handeln nicht von der Wirtschaftsrationalität leiten läßt, bald Konkurs anmelden müssen und somit als Unternehmer aus dem System verschwinden.

Die Rationalität des Wirtschaftssystems und ihre konsequente Verwirklichung, nämlich die Rationalisierung, erweist sich unter diesem Gesichtspunkt tatsächlich auch als Rationalisierung im psychoanalytischen Sinne, nämlich als verselbständigtes Verfahren der Angstbewältigung.

Mit einer schematischen Darstellung des Wirtschaftssystems möchte ich diese Zusammenhänge zu visualisieren versuchen.

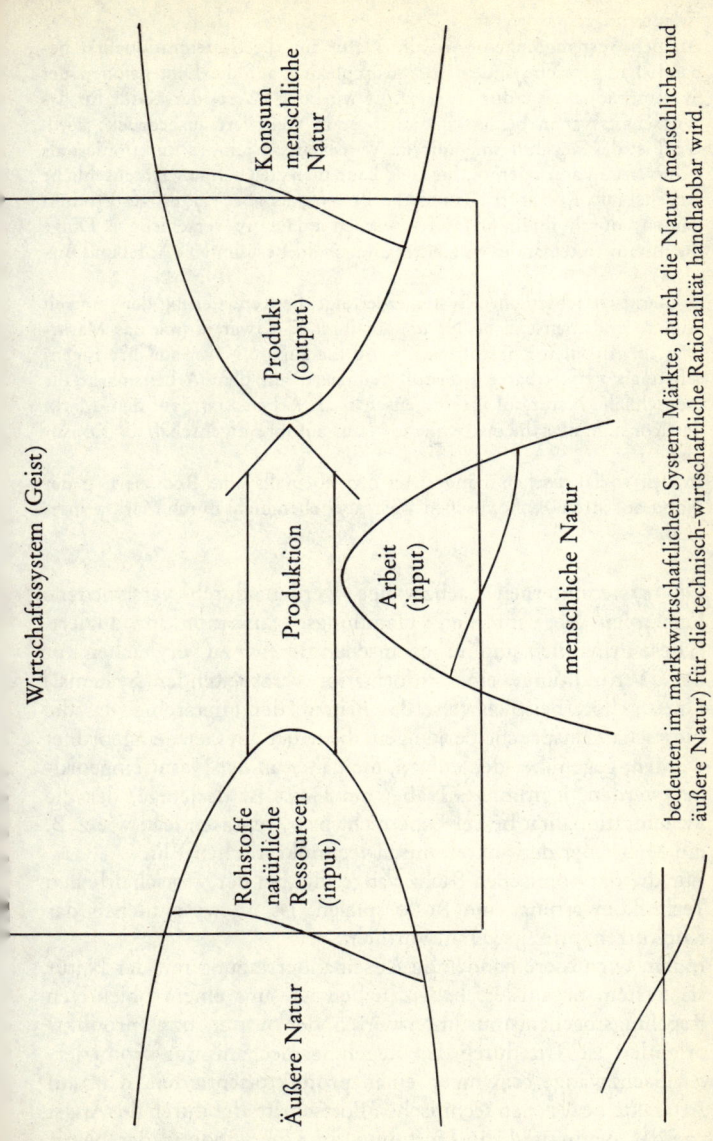

Wirtschaftssystem (Geist)

Rohstoffe
natürliche
Ressourcen
(input)

Produktion

Produkt
(output)

Arbeit
(input)

Konsum
menschliche
Natur

Äußere Natur

menschliche Natur

bedeuten im marktwirtschaftlichen System Märkte, durch die Natur (menschliche und äußere Natur) für die technisch-wirtschaftliche Rationalität handhabbar wird.

Erläuterung:
An den Systemgrenzen wird die Natur für die Systemrationalität behandelbar gemacht, indem ihre Komplexität auf die Dimensionen der Systemrationalität reduziert wird. Es wird der »Wert« der Natur für das Wirtschaftssystem bemessen, indem er in Geldwert ausgedrückt wird. Geld ist das Regelungsmedium im Wirtschaftssystem, es funktioniert als »Universalquantifizierer«: für Geld kann man gleichermaßen menschliche Arbeitskraft, Rohstoffe, Grund und Boden oder aber ein fertiges Produkt kaufen; durch ihren Geldwert werden qualitativ verschiedene Dinge quantitativ miteinander vergleichbar (auch die berühmten »Äpfel und Birnen«).
In marktwirtschaftlichen Systemen erfolgt die Reduzierung der Umwelt (äußere und menschliche Natur) auf ihren Geldwert durch das Marktprinzip. Auf dem Rohstoffmarkt wird die äußere Natur auf ihre Eigenschaft als verwertbarer Rohstoff reduziert, auf dem Arbeitsmarkt die menschliche Natur auf ihre Eigenschaft als Arbeitskraft, auf dem Markt der Konsumgüter die menschliche Natur auf ihre Eigenschaft als Konsument usw.
In den sozialistischen Ländern erfolgt ebenfalls eine Reduzierung der Natur auf ihren ökonomischen Wert, aber eben nicht durch Marktprinzipien.

Die systeminternen Sachzwänge werden durch verschiedene Prinzipien der internen Handlungsorganisation produziert. (Diese Prinzipien sind im technischen Bereich zu vergleichen mit der »Verdrahtung« eines informationsverarbeitenden Systems.) Dazu gehört beispielsweise das Prinzip der Hierarchie, das die Herrschaftsansprüche derjenigen, die näher am Geist eingeordnet werden, gegenüber denjenigen, die näher an der Natur eingeordnet werden, legitimiert. Näher am Geist ist derjenige, der die Systemrationalität besser beherrscht bzw. repräsentiert, wie z. B. die Mitglieder der »ökonomisch-technokratischen Elite«.
Für die ökonomischen Sachzwänge, die bei der wirtschaftlichen Technikbewertung eine Rolle spielen, ist im wesentlichen das Konkurrenzprinzip verantwortlich.
Indem wir unsere handelnde Auseinandersetzung mit der Natur als System organisiert haben, haben wir uns einem objektiven Regelungsmechanismus unterworfen, der output- bzw. produktorientiert ist. Die durch den Regelungsmechanismus produzierten Sachzwänge erzwingen einen produktorientierten, d. h. auf Artefakte bezogenen technischen Fortschritt, der durch die Angst vor der Natur und die Hoffnung auf Überwindung der Natur

motiviert, d. h. gewissermaßen mit psychischer Energie »gespeist« wird. Deshalb können uns technische Entwicklungen auch als etwas erscheinen, das einer Eigendynamik folgt, die von unserem subjektiven Wollen und Wünschen und unseren subjektiven Wertvorstellungen unabhängig ist und der wir uns ausgeliefert fühlen. Tatsächlich haben wir uns damit unserer Angst und unserer fast zwanghaften Hoffnung auf Überwindung der Natur ausgeliefert.

Technologische Großprojekte wie Kernkraftwerke und die Raumfahrt sind (auch) Manifestationen der Überwindung von Angst und damit auch Symbole für die Überwindung der Natur durch den Geist. Sie bleiben es sogar dann noch, wenn sie der Wirtschaftsrationalität im engeren Sinne widersprechen, weil ihr output gemessen am Aufwand unwirtschaftlich ist. Der »technologische Imperativ«, der besagt, daß alles, was technisch möglich ist, auch realisiert werden soll, erweist sich so als eine aus Angst (vor der Natur) geborene Allmachtsphantasie, die in einer psychologisch systemstabilisierenden Maxime formuliert wird. Diese Besonderheit unserer Kultur und Gesellschaft wird deutlich, wenn wir sie kritisch mit der Lebensweise sogenannter »primitiver« Gesellschaften vergleichen.

Dieser Zusammenhang macht es uns auch schwer, bei der Diskussion von Problemen der Technikbewertung die produkt- und outputorientierte Rationalität des Wirtschaftssystems zu kritisieren. Daran hindert uns die Angst vor den Ansprüchen der Natur, die bei einer Infragestellung dieses Systems wieder ausbrechen würde; wir müßten damit auch die Hoffnung auf Überwindung der Natur durch Produkte aufgeben.

Andererseits werden wir als Menschen durch unsere als System organisierte Instrumentalisierung von Natur psychisch zerrissen in einen Teil, der der Systemrationalität folgt und sie immer wieder reproduziert (das ist beispielsweise der Teil unserer menschlichen Natur, den wir als Arbeitskraft »verkaufen«), mit dem wir »objektiv vorgegebene« Systemfunktionen erfüllen, und einen anderen Teil, der letztlich unsere je eigene, individuelle Subjektivität ausmacht. Beispielsweise ist es oft sehr schwierig, die Ansprüche, die sich aus dem Zwang zur Erfüllung einer Systemfunktion ergeben, zu vereinbaren mit den Ansprüchen, die uns unsere Familie stellt. Bamme u. a. (1983) sprechen denn auch davon, daß die Schnittstelle zwischen Mensch und Maschine (besser wäre es, hier das System und seine Rationalität als moderne Form des »Geistes« zu nennen) im Grunde durch den Menschen geht. Meines Erachtens ist dieser Sachverhalt der wichtigste Grund dafür, daß es gegenwärtig ein so großes Betätigungsfeld für Psychologen gibt, deren Hilfe im Grunde immer wegen nicht erkannter Ängste in Anspruch genommen wird.

Weil der einzelne Mensch in seiner Subjektivität sich der »objektiven« Eigendynamik ökonomisch-technischer Entwicklungen gegenüber sieht, ist für seine Lebensbewältigung das primäre konkret-praktische Problem mittlerweile weniger die Auseinandersetzung mit der Natur – denn diese wird dem Regelautomatismus des produktorientierten Wirtschaftssystems überlassen, der die Angst vor der Natur zu bewältigen verspricht –, sondern die Auseinandersetzung mit dem System. Es geht dem »modernen Menschen« primär nicht ums Überleben angesichts der Anforderungen der Natur, sondern ums (Über-)Leben angesichts der Anforderungen des Systems.

»Gegenüber den formal organisierten, über Tausch- und Machtprozesse gesteuerten Handlungssystemen verhalten sich die Angehörigen wie zu einem Stück naturwüchsiger Realität – in den Subsystemen zweckrationalen Handelns gerinnt die Gesellschaft zur zweiten Natur« (Habermas 1981, S. 231).

Die Kooperation von Menschen dient nicht mehr der Auseinandersetzung mit der Natur, sondern die Natur wird zunehmend für die Auseinandersetzung mit und im System benutzt (gleichgültig, ob es sich um die äußere oder die menschliche Natur handelt).

Unter dem Ziel der Selbstbehauptung im Konkurrenzkampf im System wird beispielsweise die Natur zum bloßen Mittel, d. h. es interessieren an der Natur primär die in ihr steckenden Möglichkeiten zur Festigung einer starken Position im System, Natur wird zum Objekt der Ausbeutung.

Durch die Instrumentalisierung der Natur für (Über-)Lebensstrategien im System ist eine *Umkehrung des grundlegenden Sinnbezugs menschlicher Handlungsorganisation* eingeleitet (die ihren Sinn gerade aus der Auseinandersetzung mit der Natur bezieht und daran gemessen werden sollte). Die Problematik verstärkt sich noch dadurch, daß in der modernen Form der organisiert handelnden Auseinandersetzung des Menschen mit der Natur (Produktionsweise) die Kooperation zwischen Menschen immer weniger vom Einzelnen unmittelbar sinnlich erfahren werden kann. (Es ist nicht von ungefähr, daß »Sinn« und »sinnvoll« denselben Wortstamm haben wie die »Sinne« und »sinnlich«).

Die Umkehrung des Sinnbezugs menschlicher Handlungsorganisation wird tendenziell reproduziert, wenn Technikbewertung die Technik und technische Entwicklungen als bloße Rahmenbedingungen menschlichen Handelns und Erlebens auffaßt, denn dies schließt ein, daß der Umgang des Menschen mit dem System sein praktisches Hauptproblem ist und nicht der Umgang mit den Anforderungen der Natur. Solche Art der Technikbewertung übersieht, daß unsere gegenwärtige Technik Niederschlag menschlichen Handelns und seiner Organisation ist, die ihren Sinn aus der Befreiung von der Angst vor der Natur bezieht.

Der unter anderem durch die Wirtschaftsrationalität erzwungene technische Fortschritt bedroht und beeinträchtigt aber auch eben durch seinen Zwangscharakter Handlungsmöglichkeiten, d. h. er macht selbst Angst.

Die viel beklagte Angst vor der Technik wäre infolgedessen genauer zu beschreiben nicht als Angst vor der Technik überhaupt, sondern als Angst vor technischen Entwicklungen, die durch die automatisch wirkenden Regelmechanismen der Systemrationalität wie ein Naturereignis über unser subjektives Wollen und Wünschen kommen und uns unseres Sinnbezugs in der Auseinandersetzung mit der Natur berauben; dennoch können wir aber auch nicht von diesem technischen Fortschritt lassen, weil wir Angst haben, die Hoffnung auf Überwindung der Natur aufzugeben. Diese Hoffnung erscheint uns gerade deshalb als verzweifelt notwendig, weil sich die Natur als »unzuverlässig« zeigt: Wir müssen die Erfahrung machen, daß sie nicht unbegrenzt belastbar und ausbeutbar ist. Paradoxerweise produziert unsere Angst vor der Natur so wieder Ängste ganz anderer Art, nämlich Ängste in bezug auf die Auseinandersetzung mit dem System und Ängste um die Natur als unsere Lebensgrundlage.

»Wenn einst Aufklärung – in jedem Wortsinn – der Angstminderung durch Mehrung von Wissen diente, so ist heute ein Punkt erreicht, wo Aufklärung in das einmündet, was zu verhindern sie angetreten war, Angstmehrung« (Sloterdijk 1983, S. 602).

Unsere Situation ist – mit allen Einschränkungen eines solchen Vergleichs – vergleichbar mit der eines Menschen, der aus einer nicht argumentationszugänglichen Angst vor Bakterien einen Waschzwang produziert, der zur Folge hat, daß er sich die Haut bis aufs Fleisch aufscheuert, wovor er natürlich auch wieder Angst hat. Wie dieser Mensch sich seinen zwanghaften Waschhandlungen ausgeliefert fühlt, fühlen wir uns den Zwängen der technisch-ökonomischen Entwicklung ausgeliefert, die wir gleichwohl selbst immer wieder aus unserer Angst reproduzieren.

Vielleicht könnte man gegen diese Interpretation unserer als System organisierten handelnden Auseinandersetzung mit der Natur einwenden, daß sie zwar für eine Gesellschaftsordnung zutrifft, die als ein relativ offenes System, das in Austauschbeziehungen zur Umwelt (Natur) steht, organisiert ist: deshalb müsse man aber noch nicht den Systembegriff verwerfen, sondern man müsse die Erde als ein geschlossenes System auffassen und die menschliche Gesellschaft müsse als ein Teilsystem dieses Systems betrachtet und organisiert werden. In diesem Falle wäre davon auszugehen, daß das Gesamtsystem »Erde« eine bemerkenswert hohe Komplexität besitzt. Diese hohe Komplexität müßte wiederum durch das Teilsystem »menschliche Gesellschaft« reduziert werden (sonst gäbe es auch keine Grenze und damit keine Unterscheidungsmöglichkeit zwischen dem Gesamtsystem und dem Teilsystem). Die Problematik wäre also nicht gelöst, sondern begänne wieder von vorne.

Darüber hinaus scheint es mir mehr als nur eine Überlegung wert, grundsätzlich in Frage zu stellen, ob wir die rationalen Muster und Kategorien, die sich zur Auseinandersetzung mit der Natur als tauglich erwiesen, auch unbedingt zur Gestaltung und Organisation unserer sozialen Beziehungen heranziehen müssen. Folgt aus dem Umstand, daß sich eine systemtheoretische Betrachtungsweise der Natur als brauchbar erweist, tatsächlich die Konsequenz, daß wir die Gesellschaft als System gestalten und begreifen müssen?

Eher spiegelt unsere Sichtweise von der Natur die faktischen Grundmuster unserer gesellschaftlichen Handlungsorganisation wider. Diese Grundmuster lernen wir in der Regel nicht durch bewußte und distanzierte Auseinandersetzung, sondern durch Erlebnisse und Erfahrungen im Verlauf der Sozialisation und der Enkulturation, beginnend mit dem Säuglingsalter. Damit haben wir uns aber auch schon die Grundmuster für die handelnde

Auseinandersetzung mit der Natur angeeignet, die wir dann später – als Erwachsene – »rational« und bewußt z. B. in Form der Naturwissenschaften ausdifferenzieren.

In der gegenwärtigen Situation ist es deshalb angebracht, daß wir uns mit unserem kulturell geprägten und gesellschaftlich praktizierten Verhältnis zur Natur grundlegend befassen und uns fragen, ob unsere Angst vor der Natur gerechtfertigt ist, ob die Hoffnung auf Überwindung der Natur sinnvoll ist (woran Zweifel durchaus angebracht sind). Wenn wir die Einsicht zulassen, daß wir Menschen als Naturwesen Teil der Natur und auf sie angewiesen sind und auch immer bleiben werden, dann müssen wir eine andere Form der kooperativen Auseinandersetzung mit der Natur, eine andere Form der gesellschaftlichen und sozialen Handlungsorganisation finden.

»Der Mensch ist nicht der allmächtige Meister, ›Herrscher und Besitzer der Natur‹, sondern allenfalls ihr Zauberlehrling« (Lenk 1984, S. 123), der die Geister, die er in der Hoffnung auf Überwindung der Natur rief, nun nicht mehr los wird und von ihnen überwältigt zu werden droht.

6. Schlußbemerkung

Ich glaube, mit meinen Überlegungen gezeigt zu haben, daß sich eine sinnvolle Technikbewertung nicht mit einer Diskussion einzelner technischer Neuerungen begnügen kann, sondern das grundlegende, kulturell unterschiedliche und in der gesellschaftlichen Handlungsorganisation konkret praktizierte Verhältnis des Menschen zur Natur reflektieren sollte. Dazu, wie dies geschehen könnte, habe ich unter interdisziplinärem Gesichtspunkt, aber auf dem Hintergrund meiner Fachwissenschaft einige Thesen skizziert, die sicherlich kontroverse Diskussionen auslösen können. Sie haben aber – und darauf konnte ich im Rahmen dieses Beitrags nicht eingehen – den Vorteil, daß man sich auf ihrem Hintergrund nicht nur dem Problem der Technikbewertung, sondern auch anderen gegenwärtig aktuellen gesellschaftlichen Problemen nähern kann, wie z. B. der Geschlechtsrollenproblematik, der Friedensdiskussion und auch eher psychologischen Problemen im engeren Sinne wie den gegenwärtig verbreiteten Persönlichkeitsschwierigkeiten.

Ich kann mir nicht vorstellen, daß es nur ein historischer Zufall sein soll, wenn gegenwärtig Probleme der Technik, Fragen der Beziehungen zwischen den Geschlechtern, Umweltprobleme, Fragen der Friedenssicherung und allgemeine Sinnprobleme gleichzeitig diskutiert und dabei traditionelle Vorstellungen grundsätzlich in Frage gestellt werden. Sollte dieses Zusammentreffen nicht historisch zufällig sein, so muß auf einer sehr grundlegenden Ebene gefragt und eine Lösung gesucht werden; ein aussichtsreicher Ansatzpunkt ist die Auseinandersetzung mit unserer Angst vor der Natur und Hoffnung auf Überwindung der Natur (durch den Geist), die ein zentrales Charakteristikum unseres kulturellen Selbstverständnisses sind, unsere praktische gesellschaftliche Handlungsorganisation bestimmen, sich in der basalen Persönlichkeitsstruktur widerspiegeln und sich so immer wieder selbst reproduzieren.

Literatur

Bamme, A., Feuerstein, G., Genth, R., Holling, E., Kahle, R. und Kempin, P. (1983), *Maschinen-Menschen, Mensch-Maschinen. Grundrisse einer sozialen Beziehung*, Reinbek.

Bloch, E. (1959), *Das Prinzip Hoffnung*, Frankfurt.

Boulding, K. E. (1973), »Ökonomie als eine Moralwissenschaft«, in: Vogt, W. (Hg.), *Seminar: Politische Ökonomie*, Frankfurt.

Fischl, G. (1986), »Technik im Bewußtsein arbeitsloser Arbeitnehmer. Technikpsychologische Beratungsforschung«, Diplomarbeit im Fach Psychologie der Universität Erlangen.

Fromm, E. (1979), *Haben oder Sein*, München.

Global 2000 (1980), Der Bericht an den Präsidenten, Frankfurt.

Habermas, J. (1968), *Technik und Wissenschaft als ›Ideologie‹*, Frankfurt.

– (1981), *Theorie des kommunikativen Handelns*, Bd. 2: *Zur Kritik der funktionalistischen Vernunft*, Frankfurt.

Herbig, J. (1978), *Die Gen-Ingenieure. Durch Revolutionierung der Natur zum neuen Menschen*, München.

Illich, I. (1983), *Fortschrittsmythen*, Reinbek.

Kaiser, H. J. und Seel, H.-J (1981), *Sozialwissenschaft als Dialog. Die methodischen Prinzipien der Beratungsforschung*, Weinheim.

Lenk, H. (1984) »Homo Faber – Demiurg der Natur? Kritische Bemerkungen zu neueren naturphilosophischen Fehlschlüssen«, in: Kanitscheider, B. (Hg.), *Moderne Naturphilosophie*, Würzburg.

Luhmann, N. (1971a), »Moderne Systemtheorien als Form gesamtgesell-
schaftlicher Analyse«, in: Habermas, J. und Luhmann, N. (Hg.), *Theorie der Gesellschaft oder Sozialtechnologie*, Frankfurt.

– (1971b), »Systemtheoretische Argumentationen. Eine Entgegnung auf
Jürgen Habermas«, in: Habermas, J. und Luhmann, N. (Hg.), *Theorie
der Gesellschaft oder Sozialtechnologie*, Frankfurt.

– (1973), *Zweckbegriff und Systemrationalität*, Frankfurt.

Mumford, L. (1977), *Mythos der Maschine*, Frankfurt.

Oldemeyer, E. (1983), »Entwurf einer Typologie des menschlichen Verhältnisses zur Natur«, in: Grossklaus, G. und Oldemeyer, E. (Hg.),
Natur als Gegenwelt, Karlsruhe.

Sachsse, H. (1978), *Anthropologie der Technik*, Braunschweig.

Seel, H.-J. (1981), *Wissenschaft und soziale Praxis*, Weinheim.

Sloterdijk, P. (1983), *Kritik der zynischen Vernunft*, Frankfurt.

Weber, M. (1904), »Die protestantische Ethik und der Geist des Kapitalis-
mus«, in: *Archiv für Sozialwissenschaften und Sozialpolitik 20*.

Wright, G. H. v. (1977), *Handlung, Norm und Intention*, Berlin, N. Y.

Zinn, K. G. (1980), *Die Selbstzerstörung der Wachstumsgesellschaft*, Reinbek.

III Soziologische
und sozialpolitische Aspekte

Werner Langenheder
Wissenschaftssoziologische Perspektiven der Technikbewertung

1. Einführung
Einige begriffliche Vorbemerkungen

Die Technik ist mindestens so alt wie die Menschheit. Thomas Carlyle, ein schottischer Philosoph und Schriftsteller des 19. Jahrhunderts, definierte den Menschen als ein »werkzeugbenutzendes Tier«, und Lewis Mumford (1974, S. 15) weist darauf hin, daß Vogelnester, Bienenwaben, Ameisenhügel und Biberbauten Werkzeuge von hohem technischen Niveau darstellen, daß Technik also noch viel älter als die Menschheit ist. Eine Bewertung der Technik durch den Menschen, ein bewertendes Verhältnis des Menschen zur Technik, so ist anzunehmen, hat es von Anfang an gegeben. Menschen haben sich Werkzeuge geschaffen, sie haben sich ihrer bedient, sie haben die Werkzeuge als nützlich empfunden und geschätzt, viele haben sogar »ihren« Hackstock, »ihr« Spinnrad, »ihre« Werkbank, »ihr« Auto wie einen guten Freund verehrt und geliebt. Die Menschen haben sich aber auch schon sehr frühzeitig durch die Technik, durch die selbst geschaffenen Werkzeuge, bedroht gefühlt. Sie haben sich vor der Technik oder vor bestimmten Techniken, Werkzeugen, Geräten, Maschinen gefürchtet, waren ihnen gegenüber mißtrauisch, haben sie abgelehnt und zu Zeiten sogar heftig bekämpft. Technikbewertung hat es also, von der Sache her, immer schon gegeben. Technikbewertung als Begriff dagegen, als wissenschaftliche Disziplin, im Sinne einer systematischen Bearbeitung dieses Gegenstandes, ist eine ziemlich neue Erscheinung.
Bevor ich jedoch auf diese Fragen näher eingehe, möchte ich zunächst einige kurze Anmerkungen zur Verwendung der Begriffe »Technik« und »Technologie« vorausschicken.
Bei der Bestimmung der Begriffe »Technik«, »technische Handlung«, »technischer Prozeß« lassen sich weitgehend übereinstimmend drei Aspekte erkennen. Danach ist Technik (vgl. z. B. Linde

1982, S. 5-7; Lenk 1979, S. 136-138; Sachsse 1978, S. 1-3,9):
a) jede zwecktätig gerichtete Handlung, Methode, Arbeitsweise, Kunstfertigkeit zur Erzielung bestimmter Leistungen/Ergebnisse
b) unter Verwendung von Artefakten/Sachen (Geräten, Werkzeugen) einschließlich deren Herstellung
c) durch Nutzbarmachung naturwissenschaftlicher Erkenntnisse.

Das dritte dieser drei Definitionskriterien: »Nutzbarmachung naturwissenschaftlicher Erkenntnisse« ist allerdings eher verwirrend als hilfreich. Es läßt einen sehr großen Interpretationsspielraum zu. Bei einer engen Betrachtungsweise fallen darunter nur die nach strengen naturwissenschaftlichen Methoden gewonnenen und ingenieurmäßig umgesetzten Verfahren und Instrumente, bei einer weiten Interpretation dagegen genügt es bereits, wenn Vorstellungen über Ursache-Wirkungs-Zusammenhänge mit im Spiel sind. Der engen Interpretation haftet eine gewisse Willkür an, die weite Interpretation dagegen ist nahezu redundant und macht das Kriterium somit überflüssig. Der Begriff »Technik« wird häufig in einem noch weiteren Sinne, ohne das zweite der drei Definitionskriterien, also ohne die Verwendung von Artefakten (Werkzeugen), gebraucht. So spricht man z. B. von der Technik des Gesangs, von der Atemtechnik, der Technik des Schwimmens, der Technik der Gesprächsführung und dergleichen (siehe hierzu auch Sachsse 1978, S. 1 f., mit vielen weiteren Beispielen).

Im Zusammenhang mit der Erörterung von Technikfolgen und Technikbewertung scheint mir eine so weite Definition von Technik jedoch wenig sinnvoll, ich werde daher im folgenden den Begriff Technik in seiner engeren Bedeutung verwenden und eine von Günter Ropohl (Ropohl 1979, S. 31) vorgeschlagene Aufteilung von drei Bestimmungsstücken der Technik übernehmen:

1. die Artefakte selbst (Geräte, Werkzeuge, Instrumente),
2. deren Herstellung durch den Menschen und
3. deren Verwendung im Rahmen zweckorientierten Handelns.

Dadurch wird besonders deutlich, daß Technik erstens etwas von Menschen Hergestelltes ist und daß Technik zweitens immer nur im Zusammenhang mit der Verwendung durch den Menschen zu sehen ist, also nicht losgelöst von der konkreten Anwendung betrachtet werden kann. Anders formuliert: Es gibt keine Technik an sich, es gibt immer nur die Technik in ihrem Verwendungszusammenhang.

Ergänzen möchte ich diese Definition von Technik durch eine von Hans Linde vorgeschlagene Typologie von Erfindungen und Erfindungszielen. Linde (1982, S. 30, Fußnote 15a) unterscheidet 1. Erwerbsgeräte, 2. Gebrauchsgeräte und 3. Kriegsgeräte. Diese Typologie macht zum einen deutlich, daß die Entwicklung der Technik nicht aus sich selbst heraus oder zweckfrei erfolgt, sondern immer bestimmten Zielen dient; sie hebt zum anderen die besondere Bedeutung der Kriegstechnik hervor und verweist damit auch auf ihre Kehrseite, ihr Zerstörungspotential.

Der Begriff »Technologie« wird allgemein widersprüchlich und häufig unsauber verwandt. Genaugenommen heißt »Technologie« die Lehre, die Wissenschaft von der Technik. Zumeist völlig unbedacht wird der Begriff »Technologie« aber auch einfach aus dem Englischen übernommen und in unzulässiger Weise als Synonym zu dem Begriff »Technik« gebraucht. Allmählich scheint sich jedoch die Verwendung des Begriffs »Technologie« im Sinne der technischen Durchdringung von Gesellschaft und Kultur durchzusetzen. Nach diesem Verständnis meint »Technologie« die enge Verschränkung von Technik und Gesellschaft in der Form eines sozio-technischen bzw. treffender eines techno-sozialen Systems, eines Systems, das von komplexen technischen Komponenten und Subsystemen durchdrungen und durch »Großtechnologien« gekennzeichnet ist. Ich werde den Begriff »Technologie« in diesem zuletzt genannten Sinn verwenden (vgl. dazu auch Marcuse 1967, S. 18, 170-174 und Steinmüller 1981, S. 152-155).

2. Gesellschaftliche Auseinandersetzungen um die Einführung neuer Techniken

Ich habe nicht genügend historische Quellen studiert, um sagen zu können, wann, wo und warum es die ersten gesellschaftlichen Auseinandersetzungen um den Einsatz bestimmter Techniken gab. Es steht jedoch meines Wissens außer Zweifel, daß es solche Auseinandersetzungen bereits bei den Babyloniern gab, und zwar im Zusammenhang mit dem Bau umfangreicher Bewässerungssysteme und Deichanlagen im Mündungsgebiet von Euphrat und

Tigris. Vielleicht läßt sich auch das Gleichnis vom Turmbau zu Babel als ein erster Hinweis darauf deuten, daß der Mensch nicht alles, was er technisch realisieren kann, auch ungestraft tun darf, ein Gedanke, der in neuerer Zeit von Herbert Marcuse wieder aufgegriffen wurde und seitdem von verschiedenen Seiten immer wieder hervorgehoben wird. Von zeitweise heftigen sozialen Auseinandersetzungen begleitet waren auch die Pyramidenbau-ten im alten Ägypten. Ähnliche Beispiele lassen sich unschwer aus dem antiken Griechenland, dem antiken Rom, und dem europäischen Mittelalter zusammentragen (vgl. dazu z. B. Mumford 1974, S. 193-333, insbesondere S. 262-266). Ob es soziale Auseinandersetzungen um den Einsatz von Technik auch bei den Inkas und im alten China gab, ob es überhaupt Gesellschaften gegeben hat, in denen nachweislich alle technischen Neuerungen ohne zumindest vorübergehende soziale Spannungen abliefen, entzieht sich meiner Kenntnis.

Aus der jüngeren europäischen Geschichte allgemeiner bekannter sind die Aufstände der Handwerker, vor allem der Weber, zu Beginn des 19. Jahrhunderts. Diese unter dem Namen Maschinenstürmer oder Luddisten (so genannt nach ihrem legendären Führer Ted Ludd) bekannt gewordenen Aufstände hatten ihren Ursprung im Jahre 1811 in der Nähe der mittelenglischen Stadt Nottingham. Sie breiteten sich sehr bald auf die übrigen frühindustriellen Zentren Mittelenglands aus, wurden jedoch nach kurzer Zeit zum Teil brutal niedergeschlagen und später aufgrund des allgemeinen Wirtschaftsaufschwungs ihrer Grundlagen enthoben. Ähnliche Aufstände gab es mit einiger zeitlicher Verschiebung auch in den frühindustriellen Zentren der übrigen Länder Mitteleuropas. Immer wieder angeführt werden auch die – aus heutiger Sicht zum Teil skurrilen – Widerstände gegen die ersten Automobile und gegen die ersten Eisenbahnen. Gegenwärtig sind wir selbst Zeugen einer gesellschaftlichen Auseinandersetzung um Kernenergietechnik, Informationstechnik, Biotechnik und Gentechnik sowie um die Erzeugnisse, Nebenprodukte und Begleiterscheinungen der chemischen Industrie und der Automobilindustrie, um nur einige der wichtigsten und am heftigsten diskutierten Bereiche zu nennen.

Bei meinen bisherigen Streifzügen durch die Geschichte der Technik ist mir aufgefallen, daß die sozialen Begleitumstände der Technikentwicklung nur sehr selten erwähnt werden. Es entsteht oft der Eindruck, daß wichtige technische Neuerungen entweder aus einer langen, intensiven Beschäftigung mit einem rein theoretischen Problem ohne jeden Anwendungsbezug oder als rein zufällige Erleuchtungen, Gedankenblitze oder Eingebungen den Köpfen genialer Erfinder entspringen, nach einiger Zeit trotz mancherlei Widrigkeiten, die im einzelnen jedoch oft ziemlich dubios bleiben, zu einer gewissen technischen und wirtschaftlichen Reife gelangen und dann allgemeine Verbreitung finden.

Daß alle diese Neuerungen (ich glaube nicht, daß es nennenswerte Ausnahmen gibt) auf ganz konkrete Anforderungen konkret benennbarer Gruppen oder Personen (politische Machthaber, einflußreiche Männer, finanzkräftige Kreise) zurückgehen, daß sie in den meisten Fällen zunächst militärischen Zielen dienen, wird zumeist schamhaft übergangen. Nur in allgemeinen Aussagen wie »Krieg ist der Vater aller Dinge« (Heraklit) kommt dieser Zusammenhang zum Ausdruck. Obwohl die bisherige Technikgeschichtsforschung die Frage nach den gesellschaftlichen Bezügen der Technik weitgehend ausgeklammert hat, habe ich doch den Eindruck, daß die neuere Geschichtsforschung sich dieser Thematik verstärkt anzunehmen beginnt und sicherlich – soweit nicht bereits heute schon vorhanden – in allernächster Zeit einiges relevante Material zusammentragen wird.

Folgende Aussagen über die Entstehung sozialer Spannungen im Zusammenhang mit der Entwicklung und dem Einsatz neuer Techniken scheinen mir gerechtfertigt:

1. Techniken, die soziale Spannungen auslösen, zeichnen sich dadurch aus, daß sie einerseits einen wesentlichen Beitrag zur Lösung wichtiger gesellschaftlicher Probleme versprechen, daß sie andererseits aber auch grundlegende, im einzelnen nicht voraussagbare und damit nicht kontrollierbare Beeinträchtigungen und Gefahren zur Folge haben können.

Es hat in der Geschichte immer wieder Phasen gegeben, in denen grundlegend neue Entdeckungen gemacht wurden, in denen sich tiefgreifende Wandlungen im Denken (im Weltbild, in der Art und Weise, die Welt zu sehen, zu deuten und sich ihr gegenüber zu verhalten) vollzogen und in denen sich umwälzende Veränderungen durch den Einsatz neuer technischer Verfahren, Geräte und Maschinen ereigneten. Diese Phasen sind fast immer verbunden sowohl mit emphatischen Hoffnungen als auch mit tiefgreifenden Ängsten und Unsicherheiten. Die Hoffnungen reichen von vereinzelten Erleichterungen im täglichen Leben bis zu hochgesteckten Erwartungen der Verwirklichung von bis dahin als utopisch angesehenen Vorstellungen von einem besseren Leben in einer besseren Gesellschaft und in einer besseren Welt. Die Ängste reichen von einfacher Verunsicherung oder Irritation vor dem unbekannten Neuen, von Befürchtungen, den Veränderungen nicht gewachsen zu sein, sich nicht mehr so gut wie bisher zurechtzufinden, über die grundsätzliche Verweigerung, sich irgendwelchen von außen vorgegebenen Veränderungen zu fügen oder anzupassen, Veränderungen überhaupt zuzulassen, bis zu existentiellen Ängsten der vermeintlichen oder realen Lebensbedrohung für sich selbst, für größere soziale Gruppen oder gar für die gesamte Menschheit.

2. Die Entwicklung, die Produktion und der (anfängliche) Einsatz dieser Techniken setzen spezielle Fachkenntnisse und umfangreiches Kapital voraus. Da diese Voraussetzungen nur bei einer anteilsmäßig kleinen sozialen Schicht (Wissenschaftler und Techniker, Kapitaleigner) vorliegen, sind es eindeutig identifizierbare soziale Gruppierungen, die – vor allem in der Anfangsphase – in der Lage sind, die neuen Techniken in erster Linie zu ihrem eigenen Nutzen einzusetzen. Diese Gruppen sind weitgehend identisch mit der ökonomischen, politischen und wissenschaftlich-technischen Elite der Gesellschaft. Dem gegenüber stehen andere Gruppierungen, in der Regel Teile des »einfachen« Volkes und die nicht-herrschende und nicht-technische Elite, die von den neuen Techniken einen wesentlich geringeren, einen zeitlich erheblich verzögerten oder nur einen indirekten Nutzen erwarten, statt dessen aber ein beträchtliches Ausmaß an diffus wahrgenommenen oder ganz konkret benennbaren Nachteilen und Gefahren befürchten.

Dieses Kriterium gilt für viele wichtige und grundlegende Neuerungen mit Ausnahme z. B. des Rades, des Pfluges, der Töpferei und des Buchdrucks. Letztere haben daher in der Zeit ihrer Entdeckung und in der Anfangsphase ihres Einsatzes auch keine nennenswerten sozialen Spannungen ausgelöst. Beim mechanischen Webstuhl dagegen traten gravierende Nachteile für einzelne soziale Gruppen tatsächlich ein und lösten daher zu Recht heftige soziale Widerstände aus. In bezug auf das Auto und die Eisenbahn erwiesen sich die anfänglichen Befürchtungen später als

nicht bzw. als nur teilweise berechtigt: viele der erwarteten negativen Folgen traten nicht, in wesentlich geringerem Umfang als
erwartet oder mit erheblicher zeitlicher Verzögerung auf. Soweit
negative Folgen eintraten, trafen sie auch und sogar in erster Linie
die Nutznießer der neuen Technik selbst.

Nahezu ohne nennenswerte soziale Auseinandersetzungen verlief die Entwicklung der Flugtechnik und der Raumfahrt und verläuft (derzeit noch) die Entwicklung der Gen- und Biotechnologie. Obwohl die Gen- und Biotechnologie von allen bisher
entwickelten Techniken möglicherweise das objektiv größte Gefahrenpotential enthält, scheint sie, wie das Flugzeug und die
Raumfahrt, keine massiven sozialen Widerstände zu mobilisieren,
weil die von ihr ausgehenden oder befürchteten Gefahren bisher
von keiner speziellen Bevölkerungsgruppe konkret erfahren werden. Die mit dieser Technik verbundenen Gefahren treffen entweder alle Bevölkerungsgruppen gleichermaßen, oder sie sind
bislang noch vorwiegend theoretischer Art. Ausnahme: der Bau
von Flugplätzen, Einflugschneisen und militärische Tiefflug-
zonen. In eben diesen Fällen kommt es aber auch – zumindest
zeitweise – zu sozialen Spannungen und Auseinandersetzungen.

Welche der gegenwärtigen Befürchtungen in bezug auf die Kernenergietechnik und die Informationstechnik sich als berechtigt
erweisen werden, läßt sich gegenwärtig nicht zuverlässig voraussagen. Um so dringlicher scheint es mir allerdings, diese Befürchtungen ernst zu nehmen, sie sorgfältig zu analysieren und wir-
kungsvolle Vorkehrungen zur Abwehr erkannter Gefahren zu
treffen.

3. Die potentielle Reichweite dieser Techniken, ihr ambivalenter
   Charakter und die ungleiche Verteilung der vor allem in der
   Anfangsphase erwarteten Vor- und Nachteile führt zu einer
   starken emotionalen Besetzung.

Dies wird von den intellektuellen Eliten sehr bald erkannt und
von den publizistischen Meinungsträgern allgemein verbreitet.
Dabei werden die Befürworter und die anfänglichen hauptsächli-
chen Nutznießer in ihrer Beurteilung der Technik (Betonung der
Vorteile) von den Experten wirkungsvoll unterstützt, für die, da
sie selbst an der Entwicklung der Technik beteiligt sind, eine
positive Grundeinstellung und eine Überbetonung der beabsichtigten Folgen des Technikeinsatzes charakteristisch ist. Diejeni-

gen Gruppierungen dagegen, die eher Nachteile und Gefahren durch den Einsatz der neuen Technik für sich befürchten, werden in ihren Einschätzungen weit weniger von kompetenten Experten unterstützt.

4. Ungleiche Machtverhältnisse und einseitige Unterstützung der »Mächtigen« mit tendenziell die Vorteile der Technik überbewertenden Argumentationshilfen durch die Experten kann zu einer gesellschaftlichen Polarisierung der Standpunkte und zu scheinbar irrationalen Verweigerungs- und Gewaltreaktionen aufgrund von Gefühlen der Angst und Ohnmacht führen.

Die weitere Entwicklung und die weitere Verbreitung des Einsatzes dieser Techniken wird dadurch zu einem zentralen Gegenstand des politischen, gesellschaftlichen und wirtschaftlichen Machtkampfes.

Dies ist vor allem im Zusammenhang mit der Auseinandersetzung um die Kernenergie zu beobachten. Ansätze zu einer solchen Entwicklung auch bei der Informationstechnik sind jedoch nicht zu übersehen.

Speziell für die Informationstechnik wird es wichtig sein, erhöhte Anstrengungen zu unternehmen, um die Potentiale dieser Technik so weiter zu entwickeln und ihre Einsatzformen so zu gestalten, daß sich für alle von dieser Technik betroffenen und mit ihr in Berührung kommenden Gruppierungen real erlebbare Verbesserungen ergeben oder mit Gewißheit erwarten lassen. So wird es z. B. nicht ausreichen, nur die in dieser Technik enthaltenen beträchtlichen Potentiale der Kostenminderung und der Effizienzsteigerung nutzbar zu machen. Solange nicht in ausreichendem Maße dafür gesorgt wird, daß Effizienzsteigerungen sich nicht negativ auf die Qualität der Produkte und Dienstleistungen aus der Sicht der Kunden und Klienten, auf die Bedingungen am Arbeitsplatz aus der Sicht der Beschäftigten und/oder ganz allgemein auf die Lebensbedingungen einzelner Bevölkerungsteile auswirken und solange das mit der Kostenminderung (Rationalisierung) eng verbundene Problem der Verteilung von Arbeit (speziell das Problem der Arbeitslosigkeit) nicht gleichzeitig und wirkungsvoll mit gelöst wird, solange wird es soziale Gruppierungen geben, die von dieser Technik in erster Linie erhebliche Nachteile real erleben oder in Zukunft befürchten und die sich deshalb gegen diese Technik wehren werden.

Solange die Befürworter und Betreiber der technischen Entwicklung sowie die maßgeblichen Experten es versäumen oder sich gar weigern, sich ernsthaft mit den Argumenten, vor allem aber auch mit den realen Befürchtungen und den irrealen Ängsten der Kritiker und Gegner des verstärkten Einsatzes dieser Technik auseinanderzusetzen, solange wird die gesellschaftliche Polarisierung bestehen bleiben bzw. sich wahrscheinlich weiter verschärfen. Boykottmaßnahmen und Gewaltanwendungen bis hin zu den Extremformen der Maschinenstürmerei sind dann die fast zwangsläufigen Folgen einer solchen Entwicklung.

5. Die wegen der weittragenden Auswirkungen und wegen des objektiv gegebenen äußerst komplizierten Sachverhalts besonders notwendige differenzierte Analyse der zu erwartenden Chancen und Risiken dieser Techniken wird einerseits durch die starke emotionale Besetzung und durch die implizite, zum Teil versteckte Parteinahme der Experten erschwert. Andererseits wird das Problem noch dadurch verschärft, daß eine große Zahl der technischen Experten sich aufgrund ihres Wissenschaftsverständnisses oder aufgrund ihrer Berufsethik für die Folgen (insbesondere die unbeabsichtigten und indirekten, sekundären und tertiären) als nicht zuständig begreifen, sich hinter der Fiktion einer objektiven und wertneutralen Behandlung ihres Gegenstandes verschanzen und eine strikte Trennung von »Wissenschaft« und »Politik« mit einer ebenso strikten Trennung der Verantwortung propagieren.

Der Fortgang der Wissenschaft wird nicht so sehr bestimmt durch die gefundenen Antworten, sondern in viel stärkerem Maße durch die Fragen, die gestellt werden. Das gilt für die Grundlagenforschung, und es gilt noch stärker für die angewandte Forschung, insbesondere für die Entwicklung und den Einsatz von Technik.

Werturteilsfreiheit und Objektivität (im Sinne intersubjektiv überprüfbarer Ergebnisse) mögen bei den Antworten auf eine gegebene Fragestellung (unter der Voraussetzung einer allgemein akzeptierten theoretischen Basis und der Verwendung anerkannter und leistungsfähiger Meßinstrumente) noch einigermaßen zufriedenstellend erreichbar sein, bei der Auswahl der Fragestellungen dagegen erweist sich der Anspruch auf Werturteilsfreiheit als nicht einlösbar – und Technikentwicklung ist in erster Linie eine Sache der Fragestellung.

Die Hauptträger der technischen Entwicklung (Wissenschaftler,

Politiker, Auftraggeber und Techniker) kommen überwiegend aus dem Bereich der mittleren und oberen sozialen Schichten. Von dort beziehen sie ihr Weltbild, ihre Werthaltungen, ihre Interessen und ihre Problemsicht; daran sind auch ihre Fragestellungen, ihre theoretischen Konzepte, ihre Maßstäbe und Orientierungsmuster für die Umsetzungen von Grundlagenforschung in Anwendungsforschung und Technikgestaltung orientiert. Wissenschaftler, Politiker, Auftraggeber und Techniker tun sich schwer, die Bedürfnisse und Probleme von Angehörigen der Unterschicht zu verstehen. Die Arbeit eines Wissenschaftlers, der sich mit Problemen aus dem Bereich der unteren sozialen Schichten befaßt, hat sehr viel Ähnlichkeit mit der Arbeit eines Ethnologen, der fremde Völker untersucht.

Informatiker, Mathematiker, Naturwissenschaftler und Techniker haben eine spezifische Denkweise. Sie haben gelernt, in formalen Strukturen zu denken, deren wichtigste Merkmale hierarchische Ordnungen, logisch klare Gedankenfolgen, eindeutige und in sich widerspruchsfreie Ableitungen sind. Es gibt aber auch viele Menschen, die vor allem assoziativ, sprunghaft und widersprüchlich denken, die sich assoziativ und widersprüchlich verhalten und die das auch ausdrücklich wollen. Beweise führen, ein Problem, eine Aufgabe effizient, ökonomisch und rational zu lösen, ist etwas anderes als Probleme anzureißen, Denkanstöße zu geben, eine Situation entspannt und glücklich zu erleben, um sie phantasievoll gestalten zu können. Phantasie aber ist wahrscheinlich das, was wir gerade jetzt besonders dringend benötigen, um die anstehenden drängenden Probleme zu bewältigen (vgl. dazu Fetscher 1980).

Die Hauptträger der technischen Entwicklung, die Wissenschaftler, die Politiker, die Manager, die Techniker sollten sich bewußt sein, daß ihre Denkstrukturen in die von ihnen gestalteten technischen Produkte eingehen, daß die von ihnen geplanten späteren Benutzer ihre Produkte möglicherweise ganz anderen, im Gesamtzusammenhang menschlichen Lebens und menschlicher Selbstverwirklichung nicht weniger wichtigen, Denkstrukturen unterliegen und daß diese Diskrepanz nicht selten dazu führt, daß ihre Produkte von den Benutzern entweder nicht so aufgenommen werden, wie sie sich das gedacht haben, oder aber, daß sie ihre Denkstrukturen den Benutzern aufzwingen, mit allen daraus resultierenden Folgen, wie etwa einer Verarmung der Phantasie und einer Uniformierung der individuellen und gesellschaftlichen Denk- und Lebensformen.

Jeder, der direkt oder indirekt an der Entwicklung von Technik beteiligt ist, sollte diese Zusammenhänge berücksichtigen. Er sollte bedenken, daß die Ergebnisse seiner Arbeit dem einen nützen, dem anderen schaden bzw. dem einen mehr nützen als dem anderen. Er sollte wissen, daß die Ziele seiner Arbeiten nicht beliebig sind und daß die Folgen der Technik sehr viel zu tun haben mit den Zielen ihrer Entwicklung. Er sollte sich, wenn auch nicht ständig, so doch von Zeit zu Zeit, die Ziele seiner Arbeit bewußt machen, sich die voraussichtlichen Anwender und Nutzer seiner Arbeitsergebnisse vor Augen führen und die möglichen Folgen bedenken. Er sollte der Verantwortung nicht ausweichen, sondern sich der Verantwortung stellen und sich fragen: Will ich das so? Sind das die richtig gesetzten Prioritäten? Kann ich das – nicht nur als Techniker, sondern in erster Linie als Bürger, als Mensch – verantworten?

Ich möchte in diesem Zusammenhang ein Bild aufgreifen, das Joseph Weizenbaum (1984, S. 28 f.) verwendet. Er beschreibt zwei Männer, die am Ufer eines Flusses spazieren gehen. Sie sehen im Wasser ein Kind, das zu ertrinken droht. Einer der beiden Männer kann nicht schwimmen, der andere ist ein guter Schwimmer. Es stellt sich nun die Frage: Wer soll das Kind retten? Die Antwort ist klar: Der, der schwimmen kann, natürlich. Er muß die Verantwortung übernehmen. Ihn würde man auch, zu Recht, anklagen, wenn das Kind ertrinken würde. So, argumentiert Weizenbaum weiter, ist es auch mit der Verantwortung der Akademiker, »vor allem derjenigen, die an Hochschulen lehren. Ihre Stellung ist gesellschaftlich und wirtschaftlich so wenig gefährdet, daß sie es wagen müßten, politische Wahrheiten auszusprechen, auch wenn diese ihre eigene Arbeit nicht direkt berühren«; zumindest sollten sie das, was sie erkennen, »nicht verfälschen, sondern es laut und deutlich aussprechen«. Diese Überlegungen gelten jedoch, meine ich, nicht nur für Akademiker und Hochschullehrer, sondern für einen viel größeren Kreis von Experten und Technikern.

3. Der Januskopf der Technik:
eine systemtheoretische Betrachtung

Es wird immer wieder behauptet, die Technik selbst sei weder gut noch böse. Dem ist entgegenzuhalten: Die Technik ist beides, sie ist sowohl gut als auch böse. Es handelt sich hier um eine der Anwendung der Technik immanente Ambivalenz, die man auch als den »Januskopf der Technik« bezeichnen kann (da Technik jedoch immer nur im Zusammenhang mit dem Anwendungsbezug zu sehen ist – vgl. dazu die Ausführungen weiter oben zum Begriff »Technik« –, bezieht sich diese Ambivalenz auch auf die Technik selbst): Einerseits ist die Technik ein sehr leistungsfähiges Mittel in der Auseinandersetzung des Menschen mit der Natur, mit der Umwelt, zum Schutz vor den Unbilden der Natur, zur Zähmung der Naturgewalten, zur Nutzung und zur Beherrschung der Natur. Andererseits ist die Technik ein sehr wirkungsvolles Instrument in den Händen weniger, in den Händen bestimmter gesellschaftlicher Gruppen zur Beherrschung, zur Kontrolle, zur Ausbeutung, zur Unterdrückung anderer, ein Medium, das sich einsetzen läßt, um Ungleichheiten und Privilegien zu schaffen, zu verstärken und abzusichern. Technik wirkt somit als Trendverstärker und wird genutzt als Herrschaftsinstrument gegenüber der Natur gleichermaßen wie gegenüber einzelnen Menschen, Gruppen und Völkern.

Die Ambivalenz im Verhältnis des Menschen zur Technik, des Menschen zur Natur und der Technik zur Natur läßt sich in unterschiedlicher Weise – aus unterschiedlicher Perspektive – darstellen:

1. *biblisch-theologisch*: In der Schöpfungsgeschichte des Alten Testaments wird berichtet, daß Gott, nachdem er die Menschen schuf, zu ihnen sprach: »Pflanzet euch fort und mehret euch und füllet die Erde und machet sie euch untertan und herrschet über des Meeres Fische, die Vögel der Luft und über alles Erdgetier, das sich am Boden regt« (Genesis 1,28). Diese Aufforderung wird immer wieder zitiert und ist daher jedem bekannt.

Erstaunlicherweise viel seltener erwähnt und daher kaum bekannt ist eine andere Aussage, die sich nur wenige Verse später (in dem nachfolgenden Kapitel) findet. Sie lautet: »Gott der Herr nahm den Menschen und setzte ihn in den Garten Eden, daß er ihn bebaue und bewahre« (Genesis 2,15).

2. *ökologisch-philosophisch*: Die abendländische Philosophie ist geprägt von der Vorstellung, daß Mensch und Natur etwas grundlegend Verschiedenes sind. Die Bilder von der Natur als dem Feind des Menschen, von dem Menschen im Kampf mit der Natur haben unser Denken durch die Jahrhunderte geprägt und sind eng verschlungen mit der Dualität des abendländischen Weltbildes und mit den Gegensätzen von Körper (Natur) und Geist (Mensch), von Gut und Böse. Die Auffassung vom Menschen als Teil der Natur findet sich viel seltener in den Werken der abendländischen Philosophie. Sie taucht nur sporadisch und zumeist im Zusammenhang mit den weniger hoffähigen Denkrichtungen des Mystizismus auf. Erst in neuester Zeit hat die Einsicht von der wechselseitigen Abhängigkeit des Menschen und der Natur oder genauer der Einbindung des Menschen in die Natur erheblich an Boden gewonnen und ist, so scheint es, auf bestem Wege, das vorherrschende Bild von dem Gegensatz zwischen Mensch und Natur abzulösen.

3. *systemtheoretisch-naturwissenschaftlich*: Das Verhältnis des Menschen zu seiner Umwelt war bisher gekennzeichnet durch die Eigenschaften eines offenen Systems. Wesentliche Merkmale dieses Systems waren die – im Prinzip – unbegrenzte Zufuhr von Energie und Ressourcen und die weitgehend fehlende bzw. nicht oder nur sporadisch und in Teilbereichen erfahrbare Rückkoppelung in der Beziehung des Menschen zu seiner Umwelt. Dieses Verhältnis hat sich aufgrund der technischen Entwicklung in den letzten Jahren grundlegend geändert. Das Verhältnis des Menschen zu seiner Umwelt befindet sich gegenwärtig in einem Übergang von einem offenen zu einem geschlossenen System.

Alle drei Darstellungsformen besagen im Kern das gleiche. Ich möchte das im folgenden kurz erläutern und werde mich dabei der systemtheoretisch-naturwissenschaftlichen Betrachtungsweise bedienen. Dazu zunächst einige begriffliche Vorbemerkungen: Als *geschlossene Systeme* bezeichnet man Systeme, bei denen keinerlei Austauschbeziehungen zu der Umgebung bestehen. *Offene Systeme* sind demgegenüber Systeme, die mit ihrer Umgebung in Austauschbeziehungen und somit in Wechselwirkung stehen. Die Austauschbeziehungen erfolgen als Aus- und Eingänge von Energie und Stoffen, die ihrerseits die Zustandsgrößen sowohl des Systems als auch der Umgebung verändern.

Geschlossene Systeme sind theoretische Konstrukte, die, streng

genommen, in der Realität nicht vorkommen. Alle real existierenden Systeme sind, streng genommen, offene Systeme, unterscheiden sich jedoch z. T. erheblich sowohl in bezug auf den Umfang
der Austauschbeziehungen mit der Umwelt als auch in bezug auf
die Intensität und die Art der Wechselbeziehungen. Art und Umfang der – bei der Darstellung oder Analyse eines Systems zu
berücksichtigenden – Austauschbeziehungen und Wechselwirkungen zwischen dem System und der Umgebung sind zudem
abhängig von der jeweiligen Betrachtungsweise und von der Fragestellung.

Ich werde aus diesem Grunde im folgenden in der Regel nicht
von offenen und geschlossenen Systemen, sondern statt dessen –
wenn real existierende Systeme gemeint sind – von »weitgehend
offenen« und »weitgehend geschlossenen« Systemen sprechen,
wobei ich gelegentliche Abweichungen von dieser Regel – aus
Gründen der sprachlichen Vereinfachung – nicht ausschließen
will.

Ein weiterer wichtiger Aspekt bei der Betrachtung real existierender Systeme wie auch im Umgang mit solchen Systemen ist das
Ausmaß und die Art der vorhandenen Kenntnisse über die Austauschbeziehungen des Systems mit seiner Umwelt sowie die
technische Beherrschung dieser Beziehungen und der sich daraus
ergebenden Wechselwirkungen.

Ich möchte das an einem Beispiel erläutern: Ein Karpfenteich, ein
Aquarium sind weitgehend geschlossene Systeme mit der Einschränkung von Energieeinstrahlung und Energieausstrahlung,
Wasserverdunstung und Regen beim Karpfenteich, sowie gelegentlicher Zufuhr von Nahrung, Sauerstoff und Frischwasser
beim Aquarium. Die Außenbeziehungen sind dabei im einzelnen
genau bekannt und werden vom Menschen technisch vollständig
beherrscht.

Eine felsige Meeresküste dagegen mit einer ungeheuer dichten
Besiedlung aus Organismen und mit ständiger Zufuhr vielfältiger
Materialien aus dem Meer ist ein typisches Beispiel für ein weitgehend offenes System.

Alles Lebendige hat sich als offenes System entwickelt und kann
nur als offenes System gedeihen und sich weiterentwickeln. Das
hängt mit der Entropie zusammen: die Ordnung des Lebendigen
läßt sich nur auf Kosten der Ordnung der Umgebung aufrecht
erhalten und vermehren. Oder anders ausgedrückt: das Entropie-

gesetz (der zweite Hauptsatz der Thermodynamik, der besagt, daß die Entropie, die »Unordnung« eines Systems nur zunehmen kann, und zwar so lange, bis das System sein sogenanntes »thermodynamisches Gleichgewicht« erreicht hat) gilt nur für geschlossene, nicht aber für offene Systeme.

Offene Systeme haben die Möglichkeit, durch Austauschbeziehungen mit der Umgebung ihre Ordnung zu erhalten oder gar zu erhöhen, Entropie also zu reduzieren. Das geschieht dadurch, daß sie freie Energie aus der Umgebung aufnehmen und dafür Entropie an die Umgebung abgeben. Dies aber wiederum bedeutet, daß in der Natur ständig Energie verbraucht wird. Umweltverschmutzung ist also nicht nur eine Folge industrieller Produktion, Umweltzerstörung resultiert vielmehr daraus, daß bei jedem Arbeitsprozeß Energie zerstreut wird (Dissipation) und die Summe der gesamten noch frei verfügbaren Energie dadurch gemindert wird (vgl. hierzu Jantsch 1979, S. 56-59, und Rifkin 1982, S. 43-57).

Ökologische Systeme haben ein sehr unterschiedliches Maß an Offenheit. Die einzelnen Individuen in einem ökologischen System jedoch verhalten sich stets so, daß sie selbst ein offenes System sind und »so tun, als ob« ihre Umwelt ein offenes System wäre. So auch der Mensch.

In der bisherigen, jahrtausendelangen Geschichte des Menschen erwies sich dies auch als angemessen und problemlos. Selbst wenn Wälder übermäßig gerodet und Böden ausgelaugt waren, gab es immer genügend Ausweichmöglichkeiten: zunächst die Suche nach neuen Futterplätzen, der ständige Standortwechsel bei den Nomaden; wo das nicht möglich war oder wo das nicht mehr ausreichte, kam es zu größeren Bewegungen, wie z. B. den Völkerwanderungen; wo es keine freien Räume mehr gab oder wo bereits andere Menschengruppen siedelten, kam es vermehrt zu Kriegen. Der bisher letzte große Ausweg – zumindest für die europäisch-abendländischen Industrienationen – war die Kolonialisierung und Ausbeutung der Länder der sogenannten »Dritten Welt«. Die Erde ist jedoch, wie wir inzwischen alle wissen und wie wir nahezu täglich bedrohlich erfahren, ein weitgehend geschlossenes System mit begrenzten Ressourcen, in dem die Folgen menschlicher Aktivitäten auf verschlungenen Wegen wieder auf den Menschen selbst zurückfallen. Unser Problem ist, wie Gerold Steiner (1981, S. 510) in einem Leserbrief an die *Naturwis-*

senschaftliche Rundschau schreibt: »Wir können mit dem Verstand sehr wohl begreifen, daß wir in einem geschlossenen System zu leben haben, aber wir können das nicht wahrhaben wollen! Wir sind so vorprogrammiert.«

4. Technikfolgen, Technikfolgenabschätzung

Die systematische Beschäftigung mit den Folgen der Technik: Technikfolgenabschätzung, Technikbewertung, gesellschaftlich verträgliche, humanverantwortbare Gestaltung des Technikeinsatzes als wissenschaftliche Disziplin muß in diesem Zusammenhang gesehen werden und konnte daher wohl auch erst in allerjüngster Zeit entstehen.

Die ersten Ansätze dazu finden sich in den USA und sind noch nicht 20 Jahre alt. Sie gingen aus von einer Initiative des Repräsentantenhauses im Zusammenhang mit der Debatte um die Entwicklung von Überschallverkehrsflugzeugen. In einem 1966 veröffentlichten Bericht eines vom Repräsentantenhaus eingesetzten Untersuchungsausschusses über die Folgen und sekundären Auswirkungen technischer Innovationen taucht zum ersten Mal der Begriff »technology assessment« auf.

Eine ausführliche Bibliographie in einer der ersten systematischen deutschsprachigen Abhandlungen zu diesem Thema von Herbert Paschen, Klaus Gresser und Felix Conrad (1978) weist nur einige wenige Titel auf, die vor 1969 veröffentlicht wurden (und diese wenigen – fünf – Ausnahmen stammen allesamt aus dem Congress der USA oder haben nur indirekt mit Technikfolgenabschätzung zu tun). Dann allerdings, also ab 1969, beginnt zunächst in den USA und mit einiger Verzögerung auch in anderen Ländern, vor allem auch in der Bundesrepublik Deutschland, eine starke Zunahme an Veröffentlichungen zu diesem Thema.

Unproblematisch und daher nicht eigentlicher Gegenstand von Technikfolgenabschätzung sind die durch den Technikeinsatz intendierten Zwecke und beabsichtigten Folgen, soweit diese den die Technik Einsetzenden selbst betreffen. Problematisch und daher Gegenstand von Technikfolgenabschätzung dagegen sind die nicht-beabsichtigten direkten Folgen, die indirekten oder sekundären Folgen (die Folgen der Folgen), die tertiären Folgen (Folgen, die sich aus Rückkoppelungsprozessen ergeben) sowie diejenigen Folgen, die andere Personen oder Personengruppen (Opfer der Technik) betreffen.

Bei den nicht-beabsichtigten, den sekundären und den tertiären Folgen ist zu fragen, ob sie bekannt bzw. voraussehbar sind und, falls ja, ob sie in Kauf genommen werden sollen/können. Bei den Folgen, die andere Personen betreffen, taucht die Frage der Mitentscheidung über den Technikeinsatz auf. Besonders problematisch sind Folgen mit langfristigem Charakter, Folgen, die ein erhebliches Ausmaß erreichen, die nicht oder nur sehr schwer rückgängig zu machen sind, und Folgen, die schwer zu durchschauen sind. Diese Folgen bedürfen daher besonderer Aufmerksamkeit.

Grundprobleme der Technikfolgenabschätzung sind die prinzipielle Unzulänglichkeit von Prognosen, unzureichende Voraussagen aufgrund hoher Komplexität des Gegenstandes und ständiger Veränderungen der Randbedingungen sowie große Schwierigkeiten der Zuordnung aufgrund der engen Verflechtung von Technik und Gesellschaft.

Da Technikentwicklung nicht nach ehernen Naturgesetzen erfolgt, sondern menschlichen Entscheidungen unterliegt, ist Technikfolgenabschätzung im Sinne von bloßen Prognosen künftiger Gefahren und Segnungen der Technik von geringem Wert. Prognosen künftiger Wirkungen sind aber auch gar nicht möglich, denn allgemeine Aussagen über einen nicht näher bezeichneten Einsatz einer nicht näher bezeichneten Technik reichen nicht aus. Solide Aussagen dagegen über die Auswirkungen eines bestimmten Einsatzes einer bestimmten Technik setzen den bereits bestehenden, strenggenommen weitverbreiteten Einsatz dieser Technik oder doch zumindest ein zutreffendes Modell davon voraus.

Angesichts der enormen Geschwindigkeit, mit der die Entwicklung und der Einsatz neuer Techniken vorangetrieben wird, bedeutet der Versuch, die Auswirkungen der Technik auf der Grundlage des existierenden Technikeinsatzes zu untersuchen, ein hoffnungsloses Hinterherhinken der Technikfolgenabschätzung hinter dem tatsächlich erreichten Stand der technischen Entwicklung. Andererseits sind alle bisherigen, insbesondere wissenschaftlichen Versuche, künftige Formen der Technikentwicklung und des Technikeinsatzes einigermaßen detailliert vorauszusagen, gescheitert. Daraus folgt: die Technikfolgenabschätzung kann sich auf real existierende Systeme nicht stützen, und sie wäre schlecht beraten, würde sie versuchen, ihre Aussagen auf Prognosemodelle künftigen Technikeinsatzes zu gründen.

Die Analyse der Auswirkungen des Einsatzes neuer Techniken ist sinnvoll und möglich nur im Rahmen von Versuchen, erweiterte Erkenntnisse über Ursache-Wirkungs-Zusammenhänge zu gewinnen und im Rahmen von Simulationsmodellen, die aufzeigen, welchen Folgen unter der Annahme bestimmter Situationskonstellationen (Szenarien) eintreten können.

Solche Analysen sind vor allem geeignet, Anhaltspunkte zu gewinnen, was passieren könnte, wenn die Dinge so weiter laufen wie bisher, wenn die gegenwärtig bestehenden Konstellationen gesellschaftlicher Kräfteverhältnisse unverändert bleiben, wenn keine grundlegenden Änderungen geplant oder eingeleitet werden. Solche Analysen sind besonders wertvoll, wenn die dabei entworfenen düsteren Prognosen zum Anlaß genommen werden, alle verfügbaren Kräfte einzusetzen, um das Eintreten unerwünschter Zukunftsfolgen zu verhindern. Die zahlreichen Versuche, Arbeiten dieser Art als Schwarzmalerei, als ideologisch verzerrt, als technikfeindlich abzutun, erscheinen mir angesichts des Ernstes der Lage wenig angemessen und sehr kurzsichtig.

5. Technikbewertung: Wer bewertet? Nach welchen Kriterien? Für wen?

Ein altes niederdeutsches Sprichwort lautet: »Wat dem einen sien Uhl, es dem annern sien Nachtigall«. Damit wird treffend charakterisiert, daß ein und dieselbe Sache, z. B. eine ganz bestimmte Technik, für unterschiedliche Personen oder unterschiedliche Personengruppen sehr unterschiedliche, ja sogar entgegengesetzte Folgen haben kann. So verschaffen die durch den Einsatz von Informationstechniken realisierbaren Rationalisierungseffekte den Unternehmern einen höheren Gewinn, während sie bei den Arbeitnehmern zum Verlust von Arbeitsplätzen und damit zu erheblichen Einkommenseinbußen führen können. Außerdem bewerten unterschiedliche Personen oder Personengruppen die gleichen Folgen durchaus verschieden, ja selbst die gleiche Person bewertet den gleichen Sachverhalt zu verschiedenen Zeitpunkten nicht selten völlig anders.

Eine weitere grundlegende Schwierigkeit bei der Technikbewertung ergibt sich aus der begrenzten Fähigkeit des Menschen, zutreffend einzuschätzen, wie er eine nur vorgestellte Situation erlebend bewerten wird. Das gilt in begrenztem Umfang schon für Situationen, die aufgrund eigener Erfahrungen aus der Vergangenheit bereits bekannt sind. Die Empfindung etwa, die die Vorstellung, im Regen zu stehen, auslöst, kann sehr verschieden sein von der Empfindung, die sich einstellt, wenn man tatsächlich im Regen steht – oder wenn man andere im Regen stehen sieht. Noch schwieriger ist es, sich zutreffend vorzustellen, wie andere Personen oder Personengruppen, insbesondere solche mit anderem gesellschaftlichen Hintergrund (andere soziale Schicht, andere Altersgruppe, andere Geschlechtszugehörigkeit usw.) eine bestimmte Situation empfinden und beurteilen werden. Die gravierendsten Fehleinschätzungen treten jedoch immer wieder auf, wenn es darum geht, sich völlig neue Situationen, zu denen bisher noch keinerlei Erfahrungen vorliegen, genügend konkret und detailliert vorzustellen und zutreffend zu bewerten. Die Entwicklung des Städtebaus in den sechziger und siebziger Jahren (»Mustersiedlungen«, Trabantenstädte, Altstadtsanierungen usw.) mag diesen Punkt verdeutlichen.

Es ist daher größte Zurückhaltung geboten bei der Beschreibung und bei der Festlegung sowohl allgemein akzeptierter bzw. zu akzeptierender Bewertungen (für die Menschheit insgesamt, für ein Volk, eine Nation) als auch in bezug auf die Bewertung durch einzelne Gruppen oder gar einzelne Personen. Um dies an einem Extrembeispiel zu erläutern: es ließe sich folgende Grundposition denken (die durchaus auch real vertreten wird): Der Mensch ist eine Fehlkonstruktion, eine Sackgasse der Evolution. Es ist daher nur folgerichtig und – in einem umfassenderen Zusammenhang gesehen – positiv zu bewerten, wenn die Menschheit sich durch den Einsatz von Technik selbst vernichtet, um damit den Weg für einen neuen Entwicklungsprozeß freizugeben.

6. Technikgestaltung statt Folgenabschätzung und Bewertung

Das Ergebnis der bisherigen Überlegungen möchte ich in einigen Thesen zusammenfassen und daraus mir wichtig erscheinende

Forderungen für die Auseinandersetzung mit der weiteren Entwicklung und dem künftigen Einsatz neuer Techniken ableiten.

1. Technikfolgenabschätzung im Sinne von Prognosen künftig zu erwartender Auswirkungen des Einsatzes neuer Techniken und deren »allgemein verbindliche« Bewertung als gut oder schlecht, nützlich oder schädlich, ist nur begrenzt möglich und daher nur eingeschränkt sinnvoll. Die Analyse positiver und negativer (erwünschter und unerwünschter) Auswirkungen des Einsatzes neuer Techniken ist sinnvoll nur im Rahmen der Erforschung von Ursache-Wirkungs-Zusammenhängen innerhalb eines systemtheoretischen Ansatzes und zur Gewinnung geeigneter Instrumente und Anhaltspunkte für die weitere Gestaltung der Entwicklung und des Einsatzes von Technik.

2. Die Entwicklung neuer Techniken sowie Art und Umfang ihres Einsatzes gehorcht weder technikimmanenten, eigendynamischen Gesetzmäßigkeiten, noch wird sie durch sogenannte Sachzwänge, wie sie sich etwa aus den Anforderungen des internationalen Wettbewerbs ergeben, unveränderbar festgelegt. Entwicklung und Einsatz neuer Techniken sind vielmehr das Ergebnis individueller und gesellschaftlicher Entscheidungsprozesse mit erheblichen Freiheitsgraden innerhalb eines Gesamtkomplexes von vorgegebener Ausgangssituation und allgemeinen Gesetzmäßigkeiten.

3. Neue Techniken werden entwickelt und eingesetzt zur Lösung bestimmter Probleme und zur Erledigung bestimmter Aufgaben. Die Gestaltung der Technik und die Formen ihres Einsatzes werden geprägt von der Sichtweise derer, die die Probleme definieren und die Aufgaben bestimmen. Der Einfluß einzelner sozialer Gruppen in diesem Entscheidungsprozeß ist sehr unterschiedlich.

4. Das Kernproblem einer gesellschaftlich verträglichen und menschengerechten Gestaltung der Technikentwicklung liegt nicht so sehr in dem Mangel an vorhandenem Wissen, das Kernproblem liegt vielmehr in
   a) der mangelnden Anerkennung zentraler Probleme durch die maßgeblichen politischen und wirtschaftlichen Entscheidungsträger,
   b) der unzureichenden Aufbereitung des bereits vorhandenen Wissens und ganz besonders
   c) den Schwierigkeiten bei der Vermittlung und der Umset-

zung des vorhandenen Wissens, die sich ergeben aus den massiven interessenbezogenen Widerständen gegen eine differenzierte und problemadäquate Betrachtungsweise sowohl bei den Befürwortern und Protagonisten der neuen Techniken als auch bei deren Gegnern und Kritikern.

5. Technikfolgenabschätzung, Technikbewertung und Technikgestaltung bilden eine nicht voneinander zu trennende Einheit von wissenschaftlicher Analyse und politischer Handlung.

6. Es gilt, Verfahren und Instrumente zu entwickeln und einzusetzen, die geeignet sind, den Prozeß der Entwicklung und des Einsatzes neuer Techniken so zu gestalten, daß

a) sowohl gesamtgesellschaftliche Probleme als auch Probleme einzelner (auch zahlenmäßig kleiner und gesellschaftspolitisch wenig einflußreicher) sozialer Gruppierungen frühzeitig erkannt und artikuliert werden können,

b) eine möglichst große Vielfalt von Problemlösungsvorschlägen mit einem möglichst engen Bezug zu konkreten eigenen Erfahrungsinhalten (= aus eigener Betroffenheit) reale Chancen hat, in dem Gestaltungsprozeß zur Geltung zu kommen,

c) eine möglichst enge und kontinuierliche Rückkoppelung des Entwicklungs- und Gestaltungsprozesses mit der Erfahrungsbasis (den direkten Anwendungs- und Einsatzbereichen wie auch den indirekten Bereichen sekundärer und tertiärer Auswirkungen) gewährleistet ist, und zwar mit dem Ziel, zum einen neue Gestaltungshinweise zu erhalten und zum anderen sofort Korrekturen und Revisionen vornehmen zu können, wenn sich Fehlentwicklungen abzeichnen.

Literatur

Fetscher, I. (1980), »Die Gefahr der Phantasielosigkeit und das Argument des Utopismus«, in: ders., *Überlebensbedingungen der Menschheit. Zur Dialektik des Fortschritts*, München: Piper, S. 196-210.

Jantsch, E. (1979), *Die Selbstorganisation des Universums. Vom Urknall zum menschlichen Geist*, München: Hanser.

Lenk, H. (1979), »Methodologisches zum Verhältnis Wissenschaft und Technik«, in: ders., *Pragmatische Vernunft. Philosophie zwischen Wissenschaft und Praxis*, Stuttgart: Reclam, S. 135-152.

Linde, H. (1982), »Soziale Implikationen technischer Geräte, ihrer Entstehung und Verwendung«, in: Jokisch, R. (Hg.), *Techniksoziologie*, Frankfurt: Suhrkamp, S. 1-31.

Marcuse, H. (1967), *Der eindimensionale Mensch. Studien zur Ideologie der fortgeschrittenen Industriegesellschaft*, Neuwied: Luchterhand.

Mumford, L. (1974), *Mythos der Maschine. Kultur, Technik und Macht*. Frankfurt: Fischer.

Paschen, H., Gresser, K., Conrad, F. (1978), *Technology Assessment: Technologiefolgenabschätzung. Ziele, methodische und organisatorische Probleme, Anwendungen*, Frankfurt: Campus.

Rifkin, J. (1982), *Entropie. Ein neues Weltbild*, Hamburg: Hoffmann und Campe.

Ropohl, G. (1979), *Eine Systemtheorie der Technik. Zur Grundlegung der Allgemeinen Technologie*, München: Oldenbourg.

Sachsse, H. (1978), *Anthropologie der Technik. Ein Beitrag zur Stellung des Menschen in der Welt*, Braunschweig: Vieweg.

Steiner, G. (1981), »Statistische Lügen«. Leserzuschrift, in: *Naturwissenschaftliche Rundschau*, Heft 12 (Dezember), S. 508-510.

Steinmüller, W. (1981), »Die zweite industrielle Revolution hat eben begonnen. Über die Technisierung der geistigen Arbeit«, in: *Kursbuch 66*, Dezember 1981, S. 152-188.

Weizenbaum, J. (1984), *Kurs auf den Eisberg – oder das Wunder wird uns retten, sagt der Computerexperte*, Zürich: Pendo.

Gotthard Bechmann/Fritz Gloede/
Herbert Paschen
Frühwarnung vor technikbedingten Gefahren?

1. Frühwarnung als politische Aufgabe

Die staatliche Technologiepolitik ist in den letzten Jahren immer stärker in den Vordergrund der öffentlichen Aufmerksamkeit gerückt. Dem Staat wird in zunehmendem Maße (Mit-)Verantwortung gegeben sowohl für Richtung und Tempo des wissenschaftlich-technischen Fortschritts als auch für die damit verbundenen ökologischen, ökonomischen und sozialen Folgen, zumal dann, wenn er die Förderung von Forschung und Technologie zu seiner herausragenden ökonomischen, sozialen und kulturellen Aufgabe erklärt (Bundesbericht Forschung 1984, S. 11). Zwei komplementäre Entwicklungen spielen hierbei eine wesentliche Rolle:
- die Gefahren, die durch den Einsatz von Technologien und Produkten erwachsen können, sind weitreichender geworden;
- das allgemeine Problembewußtsein hinsichtlich der mit dem Technikeinsatz verbundenen Risiken ist ganz beträchtlich gewachsen.

Die mit dem Einsatz von Technologien verbundenen Gefahren sind insofern größer und komplexer geworden, als
- der Gesellschaft durch immer kürzere Einführungsphasen bei neuen Technologien weniger Zeit bleibt, den Umgang mit den Technologien »auszuprobieren« bzw. sie zu adaptieren;
- sie die herkömmlichen Grenzen ökologischer und sozialer Teilsysteme (lokale Ökosysteme; Einzelbetrieb) infolge von Massenproduktion, universeller Verwendbarkeit und umfassender Vernetzbarkeit (z. B. Mikroelektronik) überschreiten;
- der technische Wandel die Gefahr in sich birgt, praktisch irreversible ökologische oder gesellschaftliche Veränderungen mit sich zu bringen;
- die neuartigen Eingriffsmöglichkeiten in Makrostrukturen (z. B. Klima) und Mikrostrukturen (z. B. Genstrukturen) Manipulationsmöglichkeiten eröffnen, die von unmittelbarer gesellschaftlicher Bedeutung sind.

Zugleich haben auch Kritik und Skepsis in der Öffentlichkeit gegenüber bestimmten Bereichen und Tendenzen der technischen Entwicklung zugenommen. Die Frage nach Sinn und Kontrollierbarkeit der technischen Entwicklung hat gesellschaftspolitische Relevanz erreicht. Inzwischen erwartet eine deutliche Mehrheit der Bevölkerung vom Staat eine stärkere Überwachung und Kontrolle der Technik (Siemens AG 1984).

In dem Maße, in dem die Forschungs- und Technologiepolitik zum zentralen Bestandteil einer strukturpolitischen Staatstätigkeit wird (Ronge 1977), gerät sie in ein Dilemma, auf das schon Ernst Forsthoff frühzeitig hingewiesen hat (Forsthoff 1971): Die Aufgabe, Rahmenbedingungen für das langfristige ökonomische Wachstum zu schaffen, tritt tendenziell in Widerspruch zu der staatlichen Aufgabe der Gefahrenabwehr und Gefahrenvorsorge. Aus staatsrechtlicher Sicht wurde gelegentlich schon beklagt, daß sich gegenüber den »Leistungs- und Lenkungsfunktionen« des modernen Staates die originäre und unverzichtbare staatliche Aufgabe der Gefahrenabwehr »auf dem Rückzug« befinde (Martens 1982, S. 29).

Geht es bei der strukturpolitischen Aufgabe unter anderem darum, solche Technologien bis zur Anwendungsreife zu fördern, die entweder aus Kostengründen oder wegen der hohen Risiken nicht von der Privatwirtschaft entwickelt werden, so geht es bei der Aufgabe der Gefahrenabwehr um die Beseitigung bestehender und die Verhinderung künftiger Gefahren. Vorsorge ist zu treffen gegen die möglichen Beeinträchtigungen, die entweder der Allgemeinheit, ihren tatsächlichen und sozialen Lebensgrundlagen, oder dem einzelnen, seinen rechtlich geschützten Interessen, vor allem auch seinen Grundrechten, drohen.

Das politisch-administrative System tritt somit in einer Doppelrolle auf. Einerseits ist es zu einem wesentlichen Initiator des technischen Fortschritts geworden; auf der anderen Seite soll es gerade gegen die Risiken und möglichen negativen Folgen eben dieser von ihm geförderten Technologien Vorsorge treffen. Diese Situation spiegelt sich auch in der gegenwärtigen Forschungspolitik wider. So werden im Bundesforschungsbericht 1984 neben der Förderung wissenschaftlicher Erkenntnis und technischer Innovation auch die Ressourcen- und Umweltschonung sowie die Verbesserung der Lebens- und Arbeitsbedingungen zu den generellen Zielen der Forschung- und Technologiepolitik gerechnet

(Bundesbericht Forschung 1984, S. 14). Die Bundesregierung erklärt in diesem Bericht, sie sehe »die Chancen der technologischen Entwicklung durchaus im Zusammenhang mit den Risiken«. Es müsse gelingen, »die Chancen der Technik zu nutzen und mögliche Nachteile in einem geordneten Prozeß der Risikoabklärung, der politischen Meinungsbildung und Entscheidung auf ein möglichst geringes und jedenfalls vertretbares Maß zu verringern« (ebd., S. 18).

Um diese Ziele zu verwirklichen, setzt die Bundesregierung unter anderem auf »systematische Technologiefolgen- und -potentialabschätzung« und »Frühwarnung« (ebd.). In ihrem Bericht »Status und Perspektiven der Großforschungseinrichtungen« geht die Bundesregierung näher auf den Aspekt der Frühwarnung ein. Sie bekräftigt dort ihre Absicht, unter Hinzuziehung des wissenschaftlich-technischen Potentials der Großforschungseinrichtungen ein »Frühwarnnetz« für das frühzeitige Aufzeigen potentieller Gefahrenfelder und Risiken (aber auch von technischen Chancen) aufzubauen, um rechtzeitig geeignete Gegenmaßnahmen ergreifen zu können (Bericht der Bundesregierung 1984, S. 30). Zwischen dem Konzept der »Früherkennung von technikbedingten Gefahren« und dem Konzept der »Technologiefolgenabschätzung (TA)« bestehen Gemeinsamkeiten und Abhängigkeiten. So ist das frühe Erkennen der potentiellen Gefahren einer Technologie gleichsam der programmatische Kern sogenannter »technikinduzierter« TA-Untersuchungen, bei denen eine bestimmte – noch in der Entwicklung oder Erprobung oder schon im Einsatz befindliche – Technik den Ausgangspunkt der verschiedenen Analyseschritte bildet; der Akzent liegt dabei – im Gegensatz zur herkömmlichen Analyse vom Typ »Investitions- und Wirtschaftlichkeitsrechnung« – auf den indirekten, oft mit großer Verzögerung eintretenden Effekten. Solche Untersuchungen können insofern als »Frühwarn-Instrumente« betrachtet werden.

Analysiert man nun den Begriff der Frühwarnung, stößt man auf zwei Bedeutungskomponenten, deren Unterscheidung für die weitere Diskussion dieser politischen Aufgabenstellung nützlich ist: eine kognitive Komponente (*frühes Erkennen* der Probleme) und eine normative Komponente (*rechtzeitiges Anerkennen* der sich entwickelnden Problemlagen, die zum politischen Handeln auffordern).

Auf der einen Seite geht es um ein Problem des Wissens, der

Stimulierung von Forschung, der genaueren oder gar nur sensibleren Beobachtung, der Entdeckung von Zusammenhängen. Auf der anderen Seite handelt es sich um die Anerkennung von politischem Handlungsbedarf, ohne daß sich das jeweilige Gefahrenpotential schon zu einem unabweislichen politischen und sozialen Problem ausgeweitet hätte; dies schlösse eine Bereitschaft der politischen Administration ein, gegebenenfalls Technologieentwicklungen auch abzubrechen, sie zumindest zu modifizieren und gleichzeitig alternative Techniken zu fördern.

»Früherkennung«, die kognitive Teilaufgabe der Frühwarnung, läuft also auf eine inhaltliche und methodische Erweiterung des gesellschaftlich verfügbaren Wissens hinaus, welche dem gestiegenen Problemdruck und dem wachsenden Problembewußtsein zu entsprechen hat. Eine solche Erweiterung des Wissens muß aber wirkungslos bleiben ohne die gleichzeitige Erweiterung der Bereitschaft zu vorsorglichem (politischen) Handeln der verantwortlichen Entscheidungsträger. Grundsätzlich darf eine solche Handlungsbereitschaft nicht bei der Reaktion auf »früherkannte« Folgen bereits implementierter Technologien stehen bleiben. Sie muß sich vielmehr auch auf die frühzeitige Einflußnahme bei der Entwicklung neuer Technologien erstrecken.

Unter kognitivem Aspekt erfordert Frühwarnung vor allem die Ortung solcher Gefahrenfelder, die von ihrer Ursachen- und Wirkungsbeziehung her *systemische Qualität* haben.

Von der Ursachenkonstellation her handelt es sich dabei etwa um Gefahren, die aus der Belastung ökologischer Systeme mit kleinen, bisher als unschädlich erachteten Mengen von Stoffen erwachsen können (sozusagen die »Schläfer« unter den Technologiefolgen), oder um nicht erforschte Synergismen. Von den Auswirkungen her betrachtet handelt es sich um potentielle Schäden an (interdependenten) Systemen (Biotope, politische Systeme, soziale Strukturen), die nicht infolge eines einzelnen Faktors auftreten bzw. die auf Störungen bisher unbekannter Gleichgewichtsbedingungen der betroffenen Systeme zurückgehen. Die Komplexität der zu untersuchenden Problemlagen ist also evident und erhält durch den zeitlichen Aspekt eine zusätzliche Dimension.

Stärker als viele der bestehenden Formen wissenschaftlicher Forschung hätte Frühwarnung mit Fragen zu tun, die einen hohen Grad an Komplexität aufweisen und die teils aus pragmatischen Gründen (Zeit, Geld), teils aus ethischen oder prinzipiellen

Gründen (z. B. Unerwünschtheit bzw. Unmöglichkeit experimenteller Reproduktion) nicht »sicher«, d. h. gemäß den Standards empirisch-analytischer Naturwissenschaftlichkeit, zu beantworten sind. Solche Fragen, wie etwa die Vorhersage seltener Ereignisse, Abläufe unter nicht verallgemeinerbaren Bedingungskonstellationen oder das »Umkippen« strukturell instabiler Öko- oder Sozialsysteme, hat A. Weinberg »transwissenschaftliche Fragen« genannt (Weinberg 1972; 1977). Dementsprechend gehen bereits in die Organisation des kognitiven Prozesses der Früherkennung auf jeder Stufe (Problemidentifikation, Problemkonzeptualisierung, Informationsselektion, Interpretation der Forschungsergebnisse) normative Gesichtspunkte ein.
Diese spezifische kognitive Qualität von Frühwarnung wird in der folgenden Skizzierung von Möglichkeiten und Grenzen verfügbarer wissenschaftlicher Methoden verdeutlicht (Abschnitt 2). Im Anschluß daran sollen dann die Schwierigkeiten erörtert werden, die sich im Zusammenhang mit der politischen Verarbeitung von »Frühwarn-Expertisen« ergeben (Abschnitt 3).

2. Möglichkeiten und Grenzen
wissenschaftlicher Methoden zur Frühwarnung

Der Bericht der Bundesregierung zur gegenwärtigen Situation und zukünftigen Entwicklung der Großforschungseinrichtungen, in dem die Absicht zum Aufbau eines »Frühwarnnetzes« bekundet wird, vermittelt den Eindruck, es gehe in erster Linie darum, vorhandenes Know-how und vorhandene wissenschaftliche Infrastruktur auf das Ziel der »Frühwarnung« hin auszurichten, umzuschichten und organisatorisch auszugestalten (Bericht der Bundesregierung 1984, S. 30 f.).
Obwohl die Diagnose und Prognose von technikbedingten Gefahren für Mensch und Umwelt sicher nicht allein Aufgabe einzelner naturwissenschaftlicher Disziplinen sein kann und bereits heute Gegenstand einer weitgefächerten Forschung auch in den Wirtschafts- und Sozialwissenschaften wie im Bereich praktisch orientierter Projektforschung (Risiko- und Sicherheitsforschung, Umweltfolgenforschung, Systemanalyse und Technikfolgenabschätzung) ist, drängt sich der Eindruck auf, daß es besonders die »exakten« Naturwissenschaften sind, von denen möglichst zwei-

felsfreie Erkenntnisse über Ursache-Wirkungs-Beziehungen in diesem Feld erwartet werden. Solche »harten« Erkenntnisse sollen die Entscheidungsfindungen vorbereiten. Am Beispiel des Großversuchs über die Auswirkungen eines Tempolimits im Straßenverkehr auf die Luftverunreinigung wird diese Einstellung konkret nachvollziehbar. Auch in den Ministerialverwaltungen dürften ähnliche Erwartungshaltungen dominieren: »Ganz allgemein besteht nämlich eine wesentliche Differenz in der praktischen Anwendbarkeit naturwissenschaftlicher und sozialwissenschaftlicher Resultate. Nur die Naturwissenschaften können ihren Komplikationsgrad für die Praxis weitgehend neutralisieren, indem sie Produkte zur Verfügung stellen, die sich auf Grund einfacher Rezepte oder Bedienungsanleitungen technisch (das heißt ohne volles Verständnis) handhaben lassen« (Luhmann 1969, S. 11 f.; vgl. auch Dickson 1981, S. 61).

Es stellt sich also zunächst die Frage nach den Möglichkeiten und Grenzen wissenschaftlicher Erkenntnismethoden hinsichtlich der erwarteten Expertise. Schon bei der aktuellen Forschung über die Ursachen des Waldsterbens wie über vergleichbare ökologische Probleme wird deutlich, daß die Naturwissenschaften den Wechselwirkungen zwischen Mensch und Umwelt ähnlich gegenüberstehen, wie die Gesellschafts- und Wirtschaftswissenschaften den komplexen Systemzusammenhängen ihrer Gegenstandsbereiche (»Politikberatung durch Wissenschaft«, sz 11.11.83). Es handelt sich nämlich gleichermaßen um offene Systeme, die durch seltene, unvorhersehbare Ereignisse beeinflußt werden, um Systeme mit nichtlinearen Zusammenhängen multipler Faktoren, um Systeme, die weitgehend aus völlig individueller historischer Evolution entstanden sind und die sich möglicherweise individuell weiterentwickeln. Die klassische Naturwissenschaft gelangt hier oft nur schwer zu Aussagen, weil für die Anerkennung naturwissenschaftlicher Arbeiten bestimmte Normen, wie z. B. experimentelle Wiederholbarkeit, Nachweis kausaler Verknüpfung, statistischer Signifikanznachweis, Widerspruchsfreiheit und Bewertung durch die Wissenschaftsgemeinschaft, gelten. Müßte Frühwarnung diesen Normen genügen, so kämen Warnungen wahrscheinlich oft zu spät (Dickson 1981, S. 58). Der Sinn der »Frühwarnung« liegt ja gerade darin, Prophylaxe schon aufgrund von Verdachtsmomenten und Indizien zu stimulieren, die nach diesen wissenschaftlichen Normen nur als Hypothesen gelten.

Es wäre zudem unrealistisch zu glauben, Technikfolgen ließen sich durch intensivere wissenschaftliche Forschung generell vorhersagen, bevor die Technik überhaupt implementiert ist. Frühwarnung wird in der überwiegenden Zahl der Fälle wohl darauf hinauslaufen, die sich bereits abzeichnenden Folgen zu erkennen, bevor sie »epidemischen« Charakter angenommen haben. Aus dem zeitlichen Aspekt – Frühwarnung nach der Implementation oder bereits vor der Implementation – soll eine Strukturierung der methodologischen Problematik von Frühwarnung nach zwei prinzipiellen Ansätzen vorgenommen werden:
– Problemerkennung durch die Beobachtung von Symptomen, d. h. von Veränderungen gegenüber der Vergangenheit, denen ein »Krankheitswert« zugeordnet wird oder die in irgendeiner Form als problematisch eingestuft werden (2.1);
– Problemerkennung durch Kombination und Integration von Einzelwissen und Erfahrungen, Analogiebildung, Modellbildung und Simulation zu einem vorausschauenden Szenario möglicher Auswirkungen einer oder mehrerer Technologien (2.2).

2.1 Problemerkennung durch Beobachtung von Symptomen

Häufig werden Schäden – z. B. an bestimmten Ökosystemen oder gesundheitliche Beeinträchtigungen – wahrgenommen, deren Ursachen zum Zeitpunkt der Wahrnehmung unbekannt sind und die aus den Kenntnissen des Beobachters über das betroffene System auch nicht kausal hätten abgeleitet werden können. Das Problem macht sich durch die »Auffälligkeit seiner Symptome« bemerkbar, das heißt:
– es müssen bereits Veränderungen eingetreten sein, die soweit fortgeschritten sind, daß hinreichend auffällige Symptome sichtbar werden;
– es muß einen Beobachter geben, der die Symptome als auffällig, atypisch, krankhaft einstuft.
Der symptomorientierte Ansatz ist *retrospektiv* und *analytisch* hinsichtlich der Identifikation von Gefahrenfeldern, weil er von bereits eingetretenen Veränderungen ausgeht, die zum frühest möglichen Zeitpunkt erkannt und auf ihre Verursachung hin analysiert werden sollen.

Eine generelle Systematisierbarkeit der Problemerkennung an Symptomen ist schwer denkbar. Schadenssymptome werden möglicherweise von betroffenen Bürgern eher wahrgenommen als von Experten. Allerdings verfügen die Betroffenen meist nicht über genügend Fachwissen, um über das Artikulieren eines allgemeinen Empfindens, daß etwas auffällig und »nicht in Ordnung« sei, hinaus fundierte und überzeugende Nachweise zu liefern. Wissenschaft und Politik ihrerseits werden bei der heutigen Sensibilität und den teils berechtigten, teils unberechtigten Ängsten und Befürchtungen gegenüber neuen Technologien und Produkten überflutet von Hinweisen auf drohende Konsequenzen, die kaum in angemessener Zeit auf ihre Plausibilität und Richtigkeit hin überprüft werden können. Es stellt sich daher die Frage nach einem Verfahren zur Beurteilung von Beobachtungen. Hier fällt der Wissenschaft eine entscheidende Funktion der »Filterung« zu: Dem fachlich entsprechend Ausgebildeten ist eher möglich zu erkennen, ob den beobachteten Symptomen ein »Krankheitswert« zugeordnet werden muß.

Allerdings sind auch der Wissenschaft spezifische Grenzen bei der symptomorientierten Analyse und Bewertung gezogen:

- Die rechtzeitige Wahrnehmung von epidemischen Entwicklungen ist schwer, wenn »normale« Auftrittshäufigkeiten und deren Variation gerade bei ursachenunspezifischen Symptomen nicht bekannt sind. Um solche relativ ursachenunspezifische Symptome handelt es sich aber sehr häufig (Waldsterben, Pseudo-Krupp etc.).

- Bei dem Versuch, die Genese der beobachteten Symptome zu klären, stößt man häufig auf Einflußfaktoren, die ihrerseits wiederum selbst sehr komplex und wenig bekannt sind.

- Statistische Untersuchungsmethoden liefern zwar Hinweise auf potentielle Zusammenhänge, jedoch keine kausalen Beweise. Es ist bis heute nicht gelungen, einzelne Schadstoffe für die beobachteten Wirkungen der Luftverunreinigung zweifelsfrei verantwortlich zu machen.

- Oft tritt eine erhebliche Verzögerung zwischen Ursache und Wirkung auf. Die für die Genese verantwortlichen Ursachen existieren mitunter nicht einmal mehr, wenn die Folgen sichtbar werden (z. B. bei einigen chemisch induzierten Tumoren).

Vorbehaltlich dieser Probleme einer symptomorientierten Analyse wäre eine systematischere Suche nach unerwünschten Folgen des Einsatzes von Technologien und Produkten möglich, wenn es der Wissenschaft gelänge, genügend geeignete und interpretierbare Indikatoren zu definieren. Heute werden im Sinne einer systematischen Suche zahlreiche Kataster geplant oder auch schon realisiert. Vorausgesetzt, die hier ausgewiesenen Parameter wären als Indikatoren geeignet, so müßte der Richtigkeit und Aktualität der Einzelmessungen und der Angemessenheit der räumlichen Auflösung der Kataster kritische Beachtung gewidmet werden.

2.2 Problemerkennung durch systemorientierte Ansätze

Im Unterschied zur retrospektiv-analytischen Problemerkennung ist der systemorientierte Ansatz *prospektiv* und *synthetisierend*. Formal sind zwei Vorgehensweisen möglich:

a) *Gezieltes Experimentieren, um die Reaktionen der Systeme zu beobachten* und so *direkt* zu Kenntnissen über negative Auswirkungen von Technologien und Produkten zu gelangen, ist nur in Ausnahmefällen möglich. Zwar werden die Systeme in ihrer natürlichen Einbettung belassen, doch müßten sie bei Experimenten unter realistischen Bedingungen gerade den Gefahren ausgesetzt werden, die es zu verhindern gilt.
Laborexperimente eröffnen unter anderem die Möglichkeit, isolierte Systeme Bedingungen auszusetzen, die in der Natur schon eine Gefährdung bedeuten. Das »Herausschneiden« des Systems aus der natürlichen Umgebung führt jedoch dazu, daß dem Gewinn an Sicherheit des Wissens in bezug auf das System unter künstlichen Bedingungen ein Verlust an Sicherheit gegenüber steht, ob das in natürlicher Einbettung belassene System in gleicher Weise reagiert wie das im Labor isoliert betrachtete.

b) *Kombination und Integration von Einzelerkenntnissen, Analogiebildung, Modellentwicklung und Simulation* sind als Ansätze durch die Ableitung (Konstruktion) denkbarer zukünftiger Zustände komplexer Systeme auf der Basis des derzeitigen Wissens gekennzeichnet.

Probleme und Vorteile dieser nicht-experimentellen Vorgehensweise werden nachfolgend am Beispiel von rechnergestützten Simulationsmodellen skizziert. Die Erläuterungen gelten jedoch weitgehend für alle nicht-experimentellen Systemstudien.

Die Methode der numerischen Simulation komplexer Systeme – als Beispiele seien hier das Weltmodell von Meadows oder die verschiedenen CO_2-Modelle genannt – ist etwa so zu beschreiben: Ein Modell wird konstruiert, das das Verhalten des realen Systems hinreichend genau abbildet. Beim Konstruieren des Modells aus den Mosaiksteinen des vorliegenden Wissens kristallisieren sich besonders scharf die bestehenden Kenntnislücken heraus. In der mathematischen Formulierung bestehen Modelle meist aus Systemen von Differentialgleichungen. Mit vorgegebenen Anfangs- und Randbedingungen wird das Gleichungssystem integriert. Durch die Simulationstechnik können mit geringem Zeitaufwand unterschiedliche Systemzustände auf die Wirkung verschiedener Einflüsse sowie auf ihre Sensitivität gegenüber diesen Einflüssen hin untersucht werden. Ausgetestete validierte numerische Modelle könnten zur Frühwarnung eingesetzt werden.

Die Möglichkeiten dieser Methode müssen jedoch nach zahlreichen Fehlprognosen, z. B. über den Energiebedarf, kritisch eingeschätzt werden. Zwar ist ihr Wert bei korrekter Anwendung und Ergebnisinterpretation unbestreitbar, doch gibt es Schwächen, die es im schlimmsten Fall erlauben, durch geeignete Manipulation des Modells, der Anfangs- und Randbedingungen oder der Daten und Parameter gewünschte Ergebnisse zu erzeugen.

An dieser Stelle sollen Hinweise auf kaschierbare Wissenslücken, unsichere Annahmen über Größe und Zusammenhang von Parametern und schwer interpretierbare Ergebnisse bei Modellen mit hoher Eigenkomplexität genügen, um die Probleme von Simulationsverfahren anzudeuten. Hierin unterscheiden sich naturwissenschaftliche Ansätze nun gar nicht mehr von analogen sozialwissenschaftlichen Versuchen. Insbesondere wird der eigentliche Zweck der wissenschaftlichen Politikberatung fragwürdig: »Je differenzierter Prognosen [aufgrund von Modellrechnungen] werden, desto weniger eignen sie sich zur Begründung politischer Entscheidungen« (Teichler 1984, S. 10).

Als Resümee einer systematischen Betrachtung dieses Dilemmas befindet auch Luhmann: »Als Ergebnis einer solchen Analyse gewinnt man nicht sogleich einen Entscheidungsvorschlag, sondern zunächst nur einen Überblick über strukturabhängige Problemzusammenhänge« (Luhmann 1969, S. 14).

Fassen wir die bisherigen Überlegungen zusammen, so lassen sich zwei Erkenntnisse festhalten:
– Die verfügbaren wissenschaftlichen Methoden zur Früherkennung von Entwicklungen in offenen Systemen lassen in der Regel keine unbezweifelbaren Erkenntnisse über kausale Zusammenhänge zu. Die traditionellen Standards naturwissenschaftlicher Gewißheit sind kaum zu erfüllen. Wie im Fall der langfristigen Technikfolgenabschätzung müßte etwa von »möglichen Folgen« gesprochen werden, bei denen zum größten Teil weder die Erscheinungsform exakt beschrieben noch der Ablauf einwandfrei prognostiziert werden kann (Bechmann/Wingert 1981).
– In die Analyseverfahren und die Ergebnisinterpretation gehen zwangsläufig normative Entscheidungen ein (Auswahl von Indikatoren und Meßverfahren, Modellkonstruktionen und Datenauswahl), die sich mit schlichten Vorstellungen von Neutralität und Wertfreiheit wissenschaftlicher Arbeit nur schwer vereinbaren lassen (vgl. auch Teichler 1984).
Dementsprechend können Erwartungen seitens der politischen Administration hinsichtlich »fundierter wissenschaftlicher Beweise«, die nicht zuletzt auch immer wieder von der Industrie geschürt werden (Dickson 1981, S. 58), gerade auf dem Gebiet der Frühwarnung vor technikbedingten Gefahren meist nur enttäuscht werden.
Noch größere Schwierigkeiten für eine praktisch folgenreiche Frühwarnung dürften sich jedoch bei der *politischen Verarbeitung* der tatsächlich zu erwartenden Expertise ergeben.

3. Frühwarnung als politisches Problem

Eduard Pestels pessimistische Prognose, »es dürfte noch Jahrzehnte dauern, bis die Politiker ihre Entscheidungen auf wissenschaftliche Erkenntnisse gründen und bereit sind, Katastrophen, die bei entsprechendem Handeln oder Nicht-Handeln erst in ferner Zukunft drohen, schon jetzt in ihren Entscheidungen zu berücksichtigen« (WWP Nr. 50/84, S. 3), gründet möglicherweise in intimen Kenntnissen über die Innenausstattung der Macht. Indem sie nahelegt, erfolgreiche Frühwarnung scheitere einstweilen an subjektivem Unvermögen und mangelnder Lernbereitschaft einzelner Repräsentanten des politisch-administrativen Systems, verkennt sie jedoch strukturelle Bedingungen und Grenzen für die Berücksichtigung wissenschaftlicher Erkenntnisse – seien sie nun von »harter« oder »weicher« Evidenz (Ravetz 1984, S. 11).

Um das politische Problem deutlich herauszuarbeiten, das eine früh- und rechtzeitige »Anerkennung« technikbedingter Gefahren für die Administration bedeutet, sehen wir zunächst von der Tatsache ab, daß die zu erwartende wissenschaftliche Expertise nach traditionellen naturwissenschaftlichen Standards in der Regel nicht zweifelsfrei sein wird.

Auch bei einem Vorliegen »exakter« Erkenntnisse – etwa über Dosis-Wirkungsbeziehungen im Falle von Chemikalien oder Pharmaka – ergeben sich administrative Konsequenzen keineswegs von selbst. Die Bestimmung von »unbedenklichen« Grenzwerten für Stoffe und Emissionen stellt sich vielmehr dar als Produkt einer politischen Willensbildung. Ihre Begründung ist wissenschaftlich nicht möglich, »da es keine wissenschaftlich nachvollziehbare Abwägung gibt zwischen Gesundheit und Freiheit, zwischen sozialer Sicherheit und Naturschutz und ähnlichen Werten« (v. Lersner 1983, S. 138 f.). Eingebettet in gesellschaftliche Interessenkonflikte (Weidner/Knoepfel 1979, S. 161) entscheidet der Prozeß der politisch-administrativen Problemverarbeitung, »was gefährlich ist« (v. Lersner 1983, S. 133). Dies wurde jüngst erst wieder deutlich in der öffentlichen Auseinandersetzung um die neue »Gefahrstoffverordnung« (»Grenzwerte für giftige Stoffe politisch gesetzt«, FR vom 18. 4. 1985).

Zudem sind heute bereits zahlreiche Problemfelder und Gefahrenpotentiale bekannt, die keinerlei Frühwarnung mehr erfordern. Zu denken ist an die gängige Problematisierung von Verursachungszusammenhängen (Energieerzeugung, industrielle Produktion, Landwirtschaft, Abfallwirtschaft, Autoverkehr und Haushalte), an »prominente« toxische Stoffe (Formaldehyd, Dioxine, Schwermetalle, Lebensmittelchemikalien, Pharmaka) ebenso wie an bedrohliche Schadensausmaße bei elementaren ökologischen Systemen (Bodenvergiftung, Wasserqualität, Nordseetod, Waldsterben, Verminderung der Artenvielfalt). Auch viele Schädigungen der menschlichen Gesundheit, die im Zusammenhang mit kritischen Umweltbedingungen stehen, harren nicht mehr der Entdeckung durch Früherkennung (umweltbedingte Zunahme von Allergien, Krebshäufigkeiten, Erkrankungen der Atemwege, arbeitsplatzspezifische Erkrankungen, Verkehrstote) (vgl. dazu insg.: Koch 1985; Umweltbundesamt 1984).

In den meisten dieser Problemfälle wurde beklagt, daß die Politiker »nichts tun oder zu wenig« (Koch 1985, S. 6). Auch die Bevölkerung scheint dieser Auffassung zu sein. So glauben nach einer Umfrage des Ipos-Instituts von 1985, die im Auftrag des Bundesinnenministeriums durchgeführt wurde, nur 18% aller Befragten »an Erfolge beim Umweltschutz seit der Bundestagswahl im März 1983« (FR vom 16. 8. 1985). Die tatsächlich von der politischen Administration ergriffenen Maßnahmen sind aus der Sicht auch vieler Experten meist nicht weitgehend genug. Am Beispiel des Waldsterbens und der in diesem Zusammenhang verfolgten Politik (Großfeuerungsanlagen-Verordnung, TA Luft, Tempolimit, Katalysator-Autos) läßt sich dies exemplarisch illustrieren (vgl. Bechmann/Frederichs/Gloede 1985, S. 409).

Um so dringlicher stellt sich also die Frage nach den Strukturen und Mechanismen der letztlich ausschlaggebenden politisch-administrativen Verarbeitung von Warnungen vor Technikfolgen.

3.1 Generelle Selektionsleistungen des politischen Systems

Nur vereinzelt liegen bisher Untersuchungen vor, die Fälle unterbliebener Frühwarnung bzw. fehlender Anerkennung von Gefahren systematisch rekonstruieren (z. B. Crenson 1971, »The Un-Politics of Air Pollution«). Aus vorliegenden Studien über die Funktionsweise des politisch-administrativen Systems, wie sie in verschiedenen Politikbereichen deutlich geworden ist (vgl. Ruß-Mohl 1982, S. 3 ff.), lassen sich jedoch einige generelle Erkenntnisse gewinnen, die für das Problem einer »Anerkennung« von und rechtzeitigen Reaktion auf technikbedingte Gefahren einschlägig sind.

Jedes ausdifferenzierte gesellschaftliche Subsystem, so auch das politische, hat das Grundproblem, seinen Bestand gegenüber der gesellschaftlichen Umwelt und deren Anforderungen zu sichern, indem es deren Komplexität entsprechend seinen funktionalen Bestimmungen reduziert und abarbeitet (Rucht 1982, S. 37). Dementsprechend ist das politisch-administrative System durch *generelle Selektionsmechanismen* zu charakterisieren, die es von den übrigen Subsystemen unterscheiden. Bezogen auf gesellschaftliche Problemlagen stellt Ruß-Mohl zu Recht fest:

»Probleme (...) gibt es viele. Die allerwenigsten überwinden die Schwelle der Problemverdrängung und des Nichtentscheidens und avancieren damit zum *politischen* Thema« (Ruß-Mohl 1982, S. 6 – Hervorhebung von uns).

Damit ein Problem Gegenstand des politischen Verarbeitungsprozesses wird, genügt es nicht, daß es bereits öffentliche Aufmerksamkeit auf sich gezogen hat. Viele Probleme werden relativ frühzeitig erkannt – »fast jede Krise hat bekanntlich ihre Propheten« (ebd.). Nach den hier wirksamen »attention rules« des politischen Systems treten »decision rules« in Kraft, die über Art und Weise der letztlich getroffenen Maßnahmen entscheiden. Im Verlauf dieser politischen Verarbeitung bleibt der Gegenstand, der zunächst Aufmerksamkeit auf sich gezogen hatte, nicht notwendig identisch mit dem Gegenstand, über den dann effektiv entschieden wird (Luhmann 1970, S. 11).
Für die Frage einer frühzeitigen »Anerkennung« drohender Gefahren sind die Aufmerksamkeits- bzw. Thematisierungskriterien des politischen Systems besonders relevant. Sie machen ein benanntes Problem überhaupt erst entscheidungsbedürftig.
Luhmann zählt dazu
– die wahrgenommene Bedrohung überragender gesellschaftlicher Werte;
– Krisen, die die Funktionsfähigkeit und den Bestand des politischen Systems gefährden;
– den sozio-politischen Status des Thematisierers eines Problems;
– Symptome politischen Erfolgs, der mit der Übernahme eines Themas verbunden zu sein scheint;
– bereits auftretende »Schmerzen oder zivilisatorische Schmerzsurrogate« (z. B. Einkommensverluste) in Verbindung mit einer Problemlage (Luhmann 1970, S. 13).
Zusätzlich beschleunigt wird der Prozeß des Eindringens eines Themas in die politische Arena durch Ereignisse wie Problemverschärfung infolge kumulativer Effekte oder Proteste von Problembetroffenen (Ruß-Mohl 1982, S. 6).
Diese Aufmerksamkeitsregeln verweisen auf die Struktur und »Ratio« des politisch-administrativen Systems, als dessen elemen-

tares Kommunikationsmedium zur Herstellung bindender Entscheidungen »Macht« (Machterhalt und -gewinn) anzusehen ist, während das Kommunikationsmedium »Wahrheit« des Wissenschaftssystems bzw. »sachliche Rationalität« in seinem Verarbeitungsprozeß eine recht untergeordnete Rolle spielt (Mayntz 1983, S. 334).

Problemlagen müssen also in den Bezugsrahmen von Machtgewinn und -erhalt von einzelnen Politikern, Parteien oder des gesamten politischen Systems übersetzbar sein, und dies vollzieht sich am ehesten durch ein extensives Ausmaß von wahrgenommenen Krisen, Interessen- und Wertbeeinträchtigungen sowie infolgedessen durch die Mobilisierung von (möglichst einflußreichen) gesellschaftlichen Akteuren bzw. durch den drohenden Verlust von Zustimmung oder Hinnahmebereitschaft seitens der Wahlbevölkerung (Mayntz 1983, S. 335).

Auch die Entscheidungsregeln und die Frage der Durchführung zu beschließender Maßnahmen sind durch die Ratio des politischen Systems bestimmt. Neben dem Interesse der Entscheider am eigenen politischen Überleben weist Mayntz etwa auf die Kriterien der »Machbarkeit« von Problemlösungen sowie der materiellen und finanziellen Restriktionen hin. Politische Machbarkeit bedeutet die Unterstützung von Maßnahmen und deren Implementation durch relevante Akteure in der politischen Arena bzw. »Akzeptanz« in der Bevölkerung; Finanzierbarkeit gründet letztlich im politischen Einfluß der jeweiligen Interessenten und deren Fähigkeit, die durchzuführenden Maßnahmen als besonders dringlich hinzustellen (Mayntz 1983, S. 334).

Die Analyse der generellen Selektionsmechanismen wie der Ratio des politischen Systems führt daher zu folgendem Ergebnis: Für die Berücksichtigungchance von wissenschaftlicher Expertise (z. B. Technikfolgenabschätzung) ist die gewiß erstrebenswerte Verbesserung ihrer kognitiven Qualität (Methodologie, Validität) weit weniger ausschlaggebend als die Kompatibilität mit politischen Kriterien und Prozessen. »Technikfolgenabschätzung (bzw. Frühwarnung – d.A.) benötigt deshalb Advokaten mit ausreichender Macht innerhalb des Entscheidungssystems« (Mayntz 1983, S. 339).

3.2 Spezifische Selektionsleistungen des politischen Systems

Die skizzierten generellen Selektionsmechanismen wären nun für gegebene politische Systeme näher zu konkretisieren, um deren spezifischem Charakter in historischer und gesellschaftspolitischer Hinsicht wie im internationalen Vergleich Rechnung zu tragen.

An dieser Stelle soll nur auf einige dieser spezifischen Selektionsleistungen aufmerksam gemacht werden, soweit sie sich auf die Berücksichtigung technikbedingter Gefahren für Mensch und Umwelt in westlichen Industriegesellschaften beziehen lassen.

In Anlehnung an Offe kann man dabei mindestens zwischen der strukturellen, der ideellen und der prozeduralen Ebene unterscheiden (Offe 1972, S. 79 ff.; vgl. auch Bachrach/Baratz 1977, S. 87 ff.):

Strukturelle Selektionsleistungen werden von den übergeordneten historischen, sozialstrukturellen und ökonomischen Rahmenbedingungen eines politischen Systems erbracht, die ihren Niederschlag in seinen staatsrechtlichen und institutionellen Grundbestimmungen finden. Auf diese Weise wird vorentschieden, welche Sachverhalte und Materien überhaupt zum Gegenstand staatlicher Politik werden können, welche Handlungsprämissen und -spielräume dabei gelten. Für den Bereich der Umweltpolitik etwa werden die strukturellen Selektionsleistungen in der öffentlichen Auseinandersetzung über das Verhältnis von Ökonomie und Ökologie sichtbar. Ökologische Fragen können in der politischen Arena grundsätzlich nur insoweit aufgeworfen und mit Lösungsvorschlägen bedacht werden, als sie mit marktwirtschaftlichen Voraussetzungen und Mitteln kompatibel sind. Problemstellungen, für die das nicht zutrifft, werden in der Regel gar nicht erst sichtbar (Offe 1972, S. 83).

Ideelle Selektionsleistungen werden durch das jeweils geltende soziokulturelle und politische Normensystem erbracht und schränken den strukturell zur Verfügung stehenden Handlungsspielraum des politischen Systems weiter ein. Solche selektiv wirkenden Normen reichen von den sich nur langsam wandelnden dominanten Wertorientierungen der Gesellschaft über etablierte politische Präferenzstrukturen und rechtlich normierte Standards bis hin zur häufig thematisierten »Sensibilität« gesellschaftlicher Akteure für spezifische Problemlagen. So war es beispielsweise die »fehlende Sensibilität für das ökologische Gefahrenpotential«, die den Hamburger Senat nach Ansicht eines parlamentarischen Untersuchungsausschusses trotz Vorhandenseins rechtlicher Handlungs- und Steuerungsmöglichkeiten im Fall der Sondermülldeponie Georgswerder kennzeichnete (*Der Spiegel* vom 4. 3. 1985).

Von größerer Bedeutung dürfte in diesem Zusammenhang sein, nach welchen Kriterien die jeweils erforderlichen Abwägungsprozesse zwischen konfligierenden wirtschafts-, sozial- und umweltpolitischen Zielen im Hinblick auf eine frühzeitige Bewertung technikbedingter Gefahren und den Kosten ihrer Abwendung verlaufen. So kann etwa bis heute nicht davon ausgegangen werden, daß die Kosten für die Beseitigung von Umweltschäden auf volkswirtschaftlicher (oder gar betriebswirtschaftlicher) Ebene systematisch einbezogen werden (Öko-Sozialprodukt bzw. Internalisierung von Umwelt-Folgekosten).

Schließlich werden *prozedurale Selektionsleistungen* durch die formellen wie informellen Verfahren der Politik-Formulierung und ihrer Implementierung erbracht, die ihrerseits den möglichen Inhalt bzw. das mögliche Resultat des Verarbeitungsprozesses früher Erkenntnisse über technikbedingte Gefahren präjudizieren. So werden bestimmten Interessen und Inhalten erhöhte Durchsetzungschancen eingeräumt, andere Themen oder gesellschaftliche Akteure dagegen tendenziell aus diesen Verfahren ausgegrenzt. Bezogen auf das »collective bargaining« zwischen Verbänden und staatlichen Instanzen ist schon häufig beklagt worden, daß die »Natur« keine Lobby habe und dementsprechend der Umweltschutz systematisch benachteiligt sei.

Ähnliches gilt für sozialstrukturell unterprivilegierte bzw. wenig konfliktfähige Gruppen, die häufig zu denen gehören, die die Kosten von Krisen wie staatlicher Krisenpolitik zu tragen haben (Ruß-Mohl 1982, S. 25). Ihre Interessen sind meist schlecht zu organisieren, ihnen fehlen materielle, personelle und Informationsressourcen wie Erfahrungen im Umgang mit den politischen Prozeduren. Demgegenüber sind die »Interessen der Verursacher [von Problemen] ... zumeist (und insbesondere dann, wenn es sich um Produzenteninteressen handelt) über Klientelbeziehungen« im politischen System repräsentiert; »dieser Umstand kann (auch ohne explizit auf das Problem bezogene Lobbyanstrengungen) bereits hinreichend Anlaß für Problemverleugnung oder -vernachlässigung und Nichtentscheidung seitens der Politik sein« (Ruß-Mohl 1982, S. 5).

Die Analyse der spezifischen Selektionsmechanismen zeigt: Frühwarnung vor technikbedingten Gefahren muß im politischen System einerseits mit der einflußreichen Dominanz solcher Interessen und Werte rechnen, die sich an industriellen Fortschritt und Marktwirtschaft knüpfen, andererseits mit einer tendenziellen Verdrängung solcher Interessen und Werte, denen geringe Organisations- und Konfliktfähigkeit zukommt. Zu den letzteren müssen immer noch der Umweltschutz und die Verbesserung von »Lebensqualität« für breite Bevölkerungsschichten gerechnet werden (Frederichs/Bechmann/Gloede 1983, S. 17 ff.).

Von zwei Seiten her bereiten die generellen und spezifischen Selektionsmechanismen des politischen Systems einer folgenreichen Frühwarnung offensichtlich besondere Schwierigkeiten:

– Die zu erwartende Expertise ist, wie im Abschnitt 2 dargelegt, in der Regel noch »unsicherer« als die bereits etablierte wissenschaftliche Politikberatung. Insofern ist sie noch mehr als diese auf eine erfolgversprechende Transmission in die politische Arena (und das heißt: auf »Advokaten«, die politische Macht für ihre Empfehlungen mobilisieren können) angewiesen.

– Da es sich vom Gegenstand der Frühwarnung her um Gefahren und Schäden handelt, die (in großem Umfang) noch nicht eingetreten sind und/oder keine im politischen System dominanten Interessen beeinträchtigen (können), hat die Frühwarnung besonders geringe Chancen, solche Advokaten zu finden und Handlungsbereitschaft zu erzeugen.[1]

Viel wahrscheinlicher und paradoxerweise ein Erfahrungshintergrund für den Ruf nach Frühwarnung ist dementsprechend, daß die genannten Strukturen im politischen System zunächst keine wirkliche Intention zur Bearbeitung einer indizierten Problemlage aufkommen lassen. Wissenschaftliche Expertise wird eher nach der Maßgabe rezipiert, inwieweit sie die Zurückweisung erhobener Empfehlungen und Forderungen »objektiv« begründen hilft (Mayntz 1983, S. 337). Falls diese Reaktion nicht mehr ausreicht, wird mit »symbolischer Politik« vor den Betroffenen und der Öffentlichkeit der Eindruck zu erwecken versucht, daß die politische Administration »die Dinge im Griff hat« (Mayntz 1983, S. 335; Ruß-Mohl 1982, S. 7; vgl. auch Bechmann/Frederichs/Gloede 1985, S. 409).

Es ist also davon auszugehen, daß alle Versuche zur Verbesserung der kognitiven Leistungsfähigkeit von Frühwarnung praktisch aussichtslos bleiben müssen, wenn die Chancen ihrer Transmission in die politische Arena nicht verbessert werden können. Doch wie soll angesichts der spezifischen Selektionskriterien die Expertise frühzeitig einflußreiche Advokaten im politisch-administrativen System finden?

3.3 Öffnung des politischen Systems gegenüber Wissenschaft und Öffentlichkeit

Naheliegend erscheint es zunächst, solche Advokaten unter den Akteuren zu suchen, die bereits eine mehr oder weniger wichtige Rolle im politischen Entscheidungsprozeß spielen. Als Hindernisse stellen sich konkret die bekannten kognitiven, normativen und funktionalen Probleme in der Kommunikation zwischen warnenden Experten und politischen Akteuren (aus Parlament, Regierung und Verwaltung) dar. Empfehlungen stoßen auf Verständnisschwierigkeiten, Vorbehalte der politischen Akteure hinsichtlich der Wertprämissen und hinsichtlich wahrgenommener Beeinträchtigungen ihrer alleinigen Entscheidungskompetenz (Mayntz 1983, S. 336 ff.). Gerade die Bearbeitung transwissenschaftlicher Fragen wie im Fall der Frühwarnung erfordert jedoch nicht nur inhaltlich, sondern auch institutionell die Organisation eines Kommunikationszusammenhangs, in der die klassische Rollenverteilung zwischen dem Politiker als Entscheider und dem Wissenschaftler als Berater graduell aufgegeben wird. Van den Daele/Krohn/Weingart haben für dieses neue Netzwerk zwischen Politik und Wissenschaft den Begriff der »Hybridgemeinschaft« geprägt. Die Auswahl, die Diskussion der Relevanz verschiedener Forschungsansätze, die zu verfolgende Strategie wie die Bewertung der Ergebnisse müssen gemeinsam beraten und vertreten werden. Dabei haben sich die Vertreter von Politik und Verwaltung auf innerwissenschaftliche Probleme einzulassen, ihre Entscheidungsprämissen an wissenschaftliche Diskurse anzuschließen (van den Daele/Krohn/Weingart 1979). Solche Hybridgemeinschaften sind heute bereits ansatzweise in verschiedenen Bereichen projektorientierter Forschung anzutreffen. Für die Ausbildung einer auf Frühwarnung orientierten Hybridgemeinschaft spräche, daß die in sie eingebundenen Politiker sicherlich die hier entstehenden Warnungen mit größerem Engagement und Einsatz im politischen System vertreten würden.

Eine zweite Überlegung, geeignete Advokaten für Frühwarnung im politischen System zu finden, liegt auf der Ebene organisatorischer und prozeduraler Institutionalisierung. Bezogen auf die vergleichbare Problematik, die Berücksichtigungschancen von Technikfolgenabschätzung (TA) zu heben, erscheint es prozedural sinnvoll zu sein, Frühwarnung und zumindest deren Kenntnisnahme im Prozeß der politischen Willensbildung gesetzlich vorzuschreiben (Mayntz 1983, S. 339). Hinsichtlich der organisatorischen Anbindung von Frühwarnungskapazität ist vielleicht die Vorstellung verlockend, sie dem jeweils »mächtigsten« Akteur im politischen System zuzuordnen, um sie dergestalt mit erheblichen Einflußchancen auszustatten (Mayntz 1983, S. 340 f.). Diese Perspektive verkennt jedoch, daß auch die einzelnen Akteure jene generellen und spezifischen Selektionen vornehmen bzw. ihnen unterliegen, die für das grundsätzliche Dilemma der Frühwarnung verantwortlich sind. Anders ausgedrückt: eine institutionelle Zuordnung von Frühwarnkapazität zu der in Deutschland sehr einflußreichen Ministerialbürokratie gewährleistet keinesfalls, daß diese ihren Einfluß für zu erwartende Warnungen auch geltend macht. Gerade indem so die Expertise aus den politisch-parlamentarischen Kontroversen eher herausgehalten würde (Mayntz 1983, S. 341), wäre unter den gegebenen Umständen die Gefahr ihrer Dethematisierung gewachsen.

Damit wird zugleich die grundsätzliche Beschränkung deutlich, die allen Vorschlägen anhaften muß, Advokaten für die Frühwarnung nur unter den im politischen System bereits dominanten Akteuren zu suchen bzw. das Problem auf die kommunikativen, prozeduralen und institutionellen Beziehungen zwischen Wissenschaft und Politik zu reduzieren.

Eine Lockerung der spezifischen Selektionsmechanismen für die Anerkennung technikbedingter Gefahren ist unter Berücksichtigung der Ratio des politischen Systems nur zu erwarten, wenn systematisch ausgegrenzten Interessen, Werten und Akteuren der Zugang zu den Auseinandersetzungen in der politischen Arena erleichtert wird. Auch im Verhältnis des politischen Systems zur Öffentlichkeit müssen Bedingungen geschaffen werden, die die Bereitschaft zur Anerkennung und Behandlung von Gefahren fördern.

Ähnlich wie technologiepolitische Entscheidungen sind auch Wahrnehmung und politische Behandlung von Frühwarnung als gesellschaftlicher Konflikt- und Konsensbildungsprozeß zu verstehen. Dementsprechend ist eine Beteiligung der Öffenlichkeit an der Initiierung, Durchführung und Bewertung von Frühwarnungsexpertisen vorzusehen (vgl. Paschen 1983, S. 425 ff.; vgl. auch OECD 1979, S. 114):

– In der Phase der Initiierung von Frühwarnung kann Öffentlichkeitsbeteiligung helfen, Problembereiche und Fragestellungen für Frühwarnung zu identifizieren. Nur so ist eine frühzeitige und breite Berücksichtigung von gesellschaftlichen Bedürfnissen und Interessen vorstellbar.

– In der Phase der Durchführung dürfte die Öffentlichkeitsbeteiligung in gewissen Grenzen eine Erschließung von zusätzlichen Wissensressourcen versprechen (vgl. Abschnitt 2). Solche Erfahrungen sind bisher nicht nur im Kontext von Technikfolgenabschätzungen gemacht worden (ebd.), sondern auch in verschiedenen Bereichen staatlicher Planung (Türke 1981, S. 1; Hucke/Seidel/Zimmermann 1984, S. 214 ff.). Auch an die Einbeziehung von Repräsentanten der Öffentlichkeit in Beratungs- und Kontrollgremien der frühwarnungs-orientierten Forschung ist zu denken (Mayntz 1983, S. 343).

– In der Phase der Diskussion, Bewertung und administrativen Verarbeitung von Ergebnissen verbessert Öffentlichkeitsbeteiligung die Chance, daß Warnungen bzw. identifizierte Gefahren von mehr gesellschaftlichen Akteuren und breiteren Kreisen der Bevölkerung anerkannt werden und diese ggf. zum Handeln veranlassen.

– So würde Frühwarnung eher den Thematisierungskriterien des politischen Systems genügen. Zugleich dürften sich schneller Instanzen im politischen System selber finden, die sich angesichts des jetzt zu erwartenden politischen Nutzens zu Advokaten der Warnung machen.

– Indem die Frühwarnungsergebnisse zum Gegenstand einer breiteren öffentlichen Auseinandersetzung werden, erweitert sich schließlich auch die Möglichkeit, Unterstützung für zu treffende Maßnahmen und deren administrative Durchführung zu finden. Auf eine solche öffentliche Unterstützung sind politische Maßnahmen bekanntlich im Bereich des Umweltschutzes besonders angewiesen.

Bezieht man diese Erwägungen systematisch auf die Modifizierung derjenigen Selektionsmechanismen des politischen Systems, die eine folgenreiche Frühwarnung behindern, so könnte Öffentlichkeitsbeteiligung vor allem zweierlei bewirken:

Zum einen würde sie zu einer Erweiterung der berücksichtigten Werte, Interessen und politischen Präferenzen führen (ideelle Selektion), zum anderen könnte sie über den Hebel des Unterstützungs- und Legitimationsbedarfs der politischen Akteure Handlungsbereitschaft erzeugen (prozedurale Selektion). In diesem Zusammenhang ist nicht zuletzt von Bedeutung, daß der Handlungsspielraum administrativer Akteure gegenüber den im politischen System oft dominanten gesellschaftlichen Interessen mit dem Hinweis auf Haltungen und Forderungen der Öffentlichkeit vergrößert würde (Hucke/Seidel/Zimmermann 1984, S. 219).

Zwar muß zugestanden werden, daß sich der politische Entscheidungsprozeß wie die administrative Steuerung durch Öffentlichkeitsbeteiligung an der Frühwarnung größeren Erwartungen aussetzen und dennoch keine Garantie für eine erfolgreiche gesellschaftliche Konsensbildung über Gefahren und zu treffende Gegenmaßnahmen erhalten (Bechmann/Wingert 1981, S. 324; vgl. auch Paschen 1983, S. 364). Ebenso wie die Auflösung der starren Grenzen zwischen Wissenschaft und Politik durch problemorientierte Hybridgemeinschaften als Träger der Frühwarnung enthält auch die Öffnung des politisch-administrativen Systems gegenüber der Öffentlichkeit Risiken. Sie erscheinen jedoch als der Preis, der zwangsläufig zu zahlen ist, wenn die Risiken unterbleibender Frühwarnung bzw. einer inkrementalistischen Bewältigung von Technikfolgen vermieden werden sollen.

Anmerkung

1 Man könnte in diesem Zusammenhang noch darauf hinweisen, daß die Befolgung von Warnungen politisch ein undankbares Geschäft ist. Sie verursacht in jedem Fall hohe Kosten und zahlt sich im Fall eines »erfolgreichen Alarms« (Clausen/Dombrowsky 1984, S. 302) nicht unbedingt aus, da sie mit der Beseitigung der Gefahr zugleich den Beweis für die Fundiertheit der Warnung vernichtet. Für das den Politiker interessierende Publikum ist dann die professionell korrekte Warnung nicht mehr von einer falschen Prophezeiung zu unterscheiden.

Literatur

Bachrach, P., Baratz, M. S. (1977), *Macht und Armut. Eine theoretisch-empirische Untersuchung*, Frankfurt.

Bechmann, G., Wingert, B. (1981), »Technology Assessment als Rationalisierung technologiepolitischer Entscheidungen«, in: J. Matthes (Hg.), *Verhandlungen des 20. Deutschen Soziologentages*, Frankfurt/New York 1981.

Bechmann, G., Frederichs, G., Gloede, F. (1985), »Analysen zu den gesellschaftlichen Bedingungen eines verstärkten Kohleeinsatzes«, Teil D von: R. Coenen (Hg.), *Steinkohle – Technikfolgenabschätzung ihres verstärkten Einsatzes in der Bundesrepublik Deutschland*, Berlin, Heidelberg, New York, Tokyo 1985.

Becker, U. (Hg.) (1982), *Staatliche Gefahrenabwehr in der Industriegesellschaft*, Bonn.

Bericht der Bundesregierung zur zukünftigen Entwicklung der Großforschungseinrichtungen, Bundestagsdrucksache 10/1327, Bonn 1984.

Bundesbericht Forschung 1984, Bundestagsdrucksache 10/1543, Bonn.

Clausen, L., Dombrowsky, W. (1984), »Warnpraxis und Warnlogik«, in: *Zeitschrift für Soziologie*, Heft 4, Oktober, S. 293-307.

Crenson, M. A. (1971), *The Un-Politics of Air Pollution. A Study of Non-Decision Making in the Cities*, Baltimore.

van den Daele, W., Krohn, W., Weingart, P. (1979), »Die politische Steuerung der wissenschaftlichen Entwicklung«, in: diess. (Hg.), *Geplante Forschung*, Frankfurt.

Dickson, D. (1981), »Gefahren für die Demokratie – Technokraten und der liberale Staat«, in: *Technik Kontrovers*, Heft 2, S. 51-64.

Dierkes, M., v. Thienen, V. (1982), »Strategien und Defizite bei der politischen Behandlung technischer Risiken. Ein Problemaufriß«, in: Becker 1982, S. 73-91.

Forsthoff, E. (1971), *Der Staat der Industriegesellschaft*, München.

Frederichs, G., Bechmann, G., Gloede, F. (1983), *Großtechnologien in der gesellschaftlichen Kontroverse*, KfK 3342, Karlsruhe.

»Grenzwerte für giftige Stoffe politisch gesetzt. Öko-Institut bemängelt Bonner Gefahrstoffverordnung«, in: *Frankfurter Rundschau*, 18.4.1985.

Hucke, J., Seidel, G., Zimmermann, M. (1984), *Analyse behördeninterner Voraussetzungen für die Durchführung der geplanten EG-Richtlinie zur Umweltverträglichkeitsprüfung*, Forschungsbericht im Auftrag des Umweltbundesamtes, Berlin.

Koch, E.R. (1985), *Die Lage der Nation 85/86, Umweltatlas der Bundesrepublik Deutschland*, Hamburg.

König, U. (1985), *Beteiligung als Bedingung der Effizienz politischer Planung*, Werkstattpapiere Nr. 22, Forschungsstelle Bürgerbeteiligung und Planungsverfahren, Gesamthochschule Wuppertal.

v. Lersner, H. (1983), »Was gefährlich ist, entscheidet die Politik«, in: *Bild der Wissenschaft*, Heft 12, S. 133-139 (Interview).

Luhmann, N. (1969), »Funktionale Methode und juristische Entscheidung«, in: *Archiv des öffentlichen Rechts*, 94, S. 1-31.

– (1970), »Öffentliche Meinung«, in: *Politische Vierteljahresschrift* (PVS), S. 2-28.

Martens, W., (1982), »Wandlungen im Recht der Gefahrenabwehr«, in: Becker 1982, S. 27-49.

Mayntz, R. (1983), »Lessons learned – Problems in the acceptance of TA by political decision-makers«, in: *UBA*, S. 333-349.

Mazur, A., Marino, A.A., Becker, R.O. (1979), »Separating Factual Disputes from Value Disputes in Controversies over Technology«, in: *Technology in Society*, Vol. 1, S. 229-237.

Nelkin, D., Pollack, M. (1979), »Public Participation in Technological Decisions: Reality or Grand Illusion«, in: *Technology Review*, S. 55 ff.

OECD (1979), *Technology on Trial. Public Participation in Decision-Making related to Science and Technology*, Paris.

Offe, C. (1972), »Klassenherrschaft und politisches System. Die Selektivität politischer Institutionen«, in: ders., *Strukturprobleme des kapitalistischen Staates*, Frankfurt, S. 65-107.

Paschen, H. (1983), »Zusammenfassung und Auswertung der Ergebnisse der Tagung«, in: Umweltbundesamt 1984, S. 349-433.

»Politikberatung durch Wissenschaft« – Projekt des Club of Rome in München vorgestellt, in: *Süddeutsche Zeitung*, 11.11.83.

Ravetz, J. (1984), »Scientific Uncertainty Looms Large over Environmental Policymakers«, in: *Transatlantic Perspectives*, Nr. 11/April, S. 10-12.

Ronge, V. (1977), *Forschungspolitik als Strukturpolitik*, München.

Rucht, D. (1982), *Planung und Partizipation*, München.

Ruß-Mohl, S. (1982), »Dramaturgie politischer Reformen«, in: *Aus Politik und Zeitgeschichte*, Beilage zur Wochenzeitung *Das Parlament*, B 26/82, S. 3-25.

Siemens-AG/ZI/Volkswirtschaftliches Referat, Pressemitteilung: »Einstellung der Bevölkerung zur Technik«, München 7.6.1984.

Teichler, U. (1984), »Prognosen über Bildung und Arbeit – Eine Zwischenbilanz aus der Sicht der Bildungssoziologie«, Vortrag auf dem 22. Deutschen Soziologentag, Dortmund (Beratungsbedarf und Prognosenform).

Türke, K. (1981), »Zur Notwendigkeit von mehr Bürgerbeteiligung in der räumlichen Planung«, in: *Informationen zur Raumentwicklung*, Heft 1/2, Bonn.

Umweltbundesamt (Hrsg.) (1983), *Technologien auf dem Prüfstand – Die Rolle der Technologiefolgenabschätzung im Entscheidungsprozeß*, Köln, Berlin, Bonn, München.

Umweltbundesamt (1984), *Daten zur Umwelt 1984*, Berlin.

Weidner, H., Knoepfel, P. (1979), »Politisierung technischer Werte«, in: *Zeitschrift für Parlamentsfragen*, S. 160-170.

Weinberg, A.M. (1972), »Science and Trans-Science«, in: *Minerva* X, S. 209-222.

Weinberg, A.M. (1977), »The Limits of Science and Trans-Science«, in: *Interdisciplinary Science Reviews*, Bd. 2, Nr. 4, S. 337-342.

Earl R. MacCormac
Werte und Technik:
Wie man ethische und menschliche Werte
in öffentliche Planungsentscheidungen
einbringt

Viele Umweltpolitiker und Umwelttechniker glauben, daß man schädliche Wirkungen der Technik auf die menschliche Wohlfahrt und die Umwelt in den Griff bekommen kann, indem man die Nutzen-Kosten-Analyse so ausdehnt, daß man sowohl soziale als auch ökonomische Kosten einschließt. Wenn ein angemessener Ausgleich für Schädigungen betroffener Individuen, der Gesellschaft und der Natur in die Bilanz eingeführt werden kann, wird das ideale Ergebnis dann erreicht, wenn man die Minimalschätzung erreicht und diese einen Gewinn ausweist. Durch den Einschluß sozialer Kosten wird dann ein gerechter Preis gezahlt, und das wirtschaftliche Projekt wird einen gerechtfertigten Gewinn erzielen. Wir werden argumentieren, daß die traditionelle Kosten-Nutzen-Analyse nicht genügt, um die unveräußerlichen Rechte von Individuen zu schützen und eine angemessene Entscheidungstheorie für die Anwendung einer Technik zu liefern. Statt dessen werden wir eine zweistufige Entscheidungstheorie anbieten, bei der die erste Stufe dem Schutz der moralischen Rechte einzelner und die zweite Stufe dann der Verteilung von Gütern aufgrund von Zielen gewidmet ist, welche Werte und ökonomische Zwecke verbinden, ohne diese Werte auf Geldeinheiten zu reduzieren.

Man betrachte die folgende mögliche Variante eines der schlimmsten Beispiele einer Kosten-Nutzen-Analyse, die auch dadurch fehlging, daß sie den Dollar-Wert des menschlichen Lebens unterschätzte, nämlich den von Ford produzierten Autotyp Pinto.[1] Als man die Berst- und Feueranfälligkeit des Benzintanks bei Auffahrunfällen von hinten erkannt hatte, entschied Ford – so der

Diese Arbeit wurde von der National Science Foundation unterstützt. Ich bin besonders auch Mr. Robert K. Koger, dem Vorsitzenden der North Carolina Utilities Commission, und Professor Thomas L. Saaty, University of Pittsburgh, sowie Professor Tom Regan, North Carolina State University, für anregende Diskussionen zum Thema verpflichtet.

Vorwurf –, keine Gummiausfütterung im Tankinnern zu je elf Dollar einzuführen, weil die Abänderung aller Pinto-Autos mehr kosten würde als die geschätzten Prozeß- und Ersatzkosten von 180 vorweg angenommenen Todesfällen, geschätzt zu 200 000 Dollar pro Kopf, von 180 ernsthaften Brandverletzungen zu 67 000 Dollar pro Opfer und von 2100 verbrannten Fahrzeugen zu je 700 Dollar.[2] Die geschätzte Tankänderung ergab Kosten von 137 Millionen Dollar gegenüber den geschätzten Entschädigungskosten von 49,5 Millionen. Solche sozialen Kosten waren also in die Kosten-Nutzen-Analyse einbezogen, aber sie waren unterschätzt worden. Würden wir eine solche Entscheidung moralisch eher zustimmend bewerten, wenn man eine realistischere Abschätzung der Zahl der Todes- und Verletzungsfälle entwickelt und die Zahl der geschätzten Toten und Brandverletzten sowie den jeweiligen Geldwert höher angenommen hätte? Darf dem Wert des menschlichen Lebens überhaupt irgendein Geldbetrag als Grundlage für eine Entscheidung über technische Lösungen zugeordnet werden? Sollte der Umstand, daß die Gerichte den Unfallverletzten und Angehörigen auch bei Fahrlässigkeitsfällen Entschädigung gewähren, als eine Rechtfertigung zur Verteidigung der Kosten-Nutzen-Analyse bei der Bestimmung künftiger Entscheidungen herangezogen werden? Bevor wir diese Fragen zu beantworten suchen, wollen wir ein anderes, weniger dramatisches Beispiel einer Kosten-Nutzen-Analyse betrachten, das bei Entscheidungen über technische Anlagen angewendet wird – nämlich, wie Beschäftigte und Anwohner einer recht niedrigen radioaktiven Strahlung ausgesetzt werden, die durch die Stromerzeugung mittels Kernenergie verursacht wird.

Kristin Shrader-Frechette bemerkt in ihrem Buch *Nuclear Power and Public Policy*, daß die Kernkraftindustrie annimmt, sie habe genau so lange die radioaktiven Emissionen zu kontrollieren und zu steuern, als diese durch eine »günstige Kosten-Nutzen-Analyse« gerechtfertigt werden können.[3] Eine Strahlung geringer Intensität muß kontrolliert werden, wenn dies »weniger als 1000 Dollar« kostet, »um öffentlich die für einen Menschen zulässige Rem-Belastung zu vermeiden«.[4] Die Kontrolle von Strahlung geringer Intensität, für die mehr als 1000 Dollar Kosten entstehen, könne genau so lange ausgesetzt werden, als sie »für kein Mitglied der Bevölkerung mehr als 0,5 rem Ganzkörperbestrahlung in jedem Kalenderjahr verursacht«.[5] Shrader-Frechette benutzt ferner diese Zahlen der Kosten-Nutzen-Analyse für die radioaktive Strahlung geringer Intensität, um den Wert eines Menschenlebens wie folgt zu berechnen:

»Nach Regierungsberechnungen verursacht jedes rad Strahlung 0,002 genetisch bedingte Todesfälle unter den Nachkommen von nichtbestrahlten Eltern. Dies bedeutet zum Beispiel, daß die Strahlung in der dreißigjährigen Laufzeit eines bestimmten Reaktors wenigstens bei drei Personen dazu führt, daß diese Kinder bekommen, die durch genetische Strahlungsschäden sterben, wenn hundert Personen in der Umgebung des nuklearen Kraftwerks jährlich die maximale erlaubte jährliche Dosis der niedrigintensiven Strahlung (0,5 rem) aufnehmen. Aufgrund des Rem-Kriteriums von 1000 Dollar pro Mann wären diese genetischen Todesfälle zulässig, vorausgesetzt, daß es die Kernkraftgesellschaft mehr als 50000 Dollar kostet, um die Belastung der Bevölkerung in den Grenzen von 50 Mannrem pro Jahr zu halten. Daher ist die implizite ethische Annahme, die dem Preis der Strahlungskontrollen zugrundeliegt, daß die Todesfälle dieser drei Kinder vermieden werden sollten, wenn dies 50000 Dollar oder weniger kosten würde, daß aber die Todesfälle moralisch akzeptierbar wären, wenn die Kosten ihrer Verhinderung höher als 50000 Dollar sind. Daher wird der Wert des Lebens eines Kindes mit annähernd 17000 Dollar angenommen.«[6]

Einige mögen auf diese Beispiele des Pinto und der niedrigen Strahlung entgegnen, daß kein Geldbetrag es rechtfertigen könne, wissentlich menschliches Leben zu opfern. Diese Kritiker halten Fords Entscheidung, die Produktion des Pinto weiterhin zuzulassen, für moralisch falsch, nachdem man *wußte*, daß die unveränderte Auslegung des Benzintanks mehr Todes- und Verletzungsfälle verursachen würde als eine einfache und dazu billige Abänderung des Tanks. Sie sehen moralisches Fehlverhalten auch bei den Planern der Kernkraftanlagen, die wissen, daß die Zulassung einer bestimmten Strahlung niedriger Intensität wahrscheinlich zu mehreren zusätzlichen Todesfällen führen wird. Wenn man behauptet, daß menschliches Leben ein absoluter Wert ist, dann kann man versucht sein zu argumentieren, daß kein noch so großer Gewinn und keine noch so sorgfältig gestützte Nutzen-Kosten-Analyse zugelassen werden solle, um das Opfer auch nur eines menschlichen Lebens zu rechtfertigen.

Unglücklicherweise ist jedoch dieser Punkt nicht so einfach wie die Gegenüberstellung von Kosten und menschlichem Leben. Zusätzliche Elektrizität durch Kohlekraftwerke statt durch Kernkraftwerke zu produzieren kann mehr Leben fordern, als wenn

weniger Strom so erzeugt wird.[7] Auto zu fahren schließt einen
größeren Risikograd ein als zu Fuß zu gehen. Wir leben in einer
Gesellschaft mit Risiken, und wir gehen bewußt jene Risiken ein
– im Glauben daran, daß der Nutzen der Technikverwendung für
unsere Lebensqualität eine solche Risikoübernahme rechtfertigt.
Mehr als 50 000 Personen sterben jedes Jahr in den Vereinigten
Staaten durch Verkehrsunfälle, und annähernd 150 000 werden
dadurch auf Dauer versehrt. Trotz dieser Statistik fahren die meisten Amerikaner weiterhin Auto – wahrscheinlich, weil sie glauben, daß entweder die Wahrscheinlichkeit, daß ihnen selbst ein
Unfall zustößt, sehr gering ist oder daß das Autofahren einen
derart enormen Nutzen an Bequemlichkeit und Beweglichkeit
bietet, daß er das Risiko eines ernsthaften Unfalls überwiegt.
Wer den Wert des menschlichen Lebens für absolut hält, könnte
argumentieren, daß der Verzicht auf alle Automobile 50 000 Leben im Jahr retten würde; er mag Ambulanzdienste und Lebens-
rettungswagen zulassen, doch das private Automobil würde
gänzlich ausgeschaltet werden. Für jene, die nach Beweglichkeit
und Bequemlichkeit streben, würde ein effizientes öffentliches
Verkehrssystem angeboten werden. Doch ein erhöhter öffentlicher Verkehr wird zu mehr Unfällen mit Zügen, Bussen und
Flugzeugen führen. Insgesamt könnten weniger Leute durch Unfälle öffentlicher Verkehrsmittel sterben als in Privatautos jetzt,
aber wiederum könnte der Absolutist entgegnen, daß man auch
hier das Prinzip des Wertes eines menschlichen Lebens berücksichtigen müsse und alle Formen mechanischen Verkehrs einschließlich Pferd und Wagen als gefährlich für das menschliche
Leben verbieten müßte. Wenn man diese Ansicht des Absoluti-
sten auf alle Technikarten ausdehnt, könnte eine solche Einstellung die Gesellschaft auf einen sehr primitiven Zustand beschränken: Das Bemühen, größere Risiken durch Technikgebrauch zu
eliminieren, würde den Reichtum und die Qualität menschlichen
Lebens ernsthaft aushöhlen. Ordnen wir die Risiken in einem
Spektrum an – von einer Niedrigrisikogesellschaft, die gerade die
äußersten Notwendigkeiten für das Überleben: Nahrung, Schutz,
Verteidigung gegen Tiere garantiert, bis hin zu einer komplexen
technischen Hochkultur- und Luxusgesellschaft, die aber auch
aufgrund der Existenz von 50 000 Atomwaffen durch ein äußerst
hohes Auslöschungsrisiko für alles menschliche Leben gekennzeichnet ist! Die Vertreter einer veränderten Form der Kosten-

Nutzen-Analyse könnten argumentieren, daß die Gesellschaft kollektiv darüber entscheide, wo auf diesem Spektrum sie existieren möchte, wo für sie diese Risikograde gegenüber den Befriedigungsgraden bezüglich der Lebensqualität ausbalanciert werden. Um den richtigen Platz auf dem Spektrum zu finden, muß man individuelle Nutzenschätzungen oder Risikopräferenzen messen und dann die individuellen zu gesellschaftlichen Präferenzen aggregieren – vielleicht durch eine demokratisch gewählte Versammlung, in der die Repräsentanten die Entscheidungen ihrer Wählerschaft mit ihren eigenen Präferenzen zu einem akzeptierbaren Risikoniveau verbinden.

Die multiattributive Nutzentheorie (Multiattribute Utility Theory: MAU) bietet eine Entscheidungstheorie an, die in Nutzenpräferenzkurven gemessene Risiken untersucht und mögliche Risiken entlang sich verzweigender Baumstrukturen kombiniert.[8] Diese Risiken werden in Wahrscheinlichkeiten hinsichtlich verschiedener Ergebnisse ausgedrückt. Um eine Nutzenkurve zu konstruieren, muß man die Risikopräferenzen nach den möglichen positiven Nutzenwerten feststellen. Im Falle des Pinto-Autos muß man den vermutlichen Käufer fragen: »Zu welchem Preis wären Sie bereit, einen Pinto zu kaufen, wenn Sie die Gefahren des Benzintanks kennen?« Diese Art von Analyse nimmt natürlich an, daß man die mögliche Gefahr einer billigen Herstellung kennt. Viele Kunden kauften aber den Pinto, ohne etwas von der Gefahr zu wissen. Der Punkt, an dem man bereit wäre, einen Pinto zu kaufen, wäre eine Funktion des Unfallrisikogrades und der Dollarersparnis, die man erzielte, wenn man einen Pinto statt eines anderen teureren Autos kaufen würde. Diese Theorie nimmt eine subjektive rationale Präferenzbeziehung zwischen der Risikominimierung und der Nutzenmaximierung an. Wenn ein dem Pinto vergleichbares Auto zum selben Preis, aber ohne die Gefahr des Tankberstens bei Auffahrunfällen zur Verfügung gestanden hätte, wäre der Käufer irrational gewesen, wenn er einen Pinto gekauft hätte. Rückblickend erscheint es als unerhört gegenüber der Öffentlichkeit, daß ein solch kleiner Betrag, nämlich elf Dollar, das Risiko außerordentlich verkleinert und dennoch so wenig zu den Kosten des Wagens hinzugefügt hätte.

Bisher haben wir die angenommene Verteilung der Rechte [*predistributive rights*] nur in Abhängigkeit vom menschlichen Leben betrachtet: Die Beispiele des Pinto und der Strahlung niedriger

Intensität umfassen den Anspruch, daß das Lebensrecht Vorrang über jede andere Form einer Kosten- und Nutzenkalkulation hat. In unserer Forderung, daß die Berücksichtigung solcher im voraus zuzuteilenden unveräußerlichen Rechte Vorrang über andere Verteilungsprinzipien hat, können diese unveräußerlichen Rechte auch solche Rechte wie die auf Zugang zu Trinkwasser und gesunder Luft einschließen. Der Fall des Rechts auf saubere Luft scheint weniger mehrdeutig als der des klaren Wassers – wegen der langen Geschichte von Uferanliegerrechten [*riparian rights*] im englischen Common Law.[9] Obwohl manche meinen möchten, daß alle Menschen ein moralisches Recht auf klares Wasser haben, kann dieses Recht gesetzlich bestritten werden, entsprechend den Eigentumsansprüchen bei Wasserläufen und den geschätzten Wasserreinigungskosten. Frische Luft existiert dagegen als ein universelles Rechtsgut, und Verletzungen dieses Rechts durch Verschmutzung können verfolgt werden, ohne irgendein Rechtseigentum an der Luft zu berücksichtigen.

Welche Umweltrechte unveräußerlich und daher als von vornherein zu verteilende Rechte [*predistributive rights*] angesprochen werden sollen, – dies zu entscheiden, wird zu einer äußerst schwierigen und kontroversen Angelegenheit. Soll ein Recht ein derart prädistributives, unveräußerliches sein, so muß es mindestens universell anwendbar und weitverbreitet als Recht akzeptiert sein. Ob solche prädistributiven Rechte nur von Menschen besessen werden können, bleibt ein weiterer hochumstrittener Punkt. Man könnte die Entscheidung des Obersten Gerichtshofes der USA von 1978 über den Tellico-Damm so deuten, daß sie das Existenzrecht des Süßwasserschneckenfisches [*snail darter*] bejahte; aber die wirkliche Entscheidung beruhte darauf, daß die Tennessee Valley Authority das Gesetz für gefährdete Arten (Endangered Species Act von 1973) verletzte.[10] Tom Regan hat eindrucksvoll für die Rechte der Tiere plädiert.[11] Hier kann diese Angelegenheit nicht weiter verfolgt werden. Wir schließen hier nur soviel: Das menschliche Leben und andere umkämpfte Güter, wie der Zugang zu sauberer Luft, werden als unveräußerliche prädistributive Rechte angenommen, die nicht durch irgendein anderes Verteilungsprinzip verletzt werden sollten. Jedoch ist nicht alles, was hoch bewertet wird, notwendigerweise ein Recht. Unsere Liste prädistributiver Rechte dehnt sich nicht annähernd so weit aus wie der Gegenstandsbereich der Erklärung der Men-

schenrechte durch die Vereinten Nationen: Es ist auch keine einfache Aufgabe, zu begründen, was prädistributive Rechte sind.
Man kann zustimmen, daß menschliches Leben, saubere Luft und
vielleicht klares Wasser prädistributive Rechte sind; aber wenn
man andere Werte wie etwa Schönheit der Umwelt daraufhin
untersucht, ob sie als mögliche Kandidaten für ein prädistributives Recht in Frage kommen, gerät man möglicherweise in einen
Konflikt mit anderen Werten wie dem des gesellschaftlichen materiellen Nutzens, den etwa die Zerstörung der natürlichen
Schönheit eines Waldes beim industriellen Abholzen bringt. In
Fällen, in denen ein legitimer Wertkonflikt erkannt werden kann,
wird wohl kaum ein unveräußerliches Recht betroffen sein. In
dem Fall des Pinto jedoch sahen wir den Konflikt zwischen Leben und Dollars als illegitim an – ein Anzeichen dafür, daß wir
durch Anwendung unseres Verteilungsprinzips möglicherweise
ein prädistributives Recht verletzt hätten.
Wir sind jetzt fast so weit, daß wir auf eine zweite Ebene der
Strategieplanung [*policy-making*], nämlich auf die der Verteilung
übergehen können. Bevor wir unsere Aufmerksamkeit dieser zu-
wenden, können wir jedoch fragen, ob nicht auch auf dieser zweiten Ebene der Strategieplanung Rechte involviert sind. Wenn man
eine Frage der Strategieplanung untersucht und findet, daß keine
prädistributiven unveräußerlichen Rechte betroffen sind, dann
geht man zu der zweiten Ebene über und versucht, ein Entschei-
dungsverfahren zu konstruieren, das die Güter fair verteilt.
Rechte können sehr wohl auch auf dieser zweiten Ebene einbezogen sein – etwa Eigentumsrechte [*property rights*] –, aber sie sind
nicht unveräußerlich und haben nicht notwendig Vorrang über
das Verteilungsprinzip, aus dem unsere Entscheidung folgt. Meist
wird die Kosten-Nutzen-Analyse hier als ein legitimes Entschei-
dungsverfahren herangezogen. Wir haben allerdings bereits unserer entschiedenen Gegnerschaft gegenüber diesem Verfahren
Ausdruck verliehen, wenn es den Vorrang eines prädistributiven
Rechts wie des Rechts auf Leben oder auf saubere Luft verschlei-
ert. Aber wir bringen noch ein zweites Argument gegen die Kosten-Nutzen-Analyse: Diese zwingt den Entscheider dazu, Werte
zu vergleichen, indem diese allein auf gemeinsame Geldeinheiten
[*monetary units*] zurückgeführt werden. Später werden wir versuchen, ein Verteilungsverfahren zu beschreiben, das die Reduzierung auf Geldeinheiten vermeidet.

Vielleicht ist es am einfachsten, unsere ablehnende Haltung gegenüber der alleinigen Verwendung der Kosten-Nutzen-Analyse zur Bestimmung des Werts eines menschlichen Lebens auszudrücken, indem wir davon ausgehen, daß es die Tendenz solcher Entscheidungstheorien ist, den Individuen ihr fundamentales Lebensrecht zu bestreiten – ohne eine persönliche Entscheidung ihrerseits darüber, ob sie selbst willens sind, ihr Leben zu riskieren. In ihrer extremen Form scheint auch die multiattributive Nutzentheorie als eine Kosten-Nutzen-Analyse, die das Opfer von wenigen Leben zum Nutzen vieler rechtfertigt, eine offene Form des Utilitarismus zu sein. Die Reduzierung des Wertes menschlichen Lebens auf Dollars verschärft diese Tendenz weiterhin dazu, daß alle Werte auf einem einzigen Kontinuum gemessen werden, ohne Rücksicht auf Grundrechte, die erfüllt sein müssen, bevor eine Theorie der Güterverteilung angewendet werden kann: Der »Wert« eines Menschenlebens sei vergleichbar [commensurate] mit einem Geld-»Wert«. Die Entscheidungstheorie – sei es die multiattributive Nutzentheorie oder das gleich zu beschreibende analytische hierarchische Verfahren – muß zunächst bestimmen, ob im zu entscheidenden Falle irgendwelche Grundrechte involviert sind. Sind solche Rechte betroffen, so müssen diese zunächst erfüllt werden, bevor man eine Entscheidungsanalyse anwenden darf. Das Unterlassen dieser Bestimmung würde zu ungerechtfertigten Entscheidungen wie der des Pinto-Falles führen, die das menschliche Leben abwertet, es z. B. bloß durch die Kostensteigerung von Benzintanks mißt.

Unser intuitives Unbehagen daran, daß der Wert eines Menschenlebens in Dollarwerten gemessen wird, verweist auf einen größeren Konflikt in unserer Gesellschaft, der zwischen Gleichheit und Effizienz besteht.[12] Unter dem gleichheitsorientierten [egalitarian] Ansatz stattet eine demokratische Gesellschaft ihre Bürger mit Rechten aus, die allgemein geteilt werden und unveräußerlich sind. In einer rein kapitalistischen Gesellschaft, die wirtschaftliche Effizienz anstrebt, werden Ungleichheiten von Einkommen und Verteilung bestärkt, weil sie eine produktivere und effizientere Wirtschaft ergeben. Diese beiden Ansätze kollidieren, wenn Geldschätzungen in die Institutionen des Rechtsschutzes, etwa Gesetzgebung, Exekutive und Gerichte, eindringen. Weniger und seltener stören Handlungen, die die Rechte von Individuen schützen, den Markt. Öfters funktioniert die Wirtschaft so, als ob Rechte auf dem Markt gar nicht einschlägig wären. Arthur Okun beobachtet das folgende:

»Eine Gesellschaft, die sowohl demokratisch als auch kapitalistisch ist, hat eine institutionelle Struktur von gespaltenen Niveaus, und beide Niveaus müssen betrachtet werden. Wenn nur das kapitalistische Niveau berücksichtigt wird, sind Diskussionspunkte über die Verteilung materieller Wohlfahrt nicht im Blickpunkt. In einer Wirtschaft, die vorrangig auf Privatunternehmen gegründet ist, stellen öffentliche Bemühungen zur Förderung von Gleichheit eine bewußte Störung der Marktergebnisse dar, und diese kosten nur selten nichts. Wenn die Frage so gestellt wird: ›Sollte die Regierung in den Markt eingreifen?‹, ist die offensichtliche Antwort ein überzeugtes ›Nein‹. Es überrascht keineswegs, daß dies ein allgemeiner Ansatz unter antiegalitären Autoren ist. Vergißt man, daß die Unabhängigkeitserklärung die Gleichheit menschlicher Wesen fordert, ignoriert man die Bill of Rights, dann kann man sagen, daß nur Intellektuelle – in scharfem Gegensatz zum Normalbürger – sich viel um Gleichheit kümmern. Mit diesen festgezurrten Scheuklappen kann der Egalitarismus in der Wirtschaft untersucht werden, als ob er eine Idiosynkrasie, vielleicht sogar eine Art von Neurose sei.«[13]

Die Verwendung der Kosten-Nutzen-Analyse führt Effizienzüberlegungen in den Bereich des Gleichheitsstrebens [*egalitarianism*] ein, indem sie auf der quantitativen Erfaßbarkeit menschlicher Werte in Dollars beharrt. In den Fällen des Pinto und der Kernreaktorstrahlung niedriger Intensität wurden Entscheidungen auf der Grundlage der Kosten getroffen, die nötig sind, um Todesfälle zu verhindern: aufgrund des Geldwertes eines Menschenlebens.

Unsere Ablehnung, den Wert eines Menschenlebens geldmäßig zu quantifizieren, ist allerdings nicht auf Entschädigungsfälle auszudehnen. Nachdem ein Todesfall oder eine Verletzung durch Fahrlässigkeit aufgetreten ist, ist es durchaus sinnvoll, der schuldigen Partei eine Zahlung aufzuerlegen, die dem entspricht, was der oder die Getötete oder Verletzte in seiner oder ihrer Lebenszeit noch verdienen würde. Wir wenden uns nur gegen alle in die Zukunft gerichteten Strategieplanungsentscheidungen auf der Grundlage des Geldwertes eines Menschenlebens, weil solche Entscheidungen das wahrhaft unveräußerliche Recht auf Leben verletzen, welches das Individuum unter dem demokratischen Ansatz des Gleichheitskonzepts besitzt. Nur wenn das Individuum sich frei und überlegt dafür entscheidet, sein eigenes Leben zu riskieren, darf die Gesellschaft gerechtfertigt öffentliche Strategieplanungsentscheidungen treffen, die etwa erwartete Todesraten einschließen.

Man kann argumentieren, daß die Kosten-Nutzen-Analyse unter Risiko gerettet werden könnte: erstens, indem ihre Anwendung auf die Quantifizierung von Menschenleben in Dollars ausgeschieden wird, außer in den Fällen, in denen Individuen selbst sich freiwillig entscheiden, gewisse Risiken auf sich zu nehmen, und zweitens, indem man eine Theorie der unveräußerlichen Rechte heranzieht, bevor man die Kosten-Nutzen-Analyse anwendet. Unter diesen Einschränkungen wären wir weniger durch die Kosten-Nutzen-Analyse beunruhigt, aber wir wären selbst dann noch besorgt über die Tendenz dieser Art von Entscheidungstheorie, alle jene menschlichen Werte, die nicht solche Grundrechte umfassen, auf Dollars zu reduzieren. Wie ließe sich geldmäßig der Wert einer schönen Landschaft messen, der mit dem Gewinn verglichen werden müßte, den ein Unternehmer erzielte, wenn dieser dort einen Supermarkt baute? Oder wie mißt man die Furcht vor einem Strahlungsunfall bei Anwohnern einer Kernkraftanlage gegenüber den relativ geringeren Stromkosten, den diese, verglichen mit dem Bau eines Kohlekraftwerkes, ergäbe? Oft gestehen die Verteidiger der Kosten-Nutzen-Analyse solche Mängel zu, aber sie antworten, daß die Kritiker der Kosten-Nutzen-Analyse normalerweise keine alternative Entscheidungsmethode anbieten.[14]

Als eine Alternative zur Kosten-Nutzen-Analyse unter Risiko möchten wir nun den Analytischen Hierarchie-Prozeß [*Analytic Hierarchy Process:* AHP] vorschlagen und skizzieren, wie ihn Thomas L. Saaty entwickelte.[15] Saaty behauptet, daß der AHP die Art und Weise wiedergibt, wie der menschliche Geist Probleme in einer hierarchischen Weise anordnet, indem er erkennt, daß das menschliche Gedächtnis Informationen in Bündeln von sieben Einheiten (plus oder minus zwei) speichert. Saaty konstruiert eine mathematische Entscheidungstheorie, die nicht alle Größen auf Geldeinheiten reduziert. Statt dessen trifft der AHP Vergleiche zwischen paarweise betrachteten Zielen und mißt die Vorzugsintensität [*intensity of preference*] zwischen Zielen auf einer Skala von 1 bis 9, wobei die ungeraden Zahlen als Marken verwendet werden. Saaty mißt die Wahlintensität für jeden paarweisen Vergleich auf der folgenden Vorzugsskala: »A und B sind gleich wichtig« [*equally important*] – dem wird die Zahl 1 zugeordnet.

»A ist geringfügig wichtiger [*weakly more important*] als B«: 3;
»A ist weit wichtiger [*strongly more important*] als B«: 5; »A ist
nachweislich oder sehr entscheidend wichtiger [*demonstrably or
very strongly more important*] als B«: 7; und »A ist absolut wichtiger als B«: 9. Dieses Verfahren bietet fünf Werte, die benutzt
werden sollen, um die Vorzugsintensität [*intensity of preference*]
eines Individuums auszudrücken – übereinstimmend mit der
weithin angenommenen Auffassung, daß das Langzeitgedächtnis
Informationen in Unterteilungen von zahlenmäßig 7 ± 2 Punkten
speichern kann. Saaty benutzt die geraden Nummern als Kom-
promißmittelwerte zwischen den in ungeraden Zahlen ausge-
drückten Präferenzen. Die Werte 1, 3, 5, 7 und 9 beziehen sich
auf keine gemeinsame Werteinheit; eher drücken sie die Wichtigkeit von A im Verhältnis zu B aus, wenn beide mit Hinblick auf
ein einzelnes charakteristisches Merkmal betrachtet werden. So
könnte man, wenn man Präferenzen zwischen Omnibussen und
Personenwagen in bezug auf »individuellen Komfort und Bequemlichkeit« mißt, die Personenwagen als »sehr entscheidend
wichtiger« als die Busse, also mit einer 7 auf der Präferenzskala,
vorziehen. Bezüglich der Umweltverschmutzung, die pro Passa-
gier-Meile entsteht, könnte man den Bus gegenüber dem Personenwagen als »weit wichtiger« vorziehen, indem man eine 5 auf
der Präferenzliste notiert. Abweichend von der traditionellen Kosten-Nutzen-Analyse, die Werte nur in Abhängigkeit von einer
Einheit, nämlich einer Geldeinheit, mißt, mißt der AHP Werte
(Präferenzen), in relativen Situationen, die von Vergleichen zwischen zwei Gegenständen A und B im Hinblick auf ein gemeinsa-
mes Merkmal C abhängen. Präferenzen zwischen A und B, die in
den Zahlen 1, 3, 5, 7 und 9 ausgedrückt werden, variieren in
Abhängigkeit von dem Merkmal, nach dem sie verglichen werden. A kann gegenüber B hinsichtlich C mit dem Grad 5, bezüglich D mit dem Grad 9 und hinsichtlich E mit dem Grad 3 vorgezogen werden. Saatys Vergleichsmethode erlaubt es, Äpfel und
Birnen zu vergleichen, ohne sie auf eine einzige Merkmalsdimen-
sion zu reduzieren. Jedoch um den Vergleich durchzuführen,
muß man gemeinsame charakteristische Merkmale finden, hinsichtlich deren sie verglichen werden können. Äpfel und Birnen
können verglichen werden hinsichtlich der Süße, der Rundheit,
als Obst allgemein usw.
Die Merkmale, hinsichtlich deren die Vergleichsgegenstände ver-

glichen werden, können in einer Hierarchie dargestellt werden. Saaty behauptet, daß die in einer Hierarchie angeordnete Darstellung von Wahlen zwischen Werten im Hinblick auf Merkmale der Art und Weise entspricht, in der das Gehirn unbewußt Probleme anordnet.[16] Um die hierarchische Anordnung zu illustrieren, betrachte man vier Vergleichsgegenstände: A, B, C und D, die im Hinblick auf die Merkamle L und P verglichen werden. Man kann die Hierarchie vervollständigen, indem man L und P im Hinblick auf O vergleicht, wie im folgenden Diagramm dargestellt: Die Präferenzen zwischen A, B, C und D im Hinblick auf

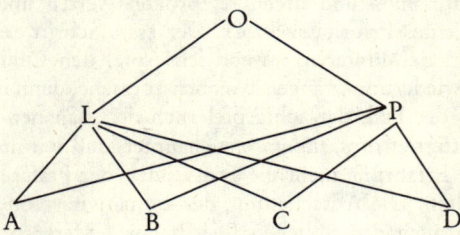

L sowie P werden zur endgültigen Präferenz O weitergereicht, indem man die Werte der paarweisen Vergleiche in eine Reihe von Matrizen anordnet. Um diese Matrizen zu gewichten, hat Saaty entschieden, daß, wenn A B gegenüber mit dem Grad 7 vorgezogen wird, dann B dem A mit dem Grad 1/7 vorgezogen wird. Er entschied sich, die Umkehrbeziehung der Präferenz durch deren Kehrwerte auszudrücken. Die einzige Rechtfertigung für so einen Vorschlag liegt in dem Umstand, daß solch ein Verfahren zu Ergebnissen führt, die mit unseren Vorstellungen über die Welt zusammenstimmen. Saaty hat viele Beispiele von Urteilen vorgeführt, die aus einer Anwendung des AHP abgeleitet worden sind, die unsere intuitiven Urteile bestätigen. Nachdem die Matrix mit paarweisen Präferenzen in bezug auf ein einziges Merkmal gewichtet ist und die reziproken Werte für die Umkehrbeziehung eingeführt worden sind, leitet Saaty einen Prioritätsvektor für die Matrix ab, indem er zunächst die Matrix normiert (jedem Wert der Spalten werden proportionale Werte zugeordnet, die sich zu eins aufaddieren), und dann bildet er die Durchschnittswerte für die Zeilen.[17] Der Durchschnittswert für jede Zeile stellt die Priorität dieser Zeile relativ zu den anderen Zeilen dar. Ein Prioritätsvektor stellt nur den Präferenzwert jeder

Zeile dar, ausgedrückt als Prozentanteil relativ zu den anderen Zeilen.

Man kann die Priorität von L und P relativ zu O berechnen und dann einen anderen Wert für A, B, C und D relativ zu L und für jedes A, B, C und D auch wieder relativ zu P. Man kann dann die Gesamtpriorität von A, B, C und D im Hinblick auf sowohl L als auch P durch eine einfache mathematische Multiplikation und Summenbildung berechnen.

Die zwei entscheidenden Schritte in Saatys Ableitung von Prioritäten unter verschiedenen Wahlen sind: 1. seine Gewichtung der Matrix mit Zahlen und deren reziproken Werten und 2. seine Ableitung eines Prioritätsvektors. Der erste Schritt zerstört die Transitivität der Präferenz: Wenn ich Äpfel den Orangen vorziehe und wiederum Orangen Bananen vorziehe, dann ist es nicht notwendig der Fall, daß ich Äpfel auch den Bananen vorziehe. Saaty rechtfertigt dies, indem er behauptet, daß wir auch in der wirklichen Erfahrung nicht die Transitivität der Präferenzen aufrecht erhalten. Die Ausschaltung der Transitivität von Präferenzen ändert auch den üblichen Begriff der Widerspruchsfreiheit von Wahlentscheidungen. Wenn jemand eine Entscheidung unter Paarvergleichen trifft, braucht er bei seinen Präferenzendarstellungen nicht konsistent (widerspruchsfrei) zu bleiben, besonders wenn zahlreiche Vergleichsgegenstände je nur paarweise gleichzeitig betrachtet werden. Saaty rechtfertigt die Zulassung widersprüchlicher Vergleichsurteile, indem er bemerkt, daß Menschen oft Ziele haben, die miteinander im Konflikt stehen; er behauptet, daß der AHP eher eine Methode zur Konfliktlösung biete als zur Ausschaltung von einander widersprechenden Zielen. Saaty entwickelt eine Methode dafür, die Grade der Widersprüchlichkeit [inconsistency] unter den Präferenzen (zusammen mit ihren reziproken Beziehungen) in der Matrix abzuschätzen.[18]

Der Prioritätsvektor, der jeweils den Prozentanteil darstellt, zu dem jede Zeile relativ zu den anderen Zeilen vorgezogen wird, also Saatys zweiter entscheidender Schritt, übersetzt die Paarvergleiche in Vergleiche über alle verglichenen Gegenstände. Während alle möglichen Paare aus A, B, C und D im Hinblick auf L verglichen wurden und dann wiederum im Hinblick auf P, liefern die Prioritätsvektoren die Vorzugsreihenfolge von A, B, C und D hinsichtlich L und die Vorzugsordnung [preferential ranking] von A, B, C und D relativ zu P.

Um den AHP konkreter zu illustrieren, betrachten wir eine Matrix von Urteilsvergleichen über die Wichtigkeit von vier Umweltfaktoren: A, B, C und D im Hinblick auf die Lebensqualität. ›A‹ mag die Reinheit der Umwelt bedeuten, ›B‹ könnte die Schönheit, ›C‹ den Erholungswert und ›D‹ den ökonomischen Wert darstellen.

Lebensqualität	A	B	C	D
A	1	5	6	7
B	1/5	1	4	6
C	1/6	1/4	1	4
D	1/7	1/6	1/4	1

Nach der Normierung der obigen Matrix können wir den Prioritätenvektor berechnen: er hat die Werte 0,61; 0,24; 0,10; 0,05; wobei jeder Wert dieses Vektors die Priorität der entsprechenden Zeile darstellt. Dieser Prioritätenvektor zeigt an, daß die Befragungsperson, deren Präferenzen in der Matrix dargestellt werden, die Umweltreinheit mit einem Grad von 61 % über Schönheit, Erholungswert und ökonomischen Wert stellt. Jeder der anderen Faktoren erhält einen Präferenzgrad, der sich aus dem Eigenwert der Matrix der Paarvergleiche ergibt. Indem er einen Prioritätenvektor erzeugt, erzwingt der AHP keine Wahl eines einzelnen Wertes, sondern er läßt zu, daß die endgültige Entscheidung die Rangfolge von Werten ausdrückt, die aus dem Konflikt der Werte bei der rangmäßigen Anordnung der Paarvergleichspräferenzen (3, 5, 7, 9) resultiert.

Man kann eine Art von Kosten-Nutzen-Analyse durchführen, indem man Saatys AHP verwendet, aber die Methode und die Ergebnisse sind ganz verschieden von der traditionellen Form der Kosten-Nutzen-Analyse. Saaty führt das Beispiel einer Entscheidung an, der eine Regierungsstelle bei der Frage gegenübersteht, ob eine Fähre im Privateigentum durch eine Brücke oder einen Tunnel ersetzt werden soll oder nicht.[19] Er konstruiert zwei Hierarchien, eine für die Nutzenwerte und eine andere für die Kosten. Die ökonomischen, sozialen und die Umwelt betreffenden Nutzenwerte und Kosten werden ermittelt, indem man durch Paarvergleiche die Präferenzen der Planer [policy-makers] bestimmt. Ökonomische Nutzenwerte können auf einer niederen Ebene der Hierarchie in Zeitaufwand, Einkommen, Handelsumfang über den Fluß und in der Flußumgebung sowie in Arbeitsplätzen beim Bau (der Brücke oder des Tunnels) unterteilt werden. Wichtige Paarvergleiche dieser Faktoren werden in eine Matrix gebracht und der Prioritätsvektor wird berechnet. Soziale Nutzenwerte wie Sicherheit und Verläßlichkeit, Stolz der Gemeinde [*community pride*] und Kommunikation werden ähnlich gemessen. Dies geschieht auch mit den Umweltwerten des Komforts, der Zugänglichkeit und der Ästhetik. Eine getrennte Berechnung für jeden der drei Fälle kann durchgeführt werden: Eine für die Brücke, eine andere für den Tunnel und schließlich auch für die schon existierende Fähre.

Auf der Kostenseite der Auswertung können die wirtschaftlichen Kosten des Kapitals, des Abbruchs des Fährgeschäfts und der Betreibung und Erhaltung der Brücke, des Tunnels und der Fähre berechnet werden. Gemessene soziale Kosten sind etwa plötzliche Änderungen des Lebensstils, Trennung und erzwungener Umzug von Leuten. Zu messende Umweltkosten sind vergrößerte Automobilemissionen, ökologische Veränderungen und Wasserverschmutzung durch Abfall von der Brücke.

Schließlich kann man Prioritätsvektoren sowohl der Nutzenwerte als auch der Kosten für jeden der drei möglichen Fälle berechnen: für die Brücke, den Tunnel und die Fähre. Ein Verhältnis von Nutzen zu Kosten kann abgeleitet werden. Bei dem vorliegenden Beispiel wurde die Brücke begünstigt.

Wenn man Saatys AHP verwendet, können Präferenzen in Abhängigkeit von der relativen Wichtigkeit der Ziele und Faktoren quantifiziert werden, ohne daß man sie alle auf Dollars reduzieren müßte. Prioritätsvektoren können berechnet und in Abhängigkeit von Kosten und Nutzenwerten ausgedrückt werden, wenn der Planer dies wünscht. Es ist nicht notwendig, alle Entscheidungen als Ergebnis einer Kosten-Nutzen-Analyse des Saatyschen Typs zu konstruieren. Entscheidungen aufgrund der AHP-Analyse sind möglich, ohne auf Kosten-Nutzen-Verhältnisse zurückzugehen, indem man einfach als Entscheidungsfaktor den Prioritätsvektor benutzt, der aus der hierarchischen Darstellung berechnet worden ist.

Wenn man zustimmt, daß öffentliche Planungsentscheidungen, die aus Saatys AHP abgeleitet werden können, Entscheidungen nach einer traditionellen Kosten-Nutzen-Analyse überlegen sind, kann man dennoch dem AHP entgegenhalten, es mangele ihm an *normativer* Kraft. Warum soll man Entscheidungen folgen, die aus der Messung vieler Präferenzen resultieren? Diese Kritiker können behaupten, daß Saatys Methode eher jene Werte mißt, wie Menschen tatsächlich zu handeln *vorziehen* und oft wirklich handeln, als daß sie nahelegt, wie Menschen handeln *sollten*. Diesen Kritikern erscheint Saatys Methode wie die Messung nicht-moralischer Werte, also eher als eine Beschreibung dessen, *was ist*, als dessen, was *sein soll*.

Man nehme an, wir wendeten den AHP auf Automobilhersteller an und setzten ökonomische Faktoren auf einen höheren Rang als die Sicherheit. Der Prioritätsvektor, der ohne Quantifizierung des Wertes eines Menschenleben abgeleitet würde, wiese dann auf eine Entscheidung hin, den Pinto zu bauen. Würde dies nicht beweisen, daß nicht nur der AHP jeder moralischen Überzeugungskraft ermangelt, sondern daß er auch Entscheidungen erzeugt, die im großen und ganzen davon abhängen, wessen Präferenzen gemessen werden? Wenn der AHP mit dem Nationalen Sicherheitsrat oder mit Konsumenten durchgeführt worden wäre, wäre vielleicht im Falle des Pinto eine andere Entscheidung zustande gekommen. Wir haben schon verneint, daß dies mit einer traditionellen Kosten-Nutzen-Analyse oder mit dem AHP eintreten könnte, indem wir sagen, daß dann, wenn Menschenrechte involviert sind, sie den Vorrang über die Anwendung irgendeiner Form von Entscheidungstheorie haben. Ein Automobil Käufern zu verkaufen, welche die mit diesem Typ verbundenen Risiken nicht kennen, verletzt deren Recht, darüber zu entscheiden, ob sie ihr Leben durch den Kauf eines möglicherweise gefährlichen Produkts riskieren wollen.

Es sei jedoch angenommen, daß wir von jetzt ab mit einer technologischen Entscheidung konfrontiert sind, die nicht eine mögliche Verletzung von Menschenrechten umfaßt. Hat in diesem Falle der AHP irgendeine normative Kraft? Warum sollten wir dem Prioritätsvektor folgen? Wie würde jemand den AHP gegenüber dem Kritiker verteidigen, der behauptet, daß der AHP nichts weiter sei als eine Aggregierung von subjektiven Präferenzen, die daraufhin frisiert seien, rational und objektiv zu erscheinen, indem man sie in Zahlen kleidet?

Zuerst sei zugestanden, daß wir nicht eine volle philosophische Rechtfertigung dafür vorlegen können, wie man die »Ist-Soll«-Lücke überwinden kann. Durch die Messung der Präferenzintensitäten werden wir niemals in die Lage versetzt werden, den verbleibenden Zweifel aufzulösen, daß wir eher nur Wünsche wiedergeben als das, was Menschen tun sollten. Aber wir können diese Lücke durch drei zusätzliche Verfahren verkleinern, die bei der Anwendung des AHP auf ein Problem verwendet werden. Erstens müssen wir die Präferenzintensität derjenigen messen, die das Problem wirklich verstehen und wirklich an der Entscheidungsfindung beteiligt sind. Zum Beispiel würde man bei der Festsetzung von Zielen für die Stromgebühren die Präferenzen der öffentlichen Energiebeauftragten ermitteln, da sie die Dimension des technischen Problems aufgrund von Einübung und/oder Erfahrung verstehen und die Aufgabe haben, wirklich die Gebühren festzusetzen. Wenn zwei der Ziele für die Gebührenfestsetzung die Ertragssicherung und erschwingliche Gebühren sind, könnten Konsumenten, falls man nur diese betrachtet, eine starke Präferenz für niedrige und erschwingliche Gebühren äußern, während eine ähnliche Erhebung bei den Repräsentanten der Elektrizitätsgesellschaft sich entschieden einer Steigerung von Einkünften der letzteren zuneigen könnte. Der öffentliche Energiebeauftragte könnte besser in der Lage sein, zwischen diesen beiden Zielen auszubalancieren.

Das zweite Verfahren, um die Lücke zwischen *Ist* und *Soll* zu verkleinern, ist der aristotelischen Vorstellung eines moralisch Handelnden entnommen. In der *Nikomachischen Ethik* heißt es, man solle, falls man moralisch zu sein wünsche, sich einen moralischen Menschen suchen und ihn nachahmen. Gewiß ist dieses Argument zirkulär, weil es keine Lösung dafür bietet, was es bedeutet, moralisch zu sein; aber im Falle unseres Energiebeauftragten müssen wir Männer und Frauen von moralischen Überzeugungen suchen oder wenigstens jene, die davon überzeugt sind, daß moralische Fragen der Gerechtigkeit in die Entscheidung Eingang finden sollten. Dieser Wunsch, Entscheider zu finden, die moralischen Fragen gegenüber offen sind, führt uns zu dem dritten Verfahren, nämlich dazu, in die Menge der Ziele in der Hierarchie moralische Prinzipien einzubeziehen. Im Falle der Gebührenfestsetzung kann man den Zielen der Sicherung der Einnahmen und erschwingliche Gebühren die Ziele Umwelterhaltung und Fairneß hinzufügen. Das letztere Ziel sichert, daß bei der Gebührenplanung Fragen aufgeworfen werden wie jene, ob einige Kunden andere finanziell subventionieren.[20] Das Ziel Umwelterhaltung entspringt der Überzeugung, daß natürliche Ressourcen nicht verschwendet werden sollten. Man mag darüber besorgt sein, daß wir in den AHP »Soll«-Vorstellungen einschmuggelten, die als Ziele verkleidet sind: Man *sollte* nicht eine Menge von Kunden diskriminieren zuungunsten einer anderen Menge; man *sollte* nicht menschliche und natürliche Ressourcen verschwenden. Wir antworten offen, daß wir dabei überhaupt nicht schmuggeln; vielmehr ist es einer der Vorteile des AHP, daß wir dieses völlig offen tun können, und zwar ohne diese Ziele auf Geldeinheiten zu reduzieren, wie man es in traditionellen Kosten-Nutzen-Analysen tun muß. Diese »Soll«-Vorstellungen werden in die hierarchische Darstellung durch die Entscheider eingebracht, die mit moralischen Fragen befaßt sind (Aristoteles' moralisch Handelnder). Diese moralischen Werte haben keine andere besondere Stellung als die, daß aufmerksame Entscheider darin übereinstimmen, daß sie wichtig für die Entscheidung der Frage sind.

Wenn man unseren Verteidigungsversuch zur Abschwächung der »Ist-Soll«-Diskrepanz wegen dessen Zirkelhaftigkeit widerspricht, was sind dann die Alternativen? Man kann behaupten, es gäbe eine einzelne moralische Regel oder ein moralisches Verfahren, das eher die Erzeugung von »Soll«-Vorstellungen sichert als alle »Ist«-Vorstellungen. Aber eine Übereinstimmung darüber, welches diese Regel sein wird, erscheint schwierig, wenn nicht gar unmöglich. Oder man kann moralische Fragen als irrelevant für technologische Entscheidungen ablehnen; allzuoft aber haben in der Vergangenheit Entscheider bei der Anwendung der Kosten-Nutzen-Analyse moralische und nicht-moralische Werte bei den Entscheidungen außer acht gelassen, weil sie diese nicht in geeigneter Weise quantifizieren konnten. Mit dem AHP kann man jedoch explizit Werte als Ziele in die Entscheidungen einführen. Entscheider, die mit einem Problem vertraut und auch moralischen Fragen gegenüber aufgeschlossen sind, können leichter zu einer Übereinstimmung über problemrelevante moralische Gesichtspunkte kommen als darüber, welches abstrakte oder der Natur der Sache entstammende Prinzip auf das Problem angewendet werden sollte.

Wenn man menschliche Werte in öffentlichen Planungsentscheidungen berücksichtigt, sollte man zunächst fragen, ob irgendwelche prädistributiven Rechte betroffen sind; wenn ja, sollten diese bei der Entscheidung Vorrang haben. Wenn prädistributive

Rechte nicht involviert sind, sollte man eine Verteilungstheorie anwenden. Wir schlagen Thomas Saatys Analytischen Hierarchie-Prozeß als eine solche Entscheidungstheorie vor. Die Vorteile des AHP gegenüber traditionellen Kosten-Nutzen-Analysen wie etwa der Multiattributiven Nutzentheorie sind, daß Saatys Theorie uns erlaubt, gewichtete Wertvergleiche vorzunehmen, ohne alle diese auf Geldeinheiten zu reduzieren, und einen Prioritätsvektor zu konstruieren, der die Wichtigkeit der Werte bei der endgültigen Entscheidung in eine Rangfolge bringt und deren innere Widerspruchsfreiheit mißt. Solch ein Verteilungsprinzip setzt uns etwa in die Lage, die ästhetischen Werte der Umwelt zu gewichten und sie mit ökonomischen Nutzenwerten zu vergleichen, ohne Schönheit auf Geld zu reduzieren.

Anmerkungen

1 Reginald Stuart, »Making the Case for the Pinto«, in: *The New York Times* vom 16. Dezember 1979, S. F9.

2 Mark Dowie: »Pinto Madness«, Mother Jones Sept./Okt. 1977. Wiederabgedruckt in: Baum, R. J. (Hg.), *Ethical Problems in Engineering*, Band 2: *Cases*, Troy, N. Y. 1980, S. 167-174. Dieser Artikel gibt in Auszügen Teile eines internationalen Memorandums der Ford Motor Company wieder mit dem Titel »Fatalities Associated with Crash-Induced Fuel Leakage and Fires«.

3 K. S. Shrader-Frechette, *Nuclear Power and Public Policy: The Social and Ethical Problems of Fission Technology*, Dordrecht, Holland: D. Reidel Publishing Co. 1980, S. 115.

4 Ebd.   5 Ebd.

6 Ebd., S. 115 f.

7 Vgl. Bernhard L. Cohen; *Nuclear Science and Society*, New York: Anchor Books, 1974, S. 144. Vgl. auch William Ramsey, *Unpaid Costs of Electrical Energy: Health and Environmental Impacts from Coal and Nuclear Power*, Baltimore: Johns Hopkins University Press for Resources for the Future 1979.

8 Ralph Keeney und Howard Raiffa, *Decision Making with Multiple Objectives*, New York: John Wiley 1976.

9 Vgl. Ralph W. Gable und William T. Lammers (Hg.), *A Report of the Rocky River Study*, Davidson, N.C.: Center for Honors Study 1976.

10 Ross Sandler, »Tellico Dam Case«, in: *Environment* 20, 42 (Juli 1978), S. 4 f.

11 Tom Regan, »Do Animals have a Right to Life?«, in: Tom Regan und Peter Singer (Hg.), *Animal Rights and Human Obligation*, Englewood Cliffs, N.J.: Prentice-Hall 1976.

12 Arthur M. Okun, *Equality and Efficiency: The Big Tradeoff*, Washington: The Brookings Institution 1975.

13 Ebd., S. 4 f.

14 Tom L. Beauchamp, »Utilitarianism and Cost/Benefit Analysis: A Reply to MacIntyre«, in: Tom L. Beauchamp und Norman E. Bowie (Hg.), *Ethical Theory and Business*, Englewood Cliffs, New Jersey: Prentice-Hall 1979.

15 Thomas L. Saaty, *The Analytic Hierarchy Process*, New York: MacGraw-Hill 1980, und ders., *Decision Making for Leaders*, Belmont, California: Lifetime Learning Publications 1982.

16 Saaty, *The Analytic Hierarchy Process*, a.a.O., S. X.

17 Solch eine Berechnungsmethode ist eine Annäherung an den Eigenvektor, den charakteristischen Vektor einer Matrix.

18 Saaty, *The Analytic Hierarchy Process*, a.a.O., S. 21.

19 Ebd., S. 115-120.

20 Earl R. MacCormac, »Lifeline: Equitable or Inequitable?«, in: *Electric Ratemaking* 1, Nr. 2, April 1982.

Franz Ronneberger
Moderne Medientechnik
im soziopolitischen Spannungsfeld

Es ist ohne weiteres einleuchtend, daß mit der Erfindung des Buchdrucks durch Johannes Gutenberg ein neues Kapitel der Menschheitsgeschichte begann. Ob wir uns aber auch bewußt werden, *wie* bedeutsam jenes Ereignis für den Stand unserer heutigen Zivilisation ist, hängt von zahlreichen zusätzlichen Informationen ab. Dabei geht es nicht einmal um die Gebirge von bedrucktem Papier, die im Laufe der Jahrhunderte produziert und vernichtet wurden – so ernst die Rohstoffprobleme auch zu werden drohen –, das zentrale Thema ist die Revolution der Erfahrungsvermittlung und des Lesens, die damals einsetzte und bis heute nicht abgeschlossen ist. Wenn wir im gegenwärtigen Zeitalter von einer Nach-Gutenberg-Ära sprechen, so wird allein durch diesen Sprachgebrauch deutlich, daß wir unsere Kultur noch immer an Gutenberg und seinen Folgen messen. Heute steuern wir auf eine Kultur der elektronischen Textvermittlung zu. Wohl werden auch noch Bücher gedruckt, werden Zeitungen und Zeitschriften gelesen, wird sogar eher mehr als weniger gelesen, doch der technische Vorgang hat sich gründlich verändert. In einer modernen »Druckerei« rattern keine Setzmaschinen mehr, schleppt niemand mehr den schweren Bleisatz herum: Der ganze Herstellungsvorgang vollzieht sich zwischen Schreibmaschine, Lochstreifen und Bildschirm.

Das Zeitalter der Massenkommunikation begann aber erst mit der Einführung des Hörfunks in den zwanziger Jahren und mit der Kombination von Film und Elektronik durch das Fernsehen in der Mitte unseres Jahrhunderts. Nunmehr stehen dem Menschen der sogenannten wissenschaftlich-technischen Zivilisation die vielfältigsten Informationsmöglichkeiten zur Verfügung, vor allem wenn man Kabelfernsehen, Satellitenfernsehen und Bildschirmtext sowie andere Textinformationssysteme einbezieht. Schon heute zeichnet sich ab, was man die drei Signaturen der modernen Massenkultur nennen kann:

– Allgegenwärtigkeit der Masseninformation,

- universelle und zeitgleiche Information über das Weltgeschehen,
- Verfügbarkeit der kulturellen Güter.

Die Menschen unserer Zivilisation können in Zukunft durch Kombinationen von Telefon (künftig auch Bildtelefon), Videotext, Bildschirmtext, Hörfunk und Fernsehen, Zeitung und Zeitschrift empfangen und senden, ihre Neugier befriedigen, sich anderen mitteilen. Sie sind prinzipiell überhaupt nicht mehr allein. Die hochentwickelten Reproduktionstechniken erlauben es ihnen, Kunstwerke der ganzen Welt in ihren vier Wänden kennenzulernen und zu genießen (im Bildband und durch Schallplatte, Bildplatte, Videoband, Fernsehschirm). Sie können selbst filmen und das Gefilmte ins Netz einspeisen, um mit anderen Menschen zu kommunizieren. Sie sind nicht mehr auf zugeteilte Programme der Rundfunkanstalten angewiesen, sondern können sich nach individuellen Bedürfnissen die Programme selbst zusammenstellen. Dies und viele weitere Möglichkeiten der Kommunikation mit Behörden, Banken, Geschäftspartnern usw. machen sie ständig erreichbar und gestatten es ihnen, ihr Aktivitätspotential voll auszuschöpfen.

Während die Einführung des Rundfunks (als Hörfunk) und selbst des Fernsehens bis auf einige allgemeine kulturkritische Äußerungen kaum eine öffentliche Diskussion über die sozialen und kulturellen Folgen der neuen Technik auslöste, verzeichnen wir vom Zeitpunkt des Erkanntwerdens der Übertragungsmöglichkeiten durch Kabel und Satellit geradezu eine Explosion grundsätzlicher philosophischer, sozialwissenschaftlicher, staats- und politikwissenschaftlicher wie allgemeiner publizistischer Stellungnahmen zu diesem Thema. Sie können hier nicht angemessen wiedergegeben werden. Am meisten fallen die negativen, die warnenden Stimmen auf, in denen z. T. auch politisch-ideologische Positionen zum Ausdruck kommen:

- Es wird generell befürchtet, daß die Menschen immer mehr Zeit für die Rezeption von Medien verwenden (vergeuden!) und dadurch andere kulturelle und sozial »wertvolle« Aktivitäten unterlassen.
- Das Vielsehen von Kindern werde zu Konzentrationsschwäche, Realitätsverlust, Inaktivität und Apathie führen.
- Es werde zum Verlust innerfamiliärer Kommunikation kommen.

- Die Wissenskluft zwischen den Gut- und den Schlechtinformierten werde größer werden, weil die Wissenden durch entsprechende Selektion ihr Wissen vermehren, während die Unwissenden durch Bevorzugung seichter Unterhaltung auf ihrem geringen Wissensstand stehenbleiben.
- Darüber hinaus werde es zu einem Rückgang der Lesekultur kommen, mit allen Konsequenzen für die allgemeine Bildung.
- Moralische Defizite würden durch die Rezeption von Schundfilmen (Sex und Horror) per Videorecorder und von sonstigen unmoralischen Darbietungen per Fernsehen entstehen.
- Der übertriebene Mediengenuß, vorwiegend von Unterhaltungssendungen, werde bei immer mehr Menschen zu einer illusionistischen Weltsicht führen. Sie würden der Realität entfremdet und nicht mehr imstande sein, sich in der realen Welt zurechtzufinden.
- Damit würden sie um ihre Originalität gebracht, sie könnten nicht mehr eigenständig denken, fühlen und handeln, sondern bezögen die Denk- und Handlungsmuster aus zweiter Hand.
- Ganz besonders müsse die Intimsphäre unter dem ständigen Bombardement von Sexfilmen und die Sozialisation durch die Konfrontation mit Gewalt und Verbrechen leiden.
- Auf der anderen Seite lenke der erhöhte Unterhaltungskonsum die Menschen von ihren politisch-staatsbürgerlichen Aufgaben ab und mache sie für kritisches Denken unfähig.
- Insgesamt würden die Menschen durch mediale Entfremdung reif für die kritiklose Übernahme ideologischer Denkmuster.

In diesem Schreckenskatalog fehlen gewiß noch einige weitere Punkte, die in der entsprechenden Literatur auffindbar sind. Sie dürften jedoch das Gesamtbild nicht wesentlich verändern, sondern allein den Eindruck verstärken, daß aus kulturpessimistischer Sicht von den »neuen Medien« eine entsetzliche Gefahr für die Zukunft des Menschengeschlechts droht.

Überprüft man jedoch die Aspekte unter dem Gesichtspunkt einer gleichzeitigen Entwicklung anderer Stränge des kulturellen, sozialen und politischen Lebens, so werden nicht nur Widersprüche sichtbar, es erweist sich auch, daß durchaus Gegenläufigkeiten denkbar und wahrscheinlich sind. Es dürfte genügen, auf einige Fakten zu verweisen, die teils durch sozialwissenschaftliche Befunde belegt werden können, teils der primären Erfahrung zugänglich sind:

- Auffallenderweise hat sich in denselben Jahrzehnten, als der Medien-, insbesondere der Fernsehkonsum anstieg, auch das Interesse für Freizeitaktivitäten erhöht. Erwachsenenbildungsstätten und Akademien erfreuen sich vermehrter Nachfrage. Gegenwärtig verzeichnen wir jedenfalls eine noch nicht dagewesene vielseitige Nachfrage für Freizeitbetätigungen, die nicht zuletzt durch die tatsächliche Zunahme an freier Zeit und finanziellen Ressourcen möglich wurden.
- Der zeitliche Aufwand für Fernsehnutzung ist in den letzten Jahren nicht mehr gestiegen, der Absatz von Zeitungen und Zeitschriften war noch nie so hoch wie gegenwärtig.
- Bei den Freizeitbetätigungen beobachten wir einen Wechsel von Konsumorientierung zur Erlebnisorientierung. Gesucht sind persönliche Kontakte, Selbstverwirklichung, Weiterbildung und Kreativität.
- Das Interesse an Buchlektüre ist keineswegs rückläufig. Dies bezeugt die Jahr für Jahr zunehmende Zahl von Buchpublikationen und Auflagenziffern.
- Das Rezeptionsverhalten der Fernsehteilnehmer ist deutlich selektiver geworden. Die übergroßen Einschaltquoten für sogenannte Straßenfeger gehören der Vergangenheit an. Ulrich Saxer unterscheidet vier Typen der Fernsehnutzer: selbstbestätigend, eskapistisch, sozial und kognitiv stimulierend. Es scheint, daß die letzten beiden Typen ständig an Bedeutung gewinnen.
- Allerdings ist das Interesse bei Jugendlichen an politischen Informationen in letzter Zeit gegenüber unterhaltenden Sendungen im Fernsehen wieder rückläufig. Dies läßt sich nicht aus dem Angebot erklären, sondern dürfte allgemeine Ursachen haben, die im politischen System zu suchen sind.
- In der Presse wie im Rundfunk erfreuen sich Sendungen der Lebenshilfe und Beratung ständig zunehmender Beachtung. Dieser Nachfrage kommen die neuen Medien auf vielfältige Weise entgegen.
- Bedenkt man, daß Medienunterhaltung kompensatorische Bedeutung für die arbeitende Bevölkerung hat, so ist zu verstehen, weshalb die Nachfrage nach Unterhaltungssendungen groß ist und noch weiter wächst.
Die kritische Würdigung dieser Punkte läßt erkennen, daß das künftige Kommunikationsverhalten durchaus nicht einseitig fest-

gelegt ist. Nach allen Erfahrungen müssen wir zwar mit Lern- und Anpassungsprozessen rechnen; nach einiger Zeit der Neugier mit möglicherweise erhöhtem Fernsehkonsum dürfte sich das Kommunikationsverhalten jedoch wieder auf einen mittleren Wert einpendeln, der durch das gleichzeitige Angebot von Frei- zeitbetätigungen und durch das bewußte Abwägen der eigenen Vorlieben und Interessen bestimmt ist. Da wir ohnehin mit we- sentlich längeren Fristen als ursprünglich vermutet rechnen müs- sen, ehe sich das künftige Mediensystem etabliert hat, bleibt ge- nügend Zeit für die Entstehung neuer inhaltlicher Formen, die man heute noch nicht prognostizieren kann.

Die heftigen Attacken gegen die Zulassung privater Programman- bieter finden von seiten der Analyse des bisherigen Publikums- verhaltens wenig Unterstützung. Die Befürchtungen beziehen sich vornehmlich auf die Qualität der Unterhaltungssendungen, die angeblich wegen der Finanzierung dieser Programme durch Werbung seichter werden müßten. Wenn dafür vor allem die Erfahrungen aus den Vereinigten Staaten herangezogen werden, muß eingewandt werden, daß das amerikanische Publikum von vornherein ein anderes Verhältnis zu den Medien, nicht nur zum Rundfunk hat. Die Medien werden nicht als öffentliche Dienstlei- stungen verstanden, sondern als eine möglichst billig oder preis- wert zu erwerbende Ware. Daher gibt es nur sehr wenige qualita- tiv hochstehende Zeitungen und Rundfunkprogramme. Die Masse wird wie die Gebrauchsgüter des Alltags produziert und genutzt.

In Deutschland verbinden sich dagegen mit den Medien traditio- nell hohe Ansprüche. Deshalb konnte auch das Rechtsinstitut der öffentlichen Aufgabe entstehen. Auf die Frage nach der Qualität von Programmen angewandt, die durch Werbung finanziert wer- den, kann daraus gefolgert werden, daß die Erwartungen aus *die- sem* Grunde nicht wesentlich anders zu sein brauchen als in bezug auf die durch Gebühren finanzierten Programme. Schließlich sind die Rundfunkanstalten seit langem dazu übergegangen, einen nicht geringen Teil ihrer Produktion durch Werbung zu finanzie- ren, ohne daß dies zur Qualitätsminderung geführt hat. Wenn das durch Werbung finanzierte Vorabendprogramm vielfach mit ein- gekauften Serien gestaltet wird, so liegt das an den wesentlich geringeren Kosten und möglicherweise auch am Defizit an ge- haltvolleren Programmen, wie immer dies zu definieren ist. Es gibt also vorläufig keine Anhaltspunkte dafür, daß der private Rundfunk schlechter sein *muß* als der öffentlich-rechtliche. Wenn er es dennoch sein sollte, so muß man wohl nach anderen Ursachen suchen.

Die Geschichte der Kommunikationspolitik bezeugt vornehmlich in den letzten Jahrzehnten, daß sich diese Kontroversen immer mehr in den Medienpapieren der politischen Parteien, Verbände und großen kulturellen Institutionen niederschlagen, schließlich Gegenstand der Staatspolitik werden. Dies gilt hauptsächlich für die Verkabelung der Bundesrepublik. Befürworter und Gegner stehen einander in politischer Programmatik und Bekennerschaft gegenüber. Die Fronten scheinen im großen und ganzen gleich zu bleiben, auch wenn die SPD-Führung inzwischen den Widerstand gegen die Zulassung privater Rundfunkveranstalter prinzipiell aufgegeben hat. In bezug auf die Kabelpilotprojekte scheint sich der DGB mit seinen Journalistenorganisationen als politischer Meinungsführer der Verweigerungsfront immer mehr profilieren zu wollen.

Dies alles drängt dazu, dem heraufkommenden Medienzeitalter mit einer theoretischen Reflexion zu begegnen. Erforderlich ist hierzu der Abschied von aufregenden Schlagwörtern und großartigen »Philosophien«. Die entstandene Konfusion läßt sich nur durch eine vorsichtige kulturwissenschaftliche Analyse entwirren. Wir bemühen hierzu einen von Alfred Weber bereits 1950 (Kulturgeschichte als Kultursoziologie) vorgetragenen kultursoziologischen Ansatz und führen ihn weiter. Das Verdienst Webers besteht darin, einen Ausweg aus den bis dahin geläufigen mehr oder weniger festgefahrenen Ansätzen zur Erklärung von epochalen gesellschaftlich-kulturellen Entwicklungen und Wandlungen versucht zu haben. Einige Autoren unterstellten und unterstellen noch heute, daß eine Kultur oder Zivilisation sich als Ganzes aufgrund bestimmter »Gesetze« entwickelt, wobei entweder der Endzustand von vornherein feststeht (Marx, Spengler) oder offen ist (Toynbee). Andere Autoren verfolgen jeweils nur die Entwicklung eines bestimmten Teilgebiets (z. B. Wirtschaft, Politik, Technik) und ziehen daraus Schlüsse auf das ganze. Einige Ansätze zeichnen sich durch moderne Schreckensutopien aus (Huxley, Orwell). Viele der gegenwärtig diskutierten Visionen über die Zukunft des Mediensystems folgen vornehmlich der zweiten Auffassung.

Demgegenüber geht Weber von der Annahme aus, daß eine bestimmte Kultur während einer bestimmten Epoche alles andere als eine Einheit darstellt, sondern als das Ineinandergreifen unterschiedlicher Bewegungen, Kräfte, Prozesse verstanden werden muß. Diese beziehen sich auf unterschiedliche soziale und kulturelle Strukturen und Institutionen (Gruppen, Stände, Klassen, Organisationen aller Art) oder wirken sich als freischwebende Ideen und Erklärungsmuster aus. Aufgabe des Forschers ist es, diese Bestandteile und Teilgebiete einer Gesamtkultur aufzuspüren, zu verdeutlichen und ihre eigenen »Gesetzmäßigkeiten« zu erklären. Dann müßte es am Ende möglich sein, durch Konstellationsanalysen für bestimmte Epochen den jeweiligen Stand der Gesamtentwicklung näher zu beschreiben.

Weber beschränkt die Analyse – ebensogut könnte man sagen: Diagnose – auf die Wirksamkeit von drei »Seinsschichten«, er nennt sie auch »Stränge«: Gesellschaftsprozeß, Zivilisationsprozeß und Kulturbewegung. Der Gesellschaftsprozeß umfasse die Gebilde der Sozialstruktur einer Gesellschaft im weitesten Sinne. Wenn überhaupt, so lassen sich hier Rhythmen und Zyklen innerhalb der großen Kulturbereiche feststellen und miteinander vergleichen. Aus den einfachen Formen einer bäuerlichen Gesellschaft mit Hauswirtschaft und Selbstversorgung, kleinen Gemeinschaften und strengen Unterordnungsverhältnissen entfaltet sich ein immer komplizierterer Kosmos bis hin zu den bürokratischen Großorganisationen in Kirche, Staat, Wirtschaft mit städtischen Lebens- und Verhaltensweisen. Zugleich verändern sich die Bindungskräfte innerhalb der gesellschaftlichen Gebilde zu immer loseren Formen. Dieser Gesellschaftsprozeß wird in der Regel – mit einem kritischen Unterton – den geläufigen Gesellschaftsanalysen und Prognosen zugrunde gelegt, ohne zu bedenken, daß er nur *einen* Strang verkörpert.

Daher verweist Weber zweitens auf den Zivilisationsprozeß. Er verlaufe nicht phasenartig, sondern geradlinig »als unentrinnbar fortschreitende, übertragbare Bewegung der Bewußtseinserhellung und des geistig-technischen Fortschritts«. Zivilisation ist also nicht der Endzustand einer Kultur (wie Spengler es sieht), sondern eine eigene Seinsschicht, die neben Gesellschaftsprozeß und Kulturbewegung von Anfang an einher läuft. Ihre charakteristischen Merkmale sind Wissenschaft und Technik. Beide haben mehrmals ihr Selbstverständnis und ihre Beziehung zueinander geändert, bis sich die wissenschaftsgeleitete Technik durchgesetzt hat. Der Zivilisationsprozeß in dieser Gestalt ist universal geworden.

Die dritte Seinsschicht nennt Weber die Kulturbewegung. In ihr kommt im Gegensatz zu den beiden anderen Seinsschichten das Einmalig-Schöpferische der Geschichte zum Ausdruck (in Kunstwerken, Ideen, moralischen Triebkräften und Haltungen). In jeder Kultur werden eigene Werke hervorgebracht und gelebt. Sie bestimmen über Gut und Böse, über Anerkennung und Verdammung, in ihnen erfahren die Menschen ebenso das Abgründige wie das Höchste. Die Kulturbewegung läßt sich im letzten nicht rational erfahren und messen. Hier kommt das Verstehen als intuitive Methode der Sozialwissenschaft voll zu ihrem Recht. Für das Aufspüren der Kulturbewegung gibt es keine Vergleichsmöglichkeiten, keine rhythmischen Kombinationen, keine folgerichtige Entwicklung.

In seinem großartigen Entwurf analysiert Weber mit dem Instrument dieser drei Seinsschichten die Kulturen der Menschheit vom fünften Jahrtausend vor der Zeitenwende bis zur Gegenwart. Auf diesem Wege brauchen wir ihm nicht weiter zu folgen, so spannend die gewonnenen Einsichten sind.

Für den Ansatz zu einer Theorie der künftigen Medienentwicklung übernehmen wir das Prinzipielle der Weber'schen Konzeption, indem wir die gegenwärtige Kultur ebenfalls in verschiedene Stränge zerlegen und fragen, wie sich diese voraussichtlich im einzelnen entwickeln werden. Dabei unterstellen wir, daß trotz aller gegenseitigen Beeinflussung jeder Strang dennoch eine eigene Dynamik besitzt und im Bezug auf die anderen relativ autonom ist. Man kann diese Stränge auch als Systeme begreifen, ohne daß sich die Konzeption dadurch verändert. Für die Medienentwicklung dürften folgende Systeme bestimmend sein:

- Die Medientechnik als Bestandteil des modernen naturwissenschaftlichen Techniksystems,
- das bestehende Mediensystem als vielfältig gegliederte Organisation, aber auch als Sinnzusammenhang aller publizistischen Leistungen,
- das Regierungssystem (Bundesregierung, Landesregierungen, Bundestag und Landtage),
- das System der politischen Aktionen vornehmlich der Parteien und Verbände, aber auch der kulturellen Institution,

- das Rechtssystem hauptsächlich repräsentiert durch das Bundesverfassungsgericht,
- das Gesellschaftssystem im engeren Sinne, verstanden als Inbegriff der manifest gewordenen Verhaltensformen, Verhaltenserwartungen und sozialen Rollen, eingebettet in den säkularen Wandel der hochentwickelten Industriesysteme von Wohlstandsgesellschaften in Sozialstaaten,
- das Wirtschaftssystem in der Gestalt der geübten wirtschaftlichen Verhaltensweisen sowie der tatsächlich bestehenden Produktionsressourcen, Einkommensverhältnisse und Bedarfe,
- das kulturelle Wertsystem als Ausdruck der vorwiegend durch die Institutionen vermittelten sozio-kulturellen Wertorientierungen, sozialen Leitbilder und Normen.

Auf einen Blick ist erkennbar, daß im gegenwärtigen Zeitalter der vollentwickelten Industrieländer und sozialen Staaten mit pluralistischen Gesellschaftsordnungen die Mediensysteme in das Spannungsfeld der sich unterschiedlich rasch und mit unterschiedlichen Kräften entwickelnden Teilsysteme geraten sind: Naturwissenschaftliche Erkenntnisse und technische Innovationen bewegen sich mit hoher Geschwindigkeit; wie unter einem inneren Zwang schreiten Miniaturisierung und Multifunktionalität der elektronischen Geräte fort. Soeben installiert, erweisen sie sich morgen bereits als technisch überholt. Die Übertragungssysteme werden von einer »Generation« zur anderen leistungsfähiger, dafür schnellen die Kosten in die Höhe.

Gleichzeitig verstärken sich aber auch die retardierenden Kräfte. Das Kosten-Nutzen-Prinzip beherrscht das marktwirtschaftliche System von seinen Anfängen an. Inzwischen hat dieses Prinzip jedoch eine weitere Dimension gewonnen. Es wird nicht mehr allein nach bezifferbaren Kosten und nach individuellem Nutzen gefragt, sondern beides wird an einem neuen Maßstab des Humanprinzips und der Überlebensfähigkeit der Menschheit gemessen. Das Fatale an diesem Maßstab besteht jedoch darin, daß er zwar einsehbar, aber extrem unterschiedlicher Auslegung unterworfen ist. Im Grunde kann jeder nach seiner eigenen Wertskala handeln. Das wäre solange unproblematisch, wie sie anderen nicht aufgezwungen wird. Wenn jedoch eine bestimmte Auffassung durch eine Organisation oder Institution als verbindlich erklärt wird und politisch durchgesetzt werden soll, entstehen schwere Konflikte. Schließlich unterliegen solche Interpretationen dem steten und schnellen Wandel. Was heute noch tolerabel erscheint, kann sich morgen als höchst bedenklich erweisen und umgekehrt.

Doch sehen wir von diesem allgemein bekannten und beklagenswerten Phänomen ab, so haben wir einerseits einen Druck der Medientechnik zu immer neuen Effekten und immer größerer Perfektion zu registrieren, während gleichzeitig die Widerstände zunehmen. Gewiß spielt das politisch-ideologische Moment dabei eine herausragende Rolle – wer sich einen politischen Vorteil vom gegenwärtigen Stand der Organisation verspricht, sagt dies nicht offen, sondern führt humanitäre Gründe der Kulturschädlichkeit ins Feld. Man muß jedoch darüber hinaus erkennen, daß das kulturelle Wertsystem seinem Wesen nach beharrlicher und dem Wandel am wenigsten unterworfen ist. Daher melden besonders die Kirchen so ernste Bedenken gegen die »neuen Medien« an.

Doch auch das Rechtssystem pflegt im allgemeinen schwer beweglich zu sein. Rechtssicherheit bedeutet, daß die Menschen wenigstens auf Zeit ihr Handeln nach festen Regeln einrichten können. Wir beklagen ohnehin seit langem, daß das Rechtsbewußtsein degenerieren muß, wenn parlamentarisch-demokratische Regierungen die Anpassung ihres Handelns an neue Sachverhalte in Gesetzesform vollziehen müssen. Das schadet ohne Zweifel dem in den tieferen Schichten des Kulturbewußtseins wurzelnden Verständnis. Soweit dieses noch intakt ist, wird es herausgefordert durch die hochkomplizierten Rechtsfragen, die sich aus der förderalistischen Ordnung der Bundesrepublik ebenso wie aus der Internationalität des länderübergreifenden Satellitenempfangs ergeben. Es wird für den einzelnen Staatsbürger immer weniger erkennbar, wie sehr die politischen Entscheidungen im Medienbereich durch die Widersprüche der unterschiedlichen Rechtssysteme belastet sind.

Eine viel zu wenig beachtete Dimension der Entwicklung im Medienbereich kommt dem Wirtschaftssystem zu. In dem Maße wie die Implementierung der neuen Techniken in die ohnehin immer kostspieliger ausgestatteten Medienorganisationen erfolgt und in dem Maße wie die erforderlichen Infrastrukturen bereitgestellt werden müssen, wächst die Bedeutung des wirtschaftlichen Stranges. Im Vordergrund steht die Investitionspolitik. Wir sind gegenwärtig Zeuge der allerschwersten politischen Auseinandersetzungen um die Entscheidungen der Deutschen Bundespost zur Verkabelung des Landes und zur Vorbereitung auf den Satellitenempfang. Das Schicksal der Kabelpilotprojekte erweist sich als einziger Kampf zwischen den durch die technischen Möglichkeiten entstandenen hochgemuten Erwartungen an die Leistungsfähigkeit des neuen Mediensystems einerseits und den ökonomischen Gegebenheiten und Zwängen andererseits. Schritt für Schritt mußte die Konzeption der Projekte zurückgefahren werden, weil sie sich aus Kostengründen nicht realisieren ließ. Da helfen alle internationalen Vergleiche nichts. Es erweist sich wiederum, daß jeder Staat seine Probleme aufgrund der gesellschaftlichen und rechtlichen Strukturen selbst lösen muß. Medienökonomie, insbesondere Rundfunkökonomie, wird von einem vorwiegend geistes- und kunstwissenschaftlich orientierten Journalismus gar zu gern vernachlässigt.

Einer zu entwickelnden Theorie der neuen Medien wäre die Aufgabe zu stellen, i. S. einer Konstellationsanalyse Parameter für den gegenwärtigen Leistungsstand der vorgeführten Entwicklungsstränge zu bestimmen und diese aufeinander zu beziehen. Auf diese Weise würden die unterschiedlichen Beschleunigungs- und Beharrungskräfte identifiziert werden und eine Schätzung ihrer künftigen Wirksamkeit ermöglicht werden können. Sicherlich sind auf technischem Gebiet solche Parameter leichter zu finden als im Bereich des Zivilisationsprozesses und der gesellschaftlichen Entwicklungen, von der Kulturbewegung gar nicht zu reden. Dennoch scheint dieses Ziel erreichbar zu sein. Sozialwissenschaft und Wirtschaftswissenschaft haben uns in den letzten Jahrzehnten manche Anregung zur Gewinnung von Index-Werten geliefert. Hieran müßte angeknüpft werden. Gewiß sind exakte Prognosen auch dann nicht zu erwarten, wohl aber lassen sich wahrscheinliche von unwahrscheinlichen Entwicklungen unterscheiden. Gerade die genauere Bestimmung der wirtschaftlichen Bedingungen kann zumindest vor Fehlplanungen schützen. Im Blick auf die Medienzukunft würde es dieser Ansatz erlauben, Szenarien zu erarbeiten, in denen die zu erwartenden Entwicklungen in den einzelnen Systemen geschätzt werden, so daß man schließlich zu einem angenommenen Zeitpunkt die jeweils erreichten Entwicklungsstände untereinander vergleichen könnte. Abgesehen von den Möglichkeiten der wissenschaftlichen Voraussage und der darauf sich gründenden Planung könnte eine gewisse Ordnung in das verwirrende Bild der vielfältigen Positionen und Auseinandersetzungen gebracht werden. Bereits ein so bescheidener Nutzen würde die erforderlichen Anstrengungen rechtfertigen. Wenn dann noch die Gewißheit hinzukäme, Bedürfnisse und Zielvorstellungen zu objektivieren, mithin das Kräftespiel der unterschiedlichen Interessen berechenbar zu machen, könnte den politischen Entscheidungsprozessen zu einer höheren Rationalität verholfen werden. Die Zweifel an der Wirksamkeit wissenschaftlicher Politikberatung bleiben davon unberührt.

Literatur

Anders, G. (1956), *Die Antiquiertheit des Menschen*, München.

Berg, E., Frank, B. (1979), »Film und Fernsehen. Einstellungen und Verhalten der Bevölkerung zu Spielfilmen in Kino und Fernsehen«, in: *Media Perspektiven* 3, S. 144-156.

Berg, K., Kiefer, M.-L. (Hg.) (1978), *Massenkommunikation. Eine Langzeitstudie zur Mediennutzung und Medienbewertung* (Kommunikationswissenschaftliche Bibliothek Bd. 5), Mainz.

Bonfadelli, H. (1981), *Die Sozialisationsperspektive in der Massenkommunikationsforschung. Neue Ansätze, Methoden und Resultate zur Stellung der Massenmedien im Leben der Kinder und Jugendlichen*, Berlin.

Brepohl, K. (1980), *Neue Medien – Information und Kommunikation von Morgen*, Köln.

Buchholz, A., Kulpok, A. (1979), *Revolution auf dem Bildschirm*, München.

Bullinger, M. (1980), *Kommunikationsfreiheit im Strukturwandel der Telekommunikation*, Baden-Baden.

Buss, M. (1985), *Die Vielseher. Fernseh-Zuschauerforschung in Deutschland. Theorie-Praxis-Ergebnisse* (Schriftenreihe *Media Perspektiven*, Band 4), Frankfurt am Main.

Darschin, W., Frank, B. (1984), »Tendenzen im Zuschauerverhalten. Teleskopie – Ergebnisse zur Fernsehnutzung im Jahre 1983«, in: *Media Perspektiven* 4, S. 279-289.

Darschin, W., Frank, B. (1985), »Tendenzen im Zuschauerverhalten. Ergebnisse der kontinuierlichen Zuschauerforschung für das Jahr 1984«, in: *Media Perspektiven* 4, S. 245-256.

Dehm, U. (1984), *Fernseh-Unterhaltung. Zeitvertreib, Flucht oder Ge-*

fahr? Eine sozialpsychologische Studie zum Fernseherleben (Kommunikationswissenschaftliche Bibliothek, Bd. 10), Mainz.

Dehm, U., Eckhardt, J., Gerhardt, P., Klingler, W. (1985), »Kabel- und
Satellitenfernsehen. Nutzungsdaten – Befragungsergebnisse – Pro-
grammbewertung. September 1985. Eine Gemeinschaftsuntersuchung
im Auftrag von BR, SWF, WDR, ZDF«, Manuskript, Mannheim.

Eurich, C. (1980), *Das verkabelte Leben. Wem schaden und wem nützen
die Neuen Medien?*, Reinbek.

Fleck, F.H. (Hg.) (1983), *Die Ökonomie der Medien*, Freiburg (Schweiz).

Hoffmann-Riem, W. u. a. (1985), *Medienwirkung und Medienverantwor-
tung*, Baden-Baden.

Holzer, H. (1981), *Verkabelt und verkauft? Streitpunkt: Kabelfernsehen*,
Frankfurt am Main.

Hymnen, F.W. (1975), *Das Kabel – Fakten und Illusionen*, Frankfurt/M.

Infratest Medienforschung (1980), *Zeitungsnutzung und Leseverhalten –
Daten zur gegenwärtigen Situation der Tageszeitungen in der Bundesrepublik Deutschland*, München.

Itin, P., Schrape, K. (1981), »Entwicklungsbedingungen der neuen Medien bis 1990. Über die Endlichkeit der Nachfragepotentiale und der
Werbebudgets«, in: *Media Perspektiven* 1, S. 1-15.

Kaiser, W. u. a. (1978), *Kabelkommunikation und Informationsvielfalt.
Eine Problemanalyse zur Gestaltung von Pilotprojekten unter dem
Aspekt der Wirkung auf die Presse*, München/Wien.

Kaiser, W. (1982), *Interaktive Breitbandkommunikation. Nutzungsfor-
men und Technik von Systemen mit Rückkanälen* (Veröffentlichungen
des Münchner Kreises, Bd. 8), Berlin/Heidelberg/New York.

Kaltenbrunner, G.-K. (Hg.) (1982), *Bilderflut und Bilderlust*, München.

Kellner, H. u. a. (1980), *Kabelfernsehen – Fortschritt oder Rückschritt?*,
Frankfurt am Main.

Lange, B.-P. (1980), »Kommerzrundfunk versus Integrationsrundfunk.
Zur ordnungspolitischen Legitimation alternativer Organisationsmo-
delle von Rundfunkanstalten«, in: *Media Perspektiven* 3, S. 133-145.

Langenbucher, W.R. (1984), *Designbericht. Projektdesign Kabelkommunikation Berlin*, Berlin.

Lohmar, U. (1981), *Demokratie und Information. Ein Forschungsbericht
über Mikroelektronik, Medien und Zukunftsplanung. Die USA im
Spiegel deutscher Fragen*, Bonn.

MacLuhan, M. (1978), *Wohin steuert die Welt? Massenmedien und Ge-
sellschaftsstruktur*, Wien/München/Zürich.

Mestmäcker, E.-J. (1978), *Medienkonzentration und Meinungsvielfalt.
Eine vergleichende wirtschaftsrechtliche Untersuchung im Auftrage des
Bundesministers des Innern*, Baden-Baden.

Müller-Römer, F. (1985), *Zur zukünftigen Aufgabe des Rundfunks. Vielzahl und Vielfalt der Programme?*, Bayerischer Rundfunk, München.

Naeher, G. (1982), *Stirbt das gedruckte Wort? Neue Medien, die große Herausforderung*, Ulm.

Pätzold, U. (Hg.) (1978), *Kabelkommunikation. Organisation und Programme*, München.

Pätzold, U., Tonnemacher, J. (1981), »Dimensionen neuer Informations- und Kommunikationstechniken. Bestandsaufnahme und Prognose«, in: *Publizistik* 26, S. 508-529.

Prott, J., Blöbaum, B., Giesselmann, H., Tröbst, E., Vahle, W. (1983), *Berufsbild der Journalisten im Wandel? Zeitungsredakteure unter den Bedingungen der Bildschirmarbeit*, Frankfurt/M.

Ratzke, D. (1982), *Handbuch der Neuen Medien*, Stuttgart.

Roegele, O. B. (1970), *Die Zukunft der Massenmedien* (*Texte und Thesen*, Heft 1), Osnabrück.

Ronneberger, F. (1982), *Public Relations zur Zukunftssicherung. Hinweise zur Überlebensstrategie der Wissenschaftlich-Technischen Zivilisation* (*Studien zu Theorie und Praxis der Public Relations*, Bd. 10), Düsseldorf.

Ronneberger, F., unter Mitwirkung von U. Meister und M. Reith (1982), *Neue Medien. Vorteile und Risiken für die Struktur der demokratischen Gesellschaft und den Zusammenhalt der sozialen Gruppen. Eine Literaturstudie* (Schriften der Deutschen Gesellschaft für Comnet, Bd. 1), Konstanz.

Ronneberger, F., Gerhard, P. (1984), »Kabelpilotprojekt München. Ergebnisse einer ersten Telefonbefragung«, in: *Media Perspektiven* 12, S. 961-969.

Rühl, M. (1980), *Journalismus und Gesellschaft*, Mainz.

Rühl, M., Saxer, U. (1981), »25 Jahre Deutscher Presserat. Ein Anlaß für Überlegungen zu einer kommunikationswissenschaftlichen Ethik des Journalismus und der Massenkommunikation«, in: *Publizistik* 26, S. 471-507.

Rühl, M. (1984), »Die Rundfunkgebühr ein wohlfahrtsstaatlicher Preis. Versuch einer begrifflichen und problemorientierten Bestandsaufnahme sowie Hinweise auf Entwicklungsmöglichkeiten einer Gebührenpolitik«, in: *Media Perspektiven* 8, S. 589-605.

Saxer, U. (1981), »Kulturförderung durch Rundfunkarbeit. Der öffentlich-rechtliche Rundfunk als Kunstmäzen«, in: *Media Perspektiven* 11, S. 753-767.

Silbermann, A. (1968), *Vorteile und Nachteile des kommerziellen Fernsehens*, Düsseldorf.

Schatz, O. (Hg.) (1975), *Die elektronische Revolution*, Graz/Wien/Köln.

Schmidbauer, M., Löhr, P. (1983), *Die Kabelpilotprojekte in der Bundesrepublik Deutschland. Ein Handbuch* (Schriftenreihe Internationales Zentralinstitut für das Jugend- und Bildungsfernsehen, Nr. 16), München/New York/London/Paris.

Schönbach, K. (1977), *Das unterschätzte Medium. Politische Wirkungen von Presse und Fernsehen im Vergleich* (Kommunikation und Politik, Bd. 16), München.

Stammler, D. (1985), »Informationsvielfalt und Wettbewerbspolitik. Überlegungen zur Wettbewerbsordnung im Bereich privaten Rundfunks«, in: *Media Perspektiven* 8, S. 601-614.

Weber, A. (1950), *Kulturgeschichte als Kultursoziologie*, München.

Witte, E. (Hg.) (1979), *Telekommunikation für den Menschen* (Telecommunications, Veröffentlichungen des Münchner Kreises, Bd. 3), Berlin/Heidelberg/New York.

Witte, E. (1984), *Neue Fernsehnetze in Medienmarkt. Die Amortisationsfähigkeit von Breitbandverteilsystemen*, Heidelberg 1984.

Manfred Rühl
Zur Technisierung freiheitlicher Publizistik – jenseits von Neuen Medien und Neuer Technik

1. Kommunikationsfreiheit und Publizistik

Die Informations- und Meinungsäußerungsfreiheit durch Publizistik, landläufig »Pressefreiheit« genannt, ist heute auf eine besondere Weise bedroht. Auf diesen Nenner läßt sich die herrschende Meinung bringen, obwohl sie auf etwa drei Jahrhunderte Kampfgeschichte um die Pressefreiheit zurückblicken kann.[1] Erinnert man sich daran, daß nicht die Technik entscheidend war für die Institutionalisierung der Pressefreiheit, sondern daß Politik und Religion ganz entscheidend das Tempo und die Ausbreitung ihrer Institutionalisierung beeinflußten, dann scheint das heute ganz anders zu sein. Oder täuschen wir uns? Sind es auch heute nicht in erster Linie technische Innovationen wie Computer, Breitband-Kabelnetze oder direktstrahlende Satelliten, deren öffentlich-kommunikative Nutzungsmöglichkeiten die Pressefreiheit unmittelbar bewirken? Zumindest scheint die Spezialisierung bestimmter Medien dazu geführt zu haben, daß heute statt von Pressefreiheit von Journalistenfreiheit[2], von Rundfunkfreiheit, Filmfreiheit und – neuerdings – von Medienfreiheit die Rede ist[3], so daß mit dem Begriffstitel Kommunikationsfreiheit bereits ein Oberbegriff gefunden scheint.
Sosehr die verschiedenen Gesetzestexte gegliedert und einander zugeordnet werden mögen, Kommunikationsfreiheiten scheinen in erster Linie den Herstellern von Publizistik, also den Herstellern von öffentlicher Kommunikation eingeräumt zu werden, seien es »Professionelle«, seien es »Amateure«. Aber nicht nur Hersteller, sondern jeder, der an der Publizistik teilhaben will, muß vielstufig auswählen und entscheiden.
Bei diesen Selektionsprozessen orientieren sich die Beteiligten an unterschiedlichen Erwartungshorizonten. Für die Hersteller von Publizistik ist es letztlich die Ereignishaftigkeit der Welt, aus der in den Formen »Wort«, »Bild« und/oder »Musik« Mitteilungen zur öffentlichen Kommunikation thematisiert werden.[4] Und die

Herstellung von Publizistik gilt nach wie vor als Jedermannsrecht, obwohl gerade dieser Bereich durch Journalisten, Künstler, Techniker und Manager bereits hochgradig »verberuflicht« ist und obwohl publizistische Leistungen in den Bereichen Presse und Rundfunk so gut wie ausschließlich von Organisations wegen durch Verlage und Rundfunkanstalten erbracht werden.

Auf der Seite der potentiellen Annehmer von Publizistik ist es die Öffentlichkeit, die aus dem ihr nach Ort und Zeit unterschiedlich zugänglichen publizistischen Gesamtangebot auswählt. Durch die Annahme und Verarbeitung publizistischer Angebote konstituieren sich aus der Öffentlichkeit gleichzeitig konkrete Publika. Und wer Zeitungen und Zeitschriften liest, wer Radio hört und fernsieht, der tut dies in der Regel allein oder in einem informellen sozialen Kontext, aber – ungleich den Herstellern von Publizistik – unorganisiert.

Die Beziehung zwischen den Herstellern und den Adressaten der Publizistik zeichnet sich durch zwei Besonderheiten aus: Zum einen bleiben die Kommunikationspartnerschaften, wenn sie zwischen Hersteller und Annehmer zustandekommen, in der Regel »unpersönlich«, und zum anderen sind es besondere Kommunikationsmedien und besondere Kommunikationstechniken, die die Auswahlprozesse auf beiden Seiten charakterisieren.[5]

In einer entwickelten Gesellschaftsordnung wie der Bundesrepublik Deutschland kann zudem nicht übersehen werden, daß Publizistik so gut wie ausschließlich organisationsförmig hergestellt wird. Und da sich seit den Bürokratieforschungen Max Webers nicht mehr ernsthaft bestreiten läßt, daß sich organisatorische Entscheidungs- und Kommunikationsprozesse erheblich von denen unterscheiden, die dyadisch zwischen Individuen stattfinden, ist die Auffassung fragwürdig geworden, wonach die Pressefreiheit allein auf Einzelpersonen zu beziehen ist. Kann der einzelne »Presse-Angehörige« noch als *der* spezielle Träger der Pressefreiheit gelten?[6]

Diese Frage wird nicht nur durch die Tatsache provoziert, daß Pressefreiheit landauf, landab organisatorisch verwirklicht wird; sie hat auch verfassungsrechtliche Auslöser. Denn mit einem medien-kommunikativen Jedermannsrecht auf freie, insbesondere unzensierte Äußerungen und der Verbreitung von Informationen und Meinungen sind weitere, grundgesetzlich gewährleistete Freiheiten eng verbunden. Dazu gehören vor allem die Glaubens-

und Gewissensfreiheit, die Versammlungs- und Vereinigungsfreiheit und in gewisser Hinsicht auch die Arbeits- und Berufswahlfreiheit.[7] Zusammengenommen strukturieren diese Grundrechtsfreiheiten aber nicht nur Individualrechte einzelner »Presse-Angehöriger«, sondern sie wirken mit bei dem organisatorischen Auswahlverhalten, durch das Publizistik in erster Linie hergestellt wird.

Neben den individuumorientierten publizistischen Freiheiten steht mit der medienzentristischen Sichtweise eine weitere, traditionsreiche Betrachtung dieser speziellen Kommunikationsfreiheiten in Frage. Medienzentrismus meint jenen Standpunkt, von dem aus Publizistik nicht primär als gesellschaftlich strukturierter Prozeß öffentlicher Kommunikation untersucht wird. Vielmehr gilt nach medienzentristischer Auffassung das Augenmerk der Forschung den einzelnen »Massenmedien«, insonderheit jenen vielfältigen Erzeugnissen, die als Zeitungen und Zeitschriften, als Hörfunk- und Fernsehprogramme sowie als Filme auf den Markt kommen. Dazu gehören auch die publizistischen Vorläufer dieser »Massenmedien«, da Flugblatt, Wandzeitung und Pamphlet in den letzten Jahren eine Renaissance erlebt haben, und nicht zuletzt gehören dazu die publizistischen Mitläufer Plakat, Schallplatte oder Comics. Denn es sind die Wirkungen dieser, gewiß unterschiedlichen Medien, auf die sich das Interesse der medienzentristischen Forschung konzentriert, wenn sie fragt, welche Wirkungen diese Medien heute haben[8] bzw. welche sie früher gehabt haben sollen.[9]

Wenn auch immer wieder Bedenken gegenüber der medienzentristischen Orientierung der Forschung und der Politik geäußert werden, weil eine solche technologisch-vereinseitigte Sichtweise noch zu rechtfertigen wäre, so ist gleichwohl nicht zu übersehen, daß diese Perspektive in der Diskussion vorherrscht. Ihr hat sich auch jenes international gebräuchliche Ordnungsschema angeschlossen, das die Kommunikationsfreiheit wie folgt dreiteilt: 1. Kommunikationsfreiheit durch Druckmedien [*print*]; 2. Kommunikationsfreiheit durch Vermittlungsmedien [*common carrier*]; 3. Kommunikationsfreiheit durch Rundfunkmedien [*broadcasting*].

1. Über Kommunikationsfreiheit im Verbund mit Druckmedien liegen wohl die reichsten Erfahrungen vor. Daß die Pressefreiheit im Verlaufe des 19. Jahrhunderts durchgesetzt werden konnte,

hat gewiß mehrere Gründe. Mit ihnen verbunden dürfte die Tatsache eine Rolle gespielt haben, daß gerade in dieser Zeit eine Reihe technologischer Erfindungen und Entwicklungen marktfähig wurden, wie die Schnellpresse (1814), der Holzschliff zur Papierherstellung (1844), die Rotationspresse (1848) oder der Maschinensatz (1888). Diese technologischen Artefakte fungierten in wechselseitigen Abhängigkeiten miteinander[10] und mit weiterreichenden sozialen Veränderungen. Hervorzuheben ist in erster Linie der Prozeß der Alphabetisierung, wie er sich im Deutschland des 19. Jahrhunderts vollzog.

Stand zu Beginn des Jahrhunderts das Verhältnis von Analphabeten zu Lesekundigen 3:1, so hat sich diese Relation bis zur Reichsgründung (1871) geradezu umgekehrt. Und da in der neuen Leserschaft eine Verlagerung zu beobachten war, und zwar weg von der bis dahin typischen Wiederholungslektüre weniger Bücher hin zu einer extensiven Lektüre kurzlebiger Publikationen wie Zeitungen, spricht man mit einigem Recht davon, daß in den ersten beiden Dritteln des 19. Jahrhunderts so etwas wie eine Leserevolution in Deutschland stattfand.[11]

Presse herzustellen und zu verbreiten, versprach im Verlaufe des 19. Jahrhunderts sowohl zunehmenden publizistischen Erfolg als auch ökonomischen Gewinn. Diese beiden Faktoren haben gewiß erheblich dazu beigetragen, die Pressefreiheit als gesetz- und verfassungsmäßiges Individualrecht zu verbriefen. So wurde die Pressefreiheit in die Deutsche Bundesakte (1815) aufgenommen, in der Folge der Karlsbader Beschlüsse (1818) wieder unterdrückt, in der Reichsverfassung des »Paulskirche«-Parlaments (1849) proklamiert, um erst mit dem Reichspreßgesetz von 1874 erstmals rechtsnormativ gesatzt zu werden.[12]

Heute ist die Pressefreiheit in Art. 5 Abs. 1 Satz 2 GG als Grundrecht garantiert, und sie wird durch elf Landes-Pressegesetze speziell normiert. Seitens der Hersteller von Publizistik wird diese Presserechtsfreiheit unter einem Doppelanspruch zu realisieren versucht: Erfahren zu können, was man nicht weiß, aber wissen möchte, und vor allem der Öffentlichkeit die Chance zu bieten, zu erfahren, was die Hersteller wissen oder zu wissen meinen.

2. Obwohl die später sogenannten Vermittlungsmedien Briefpost, Telegraf, Telefon oder Fernschreiber seit Beginn ihrer gesellschaftlichen Nutzung mit den Druckmedien zur Presseherstellung eng verbunden sind, war doch mit ihrer sozialen Institu-

tionalisierung eine andersgeartete Freiheitspolitik gefragt. Sieht man von einigen wenigen Ausnahmen ab[13], dann offerieren Vermittlungsmedien keine nach Form und Inhalt eigenständigen, zumindest keine für die Allgemeinheit vorgesehenen publizistischen Darbietungen. Deshalb sind es bis heute generelle Sicherheitskriterien wie »Brief-, Post- und Fernmeldegeheimnis«, »Universalität der Dienstleistungen« oder »ungehinderter Zugang ohne Diskriminierung einzelner bzw. einzelner Gruppierungen« [*fair access*], durch die eine vermittlungsmediale Kommunikationsfreiheit definiert wird.[14]

3. Wird Rundfunk mit Presse im Hinblick auf publizistische Freiheiten verglichen, dann wird erkennbar, daß vor allem die gesellschaftliche Entwicklung der Freiheiten beider durchaus unterschiedlich verlief. Obwohl der Rundfunk als Hörfunk in Deutschland seit 1923 eingeführt ist, also nur knapp 50 Jahre nach der rechtsnormativen Institutionalisierung der Pressefreiheit auf Sendung ging (das Fernsehen begann in der Bundesrepublik erst 1952 mit regelmäßigen Programmen), führte die Rundfunkfreiheit zunächst ein Schattendasein. Juristisch gilt der Rundfunk in der Bundesrepublik Deutschland als mit der Presse »wesensverwandt« und Rundfunkfreiheit wird, wie Pressefreiheit, als eine Kommunikationsfreiheit durch Art. 5 Abs. 1 Satz 2 GG grundrechtlich gewährleistet. Auch in der rechtsnormativen Kleinarbeitung (Wahrung der Staatsunabhängigkeit, Sorgfaltspflicht gegenüber Dritten usw.) entspricht die Rundfunkfreiheit der Pressefreiheit[15], und nach verfassungsrechtlicher Kompetenzregelung sind für den Rundfunk wie für die Presse grundsätzlich die Landesgesetzgeber zuständig.[16]

Diese Gleichstellung läßt die vor allem historisch bedingten Unterschiede nur schwer erkennen. Bis zum Ende des Jahres 1984 war die Freiheit der Rundfunkanbieter in der Bundesrepublik allein durch die Organisationsform Anstalt des öffentlichen Rechts ausgestaltet. Gesellschaftliche Grundlage der Freiheit des öffentlich-rechtlichen Rundfunks blieb aber bis heute: das föderative Prinzip, das Prinzip der Staatsunabhängigkeit, die Knappheit der Frequenzen, der Primat der Finanzierung durch Gebühren und die Interpretation des »Programmauftrages« als die eines Rundfunks, der in seinen verschiedenen Hörfunk- und Fernseh-Programmen alle Lebensbereiche thematisiert. Unter diesen gesellschaftlichen Bedingungen soll der öffentlich-rechtliche Rundfunk ein Gesamtprogramm herstellen, das dem allgemeinen Wohle dient.

Ungeachtet seines einheitsideologischen Mißbrauchs im Dritten Reich, trotz des Neubeginns in der Organisationsform von Anstalten des öffentlichen Rechts nach dem Zweiten Weltkrieg blieb der Rundfunk in der Bundesrepublik Deutschland, was er seit seinen Anfängen in der Weimarer Republik war: ein vorwiegend politisch-administrativ bestimmtes publizistisches System. Auch die Entwicklung der Rundfunkfreiheit wurde und wird in erster Linie durch extern gesetzte Rechtsnormen vorbestimmt, wobei den bisher vier Grundsatzentscheidungen des Bundesverfassungsgerichtes in Sachen Fernsehen hinsichtlich der Rundfunkfreiheit ein besonderer Stellenwert zukommt.[17] Und wenn auch das Hinzutreten technologischer Neuerungen wie Glasfaserkabel und direktstrahlende Rundfunksatelliten sowie die Eingliederung von absatzmarkt- und gewinnorientierten Rundfunk-Organisationsformen für die Rundfunkfreiheit entscheidende Änderungen zu versprechen scheinen, so wird man angesichts der bundesweiten Institutionalisierung von Landesgesetzen für Neue Medien keine entsprechenden Erwartungen hegen dürfen.[18] Eine Trendänderung ist nicht in Sicht. Nach wie vor ist es in erster Linie das gesatzte und das ausgelegte Recht, das nicht nur den Rahmen, sondern auch die internen Strukturen künftiger publizistischer Freiheiten vorgeben wird.

2. Neue Medien und Neue Techniken – inadäquate Begriffe und ihre Folgen für die Bildung publizistischer Theorie

Das Problem der Kommunikationsfreiheit verdient im Zusammenhang mit der Entwicklung und der Einführung neuartig organisierter Medien und neuer Techniken für Redaktionen, Satz und Druck verstärkte Aufmerksamkeit. Obwohl hier Neuerungen in kurzer Zeit und großer Dichte auftreten, überrascht einigermaßen, mit welcher Nonchalance das dafür eingesetzte begriffliche Denkzeug gehandhabt wird. So ist bislang weithin offengeblieben, was man mit Neuen Medien meint und was unter Neuen Techniken »eigentlich« zu verstehen ist.[19] Eine in etwa konsensfähige begriffliche Klärung ist jedenfalls nicht in Sicht, obwohl auch die Wissenschaften mit beiden Begriffstiteln operieren, und zwar so, als handle es sich um die Repräsentanten wohldefinierter Begriffe.

Die dadurch hervorgerufenen Mißverständnisse werden nicht weniger, wenn die Wissenschaften die Ausdrücke Neue Medien und Neue Techniken der Sprache der Praxis bzw. der Alltagssprache entlehnen und diese wiederum beide Begriffstitel re-importieren. Wieviel gleichartiger Sinn ohnehin sinnarmer Begriffe diese Wanderungen durch die »Sprachen« übersteht, kann man nur ahnen.

Kommt dabei den Speziallexika und Fach-Handbüchern nicht eine Sonderaufgabe zu? Können sie nicht zwischen den Sprachen der Wissenschaften und jenen der Praktiker eine Brückenfunktion übernehmen?

Konsultiert man diese Begriffs- und Stichwörter-Sammlungen[20], dann findet man, daß Neuen Medien und Neuen Techniken – bei allen Identifikationsunterschieden im Detail – eine wichtige Gemeinsamkeit zugeschrieben wird: Lexikalisch gehören beide zur Technik, und Technik wird – meist unausgesprochen – als eine Einheit von Apparaten, Anlagen, Geräten und ähnlichem, kurz: als Einheit zweckhafter Artefakte verstanden. Dergestalt verfügt Technik über viele gemeinsame Elemente, so daß Neue Medien und Neue Techniken als Teile davon begriffen werden, denen, im Unterschied zu bisherigen Technikbeständen, lediglich neuartige Besonderheiten zugeordnet werden.

Diese Charakterisierung lexikalischer Interpretationen scheint durch die Literatur bestätigt zu werden, die betont, daß es sich bei Neuen Medien keineswegs um bis anhin unbekannte Artefakte handle, die neuartige publizistische Leistungen zu erbringen vermöchten[21], und die hinsichtlich Neuer Techniken feststellt, daß sie wohl die redaktionelle Arbeit erheblich verändern[22], aber die traditionelle öffentliche Aufgabe der Presse nicht entscheidend tangieren würden.[23]

Freilich widersprechen »rein« technologische Bestimmungen jenen normativen Verflechtungen, in die Neue Medien und Neue Techniken in der öffentlichen Diskussion gebracht werden. Denn mit dem Begriff »Neue Medien« wird in der Öffentlichkeit grundsätzlich in Verbindung gebracht, daß sie mehr Meinungsfreiheit und mehr Bürgerfreiheit verwirklichen und es erlauben, Presseerzeugnisse schneller und preiswerter herzustellen, so daß es zu einer umfassenderen Information und zu einer besseren Meinungsbildung der Staatsbürger kommt. Das sind weittragende, von Politik und Wirtschaft in die Neuen Medien und Neuen Techniken zweckhaft gesetzte Aufgaben, die konsequenterweise an die Publizistik hohe Erwartungen stellen.[24] Sind jedoch diese publizistischen Erwartungen realisierbar angesichts eines Technikverständnisses, das offenkundig und so gut wie ausschließlich darunter technologische Artefakte versteht?

Wird Technik als Gesamtheit von Geräten, Anlagen, Apparaten usw. angenommen, von der Neue Techniken und Neue Medien besondere Teile sind, dann ist Technik nicht nur ein Sammelbegriff, sondern wird als gesamthaftes Idealobjekt ontifiziert und apriorisiert. Für Neue Medien und Neue Techniken wird eine Idealität zweckhafter Gemeinsamkeit unterstellt, die durch unterschiedliche, aber standardisierbare Produktionsprozesse in physisch greifbare Artefakte verwirklicht wird. Bringt man diese instrumentell vorgestellte Technik mit der publizistischen Produktion von Zeitungen und Zeitschriften, von Hörfunk- und Fernsehprogrammen in Verbindung, dann ergeben sich Probleme der Technik in erster Linie hinsichtlich der Ablösung alter Medien und alter Techniken. Das bedeutet für die Presse, daß an die Stelle von Papier, Schere, Leimtopf, Schreibmaschine usw. Bildschirmterminals und eine den gesamten Produktionsprozeß und Verwaltungsprozeß der Presse durchdringende Computertechnologie tritt. Beim Rundfunk wiederum verdrängt nach dieser Auffassung eine über Satellit und/oder Kabel verbreitete, durch die Organisationsformen der Privatwirtschaft hergestellte Publizistik die bisher übliche terrestrische Bereitstellung von Programmen durch Anstalten des öffentlichen Rechts.

Doch gerade die zuletzt angesprochenen wirtschaftlichen und rechtlichen Konsequenzen in der Organisation der Presse und des Rundfunks werden von einem Technikbegriff traditioneller Art nicht getragen. Er wird vielmehr überlastet durch unausgesprochene theoretische Konzeptionen von Publizistik, die offengelegt werden und eine entscheidende Position in dieser Diskussion einnehmen müßten.

Nun wird gerade in der öffentlichen Auseinandersetzung über Neue Medien und Neue Techniken immer wieder betont, daß beide nur teilweise etwas mit Publizistik zu tun hätten. Freilich kommt die Diskussion über die Feststellung und Beschreibung dieses Sachverhaltes nicht hinaus. Offenbar werden nicht nur Neue Medien und Neue Techniken, sondern es wird auch die Publizistik als eine Gegebenheit verstanden, die in ihren Grundstrukturen auch dann gleichbleibt, wenn sie durch Neue Medien und Neue Techniken hergestellt und bereitgestellt wird. Versuche, ein theoretisch zureichendes Verhältnis zwischen Neuen Medien, Neuen Techniken und Publizistik herzustellen, in dem etwa epistemologische Ordnungstheorien wie Kybernetik oder Autopoiesis herangezogen werden, sind nicht in Sicht. Der Grund dafür dürfte primär in der vermeintlichen Selbstverständlichkeit der Publizistik sowie in der Idee zu suchen sein, Neue Medien und Neue Techniken als instrumentell nutzbare Artefakte zu begreifen – eine, wie sich mehr und mehr erweist, methodologische Unzulänglichkeit.

Die begriffliche Naivität und die methodologische Unzulänglichkeit, mit denen der hier in Rede stehenden Problematik begegnet wird, sind nicht folgenlos geblieben. So wurde das entstandene theoretische Vakuum in der Diskussion zunächst – wie so oft in der Geschichte der Publizistik – vom kulturkritischen Mißtrauen aufgefüllt. Die auch in der praktischen Publizistik nicht unbekannte Geringschätzung von Technik, ja deren teilweise negative Mystifikation als eine dem Journalismus abträgliche Erscheinung legte es der Kulturkritik nahe, Neue Techniken und Neue Medien eilig auf die Tagesordnung zu setzen. Und wie so häufig war die Kulturkritik schnell auf dem Markt schnellebiger Publikationsformen, wo sie in metaphernreicher Sprache die negativen Auswirkungen Neuer Medien und Neuer Techniken im Prozeß der Publizistik beklagt. Die Verkabelung, so wird gemutmaßt, verhindere Kommunikation; der neue Rundfunk enteigne die Bürger und erzeuge gar eine andere Republik. Schon das alte Medium Fernsehen habe als Droge im Wohnzimmer die kindliche Psyche vergiftet, ja sogar das Verschwinden der Kindheit bewirkt, während das Leben der Erwachsenen durch das viele Fernsehen entleert werde und zum Tode durch Amüsement führen würde. Das anzuwendende Rezept könne deshalb nur heißen: Abschaffung des Fernsehens und Große Verweigerung gegenüber den Neuen Medien.[25] Und was die Neuen Techniken angeht, so traut ihr die Kulturkritik in erster Linie menschenfeindliche Folgen zu und prophezeit, daß der Bildschirm die Journalisten zu Knopfdruck-Journalisten denaturieren werde.[26]

Resümee: Die alten technikfeindlichen Klagelieder der Kulturkritik wurden und werden zu neuen Texten gesungen, deren immergrüne Refrains lauten: »Krise! Schaden! Schuldhaftes Versagen!«

Die gelegentlich vorgetragenen wissenschaftlichen Einlassungen[27] haben wenig Chancen, sich auf den Märkten kulturkritischer Eitelkeiten durchzusetzen. Nicht nur aus diesem Grunde kommt es zu keiner ernsthaften, Erkenntnisse fördernden Auseinandersetzung. Denn die Kulturkritik ist in einem solchen Wettbewerb der Urteile mit ihrer empirisch-unzulänglichen und insofern nicht prüfbaren Metaphorik schlecht gerüstet. Gleichwohl wird eine empirisch-theoretisch operierende Wissenschaft die Argumentation der Gläubigen kaum erschüttern können, zumal sie mit ihren Erkenntnisleistungen aufgrund langwieriger und umständlicher Forschungsfinanzierung ohnedies der aktuellen Politisierung der Thematik hinterherhinkt.

Aber nicht nur aus diesen Gründen werden prognostische Aussagen über individuelle, familiale, organisatorische und gesamtgesellschaftliche Einflüsse Neuer Medien und Neuer Techniken für die Praxis kaum relevant.[28] Solchen Bemühungen stehen schwammige Begriffe wie Neue Medien oder Neue Techniken als Erkenntnishindernisse im Wege und führen semantisch in die Irre.

3. Wie ist Publizistik als besondere Humankommunikation möglich?

Wer sich um die Bildung einer Theorie der Publizistik in Relation zu entwickelten Gesellschaftsordnungen bemüht, kann zunächst nicht voraussetzen, daß Publizistik eine Gegebenheit, ein bestimmter Gegenstand an und für sich ist, der sich begreifen läßt, losgelöst von sozialen Bedingungen. Gewiß tritt die Publizistik als eine vortypisierte Wirklichkeit in aller Bewußtsein; von der Wissenschaft ist sie jedoch, gleich anderen sozialen Phänomenen, zu rekonstruieren – und zwar hierzulande unter den Bedingungen wissenschaftlich-technischer Zivilisation und im Gesamtzusammenhang menschlicher Kommunikation (Humankommunikation).

Gerade dann, wenn Publizistik als ein Entwicklungsergebnis wissenschaftlich-technischer Zivilisation angenommen wird, ist einsichtig, daß sie, zusammen und in Verbindung mit anderen Kommunikationsformen in das tägliche Leben eingebettet ist, wo ihr eine spezifische Funktion zukommt.

Dieser Hinweis auf die wachsende Bedeutung der Publizistik in der Neuzeit stützt die Auffassung, daß es sich bei Humankommunikation um kein urmenschliches, gleichbleibendes Vermögen handelt, das Menschen in schlechthin vernünftige Beziehung bringt. Vielmehr ist Humankommunikation veränderlich, und sie in bestimmten Situationen zu konkretisieren setzt voraus, daß menschliche Erwartungen und menschliche Erfahrungen situativ mitkonkretisiert werden, und zwar in den Dimensionen Persönlichkeit, Sozialität, Sachlichkeit und Zeitlichkeit.[29]

Wenn es zutrifft, daß Humankommunikation nie frei von sozialen und psychischen, von sachlichen und zeitlichen Zusammenhängen bestimmt werden kann, gerade dann wird eine Theorie der Publizistik humanevolutionär zu entwickeln sein. Dazu reichen die früher verwendeten organischen und mechanischen Modelle (K. d'Ester, W. Hagemann, G. Würfel) nicht mehr aus. Zunehmend wird Publizistik anhand des System/Umwelt-Paradigmas zu erfassen versucht, um in diesem Kontext Publizistik auf die Möglichkeiten der Information und der Verständlichkeit hin zu befragen. Mit anderen Worten: Es sind zunächst einige theoretische Vorfragen über Humankommunikation zu klären, bevor Publizistik als der Prototyp neuzeitlicher öffentlicher Kommunikation in ihren Beziehungen zu Neuen Medien und zu Neuen Techniken sowie in ihrem Verhältnis zur Technisierung des gesellschaftlichen Lebens problematisiert werden kann.

Kommt Humankommunikation zustande, dann ereignet sich bei den Beteiligten grundsätzlich zweierlei: Zum einen wird *informiert*, d. h. mindestens einer der Beteiligten erfährt Neues. Zum anderen *verstehen* die Beteiligten die thematisierten Mitteilungen, wenn beiden ein Sinniveau gemeinsam ist, aufgrund dessen sie wissen, wovon die Rede ist, und anhand dessen elastischer Handhabung sie in die Lage versetzt werden, Neues als Kenntnis- und Wissenszuwachs zu realisieren. Information und Sinn werden nach dieser Auffassung nicht als verdinglichte Gegebenheiten verstanden, die in der Humankommunikation durch bloßen Transfer von Mensch zu Mensch übertragen werden. Vielmehr ist Humankommunikation als Elementarprozeß zu identifizieren, der es wahrscheinlich macht, daß Menschen durch ihn informiert werden und daß anhand von Information »vorhandener« Sinn erweitert, umgebildet oder neugebildet wird.[30] Information und Verständlichkeit sind prinzipielle Möglichkeiten, die durch die Annahme und Verarbeitung thematisierter Mitteilungen Wirklichkeit werden können.[31] Damit Information und Verständlichkeit gelingen können, muß Humankommunikation situativ organisiert sein.[32] Menschen gehen in die Kommunikation nicht als Totalitäten ein, sondern sind als Persönlichkeiten und durch soziale Rollen beteiligt. Persönlichkeiten und soziale Rollen konstituieren situativ Kommunikationssysteme eigener Art, die mit physischen und sozialen Umwelten in vielfältigen Wechselbeziehungen stehen.

Zur Identifikation und zur Abgrenzung gegenüber der Umwelt bedarf jede Kommunikationssituation der internen Ordnung.[33] Durch interne Ordnung werden Kommunikationssituationen strukturiert. Dieser Prozeß erfolgt zeitlich vorab – in Relation zu persönlichen, sozialen, sachlichen und zeitlichen Bedingungen. Insofern sind humankommunikative Situationen keine festen Gegebenheiten. Ihre psychische, soziale, sachliche und zeitliche Strukturierung erfolgt durch generalisierte Erwartungszusammenhänge, die auf Erfahrungen beruhen, und die situativ eingesetzt werden, soll Humankommunikation zustandekommen und soll sie fortgesetzt werden.

Die in den genannten vier Dimensionen ausgeprägten Strukturen humankommunikativer Situationen dienen gleichsam als deren »Grundausstattung«. Damit ist bereits der »Mensch« ins Bild gerückt – freilich nicht im Sinne der philosophisch-anthropologischen Formel vom »ganzen Menschen«.[34] In einer Zeit, in der viele Humanwissenschaften Kenntnisse und Wissen über Menschen, menschliches Handeln, menschliche Kommunikation und menschliches Verhalten hervorbringen, ist es offenbar nicht mehr möglich, daß Menschen als einzelne »ganze Menschen«, sozusagen als Lebewesen mit Leib und Seele, mit Haut und Haaren als zunächst nicht weiter zu analysierende Bestandteile der Humankommunikation angenommen werden. Nicht als Totalitäten, sonder »nur anteilig«, durch unterschiedliche *psychische und soziale Strukturen* nehmen Menschen an Kommunikation teil. Sie vermögen psychisch zu kommunizieren durch Persönlichkeit und Intelligibilität, durch Einstellungen und Motive, und sie orientieren sich in der Kommunikation primär an Werten und Normen, die wiederum im Verbund mit sozialen Rollen, mit Stellen (in Organisationen) und anderen Sozialstrukturen zu konkreten Steuerungsmechanismen der Humankommunikation werden. Ob eine bestimmte Kommunikationssituation primär von psychischen oder primär von sozialen Strukturen geprägt wird, das hängt in den konkreten Fällen ab von dem gemeinsamen Sinnniveau der Beteiligten, von den konsentierten Zielvorstellungen und nicht zuletzt von den Selbstverständnissen der Beteiligten, wie sie situativ akut werden. Insofern wird eine Kommunikationssituation zwischen Mutter und Säugling weitgehend psychisch, und zwar über Hautkontakte strukturiert werden, im Unterschied zur Kommunikationssituation zweier Wirtschaftsunternehmen, die vorrangig sozial strukturiert abläuft, und zwar über Geschäftskorrespondenz.

Mögen die Kommunikationsstrukturen archaischer Stammesgesellschaften begriffen werden als gleichartige Segmente (Familien, Clans), so haben sich diese Segmente in der funktionalisierten Gesellschaftsordnung unserer Tage erheblich gewandelt. Zudem sind neuartige Strukturzusammenhänge, allen voran Organisationen als Gesellschaftsstrukturen entstanden, an denen einzelne als Mitglieder teilhaben. Insofern wird in der modernen Gesellschaft Kommunikation durch komplementäre Rollensätze vollzogen. Ein Mann beispielsweise kann am Kommunikationssystem Familie als Vater, Ehemann und Haushaltsvorstand teilnehmen, was ihn nicht daran hindert, im Kommunikationssystem Arbeits- und Berufsorganisation als Angestellter, Einkäufer und als Mitglied der Betriebskrankenkasse tätig zu sein, im Sportverein als aktiver Leichtathlet, als Mannschaftssprecher oder als Betreuer einer Kindergruppe, im Kommunikationssystem seiner Kirchengemeinde als praktizierender Christ und als Gemeinderat. Zieht man in Betracht, daß die Teilhabe an weiteren Kommunikationssystemen in der Rolle des Wählers, des Verkehrsteilnehmers, des Steuerzahlers, des Diabetikers, des Wohngeld-Berechtigten usw. möglich ist und daß es nicht nur diese uneinheitlichen sozialen Rollenbindungen sind, sondern daß durch sie und in verschiedenartigen Kombinationen die Zeitstrukturen Werte und Normen durch Sozialstrukturen in Rollen aktualisiert werden, dann ist nicht verwunderlich, wenn Konflikte in Kommunikationssituationen als Normalität auftreten. Und wenn, trotz aller Bemühungen, Kommunikationskonflikte nie endgültig gelöst und damit nie vollständig aus der Welt geschafft werden können, so bedarf es gleichwohl routinisiert gehandhabter sozialer, psychischer, sachlicher und zeitlicher Strukturen, um auf kommunikativen Wegen Konflikte kontinuierlich (aber stets nur vorläufig) zu lösen.[35]

Damit wird evident, daß neben psychischen und sozialen Strukturen Humankommunikation von einer Fülle *sachlicher Strukturen* mitbestimmt wird. So werden sich die Beteiligten zunächst – meist implizit – auf eine allen vertraute Sprache einigen, in der und mit der sie kommunizieren. Wie differenziert diese sprachliche Kommunikation verläuft, hängt ab vom gemeinsamen Sprachniveau der Kommunikationspartner.

Dann werden sich die Beteiligten auf ein Thema einigen. Von der schier unendlichen Zahl möglicher Kommunikationsthemen wird eines durch Auswahl aktualisiert, über das verbal – mündlich oder schriftlich – und nonverbal kommuniziert wird, und zwar durch strukturierte Mitteilungen. Die an Kommunikation Beteiligten haben ferner kontinuierlich Auswahlen zu treffen in bezug auf Art und Umfang und hinsichtlich der Formen und Inhalte der Mitteilungen. Sie entscheiden sich, ob sie das gewählte Thema eher argumentativ oder eher polemisch erörtern wollen, ob dafür körperliche Anwesenheit erforderlich ist oder ob es auch ein Telefongespräch tut, ob ein Brief geeigneter ist und wenn ja, ob er als Fernschreiben, maschinenschriftlich oder handschriftlich abgefaßt werden soll.[36]

Grundsatzentscheidungen dieser Art werden in der Humankommunikation teils mittelfristig, teils kurzfristig, teils ad hoc getroffen. In keinem Falle handelt es sich um substantielle Angebote und Transferprozesse. Vielmehr wird die sachliche Dimension der Humankommunikation von Symbolen bzw. Symbolordnungen (Alphabet, Grammatik, Sprache usw.) charakterisiert. Sie werden als Möglichkeiten geäußert und können nur dann verwirklicht werden, wenn sie bei anderen psychisch-soziale Aufmerksamkeit finden, wenn sie anregen und insofern die kommunikative Doppelleistung von Information und Verständlichkeit erbringen können.

Zeitliche Strukturen wiederum sind in der Humankommunikation nicht nur durch »äußere« Zeit als meßbare Dauer zu erleben. Jede Kommunikationssituation hat eine Herkunft und eine Zukunft. Mit anderen Worten: Jede Humankommunikation verfügt in ihrer Zeitdimension sowohl über eine Vorkopplung [*feedforward*] als auch über eine Rückkopplung [*feedback*].[37]

Durch Vorkopplung antizipieren die Beteiligten künftig mögliche Aspekte sachlicher, psychischer oder sozialer Natur, die aktualisierte Kommunikationen mitbestimmen können. Überlegt sich ein Beteiligter, ob sein Gesprächspartner wohl weiß, was beispielsweise ein Verwaltungsakt, was Abseits im Fußball oder was Hepatitis ist, dann handelt es sich um die (zeitliche) Vorwegnahme möglicher Kommunikationsstrukturen sachlicher Art, die im Falle der Bejahung Themata nachfolgender Kommunikationen werden können. Solche Vorkopplungen können aber auch psychischer bzw. sozialer Natur sein. So überlegt beispielsweise ein Angestellter, wie er seinem Chef schmeicheln könnte, obwohl er weiß, daß seine mangelhaften Arbeitsleistungen als (sachliches) Thema des Gesprächs vorgesehen sind.

Rückkopplungen meinen in der Humankommunikation jene Vorgänge, durch die, verkürzt gesagt, Wirkungen des Geäußerten registriert werden. Die Beteiligten halten gleichsam Nachschau. Zum einen versuchen sie, den sachlichen Erfolg der vorausgegangenen Kommunikationssequenzen zu überprüfen, um die Ergebnisse möglicherweise in die fortzusetzende Kommunikation einzubringen. Wird im genannten Beispiel offenkundig, daß der Kommunikationspartner nicht weiß, was ein Verwaltungsakt, was Abseits oder was Hepatitis ist, dann kann im Paargespräch zwischen Anwesenden das behandelte Thema – durch Rückkopplung – kurzfristig neutralisiert werden. Lassen sich die Begriffe klären, kann weiter diskutiert werden; im anderen Falle liegt es an den Beteiligten, ob sie die Begriffe im unklaren belassen oder ob sie das Thema wechseln.

Wird in der psychisch-sozialen Dimension der Humankommunikation Nachschau gehalten, dann sind damit jene Beobachtungen gemeint, die beispielsweise durch das faciale Verhalten der Anwesenden erkennen lassen, ob sie das Thema interessiert, wie intensiv seine Diskussion gewünscht wird, ob der Kommunikationspartner häufiger zu Wort kommen will oder ob er ganz grundsätzlich in Eile ist. Andere psychisch-soziale Rückkopplungen wirken mit, wenn ein Gespräch zwischen räumlich Distanzierten, vor allem durch das Telefon geführt wird, da diese Technologie – zumindest heute noch – nur den akustischen Kanal freigibt.

Zieht man für jede Sequenz humankommunikativer Prozesse nicht nur »äußere« Zeit, sondern eine differenzierte Zeitdimension in Betracht, vor allem die Möglichkeiten der Vorkopplung und der Rückkopplung, dann wird einsichtig, weshalb Humankommunikation keinen Anfang und kein Ende hat. Weder ist die Herkunft der Sinnstrukturen als abgeschlossene Vergangenheit zu denken, noch kann deren Zukunft bei einer Art Nullpunkt beginnen. Eher wird es sinnvoll sein, Sinn als »vergangene Zukunft« zu begreifen.[38] Mit Hilfe vorab konstruierter psychischer, sozialer, sachlicher und zeitlicher Strukturierungen versucht Humankommunikation, situativ die hyperkomplexe Ereignishaftigkeit der Welt zu reduzieren, und zwar auf Ausmaße und Niveaus, die der menschlichen Kapazität zur Rekonstruktion von Mitteilungen, zur Annahme und zur Verarbeitung von Informationen und Verständlichkeit entsprechen. Strukturen in diesen vier Verweisungsrichtungen sind dann die »Konstanten« der Humankommunikation, durch die eine relative Stabilisierung der Möglichkeiten erreicht werden kann. Sicher ist aber nie, ob Humankommunikation verständlich ist und ob sie informiert. Jede Kommunikationssituation bleibt hinsichtlich der Verwirklichung ihrer Verständlichkeits- und Informationsmöglichkeiten risikobehaftet. Wahrscheinlichkeitstheoretisch gesagt: Durch Humankommunikation wird Unsicherheit auf das Niveau von Risiko reduziert, ohne daß davon ausgegangen werden kann, Sicherheit könne je erreicht werden. Sollten die Beteiligten versuchen, durch die Auswahl »harter« Kommunikationsmechanismen und »zuverlässiger« Entscheidungsprogramme das Risiko auf Sicherheitsniveau zu zwingen, etwa dadurch, daß alle psychischen, sozialen, sachlichen und zeitlichen Strukturen der Kommunikationssituation bestens kontrolliert werden, dann sind solche Vorhaben von Exaktheitsideen getragen, wie sie für die klassische Methodik der Naturwissenschaften typisch waren. Geht man jedoch davon aus, daß nicht einer bestimmten wissenschaftlichen Methodik, sondern den Problemen der Humankommunikation der Erforschungsprimat einzuräumen ist, dann wird man zur Lösung publizistischer Probleme solche Methoden und Forschungstechniken suchen, entwickeln und einsetzen, die der Problematik der Humankommunikation adäquat sind.[39]

4. Publizistik als die institutionalisierte öffentliche Kommunikation unserer Tage

Nähert man sich nach diesen Überlegungen der Publizistik als der heute gesellschaftsfähigen öffentlichen Kommunikation, dann geschieht das unter der Annahme, daß Publizistik in der wissenschaftlich-technischen Zivilisation alltägliches Kommunikationserleben geworden ist. Gleich Kommunikationsprozessen in intimen Situationen oder gleich Kommunikationsverläufen organisatorischer Art weist auch die Publizistik einige strukturelle Besonderheiten auf, die sie mit den beiden vorgenannten nicht unmittelbar vergleichbar macht. Nur ein Beispiel: Haben wir es im Paargespräch mit einem permanenten Rollenwechsel der Beteiligten als Sprecher und Zuhörer zu tun und ist die Organisationskommunikation durch die Formalisierung bestimmter sozialer Rollen (und Positionen) charakterisiert, so beobachten wir in der Publizistik eine dauerhafte Trennung der Rollen als »Kommunikator« und als »Rezipient«.

In der Publizistik ist auf der »Kommunikator«-*Seite* darüber hinaus zu erkennen, daß die Herstellung von öffentlicher Kommunikation selten eine Sache von Amateuren ist. In der Regel wird Publizistik beruflich und berufsmäßig betrieben. Die Herstellung von Publizistik wird, von wenigen Ausnahmen abgesehen, insofern beruflich ausgeübt, als dafür die Grundlage einer institutionalisierten Ausbildung erforderlich ist, eine kodifizierte Berufsideologie gilt, Publizistik auf Dauer und zum Zwecke des Gelderwerbs betrieben wird.[40]

Die Herstellung kommunikativer Angebote an die Öffentlichkeit ist nur in Marginalfällen noch die Leistung einzelner. In der Regel sind es Organisationen, die, intern mehr oder weniger komplex strukturiert, in Verbindung mit beruflichen Strukturen, Publizistik nach Ziel- und Zwecksetzungen auf den Weg bringen. Konkret gesagt ist es eine größere Zahl voneinander getrennt operierender Redaktionen, die verbunden sind mit verschiedenen organisierten Verlags- und Rundfunkunternehmen und die eine publizistische Entscheidungsautonomie entwickelt haben, um sie täglich anzuwenden. Redaktionen unterscheiden sich nach Strukturen der Führung, der Kontrolle und des Eigentums. Die Motivationen der in ihnen arbeitenden Journalisten differieren hinsichtlich persönlicher Teilnahmeerwartungen und den von der Redaktion bzw. dem Verlag oder der Rundfunkanstalt gesetzten Leistungserwartungen. Auch in bezug auf die persönlich zu übernehmende Verantwortlichkeit und hinsichtlich der gegenüber der Gesellschaft zu tragenden Verantwortung (Arbeits- und Berufsethik) bestehen nach Rollen und Positionen in den Organisationen der Publizistik mehr oder weniger evidente Unterschiede.[41]

Und es sind Strukturen der hier exemplarisch genannten Art, durch die publizistische Organisationen in Beziehung stehen zu verschiedenen ökonomischen und sozialen Märkten ihrer Umwelt, beispielsweise zu Märkten für Filme und vorproduzierten Fernsehprogrammen, für arbeitsfähiges und arbeitswilliges journalistisches Personal, zu Märkten der Informationsbeschaffung, insbesondere zu solchen politischer, wirtschaftlicher, kultureller, aber auch lokaler und regionaler Art, zu Märkten, auf denen die Konkurrenz mit anderen Zeitungen, Zeitschriften, Hörfunk- und Fernsehprogrammen auftritt, und nicht zuletzt zum Markt der Öffentlichkeit, auf dem es permanent Publika zu gewinnen gilt.

Auch die »Rezipienten«-Seite der Publizistik weist Besonderheiten auf, die im Vergleich zu anderen Arten der Humankommunikation als Differenzpunkte erscheinen. Seitens der Kommunikatoren sind bis zur Bereitstellung der Fertigprodukte eine Fülle von Auswahlschritten zu tun sowie zahlreiche Entscheidungen zu treffen. Gegenüber der Öffentlichkeit, den möglichen Annehmern dieser Produktionen, sind jedoch relativ enge Grenzen erkennbar. Die Hersteller von Publizistik haben begrenzte Möglichkeiten, um aus der Öffentlichkeit konkrete Kommunikationspartner auszuwählen, und sie haben noch weniger Chancen, sie zu kontrollieren. Ob jemand, der eine Zeitung kauft, sie auch liest und, wenn er sie liest, wie er sie liest und was er davon als Neues, die Kenntnisse und das Wissen Veränderndes aufnimmt und verarbeitet; welchen Mitteilungen grundsätzlich und welchen von Fall zu Fall Aufmerksamkeit geschenkt wird, ob und wie das Angebot zur Lektüre überhaupt zur Kenntnis genommen wird; diese und andere Selektionsbedingungen für Publizistik sind in freiheitlichen Gesellschaftsordnungen grundsätzlich dem einzelnen überlassen. Um so mehr müssen die Hersteller interessiert sein, daß sie ein von ihren möglichen Publika geteiltes Sinniveau erreichen. Denn Publizistik setzt – anders als das Gespräch zwischen Anwesenden – voraus, daß die Kommunikationspartner persönlich unbekannt sind und es auf Dauer auch bleiben werden. Das ist jedenfalls die Regel, und diese »publizistische Unpersönlichkeit« wird durch die räumliche Distanz zwischen »Berufskommunikatoren« und Öffentlichkeit ermöglicht und realisiert, so daß das »Ankommen« publizistischer Mitteilungen durch Rückkopplung (z. B. Publikumsforschung, Leser- und Hörerpost) nur ein sehr schwaches Äquivalent darstellt, vergleicht man sie mit den Rückkopplungschancen der Kommunikation zwischen Anwesenden.

Versucht sich eine Redaktion neu zu etablieren, dann muß sie heutzutage nicht erwarten, einer publizistisch völlig fremden und unbedarften Welt gegenübertreten zu müssen. Sie findet vielmehr regional, national und international orientierte Agenturen vor, die sie mit Nachrichten, Berichten, Texten, Bildern, Hörfunk-Fernseh-Nachrichten und anderen »publizistischen Halbfabrikaten« beliefern können. Des weiteren gibt es Presse-, Rundfunk- und Mediengesetze, die nach dem föderativen Prinzip der Bundesrepublik Deutschland rechtlich positiviert und damit justitiable Normen der Publizistik vorgeben, an denen – wenn auch nicht ausschließlich – die Herstellungsprozesse ausgerichtet werden. Und da sind nicht zuletzt die bereits etablierten Redaktionen, die, zumindest teilweise, Konkurrenten sein werden und die alle ein »Image« haben, das der in Gründung befindlichen Redaktion als Vorbild positiver und negativer Art dienen kann. Mit anderen Worten: Statt in eine chaotische Welt zu treten, orientiert sich eine neue Redaktion heutzutage an einem funktionalen Horizont, in Relation zu dem sie publizistisch-alternative Eigenstrukturen und ein eigenes Entscheidungsprogramm entwickeln kann, anhand dessen sie auf ihre Weise Mitteilungen zur öffentlichen Kommunikation herstellt und bereitstellt.

Weitere Kriterien der Publizistik ähneln schon eher jenen, die wir in anderen Kommunikationsarten vorfinden. Sie sind in den genannten Verweisungsrichtungen (Dimensionen) auszumachen:

In der *psychisch-sozialen Dimension* ist für die Publizistik nicht nur typisch, daß sie beruflich und organisiert hergestellt wird, sie befindet sich auch kontinuierlich auf der Suche nach Kommunikationspartnern. Die Organisation der Redaktion ist dabei auf die gesellschaftliche Umwelt, insonderheit auf die Öffentlichkeit gerichtet. Bei der Öffentlichkeit der Publizistik handelt es sich nicht um die Gesamtheit »der« Rezipienten, da diese nur scheinbar als eine gleichartige Einheit gegeben sind. Schon eher ist die publizistische Öffentlichkeit zu denken als eine Sozialität »beteiligter Unbeteiligter« oder »unengaged participants«[42], denn diese Öffentlichkeit hat eine publizistikspezifische Vergangenheit. Sie hat Erfahrung mit Publizistik, auch gegenüber solchen Publikationsarten und -organen, die sie nie gesehen, gelesen oder gehört hat, denen gegenüber sie sich gleichwohl ein Urteil zutraut. So werden viele Urteile über den *Playboy* oder über »Dallas« gesprochen, ohne daß die Kritiker je ein Exemplar gelesen bzw. eine Episode gesehen haben. Solche Urteile, verbunden mit zahlreichen, der übrigen Publizistik entnommenen Informationen können wiederum Gegenstand von Kommunikationsprozessen in der Familie, am Arbeitsplatz, am Biertisch oder anläßlich einer demoskopischen Befragung werden.

Die Öffentlichkeit weiß über die Publizistik meistens deshalb Bescheid, weil sie morgens Zeitung liest, abends fernsieht oder gelegentlich in abonnierten Zeitschriften »schmökert«. Die publizistische Öffentlichkeit war nämlich in der Vergangenheit Publikum, und sie wird es in Zukunft – zum großen Teil jedenfalls – immer wieder sein. Anders formuliert: Die Bevölkerung der Gesellschaftsordnungen wissenschaftlich-technischer Zivilisation befindet sich gegenüber der Publizistik meistens in einem rollendiffusen und unorganisierten Zustand, eben dem der Öffentlichkeit. Denn nur zu bestimmten Zeiten und in bezug auf bestimmte Medien sowie hinsichtlich bestimmter thematisierter Mitteilungen werden aus der Öffentlichkeit Publika, die sich aufgrund psychischer, sozialer, sachlicher und zeitlicher Strukturen zu konkreten Gruppierungen (»Zielgruppen«) rekonstruieren lassen.

In der *sachlichen Dimension* haben die Hersteller, Anbieter und Anreger möglicher publizistischer Informationen, Meinungen und Gefühlsappelle eine vielfältige thematische Ausweitung und Differenzierung vollzogen. Viele Zeitungsteile und die meisten Programmsparten des Rundfunks sind heute stark spezialisiert und werden diesbezüglich nur noch von den Zeitschriften (sowohl von Publikums- als auch von Fachzeitschriften) übertroffen. Neben Dauerthemen werden immer wieder neue Probleme, neue Sachverhalte und neue Sujets zum Gegenstand publizistischer Prozesse gemacht. Auch bei den Quellen und Zulieferern, sowohl traditionellen publizistischen Lieferanten als auch in neu-

artigen publizistischen Leistungsbereichen (etwa Public Relations) nimmt die thematische Bandbreite der Publizistik ständig
zu. Und wenn auch das »Lokale« gelegentlich als thematischer
Mikrokosmos der Gesamtpublizistik bezeichnet wird[43], dann belegt ein zweiter Blick, daß auch das »Lokale« thematische Besonderheiten und Gewichtungen aufweist, die in anderen Bereichen
der Publizistik nicht vorzufinden sind. Und selbst in der räumlichen Orientierung thematisierter Mitteilungen, genauer: in der
zunehmenden Internationalisierung, Supranationalisierung, (Sub-)
Regionalisierung und (Sub-)Lokalisierung der Publizistik sind
keineswegs Grenzen in Sicht.
Diese wenigen Hinweise auf die hochselektiven Spezialisierungs-
und Differenzierungsprozesse in der Sachdimension der Publizistik machen bewußt, daß die alte These, wonach der Inhalt der
Publizistik ein zudem chronistisches Abbild gegenwärtiger Wirklichkeit sei, nicht zu halten ist.[44] Aufgrund der thematisch starken
Differenzierung und Spezialisierung, die ein Ergebnis vielstufiger
inner- und außerredaktioneller Entscheidungsprozesse ist, birgt
die Publizistik für die Öffentlichkeit hohe Risiken in bezug auf
Information und Verständlichkeit. Publizistische Herstellung,
ohne unmittelbare Rückkopplung, riskiert jedenfalls weit mehr
als manche andere, von Menschen ausgeübte Art der Kommunikation, so daß gegenüber publizistischen Fehlleistungen seitens
der Öffentlichkeit größere Nachsicht geübt wird.
In der *zeitlichen Dimension* werden die vermuteten Interessen
und Motive der Öffentlichkeit über Strukturen geleitet, die als
abstrakte Symbole und Symbolsysteme auftreten. Publizistische
Zeit ist eine besonders knappe Ressource. Dennoch: die einzelnen Zeitungs- und Zeitschriftenexemplare werden relativ pünkt-
lich angeboten und zugestellt, die Rundfunkprogramme werden
in minutengenauer, vorgeordneter Reihenfolge zur Auswahl gestellt, und sie werden meistens, wie angekündigt, gesendet, wobei
die herstellenden Redaktionen ihre Arbeit an Terminkalender,
Schneidetermine, Redaktionsschluß-, Andruck- und Sendezeiten
binden.
Dennoch wird die publizistische Öffentlichkeit auf Wartefähig-
keit trainiert – selbst dort, wo zwischen bestimmten publizistischen Organisationen ein intensiver Wettbewerb besteht. Ungeachtet der Möglichkeiten, selbst darüber zu entscheiden, wann
und wie die »aufgezeichneten« Programme angesehen werden

(Videorecorder und Audiorecorder machen's möglich), hat die Öffentlichkeit nicht verlernt, ihre Wünsche und Neigungen gegenüber der Publizistik hinauszuschieben. So akzeptiert sie die Übertragung eines Fußballspiels auch dann als aktuelle Sendung, wenn das Spiel bereits am Nachmittag stattgefunden und der Veranstalter aus Opportunitätsgründen eine Direktübertragung untersagt hat. Mehr noch: Die Öffentlichkeit hat geübt und gelernt, Publizistik in einem von den Herstellern bestimmten Zeithorizont, und zwar mit unterschiedlichen Routinen zu erleben. Dazu gehört die Frühstückslektüre der meist am Morgen erscheinenden Abonnementzeitungen ebenso wie die Gewohnheit, keine Telefonanrufe während der »Tagesschau« zu tätigen, im Autoradio wenigstens jede Stunde Kurznachrichten hören oder dienstags »Dallas« und mittwochs »Denver« fernsehen zu können.

Die beobachtbaren vielfältigen Institutionalisierungen zeitlicher, sachlicher, sozialer und psychischer Strukturen im Prozeß öffentlicher Kommunikation sind Ergebnisse der Zivilisation, durch die die Publizistik – etwa seit der zweiten Hälfte des 19. Jahrhunderts – gesellschaftsfähig geworden ist. Die spezifische Evolution der Publizistik als ein mit gesamtgesellschaftlichen Funktionen ausgestattetes Kommunikationssystem wird heute, neben anderen, bereits als Indikator für den Entwicklungsgrad einer Gesellschaftsordnung gewertet.

5. Zur Technisierung der Publizistik

Die vorstehende Diskussion hat gezeigt, daß es nicht einfach ist, ein relativ unbeschwertes Bild über die Beziehungen zwischen Publizistik als institutionalisierter öffentlicher Kommunikation entwickelter Gesellschaften und Neuen Techniken bzw. Neuen Medien zu gewinnen. Um so mehr interessiert, welche theoretisch tragfähigen Brücken für das Verhältnis zwischen Publizistik und Neuen Medien/Neuen Techniken geschlagen werden können.

Versuchen wir, das aus der Diskussion über Humankommunikation, insbesondere über Publizistik gewonnene Abstraktionsniveau zu nutzen, dann müssen die Begriffe Technik und Medien etwas anderes meinen als nur technologische Artefakte, die als apparative Fortsetzungen des »organischen Mängelwesens

Mensch« unter dem verengten Blickwinkel ihrer Wirkungen gedeutet werden.[45] Zu vielfältig sind die Verbindungen zwischen den gesamtgesellschaftlichen Problemen der Publizistik und ihren technischen bzw. ihren medialen Implikationen, als daß an die entsprechenden, bisher ambivalent gebliebenen Theoriebildungsprozesse einfach angeschlossen werden könnte.

Wird mit den Begriffstiteln Neue Medien bzw. Neue Techniken wissenschaftlich operiert, dann sollten damit grundsätzlich neue Realitätsverhältnisse in der Publizistik angepeilt werden. Ansatzpunkte dafür finden sich in der philosophischen Tradition am ehesten wohl bei Immanuel Kant. Nach Kant läßt sich das Verhältnis zwischen Technik, Mensch und Wirklichkeit in der Form darstellen, daß Wirklichkeiten als vom Menschen mit Techniken (re)konstruiert begriffen werden. Menschen erkennen Wirklichkeit, weil sie konstruieren.[46]

Ein Konstruktionsvorhaben dieser Art setzt grundsätzlich voraus, daß alle möglichen psychischen, sozialen, sachlichen und zeitlichen Variablen bei der Herstellung und Wirkung von Publizistik für relevant gehalten werden. Auch Techniken und Medien können nicht länger als fertige, nur in bezug auf ihre Wirkungen zu befragende Gegebenheiten angesehen werden.

Jede Wissenschaft vereinfacht die vorfindbare Komplexität der Möglichkeiten. Publizistik kann, aus einer System/Umwelt-Perspektive, als Reduktion der hyperkomplexen Ereignishaftigkeit der Welt begriffen werden, die realisiert wird von dezentral organisierten Redaktionen als Thematisierung von Mitteilungen, die zur öffentlichen Kommunikation bereitgestellt werden. In dieser Sichtweise kann die Technisierung der Publizistik – wie andernorts am Beispiel des Journalismus ausführlich dargestellt[47] – im Kontext dieses funktional-strukturellen Prozesses gesehen werden. Medien und Techniken fungieren dann in der Herstellung und Bereitstellung von Publizistik als zeitlich vorab institutionalisierte Sachstrukturen, die den kontinuierlichen Verlauf der Publizistik nicht auf vorbestimmte Zwecke festlegen, sondern den Prozeß technisierter Publizistik steuern, stabilisieren und entlasten.

Verflochten mit Sozialstrukturen (Rollen, Stellen) und mit Zeitstrukturen (Werten, Rechtsnormen, redaktionellen Entscheidungsprogrammen) regulieren die Sachstrukturen mit Medien und Techniken die alltäglichen Entscheidungsprozesse in einzelnen Redaktionen. Es sind in erster Linie die einzelnen Redaktionen, die, zeitlich vorab, sozusagen als Teil der Strategie ihrer Routinearbeit, Medien und Techniken herstellen, um mit ihnen taktisch-situativ redaktionsspezifische Entscheidungen zu treffen.

Der Gedanke, Medien und Techniken als sachliche Strukturen im publizistischen Herstellungsprozeß zu verstehen, übergreift auf mehrfache Weise den auf organisierte Simplifizierung ausgerichteten Schematismus der Kommunikationsforschung. Werden von einer gesellschafts- und kulturorientierten Publizistik thematisierte Mitteilungen hergestellt und bereitgestellt, dann spielen dabei technologische Artefakte als zweckhafte Werkzeuge eine wichtige Rolle.[48] Neue Produktionstechnologien in der Redaktion (On-line-Terminals zur Eingabe, Bearbeitung, Speicherung und Verwaltung von Texten[49]) oder neuere technologische Infrastrukturen für »Kabel- und Satelliten-Rundfunk« verlangen für ihren publizistischen Einsatz abstraktes technisches Können, das aber – im Unterschied zu diesen technologischen Artefakten – nicht auf bestimmte Zwecke festgelegt werden kann. Technisches Können manifestiert sich in der Publizistik traditionell in Symbolen und Symbolordnungen, die, von einzelnen gelernt, in der publizistischen Arbeit angewandt und beruflich als Standards tradiert werden. Recherchieren und Redigieren werden folglich »nur« modifiziert, wenn sie anhand Neuer Techniken oder Neuer Medien geleistet werden. Neue Techniken und Neue Medien ermöglichen ganz neuartige journalistische Techniken. Bewertet man allerdings Novitäten wie die Recherche in Datenbanken als Weiterentwicklung bereits bestehender journalistischer Techniken, dann sind noch keine Neuartigkeiten in diesem Zusammenhang in Sicht.

Begreift man die Handhabung technologischer Artefakte zur menschlichen Kommunikation als Symbolmedien und Symboltechniken, d. h. als kommunikative Vereinfachungsschemata, dann verfügt jedermann über ein entsprechendes Repertoire. So unterstellt man hierzulande, daß jeder potentielle Kommunikationspartner die deutsche Alltagssprache (einschließlich der Schulgrammatik) ebenso beherrscht wie die vier Grundrechenarten oder die Grundzüge der formalen (aristotelischen) Logik. Wenn auch diese Erwartungen im Einzelfalle enttäuscht werden, läßt man sich nicht davon abbringen, daß jeder die Alltagssprache, die Grundrechenarten und die formale Logik als symbolisch generalisierte, d. h. sozial konsentierte Medien zur Organisierung menschlicher Kommunikation einsetzen kann. Die faktischen Fähigkeiten und Fertigkeiten, Alltagsdeutsch zu sprechen, zu lesen und zu schreiben, in den vier Grundrechenarten zu rechnen und die Prämissen der formalen Logik zu kennen und nach ihrer Regelhaftigkeit zu denken; das wiederum sind *symbolisch generalisierte, d. h. sozial konsentierte Techniken.*

Diese genannten Symbolmedien sowie die angeführten Symboltechniken zur Anwendung kommunikativer Symbolmedien sind in dieser Gesellschaftsordnung normativ institutionalisiert. Der Duden und die für den Schulunterricht eingesetzten Lehrbücher tradieren sie, und es ist in erster Linie die allgemeine Schulpflicht, aufgrund deren von jedem erwartet wird, daß er die genannten Symbolmedien und Symboltechniken zur Bewältigung alltäglicher Kommunikationsprobleme elastisch einzusetzen weiß, um darüber hinaus die »richtige« oder »falsche« Anwendung feststellen zu können.

An diesen allgemein und gesellschaftsweit akzeptierten Symbolmedien sowie den faktisch angewandten Symboltechniken knüpfen auch die Hersteller von Publizistik an. Wenn sie für die Publizistik systemspezifische Symbolmedien entwickeln und systemspezifische Symboltechniken anwenden, dann erwarten sie gleichwohl, daß diese nicht an die Stelle der allgemeinen Kompetenzstrukturen treten, sondern als zusätzliche Qualifikationen von der Öffentlichkeit gelernt und akzeptiert werden.

Zu den standardisierten *publizistischen Symbolmedien* gehören vor allem die spezifischen Genres (Stil- und Darstellungsformen). Nach vorherrschender Auffassung umfaßt der Genre-Grundbestand der Publizistik die Nachricht, den Bericht, die Reportage, das Feature, den Kommentar, die Glosse, betextete Bilder und Karikaturen. Andere Genres, beispielsweise die Lokalspitze oder der Fortsetzungsroman, scheinen im Vergleich zu den vorgenannten Genres erheblich konjunkturanfälliger zu sein, während wieder andere – zu denken ist an den »Bunten Abend« des samstäglichen Hörfunkprogramms der vierziger und fünfziger Jahre – schon tot sind, wenigstens totgesagt werden. Manche publizistische Symbolmedien, etwa das Hörspiel oder die Fernseh-Talkshow, wurden erst durch spezifische technologische Infrastrukturen möglich; andere wiederum werden anhand neuartiger technologischer Bedingungen umorientiert, beispielsweise die »klassische«, d. h. an Zeitschrift, Buch und Zeitung gebundene Reportage, die durch Hörfunk und Fernsehen in mehrfacher Hinsicht umzugestalten war.

Kann mit einem gewissen Recht davon ausgegangen werden, daß publizistische Symbolmedien grundsätzlich von allen akzeptiert und angewandt werden, die publizistisch arbeiten, und kann zudem unterstellt werden, daß unter den »Professionellen« Übereinkunft besteht über den richtigen oder falschen Gebrauch dieser Symbolmedien, so kann nicht unterstellt werden, daß entsprechende Kompetenzen für politische, wirtschaftliche, wissenschaftliche, ökologische, künstlerische oder erzieherische Sachverhalte in gleichem Maße verbreitet sind. Ermöglicht die Alltagssprache aufgrund ihrer gesamtgesellschaftlichen Normierung eine relativ hohe intersubjektive Sinnkorrespondenz, so steuern, stabilisieren und entlasten publizistische Genres als themen- und problemspezifische Medien den publizistischen Prozeß grundsätzlich. Doch die Verständlichkeit dessen, was durch Nachricht, Bericht, Reportage usw. vereinfachend gesagt, geschrieben und gezeigt wird, verlangt Wissens- und Kenntnisstände, die gewiß da und dort vorliegen, von deren angemessenem Vorhandensein in der Publizistik die Öffentlichkeit jedoch nicht überzeugt ist.

Dennoch ist festzuhalten, daß die Publizistik offenbar nicht ohne Symbolmedien wie den exemplarisch genannten Genres auskommt, weil Genres als Vereinfachungsmechanismen helfen, die Verständlichkeitsrisiken beim Publikum niedriger zu halten. Gewiß vermögen standardisierte Genres nicht, in aktuellen Kommunikationssituationen eine Sinnsymmetrie zwischen den Herstellern und der Öffentlichkeit von Publizistik in bezug auf die jeweils behandelten politischen, wirtschaftlichen, wissenschaftlichen, ökologischen, künstlerischen und anderen Probleme herbeizuführen. Doch bereits der typografische Ausweis als Nachricht oder als Kommentar steuert und stabilisiert die Erwartungen auf beiden Seiten.

In der Öffentlichkeit ein Basiswissen über Politik, Wirtschaft, Kunst usw. herzustellen gehört nach vorherrschender Auffassung nicht zur »öffentlichen Aufgabe« der Publizistik. Vielmehr wird erwartet, daß in der Öffentlichkeit ein Grundlagenwissen bereits vorhanden ist, wenn die Hersteller von Publizistik jene Mitteilungen über Ereignisse thematisieren, die sie für atypisch, außergewöhnlich und für besonders überraschend halten. Ob ein solches Grundlagenwissen in der Öffentlichkeit tatsächlich vorhanden ist, bleibt freilich zweifelhaft. Doch gerade in dieser Ambivalenz darf ein institutionalisierter Konflikt zwischen Publizistik und der Öffentlichkeit freier Gesellschaftsordnungen vermutet werden. Dieser Konflikt wird durch weitere, an die publizistischen Hersteller gerichtete Erwartungen eher verstärkt, wenn gefordert wird, daß dialogisierend (nicht monologisierend), unterhaltend (nicht verlautbarend), ästhetisch vielfältig (und nicht in einem Einheitsstil) publiziert wird. Und da die Publizistik differenzierte und spezialisierte Publika gewinnen soll (und nicht irgendwelche Massen), sehen sich die Hersteller von Publizistik einer Erwartungsvielfalt gegenüber, die teilweise sogar Widersprüche aufweist.

Damit die generalisierten Symbolmedien in ihren Sinnräumen so weit vereinfacht werden können, daß ihre Anwendung als richtig oder als falsch bestimmt werden kann, haben die Hersteller von Publizistik eine Reihe standardisierter Symboltechniken entwickelt, die für die publizistische Arbeit gelernt und alltäglich als Fähigkeiten und Fertigkeiten angewandt werden können. Zu *publizistischen Symboltechniken* gehören neben Recherche und Redigieren auch solche, die in besonderem Maße in Verbindung mit relevanten technologischen Artefakten entwickelt wurden. Beispiele dafür sind das Layout für Publikumszeitschriften oder das »filmische«, »funkische« oder »telegene« Schneiden von Filmen, Tonbändern und MAZ-Bändern. Von solchen publizistischen Symboltechniken wird erwartet, daß sie hinreichend elastisch sind, um einen Wandel der technologischen Artefakte zu überdauern. Dort, wo die »Bleizeit« in der Presse zu Ende ist, müssen Zeitungs- und Zeitschriften-Seiten mit Hilfe elektronischer Techniken umbrochen werden, die durch Licht- oder Lasersatz und durch Offset-Druck möglich geworden sind.[50]

Wenn es auch den Anschein hat, die Kenntnis solcher technisch-technologischer Herstellungsprobleme in der Publizistik sei für die Öffentlichkeit irrelevant, so trifft diese Annahme nur bedingt zu. Die Evaluierung publizistischer Herstellungsarbeit in der Öffentlichkeit setzt voraus, daß dort die Möglichkeiten und Grenzen der Techniken und der Technologien in groben Zügen bekannt sind, soll es nicht zu völligen Fehleinschätzungen kommen. Freilich dürften heute die Instanzen primärer Sozialisation (Familie und Schule) überfordert sein, solche Kenntnisse zu vermitteln. Hier versucht seit vielen Jahren die Medienpädagogik in die Bresche zu springen, wobei bislang offengeblieben ist, wer die möglichen Ausbilder ausbildet und wo eine solche Sozialisation institutionalisiert werden soll.

Die vorstehenden Beispiele zeigen, und künftige Entwicklungen – zu denken ist an Ganzseiten-Umbruch, digitalisierte Bildverarbeitung oder Direktbelichtung von Druckplatten – werden in verstärktem Maße bewußt machen, daß es in erster Linie publizistikinterne Innovationen sind, die publizistische Symboltechniken in besonderem Maße verändern. Entsprechende Entwicklungen sind in bezug auf Kabel und Satellit für den Rundfunk noch nicht zu erkennen. Wahrscheinlich hat eine Idealisierung solcher Neuer Medien dazu geführt, daß einerseits die Möglichkeiten und Grenzen dieser technologischen Artefakte in ihrer operativen publizistischen Nutzung unbegründetermaßen überschätzt und andererseits die Folgen aus der Nutzung, nicht minder unbegründet, lautstark beklagt wurden. Dabei ließen beide Sichtweisen außer acht, daß zwischen Neuen Medien und Neuen Techniken und der Publizistik die vorstehend skizzierten Strukturen des technischen Könnens eben Symbolmedien und Symboltechniken stehen, für die – im Gegensatz zu den technologischen Artefakten – keine von vornherein festgelegten Zwecke gelten.

Es mag auch auf diese eingeschliffenen, zweckhaften Betrachtungsweisen des Verhältnisses zwischen Publizistik und Medien/Techniken zurückzuführen sein, daß sich Reflexionen über Techniken traditionell auf ein handwerkliches Modell stützen. Solche handwerklichen Modelle von Publizistik liegen auch heute noch manchen Ausbildungsideologien zugrunde und sind mit Perfektionsvorstellungen in bezug auf die Ausübung journalistischer Berufe verbunden. Sie verkennen allerdings, daß die Relativitätsbedingungen, unter denen Symbolmedien und Symboltechniken für Publizistik gelernt und angewandt werden, weit davon entfernt sind, vollkommene Produkte hervorzubringen. Bei den Symbolmedien Nachricht, Bericht, Reportage, Kommentar usw., aber auch bei den Symboltechniken Redigieren und Recherchieren handelt es sich um vorentworfene Entscheidungsmechanismen, die der kontinuierlichen publizistischen Produktion dienen. Genres und Arbeitstechniken können daher in der Publizistik nicht wie technologische Instrumente vorgestellt werden. Vielmehr operiert die herstellende Publizistik mit ihnen in steter Orientierung an der Öffentlichkeit, vor allem aber auch in Orientierung an und unter Einfluß von gesellschaftlich knappen Ressourcen. Denn wenn es auch zur traditionellen Journalistenideologie gehört, von Geld nicht gerne zu reden: der Journalismus ist grundsätzlich von Geld, aber auch von der gegenwärtigen Rechtslage, vom Bildungsstand der Berufskommunikatoren oder vom sozialen Vertrauen in die Publizistik bzw. in einzelne Publikationsorgane abhängig. Solche sozialen Kommunikationsmechanismen fungieren sowohl für die Herstellung als auch für die Annahme von Publizistik als notwendige Ressourcen. Ohne sie können die publizistischen Symbolmedien und die publizistischen Symboltechniken ihr besonderes Leistungsvermögen im Gesamtprozeß der Publizistik nicht entfalten.

6. Humanwissenschaftliche Zusammenarbeit

Rückblickend auf die eingangs geführte Diskussion finden wir zunächst die Vermutung bestärkt, daß die klassischen Topoi Pressefreiheit, Medien und Techniken in ihren Beziehungen zur Publizistik von einem tiefgreifenden Sinnwandel erfaßt worden sind. Schon deshalb genügt es nicht mehr, lediglich alte Wörter (z. B. Pressefreiheit) durch neue Wörter (beispielsweise Kommunikationsfreiheit) zu ersetzen. Eine solche Vorgehensweise bliebe steril, auch dann, wenn man sich von medialen und technologischen Innovationen aufgrund ihrer Komplexität und Kompliziertheit faszinieren oder ängstigen ließe.
Erfolgversprechender dürfte dagegen der Vorschlag sein, die Begriffe Medien und Techniken im Verhältnis zu technologischen Artefakten, vor allem aber zur Kommunikationsfreiheit und zu Kommunikations- und Gesellschaftstheorien grundsätzlich zu problematisieren, damit sie – unter interdisziplinären Denk- und Forschungsbedingungen – untersucht werden können. Denn erst ein Streben nach interdisziplinärer Kooperation im Sinne einer Koordination techniktheoretischer und publizistiktheoretischer Erkenntnisse, in Relation zu gesellschaftstheoretischen Entwürfen gebracht, kann adäquate Untersuchungen des Prozesses der Technisierung freiheitlicher Publizistik ermöglichen.
Das heißt zum einen, daß die Topoi Kommunikationsfreiheit,

Medien und Techniken in soziohistorischer Rückwendung zu reflektieren sind, und zum anderen, daß sie, vorwärts gewandt, mit Hilfe höherstufiger Begriffe und neuerer epistemologischer Ordnungstheorien (kybernetischen oder autopoietischen System/Umwelt-Theorien) sowie unter politischen, wirtschaftlichen, rechtlichen und anderen humanwissenschaftlich rekonstruierten Sachverhalten zu analysieren und zu synthetisieren sind.[51]

Kausale Beziehungen zwischen Kommunikationsfreiheit, Neuen Medien und Neuen Techniken als eingleisig verlaufende Möglichkeiten des Fortschritts zu untersuchen würde einen disziplinär-exklusiven Rückzug auf immunisierende Positionen bedeuten, von denen zu befürchten ist, daß ihre Erkenntnisse in beliebige Dienste gestellt werden können. Um so vordringlicher ist es, Probleme der Kommunikationsfreiheit in Relation zu Symbolmedien und Symboltechniken zu stellen, die in Wechselwirkung zu sozialen Ressourcen und zum gesellschaftlichen Wandel Veränderungen provozieren, die letztlich als publizistisch neu identifiziert werden können.

Anmerkungen

1 Vgl. Jürgen Wilke (Hg.), *Pressefreiheit*, Darmstadt 1984.
2 Vgl. Manfred Rühl, *Journalismus und Gesellschaft. Bestandsaufnahme und Theorieentwurf*, Mainz 1980, S. 395 ff.
3 Vgl. Martin Löffler u. a., *Presserecht. Kommentar*, 2 Bde., München [3]1983; Günter Herrmann, *Fernsehen und Hörfunk in der Verfassung der Bundesrepublik Deuschland*, Tübingen 1975; Ernst W. Fuhr, ZDF-*Staatsvertrag*, Mainz [3]1985; C. F. Berthold/Horst von Hartlieb, *Filmrecht*, München 1957; Heinz Georg Bamberger, *Einführung in das Medienrecht*, Darmstadt 1986.
  Der Prozeß der Herstellung von Landes-Mediengesetzen, in dem wir uns gegenwärtig befinden, scheint sich dem Abschluß zu nähern. Vgl. die Zusammenstellungen von aktuellen Entwürfen und bereits verabschiedeten Gesetzen in den Heften 4a, 10a (1984), Dokumentation 1-IV (1985), Dokumentation 1-II (1986), Dokumentation 1-II (1987), alle in: *Media Perspektiven*. – Festzuhalten ist, daß eindeutige mediale Zuordnungen weder in den allgemeinen Mediengesetzen, noch in den speziellen Einzelmedien-Gesetzen erfolgten. So stellt z. B. der ziemlich gleichlautende § 25 der Landes-Pressegesetze eine Verbindung zu den

Landes-Rundfunkgesetzen her, und das bayerische Medien-Erprobungsgesetz regelt Beziehungen zum Bayerischen Rundfunkgesetz.

4 Vgl. Manfred Rühl, *Journalismus und Gesellschaft*, a.a.O., S. 319 ff.

5 Soweit es sich dabei um sogenannte Massenmedien handelt, zählt Art. 5 GG – im Unterschied zu Art. 118 Weimarer Reichsverfassung – die wählbaren Kommunikationsmedien Presse, Rundfunk und Film auf und betont, neben dem Recht auf Äußerung von Meinung, auch das Recht auf deren Verbreitung sowie das Recht auf Information – ohne Zensur.

6 Vgl. Martin Löffler u. a., *Presserecht. Kommentar*, Bd. 1, München ³1983; Reinhart Ricker, *Freiheit und Aufgabe der Presse. Individualrechtliche und institutionelle Aspekte*, Freiburg/München 1983; Dieter Stammler, *Die Presse als soziale und verfassungsrechtliche Institution. Eine Untersuchung zur Pressefreiheit nach dem Bonner Grundgesetz*, Berlin 1971. Aus rechtssoziologischer Sicht: Niklas Luhmann, *Grundrecht als Institution. Ein Beitrag zur politischen Soziologie*, Berlin 1965, bes. S. 84 ff.

7 Vgl. insbesondere die Art. 4, 8, 9 und 12 GG.

8 Vgl. Deutsche Forschungsgemeinschaft (Hg.), *Medienwirkungsforschung in der Bundesrepublik Deutschland*, 2 Bde., Weinheim 1986.

9 Vgl. Dieter Stammler, *Die Presse*, a.a.O., S. 83 ff.; Franz Schneider, »Presse, Pressefreiheit, Zensur«, in: Otto Brunner/Werner Conze/Reinhart Koselleck (Hrsg.), *Geschichtliche Grundbegriffe. Historisches Lexikon zur politisch-sozialen Sprache in Deutschland*, Band 4, Stuttgart 1978, S. 899-927.

10 Vgl. Siegfried Weischenberg, *Die elektronische Redaktion*, München/New York 1978.

11 Vgl. Thomas Nipperdey, *Deutsche Geschichte 1800-1860. Bürgerwelt und starker Staat*, München 1983, S. 587 ff.; Rudolf Schenda, *Volk ohne Buch*, München ²1977; Rolf Engelsing, *Massenpublikum und Journalismus im 19. Jhdt. in Nordwestdeutschland*, Berlin 1966.

12 Vgl. Martin Löffler u.a., *Presserecht*, a.a.O.; Kurt Koszyk, *Die deutsche Presse im 19. Jahrhundert*, Berlin 1966.

13 So wird von einem »Vergnügungstelefon« aus dem Budapest des Jahres 1893 berichtet. Theodor Puskas soll damals mehrere Jahre lang ein ähnliches Programm »aus-telefoniert« haben, wie es 30 und mehr Jahre später für das Radio als Hörfunkprogramm entwickelt wurde. Vgl. Asa Briggs, »The Pleasure Telephone: A Chapter in the Prehistory of the Media«, in: Ithiel de Sola Pool (Hg.), *The Social Impact of the Telephone*, Cambridge, Mass./London 1977, S. 40-65.

14 Vgl. Ithiel de Sola Pool, *Technologies of Freedom*, Cambridge, Mass./London 1983.

15 Vgl. Martin Löffler u.a., *Presserecht*, a.a.O.; Günter Herrmann, *Fernsehen*, a.a.O.

16 BVerfGE 12, 205 ff.

17 BVerfGE 12, 205 ff.; 31, 314 ff.; 57, 295 ff. und das Urteil des Bundes-
verfassungsgerichts zum niedersächsischen Mediengesetz vom 4. No-
vember 1986. Zur Geschichte: Winfried B. Lerg, »Rundfunkpolitik in
der Weimarer Republik«; Ansgar Diller, »Rundfunkpolitik im Dritten
Reich«; Hans Bausch, »Rundfunkpolitik nach 1945«; alle in: *Rundfunk in Deutschland*, hg. von Hans Bausch, Bde. 1-4, München 1980.

18 Vgl. die in Anm. 3 zitierten Dokumentationen.

19 Vgl. Franz Ronneberger, *Neue Medien. Vorteile und Risiken für die
Struktur der demokratischen Gesellschaft und den Zusammenhang der
sozialen Gruppen. Eine Literaturstudie*, Konstanz 1982; Siegfried
Weischenberg, *Journalismus in der Computergesellschaft. Informati-
sierung, Medientechnik und die Rolle der Berufskommunikatoren*,
München/New York/Paris 1982. Über die oft sehr kurzlebigen Ak-
tualitäten auf diesem Gebiet vgl. Fachzeitschriften wie *Media Perspektiven* oder *Neue Medien* sowie spezialisierte Informationsdienste wie
Funk-Korrespondenz oder *epd Kirche und Rundfunk*.

20 Vgl. etwa Klaus Brepohl, *Lexikon der Neuen Medien*, Köln ³1984;
Erich Geretschläger, *Medientechnik 1. Nonprint-Medien*, München
1983; Dietrich Ratzke, *Lexikon der Neuen Medien*, Stuttgart 1982.

21 Vgl. Franz Ronneberger, *Neue Medien*, a.a.O.

22 Vgl. Siegfried Weischenberg, *Journalismus*, a.a.O.

23 Vgl. Claudia Mast, »›Neue Technik‹ – neuer Journalismus? Zu Akzeptanz und Auswirkung des Einsatzes moderner Technologien«, in: *Publizistik* 28 (1983), S. 230-238; dies., *Der Redakteur am Bildschirm.
Auswirkungen moderner Technologien auf Arbeit und Berufsbild des
Journalisten*, Konstanz 1984.

24 Vgl. statt vieler die diesbezüglich ähnlich lautenden Äußerungen in:
»Medien von Morgen. Medienpolitische Grundsätze der CDU/CSU«,
verabschiedet am 5. Oktober 1984 in Bonn, in: *Media Perspektiven*
10a (1984), S. 841-848. »Sozialdemokratische Positionen zur Medienpolitik, Entschließung vom 27./28. September 1984 in Düsseldorf«,
ebd.: S. 839-840 und: »Thesen zur Medienpolitik der FDP vom 17. No-
vember 1984«, in: *Liberale Dokumente* 1 (1985). Für publizistik-orga-
nisatorische Äußerungen in bezug auf Neue Techniken vgl. Claudia
Mast, *Der Redakteur*, a.a.O.

25 Vgl. statt vieler anderer: Claus Eurich, *Das verkabelte Leben. Wem
schaden und wem nützen die Neuen Medien?*, Reinbek 1980; Michael
Wolf Thomas (Hg.), *Ein anderer Rundfunk – eine andere Republik
oder die Enteignung des Bürgers*, Reinbek 1980; Marie Winn, *Die
Droge im Wohnzimmer. Für die kindliche Psyche ist Fernsehen Gift.
Wie wirkt es? Was hat es für Folgen? Und warum es nur ein Gegenmit-
tel gibt: Abschalten!*, Reinbek 1980; Neil Postman, *Das Verschwinden
der Kindheit*, Frankfurt am Main 1983; ders., *Wir amüsieren uns zu*

Tode, Frankfurt am Main 1985; Jerry Mander, *Schafft das Fernsehen ab! Eine Streitschrift gegen das Leben aus zweiter Hand*, Reinbek 1980.

26 Vgl. u.a. Ulrich Jansen, *Strukturveränderung des journalistischen Arbeitsprozesses und deren Auswirkungen auf das beruflich vermittelte Bewußtsein*, Frankfurt am Main 1983; Jürgen Prott/Bernd Blöbaum/Helga Gießelmann/Enrico Tröbst/Wolfgang Vahle, *Berufsbild der Journalisten im Wandel? Zeitungsredakteure unter den Bedingungen der Bildschirmarbeit*, Frankfurt am Main 1983.

27 Vgl. beispielsweise Herta Sturm, »Die grandiosen Irrtümer des Neil Postman: Thesen zur Fernseh-Wirkungsforschung«, in: *epd Kirche und Rundfunk* Nr. 71 (10. September 1986), S. 3-14.

28 In der wissenschaftlichen Diskussion werden Hypothesen zu den möglichen Auswirkungen der Neuen Medien, vor allem im Hinblick auf Familie und Demokratie artikuliert. Vgl. Franz Ronneberger, *Neue Medien*, a.a.O.; Arbeitsgemeinschaft für Kommunikationsforschung (Hrsg.), *Medienforschung/Medienpolitik. Konzepte für die wissenschaftliche Praxis*, Berlin 1981.

29 Zur Entwicklung des Nachdenkens über die Relationen zwischen allgemein menschlicher Kommunikation und Publizistik (Massenkommunikation) vgl. bereits Gerhard Maletzke, *Psychologie der Massenkommunikation*, Hamburg 1963. Ferner ders., *Bausteine zur Kommunikationswissenschaft 1949-1984*, Berlin 1984; Michael Kunczik, *Kommunikation und Gesellschaft. Theorien zur Massenkommunikation*, Köln/Wien 1984.

30 Vgl. Donald M. MacKay, *Information, Mechanism and Meaning*, Cambridge, Mass./London 1969; Gordon Pask, »A Conversation Theoretic Approach to Social Systems«, in: R. Felix Geyer/Johannes van der Zouwen (Hg.), *Socio-Cybernetics. An Actor-Oriented Approach*, Bd. 1, Leiden u.a. 1978; Niklas Luhmann, *Soziologische Aufklärung* 3, Opladen 1981; ders., *Soziale Systeme*, Frankfurt 1984, S. 194 ff.

31 Vgl. Manfred Rühl, »Humankommunikation und menschliche Erfahrung. Zum Umbau von Kernbegriffen in der gegenwärtigen Gesellschaft«, in: ders. (Hg.), *Kommunikation und Erfahrung*, Nürnberg 1987, S. 5-66.

32 Vgl. Jürgen Markowitz, *Die soziale Situation*, Frankfurt am Main 1979.

33 Ebd.

34 Zur Geschichte der anthropologischen Formel »ganzer Mensch«, die als Protest verstanden wird, »den Menschen durch Einzelwissenschaften aufzuteilen«, vgl. D. Rössler, »Mensch, ganzer«, in: Joachim Ritter/Karlfried Gründer (Hg.), *Historisches Wörterbuch der Philosophie*, Bd. 5, Darmstadt 1980, Sp. 1106-1111.

35 Vgl. Paul Watzlawick/Janet H. Beavin/Don D. Jackson, *Menschliche Kommunikation*, Stuttgart 1969.

36 Vgl. Ernest G. Bormann, *Communication Theory*, New York u.a. 1980.

37 Zu dieser zeitlich bestimmten Doppelstruktur, die in der kommunikationswissenschaftlichen Modellbildung weitgehend unbedacht geblieben ist, vgl. Donald M. MacKay, »Towards an Information-Flow Model of Human Behavior«, in: *British Journal of Psychology* 47 (1956), S. 30-43; Geoffrey Vickers, *Freedom in a Rocking Boat. Changing Values in an Unstable Society*, Harmondsworth 1972; Erich Jantsch, *Design for Evolution. Self-Organization and Planning in the Life of Human Systems*, New York 1975; Everett M. Rogers/Rekha Agarwala-Rogers, *Communication in Organizations*, New York/London 1976.

38 Vgl. Reinhart Koselleck, *Vergangene Zukunft. Zur Semantik geschichtlicher Zeiten*, Frankfurt am Main ²1984.

39 Vgl. Nicholas Rescher, *Die Grenzen der Wissenschaft*, Stuttgart 1985; ders., *Scientific Explanation*, New York/London 1970; Willard van Orman Quine, *Philosophie der Logik*, Stuttgart u.a. 1973; ders., *Word and Object*, Cambridge, Mass. 1960.

40 Vgl. Manfred Rühl, *Journalismus und Gesellschaft*, a.a.O., S. 100 ff.; ders./Ulrich Saxer, »25 Jahre Deutscher Presserat«, in: *Publizistik* 26 (1981), S. 471-507.

41 Für eine Propädeutik über die Erforschung der organisatorischen und anderer Herstellungsprozesse des Journalismus vgl. Manfred Rühl, *Journalismus und Gesellschaft*, a.a.O., S. 42 ff.; ders., *Die Zeitungsredaktion als organisiertes soziales System*, Fribourg ²1979; ders., »Soziale Verantwortung und persönliche Verantwortlichkeit im Journalismus«, in: Rainer Flöhl/Jürgen Fricke (Hg.), *Moral und Verantwortung in der Wissenschaftsvermittlung*, Mainz 1987, S. 101-118.

42 Vgl. Erving Goffman, *Behavior in Public Places. Notes on the Social Organization of Gatherings*, New York/London 1963, S. 91; Manfred Rühl, *Journalismus und Gesellschaft*, a.a.O., S. 232 ff.

43 Vgl. Emil Dovifat, *Zeitungslehre*, Bd. 2, Berlin ⁵1962, S. 52; Walter Hagemann, *Die Zeitung als Organismus*, Heidelberg 1950, S. 131.

44 Vgl. Reinhold Krämer, *Massenmedien und Wirklichkeit*, Bochum 1986.

45 Vgl. Arnold Gehlen, *Die Seele im technischen Zeitalter*, Hamburg 1957, S. 8 ff.; differenzierter: Lee Thayer, »Communications Systems«, in: Ervin Laszlo (Hg.), *Introduction to Systems Philosophy. Towards a New Paradigm of Contemporary Thought*, New York 1972, S. 109 ff.

46 Vgl. Immanuel Kant, *Kritik der reinen Vernunft*, in: ders., *Werke*, Bd. 3 und 4, Darmstadt 1968. Dieser fundamentale Gedanke läßt Schelsky

vermuten, daß Kant »als der ursprüngliche Philosoph der modernen Technik hervortreten wird«. Helmut Schelsky, *Gedanken zur Rolle der Publizistik in der modernen Gesellschaft*, Düsseldorf/Köln 1965, S. 448.

47 Vgl. Manfred Rühl; *Journalismus und Gesellschaft*, a.a.O., S. 296 ff.

48 Vgl. Siegfried Weischenberg, *Journalismus in der Computergesellschaft*, a.a.O.

49 Vgl. Claudia Mast, *Der Redakteur am Bildschirm*, Konstanz 1984; Siegfried Weischenberg, *Journalismus in der Computergesellschaft*, a.a.O.

50 Ebd.

51 Vgl. Manfred Rühl, »Kommunikationswissenschaft zwischen Wunsch und Machbarkeit«, in: *Publizistik* 30 (1985), S. 229-246.

Zu den Autoren

Bechmann, Gotthard, Studium der Rechtswissenschaft, Politikwissenschaft und Soziologie; 1973-1975 wissenschaftlicher Mitarbeiter Studiengruppe für Systemforschung e. V. in Heidelberg; seit 1976 wissenschaftlicher Mitarbeiter in der Abteilung für Angewandte Systemanalyse (AFAS) des Kernforschungszentrums Karlsruhe.
Arbeitsschwerpunkte: Technik und Wissenschaftssoziologie, Risiko- und Wertewandelforschung, Technikfolgenabschätzung.
Adresse: Kernforschungszentrum Karlsruhe, Abt. AFAS, Postfach 3640, 7500 Karlsruhe 1.

von Benda, Helmut, Dr. rer. nat., Dipl. Psych.; nach Tätigkeit am Institut für Ergonomie und Lehrstuhl für Psychologie, beide an der Technischen Universität München, seit 1984 Professor am Institut für Psychologie der Friedrich-Alexander Universität Erlangen-Nürnberg.
Arbeitsschwerpunkte: Wahrnehmung, Ökologische Psychologie, Arbeitspsychologie, kognitive Ergonomie.
Adresse: Institut für Psychologie der Universität Erlangen-Nürnberg, Lehrstuhl II, Bismarckstr. 6, 8520 Erlangen.

Bungard, Walter, geb. 1945; Studium der Volkswirtschaftslehre, Soziologie und Wirtschaftspsychologie an der Universität Köln, Dr. rer. pol. 1975; Habilitation 1981 in Köln mit einer wirtschafts- und sozialpsychologischen Arbeit. Seit 1983 Professur für Wirtschafts- und Organisationspsychologie an der Universität Mannheim.
Arbeitsschwerpunkte: Arbeits- und Organisationspsychologie, Sozialpsychologie, sozialwissenschaftliche Methoden.
Adresse: Universität Mannheim, Lehrstuhl Psychologie I, Schloß, 6800 Mannheim.

Fleischer, Friedrich, geb. 1953, Studium der Psychologie in Tübingen, Dipl. Psychologe; Doktorand am Psychologischen Institut der Universität Tübingen, 1984 bis 1986 Mitarbeiter in einem interdisziplinären Forschungsprojekt des BMFT über »Arbeit mit Szenarien bei der Technologiefolgenabschätzung« am Institut für Psychologie der TU Berlin.
Arbeitsschwerpunkte: Allgemeine und Ökologische Psychologie, sozialkulturelle Folgen neuer Informationstechniken, Veröffentlichungen zur ökologischen Beratung und zu verschiedenen Methoden der Sozialverträglichkeitsprüfung.
Adresse: Ochsengässle 5, 7408 Jettenburg.

Gloede, Fritz, Studium der Soziologie, Politikwissenschaft und Pädagogik in Göttingen und Frankfurt; Diplom 1974; Tätigkeit in der politischen Jugendbildung sowie Forschung und Lehre an der Universität Frankfurt; seit 1981 wissenschaftlicher Mitarbeiter in der Abteilung für Angewandte Systemanalyse (AFAS) des Kernforschungszentrums Karlsruhe.
Arbeitsschwerpunkte: Wissenschafts- und Technologiepolitik, sozialer Wandel, Einstellungs- und Medienforschung.
Adresse: Kernforschungszentrum Karlsruhe, Abt. AFAS, Postfach 3640, 7500 Karlsruhe 1.

Hoyos, Graf Carl, geb. 1923, Professor für Psychologie an der Technischen Universität München.
Veröffentlichungen u.a.: *Risikoverhalten bei industriellen Präzisionsarbeiten* (1969), *Arbeitspsychologie* (1974), *Psychologie der Unfall- und Sicherheitsforschung* (1980), *Grundbegriffe der Wirtschaftspsychologie* (1980, hg. mit Kroeber-Riel, v. Rosenstiel, Strümpel).
Adresse: Lehrstuhl für Psychologie, Technische Universität München, Lothstr. 17, 8000 München 2.

Huning, Alois, geb. 1935; Studium der Philosophie, Theologie, Psychologie, Geschichte und Literaturwissenschaften; Promotion in Philosophie und Theologie; u.a. bis 1973 Geschäftsführer der Hauptgruppe »Mensch und Technik« im Verein Deutscher Ingenieure; seit 1980 Professur für Philosophie an der Universität Düsseldorf.
Veröffentlichungen u.a.: *Das Schaffen des Ingenieurs. Beiträge zu einer Philosophie der Technik* (1974, 3. Auflage 1987); *Technikphilosophie im Zeitalter der Informationstechnik* (Hg. mit C. Mitcham, 1986).
Arbeitsschwerpunkte: Philosophische Fragen der Technik und ihrer Auswirkungen; mittelalterliche Philosophiegeschichte; Philosophie des Existentialismus.
Adresse: Weißdornweg 12, 5603 Wülfrath.

König, Wolfgang, geb. 1949, Studium der Geschichte, Geographie, Soziologie und Politikwissenschaft; Promotion seit 1976; seit 1977 wissenschaftlicher Referent für Technikgeschichte und Technikbewertung beim Verein Deutscher Ingenieure; seit 1985 Professur für Technikgeschichte an der Technischen Universität Berlin.
Arbeitsschwerpunkte: Geschichte der technischen Bildung und der technischen Berufe, Technikgeschichte, Technikbewertung und Technikphilosophie.
Adresse: Technische Universität Berlin, Institut für Philosophie, Wissenschafts- und Technikgeschichte, Ernst-Reuter-Platz 7, 1000 Berlin 10.

Langenheder, Werner, geb. 1938, Studium der Sozialwissenschaften in München und Köln; 1963 Dipl. Volkswirt sozialwissenschaftlicher Ausrichtung, 1967 Promotion zum Dr. rer. pol., 1976 Habilitation im Fach Soziologie; 1963-1973 wissenschaftlicher Assistent, zunächst am Seminar für Soziologie, danach am Sozialwissenschaftlichen Forschungszentrum der Universität Erlangen-Nürnberg; seit 1973 wissenschaftlicher Angestellter bei der Gesellschaft für Mathematik und Datenverarbeitung (GMD) in St. Augustin bei Bonn.
Arbeitsschwerpunkte: Gesellschaftliche Auswirkungen und Gestaltungsmöglichkeiten neuer Informations- und Kommunikationstechniken.
Adresse: GMD, Postfach 1240, Schloß Birlinghoven, 5205 Sankt Augustin 1.

Lenk, Hans, geb. 1935, Professor für Philosophie an der Universität Karlsruhe; Professor für Wissenschaftstheorie der Sozialwissenschaften und Planungswissenschaft, Faculté Européenne des Sciences du Foncier, Straßburg.
Veröffentlichungen u.a.: *Kritik der logischen Konstanten* (1968); *Philosophie im technologischen Zeitalter* (1971); *Erklärung – Prognose – Planung* (1972); *Metalogik und Sprachanalyse* (1973); *Pragmatische Philosophie* (1975); *Sozialphilosophie des Leistungshandelns* (1976); *Technische Intelligenz im systemtechnologischen Zeitalter* (Mitautor, 1976); *Handlungstheorien interdisziplinär*, 6 Bde. (Hg., 1977-1984); *Pragmatische Vernunft* (1979); *Zur Sozialphilosophie der Technik* (1982); *Zwischen Wissenschaftstheorie und Sozialwissenschaft* (1986).
Adresse: Universität Karlsruhe, Institut für Philosophie, Kollegium am Schloß, Kaiserstr. 12, Bau II, 7500 Karlsruhe.

MacCormac, Earl R., geb. 1935, Science Advisor des Gouverneurs von North Carolina, USA und Executive Director des North Carolina Board of Science and Technology.
Veröffentlichungen u.a.: *Metaphor and Myth of Science and Religion* (1976); *Decision Analysis Applied to the Design of Electric Utility Rates* (Mitautor, 1985); *A Cognitive Theory of Metaphor* (1985); *Myths of Science and Technology* (1986).
Adresse: 4413 Keswick Drive, Raleigh, N. C. 27609, U.S.A.

Oldemeyer, Ernst, geb. 1928, Studium der Philosophie, Germanistik und Geschichte in Bonn und Freiburg; 1960 Promotion; 1969 Habilitation für Philosophie an der Universität Karlsruhe (TH); seit 1973 dort Professor für Philosophie.
Arbeitsschwerpunkte: Phänomenologie und Theorie des Bewußtseins, Wertphilosophie, Typologie der Weltsichten und Werthaltungen.
Adresse: Institut für Philosophie der Universität Karlsruhe, Kollegium am Schloß, Kaiserstr. 12, Bau II, 7500 Karlsruhe.

Paschen, Herbert, Studium der Nationalökonomie, Statistik und Ökonometrie; Promotion 1968; 1971-1974 Geschäftsführer der Studiengruppe Systemforschung e.V. in Heidelberg; seit 1977 Leiter der Abteilung für Angewandte Systemanalyse (AFAS) des Kernforschungszentrums Karlsruhe.
Arbeitsschwerpunkte: Forschungs- und Technologiepolitik, Umweltpolitik, Technologiefolgenabschätzung.
Adresse: Kernforschungszentrum Karlsruhe, Abt. AFAS, Postfach 3640, 7500 Karlsruhe 1.

Rapp, Friedrich, geb. 1932; Professor für Philosophie in Dortmund.
Veröffentlichungen u.a.: *Analytische Technikphilosophie* (Hg., 1978); *Naturverständnis und Naturbeherrschung* (Hg., 1981); *Ideal und Wirklichkeit der Techniksteuerung* (Hg., 1982); *Technikphilosophie in der Diskussion* (Mithg., 1982); *Philosophie und Wissenschaft in Preußen* (1982); *Whiteheads Metaphysik der Kreativität* (Mithg., 1986).
Adresse: Universität Dortmund, Fachbereich 14, Postfach 500500, 4600 Dortmund 50.

Ronneberger, Franz, geb. 1913; em. Professor für Politik- und Kommunikationswissenschaft der Universität Erlangen-Nürnberg.
Veröffentlichungen u.a.: *Kommunikationspolitik*, 3 Bde. (1978-1986); *Neue Medien* (1982); *Unentbehrlichkeit des Staates* (1983); *Politische Systeme Südosteuropas* (1983).
Arbeitsschwerpunkte: Kommunikationspolitik, Verwaltungswissenschaft, vergleichende Politikwissenschaft.
Adresse: Schussleitenweg 150, 8500 Nürnberg.

Ropohl, Günter, geb. 1939; Dr. Ing. habil., Professor für Allgemeine Technologie am Institut für Polytechnik/Arbeitslehre der Johann Wolfgang Goethe Universität Frankfurt am Main.
Veröffentlichungen u.a.: *Eine Systemtheorie der Technik* (1979); *Die unvollkommene Technik* (1985).
Arbeitsschwerpunkte: Philosophie und Soziologie der Technik, Systemtechnik und Technikbewertung.
Adresse: Universität Frankfurt, Fachbereich 21, Dantestr. 5, 6000 Frankfurt am Main.

Rühl, Manfred, geb. 1933; Studium der Volkswirtschaftslehre, Soziologie und Kommunikationswissenschaft an der FU Berlin und an der Universität Erlangen/Nürnberg; Dr. rer. pol. 1968; Dr. rer. pol. habil. 1978 in Erlangen/Nürnberg; seit 1983 Ordinarius für Kommunikationswissenschaft mit dem Schwerpunkt Journalistik und Leiter der Forschungsstelle für Kommunikationspolitik, Universität Bamberg.

Arbeitsschwerpunkte: Kommunikationswissenschaft, -politik, Journalistik.
Adresse: Universität Bamberg, Lehrstuhl für Kommunikationswissenschaft, Schwerpunkt Journalistik, Postfach 1549, 8600 Bamberg.

Sachsse, Hans, geb. 1906, Promotion 1929 in den Fächern physikalische Chemie, technische Chemie, Physik und Philosophie; Habilitation 1935; die folgenden 25 Jahre in der deutschen chemischen Industrie tätig; seit Ende des Krieges widmet er sich in leitenden Positionen vornehmlich der Organisation der angewandten Forschung; u.a. als Werkleiter bei der BASF und im Vorstand des Zellstoffunternehmens in Waldhof; im Anschluß in der Lösungsmittel-Kunststofforschung verantwortlich tätig; seit 1960 wieder an der Universität aktiv.
Arbeitsschwerpunkte: Physikalische Chemie, technische Chemie, Philosophie der Naturwissenschaften und Technik.
Adresse: Institut für techn.-physikal. Chemie, Universität Mainz, 6500 Mainz.

Schultz-Gambard, Jürgen, Dipl. Psych., Dr. phil., Hochschulassistent am Lehrstuhl für Wirtschafts- und Organisationspsychologie der Universität Mannheim.
Veröffentlichungen u.a.: *Räumliches Verhalten* (1985), *Angewandte Sozialpsychologie* (1987).
Arbeitsschwerpunkte: Umweltstreß, Kontrolltheorien, Folgen von Arbeitslosigkeit, Kommunikation in Organisationen, neue Technologien, Evaluationsforschung.
Adresse: Lehrstuhl Psychologie I, Universität Mannheim, Schloß, 6800 Mannheim.

Seel, Hans-Jürgen, geb. 1945, Dipl. Psych., Dr. phil.; Studium der Psychologie, Soziologie und Philosophie in Bonn und Erlangen; bis 1981 in der Grundlagenforschung tätig; danach in praktischer Beratung und in der Sozialplanung. Arbeitsschwerpunkte: Interdisziplinäre Handlungstheorie, dialogische Konzeptionen, Organisation.
Veröffentlichungen u.a.: *Wissenschaft und soziale Praxis* (1981); *Sozialwissenschaft im Dialog* (Mitautor, 1981).
Adresse: Roritzerstr. 22, 8500 Nürnberg 90.

Werbik, Hans, geb. 1941, Dr. phil.; Habilitation 1969 an der Phil. Fakultät der Universität Tübingen; Professor für Psychologie an der Universität Erlangen-Nürnberg.
Veröffentlichungen u.a.: *Theorie der Gewalt* (1974); *Handlungstheorien* (1978).
Adresse: Institut für Psychologie, Universität Erlangen-Nürnberg, Bismarckstr. 6, 8520 Erlangen.

Winter, Gerhard, geb. 1933, Dozent für Sozialpsychologie am Psychologischen Institut der Universität Tübingen, Studium der Psychologie von 1954-1960; Promotion 1965; Habilitation 1977 an der Fakultät für Sozial- und Verhaltenswissenschaften der Universität Tübingen.

Arbeitsschwerpunkte: Angewandte Sozialpsychologie, Politische Psychologie, Umweltpsychologie.

Adresse: Psychologisches Institut der Universität Tübingen, Friedrichstr. 21, 7400 Tübingen.

Zitterbarth, Walter, geb. 1950, Dr. phil., M.A., Dipl. Psych.; Akademischer Rat am Institut für Psychologie der Universität Erlangen-Nürnberg.

Veröffentlichungen u.a.: *Postmaterialismus und Lebensorientierung* (1987).

Adresse: Institut für Psychologie, Universität Erlangen-Nürnberg, Bismarckstr. 6, 8520 Erlangen.